I0388094

विज्ञान एवं नवजागरणकालीन हिंदी पत्रकारिता

डॉ. राकेश कुमार दूबे

Pustak Bharati
Toronto, Canada

Author : डॉ. राकेश कुमार दूबे, (M.A., NET, Ph. D.)

Book Title : विज्ञान एवं नवजागरणकालीन हिंदी पत्रकारिता

यह पुस्तक भारत में यूरोपिय विज्ञान के आगमन एवं विज्ञान के संदर्भ में नवजागरणकालीन हिंदी पत्रकारिता के दृष्टिकोण को प्रस्तुत करती है। इस पुस्तक में इस बात को प्रमाणों के आधार पर सिद्ध करने का प्रयास किया गया है कि भारत में प्राचीन काल से ही ज्ञान–विज्ञान की एक सशक्त परंपरा रही है। यूरोप में विज्ञान एवं प्रौद्योगिकी की आशातीत उन्नति एवं अंग्रेजों की भारत विजय एवं साम्राज्य के सुदृढ़ीकरण में भी इसकी महत्वपूर्ण भूमिका के कारण अंग्रेज इसकी महत्ता को समझ चुके थे, इसी कारण वे इसे भारत में आने देना नहीं चाहते थे। 19वीं सदी से ही भारत की हिंदी पत्रकारिता ने विज्ञान के महत्व को समझा, आत्मसात किया और उसे जनता तक जनता की भाषा में पहुँचाने का प्रयास किया। हिंदी पत्रकारिता ने विदेशी शासन की विज्ञान के क्षेत्र में स्थापित 'रंगभेद नीति' का विरोध करते हुए इस बात को बल प्रदान किया कि सब उन्नतियों का मूल विज्ञान है और भारत की उन्नति भी विज्ञान के ही बल पर हो सकती है।

Published by :
Pustak Bharati (Books India)
Toronto, Ontario, Canada, M2R 3E4
email : pustak.bharati.canada@gmail.com
Web : www.books-india.com

Copyright ©2020
ISBN 978-1-897416-33-4

© All rights reserved. No part of this book may be copied, reproduced or utilised in any manner or by any means, computerised, e-mail, scanning, photocopying or by recording in any information storage and retrieval system, without the permission in writing from the Publisher.

विषयानुक्रमिका

प्राक्कथन	iv
भूमिका	vi
1. प्राचीन भारत में विज्ञान की परंपरा एवं उसका स्वरुप	1
2. भारत में अंग्रेजी राज एवं उसकी विज्ञान नीति	28
3. भारतीय नवजागरण एवं विज्ञान के क्षेत्र में प्रारंभिक प्रयास	54
4. भारतेंदुकालीन हिंदी पत्रिकाओं का विज्ञान के क्षेत्र में योगदान	81
5. बीसवीं सदी के आरंभ में विज्ञान और हिंदी पत्रकारिता	125
6. विज्ञान पत्रिका का विज्ञान के क्षेत्र में योगदान	164
ग्रंथ सूची	188
लेखक–परिचय	194

प्राक्कथन

संसार की सभी प्रमुख संस्कृतियों के उन्नयन में विज्ञान एवं तकनीकी की महत्वपूर्ण भूमिका रही है। भारतवर्ष, जो प्राचीनकाल में ही उच्चासन को प्राप्त कर सका था, का मूल कारण उसकी विकसित विज्ञान एवं तकनीकी ही थी। तभी तो यह कहा जाता है कि जब संसार के अधिसंख्य देशवासी असभ्य थे, उस समय भारत शिक्षा, साहित्य एवं कला–कौशल में आशातीत उन्नति कर सभ्यता के शिखर पर आरूढ़ हो 'विश्वगुरु' की पदवी प्राप्त कर चुका था।

भारतवर्ष बहुभाषी और बहुसांस्कृतिक देश होते हुए भी अपनी कला–कुशलता और उन्नत व्यापार के बल पर प्राचीन काल से ही संसार के सर्वाधिक विकसित और संपन्न देशों में गिना जाता था। भारत में जो भी पुरातात्विक और लिखित साक्ष्य उपलब्ध हैं, उनके अध्ययन के आधार पर प्राचीन भारत के राजनीतिक, आर्थिक, सांस्कृतिक एवं वैज्ञानिक उन्नति का जो विस्मयकारी चित्र पटल पर अंकित होता है, उसके अवलोकन मात्र से ही बिना किसी संकोच के यह कहा जा सकता है कि इस उन्नति के मूल में उन्नत विज्ञान एवं प्रौद्योगिकी ही थी।

भारत में राजनैतिक परिवर्तनों, वाह्य आक्रमणों एवं अन्य आंतरिक कारणों से राजनीतिक, सामाजिक और सांस्कृतिक क्षेत्र में ह्रास के साथ ही कला–कौशल में भी अवनति और उसका कुछ लोगों तक ही सीमित हो जाना दृष्टिगोचर होता है। इसके बावजूद भी भारत एक संपन्न देश था जिसका विवरण मध्यकालीन लेखकों एवं यूरोपिय यात्रियों के यात्रा वर्णनों में प्रचुरता से मिलता है। 18वीं सदी के आरंभ तक भी विश्व व्यापार में भारत की भागीदारी ही सर्वाधिक थी।

भारत में यूरोपिय कंपनियों के आगमन एवं उन्हीं में से एक ईस्ट इंडिया कंपनी के भारतीय राजनीति में अपना प्रभाव स्थापित करने के साथ ही भारत की दशा में तेजी से गिरावट शुरु हुई। अंग्रेजों को भारत में अपनी सत्ता स्थापित करने में विज्ञान एवं प्रौद्योगिकी की भरपूर सहायता मिली थी, इसीलिए उन लोगों ने विज्ञान के क्षेत्र में भेदभाव की नीति अपनाते हुए विज्ञान को भारत में एक प्रकार से प्रतिबंधित किया और अपने राजनीतिक प्रभुत्व का प्रयोग भारत के आर्थिक दोहन के लिए किया।

पाश्चात्य सभ्यता एवं संस्कृति से संसर्ग के फलस्वरूप भारत के लोगों में भी जागृति के लक्षण दिखे और यह राजनीति, समाज सुधार एवं अन्य क्षेत्रों के समान विज्ञान के क्षेत्र में भी दृष्टिगोचर हुआ। उस नवजागरण काल से ही हिंदी पत्र–पत्रिकाओं ने भाषा एवं साहित्य के साथ ही ज्ञान–विज्ञान से संबंधित बातों एवं जानकारियों को जनता तक जनता की भाषा

में पहुँचाने का प्रयास किया और जैसे—जैसे हिंदी पत्रकारिता सशक्त होती गयी, उसी क्रम में अंग्रेजों की विज्ञान के क्षेत्र में स्थापित रंगभेद की नीति का विरोध करते हुए देशवासियों के समक्ष इस बात का उद्घाटन किया कि भारत की उन्नति भी विज्ञान एवं प्रौद्योगिकी के बल पर ही हो सकती है।

  भारत में हिंदी भाषा में विज्ञान पत्रकारिता एवं हिंदी में विज्ञान—लेखन एवं लोकप्रियकरण पर अनुसंधानपरक लेखन कार्य पहले भी हुआ है, परंतु विज्ञान एवं विज्ञान के संदर्भ में हिंदी पत्रकारिता के दृष्टिकोण पर ऐतिहासिक एवं अनुसंधानपरक ढ़ंग से पहली बार इस पुस्तक में प्रकाश डालने का जो प्रयास किया गया है, वह प्रशंसनीय है।

  आशा है मेरी राय एवं दृष्टिकोण से यह पुस्तक एक रुचिकर प्रयास है।

  सादर!

राष्ट्रीय विज्ञान दिवस   प्रो.(डॉ.) मनोज कुमार पटैरिया
28 फरवरी, 2020   सलाहकार एवं प्रमुख,
              राष्ट्रीय विज्ञान एवं प्रौद्योगिकी संचार परिषद,
        विज्ञान एवं प्रौद्योगिकी विभाग, विज्ञान एवं प्रौद्योगिकी मंत्रालय,
               भारत सरकार, नई दिल्ली

भूमिका

यूरोपिय जातियां भारत में व्यापार करने के लिए आयीं और तीन सौ वर्षों के भीतर ही उन्हीं में से एक अंग्रेज जाति भारत पर अपना व्यापारिक और राजनीतिक प्रभुत्व स्थापित करने में सफल हो गयी। भारत और यूरोप के व्यापारिक संबंध प्राचीन काल से ही स्थापित थे और दोनों के मध्य यह संपूर्ण व्यापार स्थल और जल मार्ग द्वारा होता था। भारतीय वस्तुओं की यूरोप में बहुत मांग थी और यूरोप के लोगों को किसी भी कीमत पर वे चाहिए होती थीं। 1453ई0 में कुस्तुनतुनियां पर तुर्कों के अधिकार के साथ ही अचानक ही यूरोप का स्थल मार्ग से भारत से संपर्क टूट गया। यूरोप में भारतीय मसालों, सूती वस्त्रों और अन्य वस्तुओं की जिस प्रकार मांग थी, उसके लिए यह आवश्यक हो गया कि भारत पहुॅचने का कोई अन्य मार्ग खोजा जाय और इसके लिए यूरोप में समुद्री यात्राएं आरंभ हुईं और इसके फलस्वरुप कितने ही नवीन देश खोज निकाले गये।

समुद्री यात्राओं और पुनर्जागरण के फलस्वरुप यूरोप में एक नया युग ही आरंभ हो गया। अब यूरोप में ज्ञान–विज्ञान की चर्चा और उन्नति होने लगी जिसके कारण यूरोप के देशों में वाह्य जगत को खोजने, उस पर अधिकार करने तथा वहां पर अपने उपनिवेश स्थापित करने की प्रबल प्रतिद्वंद्विता आरंभ हुई। औद्योगिक क्रांति के बाद तो यह प्रतिद्वंद्विता और भी तीव्र होती गयी। अंग्रेजों को ही भारत पहुॅचने और यहां पर अपना नियंत्रण स्थापित करने में प्रथम यूरोपिय जातियों–पुर्तगाली, डच और फ्रांसीसीयों और बाद में भारतीय शक्तियों से संघर्ष करना पड़ा था।

भारत में अंग्रेजों के आगमन एवं राजनीतिक नियंत्रण की स्थापना एक काफी लंबी प्रक्रिया थी और इस संपूर्ण प्रक्रिया में विज्ञान एवं तकनीकी ने महत्वपूर्ण योगदान दिया था। चाहे कर्नाटक युद्ध हो या फिर प्लासी या मैसूर युद्ध, सभी में विज्ञान एवं प्रौद्योगिकी ने अपनी उपयोगिता सिद्ध की थी और भारत में ब्रिटिश सत्ता की स्थापना, विस्तार एवं उसे स्थायित्व प्रदान करने में विज्ञान एवं तकनीकी का योगदान बहुत ही निर्णायक था, इसी कारण अंग्रेजों ने विज्ञान एवं तकनीकी का उपयोग भारत पर अपने नियंत्रण के एक प्रभावशाली औजार के

रुप में किया और किसी भी कीमत पर वे विज्ञान एवं तकनीकी को भारत आने देना नहीं चाहते थे। उन्नीसवीं सदी के उत्तरार्द्ध से ही हिंदी पत्रिकाओं ने इस सत्य को समझा, आत्मसात किया और ब्रिटिश सरकार की विज्ञान के क्षेत्र में अपनाई जाने वाली 'भेदभावपूर्ण नीति' का विरोध करते हुए विज्ञान के महत्व को जनता की भाषा में जनता तक पहुँचाने का हर संभव प्रयास किया। 1858ई0 के बाद हिंदी पत्रिकाओं ने विज्ञान से संबंधित लाभप्रद बातों को एवं साथ ही पाश्चात्य जगत में हो रही विज्ञान की प्रगति और विज्ञान के बल पर पश्चिमी जातियों की राष्ट्रोन्नति को भी जनता तक पहुॅचानें का गुरुतर कार्य किया। हिंदी पत्रिकाओं ने हिंदी भाषा के माध्यम से भारतीयों में जागृति लाने और भारतीय राष्ट्रवाद को पुष्ट करने के साथ ही एक समृद्ध एवं अखंड भारत के निर्माण का उद्योग किया। किसी देश की आर्थिक समृद्धि विज्ञान, प्रौद्योगिकी और लाभप्रद व्यापार पर निर्भर करती है और हिंदी पत्रिकाओं ने पश्चिम के इस सत्य को जनता के समक्ष रखा और इस बात का भी उद्‌घाटन किया कि भारत की प्रगति भी विज्ञान एवं प्रौद्योगिकी के बल पर ही हो सकती है।

यहां पर विज्ञान की चर्चा भी आवश्यक हो जाती है कि वास्तव में विज्ञान क्या है? और इसने मानव समाज को कैसे और कहां तक प्रभावित किया है। ईश कृत पंचतत्वों के मेल से भौतिक पदार्थों की सृष्टि हुई है अतः इन्हीं तत्वों की अलौकिक एवं अदृश्य शक्ति को अपने बुद्धि बल से जानकर उन तत्वों से उपाय द्वारा उसे अपने वशवर्ती करना विज्ञान कहलाता है। मेधावी पुरुषों ने अपने अपरिमेय परिश्रम और उद्योगशीलता द्वारा वैज्ञानिक शक्तियों के बल पर लौकिक कार्य संपादन प्रणाली प्रकाशित कर संसार में नवयुग उपस्थित कर संसार को वैचित्र्र्य सागर में डाल दिया। उनकी कार्य संपादन रक्षिता को देख–सुनकर संपूर्ण समुदाय को विस्मित होना पड़ता है।

मनुष्य को अपने जीवन को सुखमय बनाने के लिए प्रकृति के नियमों का ज्ञान आवश्यक होता है। प्रकृति का ज्ञान विज्ञान द्वारा ही होता है। विज्ञान का वास्तविक लक्ष्य जीवन की समस्याओं का हल करना है। अधिकांश लोगों का यह मत है कि विज्ञान का उद्देश्य केवल भौतिक उन्नति तथा भौतिक और शारीरिक सुख है। उनका यह मत सर्वथा भ्रममूलक है। भौतिक उन्नति तथा सुख विज्ञान का उद्‌देश्य नहीं। भौतिक सुख विज्ञान का परिणाम है। यदि अपनी उद्‌देश्य पूर्ति में मानव को कुछ भौतिक सुख की सिद्धियां प्राप्त हो जाती है तो

इसके लिए संपूर्ण मानव समुदाय को विज्ञान का कृतज्ञ होना चाहिए।

विज्ञान का उद्देश्य भ्रमों का निवारण और वास्तविकता का प्रतिपादन कर मानव जाति का कल्याण करना है क्योंकि विज्ञान विद्या का पहला कार्य ही यह है कि मनुष्य जाति को वह विशेष ज्ञान दे और केवल इतना ही नहीं वरन् जिस सीढ़ी पर वह है, उसके आगे की सीढ़ी पर ले जाने को वह विद्या मनुष्य की सहायक हो। क्योंकि यदि जिस दशा में मनुष्य जाति उस शास्त्र के पढ़ने के पहले थी, उसी दशा में उस शास्त्र के अभ्यास के उपरान्त भी बनी रही और उसकी कुछ भलाई न हुई तो विज्ञान शास्त्र का होना न होना दोनो बराबर है। वरन् मनुष्य की उन्नति के लिए हानिकारक कहें तो उचित है। विज्ञान की उन्नति के लिए जिज्ञासा का होना परम आवश्यक है क्योंकि असंतोष ही उन्नति का मूल है। जब मनुष्य को अभाव का अनुभव होता है तभी वह उसके पूर्ण करने की चेष्टा करता है। इसी अभाव मोचन के लिए ही मध्य कालीन यूरोप में प्रयास किये गये और नित्य नए नए तत्व आविष्कृत हुए। इसी कारण यूरोप में अनुसंधान लिप्सा की उत्पत्ति हुई और पश्चिमी देशों ने इतनी उन्नति कर पाई। इसके विपरीत भारत के लोग सूखी रोटी ही में मस्त रहे और उन्नति की कोई चेष्टा नहीं की।

यहां पर साहित्य और विज्ञान के अंतर्संबंधों पर भी विचार करना आवश्यक हो जाता है। सारा संसार, सारा जीवन एक रहस्यपूर्ण समस्याओं का समूह है। इन्हीं रहस्यपूर्ण समस्याओं पर प्रकाश डालना, इनके रहस्यों का उद्घाटन करना साहित्य और विज्ञान दोनों का उद्देश्य है। संसार और जीवन के संबंध में हमारा जो कुछ विचार है, उन्हीं का प्रत्यक्ष स्वरूप साहित्य है और उन्हीं विचारों से विज्ञान का भी अस्तित्व है। अंतिम उद्देश्य दोनों का एक है। पर अंतर केवल यही है कि साहित्य का कार्यक्षेत्र कुछ संकुचित है और विज्ञान का विस्तृत। साहित्य प्रायः मनुष्य के अंतःजगत और सामाजिक विचारों से ही संबंध रखता है, विज्ञान के लिए कोई ऐसा विषय नहीं है जो उसके अनंत गर्भ में न समा जाता हो। नक्षत्र, उनकी गति, प्रकाश, भूगोल में निहित अदृष्ट पदार्थों की बनावट और कार्य, मानव मन के विचार और भाव, जगत की सृष्टि और क्रम, प्राणियों का परस्पर संबंध और एक नए जीव की उत्पत्ति इत्यादि कोई भी बात विज्ञान से बाहर नहीं होती है।

इतना ही नहीं, समाज में रहने के लिए मनुष्य जो आचरण करता है, उसके निर्माण के लिए भी विज्ञान की प्रायः उतनी ही आवश्यकता है जितनी साहित्य की। किसी भी देश की सभ्यता अथवा शिष्टता विज्ञान को निकाल देने से अधूरी रह जाती है। जब कभी किसी राष्ट्र

की शिष्टता के पुनरुद्धार का प्रयत्न किया जाता है तो उसके साहित्य की उन्नति के साथ ही साथ उसके विज्ञान की उन्नति का भी यथेष्ट प्रयत्न करना पड़ता है। बिना विज्ञान के जीवन समस्याओं के सर्वोत्तम विचार विकृत और अपूर्ण रह जाएंगे और इन अपूर्ण और एकांगीय विचारों की नींव पर किसी भी शिष्टता का स्थायी मंदिर नहीं खड़ा किया जा सकता। किसी भी राष्ट्र की शिष्टता का जितना उसके नाटक और काव्य द्वारा पता चलता है, उतना ही उसके रसायन और गणित इत्यादि शास्त्रों द्वारा चलता है। जिस राष्ट्र की सभ्यता में विज्ञान उन्नत दशा को नहीं पहुंचा है उस सभ्यता के लिए हमें विवश होकर कहना पड़ता है कि वह एक पक्षीय है। एकपक्षीय कहने का तात्पर्य यह है कि शिष्टता व सभ्यता निर्माण में साहित्य के साथ ही साथ विज्ञान का भी उतना ही भाग है।

सांस्कृतिक उन्नयन के लिए विज्ञान का समुन्नत होना तो आवश्यक है परंतु आधुनिक भारतीय इतिहास में विज्ञान का अध्ययन एक उपेक्षित विषय रहा है जिसके संबंध में प्रख्यात इतिहासकार डॉ0 कालीदास नाग का भी स्पष्ट मत रहा है कि 'हमारे देश में बहुत कम इतिहासकारों ने विज्ञान का अध्ययन किया है और बहुत ही कम वैज्ञानिकों ने विज्ञान के इतिहास पर ध्यान दिया है।' भारत के संदर्भ में इस बात की सत्यता की जॉच और विषय प्रवर्तन के लिए भारत के इतिहास पर दृष्टि डालना आवश्यक हो जाता है और साथ ही हिंदी पत्रिकाओं द्वारा 19वीं सदी से ही, जबकि वह समय भारतीय इतिहास में नवजागरण का काल था, विज्ञान के लोकप्रियकरण एवं प्रचार–प्रसार के लिए किये गये प्रयासों पर प्रकाश डालने का प्रयास किया गया है।

प्राचीन काल से ही भारत में विज्ञान उन्नत अवस्था में था और ज्ञान–विज्ञान की इस उन्नति की क्रमबद्ध प्रक्रिया छठीं शताब्दी ई0 तक चलती रही परन्तु इसके बाद उसकी गति मंद होती गई। फिर भी, 1500 ई0 के पूर्व तक विज्ञान के क्षेत्र में पूर्व का ही योगदान था लेकिन इसके बाद 16वीं सदी से लेकर 20वीं सदी तक सारा वैज्ञानिक ज्ञान पश्चिमी जगत में ही विकसित होता रहा। 'रेनेसॉ' के फलस्वरुप, यूरोप में ज्ञान की नई जागृति उठी तथा कोलंबस एवं वास्कोडिगामा के अनुसंधानों ने उसे समुद्र का सम्राट बना दिया। यूरोप में ज्ञान–विज्ञान, और शक्ति की वृद्धि होती गयी और उसी परिमाण में भारत के ये गुण कम होते गये।

मुगल–मराठा काल में भारतीयों ने अपनीं पुरानी योग्यता और कला–कौशल बनाये रक्खी। परंतु फिर भी, इस युग में ज्ञान–जागृति का अभाव दिखायी देता है। अकबर,

शाहजहॉ, औरंगज़ेब, शिवाजी, बाजीराव जैसे हमारे योग्य शासक बराबर यह देखते रहे कि पश्चिमी लोग ज्ञान–विज्ञान और विविध कलाओं में उन्नति कर हमसे आगे निकलते जाते हैं; तो भी सवाई जयसिंह और रघुनाथ राव जैसे कुछ लोगों को अपवाद स्वरुप छोड़कर उनमें से किसी को भी यह नहीं सूझा कि पश्चिम के उस ज्ञान को अपना लें या प्राप्त कर लें।

भारत में ईस्ट इंडिया कम्पनी के साम्राज्य निर्माण में विज्ञान की महत्वपूर्ण भूमिका थी। प्लासी की लड़ाई के बाद भारत की लूट से जो धन इंग्लैंड पहुॅचा उससे अंग्रेजों ने अपनी शिल्प–व्यवसाय की प्रक्रियाओं में सुधार और उन्नति की और वहां व्यवसायिक क्रान्ति हो गयी और विज्ञान के बल पर इंग्लैंड न केवल यूरोप वरन् विश्व का सबसे समुन्नत राष्ट्र बन गया।

19वीं शताब्दी में, जिसे आधुनिक वैज्ञानिक युग की पहली शताब्दी कहा जाता है, जब संसार के अनेक देश ज्ञान–विज्ञान में उन्नति कर रहे थे, उस समय हमारा देश अंग्रेजों द्वारा दलित रहा। अंग्रेजों ने उपनिवेशीकरण और नियंत्रण के एक बहुत प्रभावशाली औजार के रुप में विज्ञान का प्रयोग किया। ब्रिटिश साम्राज्य धाक पर आधारित था जिसकी निरंतरता कहीं ज्यादा इस बात पर निर्भर थी कि वह प्रजाजन के बीच से अपने पक्ष में कितना अधीनता भाव और सहमति अर्जित कर सकता था। इस प्रयोजन में इतिहास–लेखन और एक खास विज्ञान नीति प्रमुख हथियार थी। ब्रिटिश शासन ने हमेशा पूर्वी 'पारलौकिकता' को दोष दिया और भारत में वैज्ञानिक ज्ञान को हमेंशा हतोत्साहित किया। स्वयं लार्ड मैकाले ने भारत में पश्चिमी विज्ञान के बजाय अंग्रेजी भाषा, साहित्य और कानून की ही शिक्षा पर जोर दिया।

जब भारत के लोग पराजित होकर पराधीन हो गये तब उनकी दशा और भी खराब होने लगी। सारे संसार में यूरोपिय जातियों की यह पुकार मच गई कि भारतीयों की जातिभेद की प्रथा, मूर्ति पूजा, शिल्प कला, स्त्रियों के विषय में भारतीयों का भाव, सारांश भारतीयों का जो कुछ है वह सब अत्यंत मूर्खता का, त्याज्य, बेकाम और असभ्य है। यूरोपिय पादरियों के ग्रंथों और व्याख्यानों से तो यह राय और भी बढ़ गई। पश्चिमी दुनिया के लोग कहने लगे कि भारतीयों में सभ्यता का नाम निशान भी नहीं है।

परंतु 19वीं सदी में, परतंत्र रहते हुए भी, भारत वैज्ञानिक ज्ञान को ग्रहण करने में पीछे नहीं रहा। 19वीं शताब्दी के भारतीय जीवन में प्रेस, बारुद, कम्पास और दूरबीन आदि ने तो अपना प्रभाव दिखाया ही, साथ ही कोपरनिकस, बेकन, मोर्ले, मिल तथा अन्य यूरोपिय विद्वानों के विचारों ने भारतीय मध्ययुगीन जीवन की जड़ हिला दिया। 19वीं सदी के उत्तरार्द्ध में

शोध द्वारा उद्घाटित ऐतिहासिक तथ्यों का प्रयोग राजनीतिक एवं सामाजिक उद्देश्यों हेतु किया गया फलस्वरुप भारतीयों ने यह अनुभव किया कि वे किसी भी प्रकार और किसी भी क्षेत्र में अपने शासकों से हीन नहीं हैं। इस पुनरुत्थानवादी प्रतिक्रिया स्वरुप विज्ञान के क्षेत्र में भी सरकार की रंगभेग नीति का विरोध आरंभ हुआ और महेंन्द्रलाल सरकार, प्रमथनाथ बोस, जगदीश चंद्र बोस, प्रफुल्ल चंद्र राय और पं0 श्रीकृष्ण जोशी सदृश लोग इस शृखला की महत्वपूर्ण कडियां थे।

पाश्चात्य ज्ञान–विज्ञान एवं विचारों का प्रारंभिक प्रभाव बंगाल में दिखा और इसके अगुवा बने राजा राममोहन राय। लार्ड एमहर्स्ट को लिखा गया उनका पत्र इस संदर्भ में काफी प्रसिद्ध है। राममोहन राय के बाद बंगाल में बड़ी संख्या में प्रतिभाशाली विद्रोही उत्पन्न हुए जिन्होंने राजनीति, समाज सुधार, पत्रकारिता के साथ ही साथ ज्ञान–विज्ञान के क्षेत्र में व्यक्तिगत एवं संस्थागत रुप से महत्वपूर्ण प्रयास किया। बंगाल के अलावा महाराष्ट्र में भी विज्ञान को महत्व मिला और इस क्षेत्र में लेखन और अनुवाद कार्य किया गया।

हिंदी पट्टी में भी विज्ञान को महत्व मिला और 19वीं सदी के पूर्वार्द्ध से ही हिंदी में विज्ञान–लेखन का कार्य आरंभ हुआ जिसका उद्देश्य स्कूल के विद्यार्थियों को पाठ्य पुस्तकें उपलब्ध कराना और वैज्ञानिक ज्ञान को जनता की भाषा में जनता तक पहुॅचाना था। हिंदी में विज्ञान विषयक जो आरंभिक पुस्तकें लिखी गयीं उनमें ज्योतिष चंद्रिका (ओंकार भट्ट जोशी) 1840ई0 में, 'रसायन शास्त्र प्रश्नोत्तरी, 1847ई0 में, कृषि कौमुदी (लालप्रताप सिंह) 1856ई0 में; सरल त्रिकोणमिति (पं0 लक्ष्मी शंकर मिश्र) 1873ई0 में; सुलभ बीजगणित (कुंज बिहारी लाल) 1875ई0 में; रसायन शास्त्र (मुंशी नवल किशोर) 1883ई0 में; गति विद्या (पं0 लक्ष्मी शंकर मिश्र) 1885ई0 में, रसायन संग्रह (विश्वम्भर नाथ शर्मा) 1896ई0 में, इत्यादि प्रमुख थीं।

परंतु औपनिवेशिक भारत में विज्ञान के लोकप्रियकरण एवं प्रचार–प्रसार में महत्वपूर्ण योगदान हिंदी पत्रिकाओं का था। 1857 ई0 के पूर्व ही, 1852ई0 में आगरा से प्रकाशित 'बुद्धिप्रकाश' ने इस क्षेत्र में अग्रणी एवं महत्वपूर्ण भूमिका निभाई। यह पत्र साप्ताहिक रुप में प्रत्येक बुद्धवार को आगरे के मोतीकटरा मुहल्ले से नुरूल अवसार छापेखाने से छपता था जिसके प्रबंधक मुंशी सदासुखलाल थे। इस पत्र में इतिहास और भूगोल सहित विज्ञान, शिक्षा और गणित पर लेख प्रकाशित होते थे, जिसका उद्देश्य तद्विषयक जानकारी को लोगों तक

पहुँचाना था।

1858ई0 के बाद देश के विभिन्न भागों में सभा–संगठनों की स्थापना और सुदृढ़ीरण का एक व्यापक आंदोलन आरंभ हुआ और इन सभा–संगठनों से जुड़े व्यक्ति एवं प्रकाशित पत्र–पत्रिकायें विज्ञान के क्षेत्र में महत्वपूर्ण योगदान दे तो रही थीं, परंतु इसे गति प्रदान करने का श्रेय आधुनिक हिंदी के जन्मदाता भारतेंदु हरिश्चंद्र को है। उन्होंने अपने भाषणों के साथ ही लेखन में भी सर्वत्र पश्चिमी ज्ञान–विज्ञान के हिंदी भाषा में प्रचार पर बल दिया। उन्होंने अपनी सभी पत्रिकाओं–कविवचन सुधा, हरिश्चंद्र मैगज़ीन और बालाबोधनी में वैज्ञानिक सामग्री को प्रकाशित करने पर बल किया। भारतेंदु हरिश्चंद्र और उनके समकालीन हिंदी लेखकों–बाबू कार्तिकप्रसाद, बद्रीनारायण उपाध्याय 'प्रेमघन', लाला श्रीनिवासदास, पं0 श्रीधर पाठक, पं0 बालकृष्ण भट्ट इत्यादि, जो 'भारतेंदु मंडल' के नाम से विख्यात थे, का योगदान भी विज्ञान के क्षेत्र में अति महत्वपूर्ण रहा।

भारतेंदु हरिश्चंद्र के काल में ही बनारस की 'काशी पत्रिका' ने विज्ञान के प्रचार में सराहनीय कार्य किया। इस पत्रिका के संपादक पं0 लक्ष्मीशंकर मिश्र थे जो कि हिंदी में विज्ञान के अग्रणी लेखक भी थे। उन्होंने 'सरल त्रिकोणमिति', 'गणित कौमुदी', 'पदार्थ विज्ञान विटप', 'प्राकृतिक भूगोल चंद्रिका', 'वायुचक्र विज्ञान', 'स्थिति विद्या' और 'गति विद्या' सदृश पुस्तकें लिखकर एक कीर्तिमान स्थापित किया। ब्रिटिश सरकार की भेदभावपूर्ण नीति का सामना करते हुए भी देशवासियों के लाभार्थ उन्होंने उस युग में अपनी पत्रिका के माध्यम से विज्ञान का काफी प्रचार किया। भारतेंदु के देहावसान के बाद 19वीं सदी में 1896ई0 से प्रकाशित 'नागरीप्रचारिणी पत्रिका' एवं 1898ई0 से प्रकाशित 'विद्या विनोद' ही मुख्य रुप से ऐसी पत्रिकायें थी जो विज्ञान विषयक सामग्री का प्रकाशन कर रही थीं और 'हिंदी प्रदीप' पूर्ववत् प्रकाशित हो रही थी।

जनवरी, 1900ई0 से प्रकाशित 'सरस्वती' पत्रिका ने विज्ञान विषय को काफी प्रमुखता दी और विज्ञान विषयक सामग्री के प्रकाशन का जो आंदोलन आरंभ किया उस पर चलते हुए 20वीं सदी के आरंभ में प्रकाशित हिंदी की सभीं प्रमुख हिंदी पत्रिकाओं–लक्ष्मी, मर्यादा, आनंदकादम्बिनी, कला कुशल, पीयूष प्रवाह, बाल प्रभाकर, स्वदेश बांधव, हितकारिणी, चित्रमय जगत, साहित्य पत्रिका, इन्दु, औदुंबर, तरंगिणी इत्यादि ने भी विज्ञान की प्रभूत सामग्री का

प्रकाशन कर उसे जनता तक पहुँचाने का कार्य किया। 1913 ई0 में हिंदी साहित्य सम्मेलन से प्रकाशित 'सम्मेलन पत्रिका' में भी विज्ञान को आपेक्षित वरीयता दी गयी और तत्कालीन हिंदी लेखकों ने इस पत्रिका के प्रत्येक अंकों में विज्ञान विषयों पर लेख लिखे।

सरस्वती पत्रिका और हिंदी साहित्य सम्मेलन से प्रेरणा ग्रहण करते हुए प्रयाग में 10 मार्च, 1913ई0 को 'विज्ञान परिषद' नामक संस्था की स्थापना की हुई। इस संस्था से अप्रैल, 1915ई0 में 'विज्ञान' पत्रिका का प्रकाशन किया गया जिसके प्रारम्भिक संपादक क्रमशः पं0 श्रीधर पाठक और लाला सीताराम हिंदी के प्रख्यात साहित्यकारों में से थे। इस पत्रिका ने और इससे जुड़े हिंदी लेखकों ने हिंदी भाषा में विज्ञान के लोकप्रियकरण एवं प्रचार–प्रसार में निर्णायक भूमिका निभाई और यह पत्रिका आज भी अपने प्रकाशन के 100 वर्ष पूरे करते हुए अपना विशिष्ट स्थान बनायी हुई है।

1858ई0 के बाद भारत से ही हिंदी पत्रिकाओं ने ब्रिटिश सरकार की विज्ञान के क्षेत्र में स्थापित 'भेदभावपूर्ण नीति' का विरोध करते हुए विज्ञान के लोकप्रियकरण एवं उसके प्रचार–प्रसार एवं विस्तार में महत्वपूर्ण भूमिका निभाई और उसके समानान्तर ही हिंदी लेखकों ने विज्ञान विषयक पुस्तकें भी लिखीं और स्वतंत्रता प्राप्ति के समय तक हिंदी में विज्ञान का इतना साहित्य तैयार हो चुका था कि यदि पूरे मनोयोग से प्रयास किया गया होता तो विज्ञान की पूरी शिक्षा हिंदी भाषा में दी जा सकती थी। परंतु आजादी के बाद ऐसा हुआ नहीं। विज्ञान और प्रौद्योगिकी के साथ भाषा का एक अटूट संबंध होता है और यह आम लोगों तक तभीं पहुँच सकती है, जब वह आम लोगों की भाषा में हो। आजादी के बाद भी अंग्रेजी भाषा यहां पर बनी रही और विज्ञान एवं तकनीकी संबंधी समस्त ज्ञान भी उसी में उपलब्ध हुआ और इसी कारण वह आम लोगों तक नहीं पहुँच सका। विश्व के उन्नतशील देशों की भांति भारत में भी आज विज्ञान और प्रौद्योगिकी की उच्च शिक्षा एवं अनुसंधान की व्यवस्थाएं वर्तमान हैं परंतु यह संपूर्ण व्यवस्था आज भी विदेशी भाषा अंग्रेजी में है एवं देश की अधिसंख्य जनता के लिए अनुपयोगी और पहुँच से दूर है और आज भी अंग्रेजी पढ़े लिखे एक अत्यंत अल्प वर्ग की संपत्ति बनकर रह गया है। आज आवश्यकता है कि यह ज्ञान–विज्ञान विषयक सामग्री जनता को जनता की भाषा में उपलब्ध हो और इसी क्षेत्र में एक अल्प प्रयास किया गया है।

इस ग्रंथ का शीर्षक 'विज्ञान एवं नवजागरणकालीन हिंदी पत्रकारिता' रखा गया है जिसमें मुख्य रुप से ब्रिटिश काल में भारत में विज्ञान की स्थिति, अंग्रेजों की विज्ञान नीति

एवं इस पूरे मामले पर 1858ई0 के बाद प्रकाशित हिंदी पत्र–पत्रिकाओं का क्या दृष्टिकोण था? पर प्रकाश डालने का प्रयास किया गया है। यहां पर यह भी स्पष्टीकरण देना आवश्यक हो जाता है कि भारत में नवजागरण बंगाल से आरंभ हुआ और उत्तर भारत में नवजागरण की इस मशाल को धारण करने का श्रेय भारतेंदु हरिश्चंद्र को दिया जाता है जिसकी सशक्त माध्यम हिंदी भाषा बनी थी, परंतु विज्ञान के संदर्भ उत्तर भारत में यह 1840ई0 से ही आरंभ हो गया था और संपूर्ण 19वीं सदी में यह सशक्त होता गया। स्वामी विवेकानंद के तिरोभाव (1902ई0) को बहुत सारे साहित्यकारों और इतिहासकारों ने एक प्रकार से नवजागरण का अंत माना है और उत्तर भारत में विज्ञान के संदर्भ में भी यह बात काफी हद तक सत्य मानी जाती है, फिर भी इस ग्रंथ में 1915ई0 तक प्रकाश डालने का प्रयास किया गया है, क्योंकि यह वर्ष विज्ञान के इतिहास में निश्चित रुप से एक विभाजक रेखा मानी गयी है और इसके बाद एक नवीन युग ही आरंभ हुआ।

इस ग्रंथ के प्रणयन में जिन विद्वानों की पुस्तकों के अवलोकन से दृष्टि पा सका हूॅ और जिनकी पुस्तकों के संदर्भ उद्धृत किये हैं, उन सबका आभारी हूॅ। आदरणीय प्रो0 रत्नाकर नराले जी ने अपने प्रकाशन से इस ग्रंथ को प्रकाशित करने का बीड़ा उठाया, इसके लिए उन्हें हृदय से आभार ज्ञापित करता हूॅ। साधारण मानव होने के कारण इस ग्रंथ में त्रुटियों का रह जाना भी संभव है। इस ग्रंथ के लेखन में ऐतिहासिक एवं साहित्यिक दोनों प्रकार की सामग्री का उपयोग किया गया है अतः इस ग्रंथ की पूर्णतः ऐतिहासिकता एवं मौलिकता का दावा करने की बजाय केवल इतना ही निवेदन करना है कि साहित्य–साधना में रत विद्वानों के सम्मुख यह एक विनम्र प्रयास है। पाठको की संतुष्टि ही इस ग्रंथ की उपलब्धता होगी।

शुभम् भवतु,

नेहियां, वाराणसी
चैत्र शुक्ल नवमी, सं. 2077 वि.

डॉ. राकेश कुमार दूबे
सह संपादक, पुस्तक भारती पत्रिका

1. प्राचीन भारत में विज्ञान की परंपरा एवं उसका स्वरुप

भारत की संस्कृति विश्व की प्राचीनतम् संस्कृतियों में से एक रही है। जब से सृष्टि का निर्माण हुआ है और संसार की सर्वोत्तम वस्तु ज्ञान बनाया गया, उसको प्राप्त करने में भारत के लोग कभी भी किसी से पीछे नहीं रहे, ऐसा लोक कथाओं एवं लिखित साक्ष्यों से प्रमाण मिलता है। जब से विद्या सोपान की रचना हुई तभी से यह अमूल्य पदार्थ भाग्यशाली भारतवासियों को प्राप्त होता रहा और उसी के बल पर यहां के लोग प्राचीनकाल से ही ज्ञान प्राप्त करते रहे। जिस काल में संसार के अधिसंख्य देशों के निवासी गुफओं एवं कंदराओं में रहते हुए जंगली एवं असभ्य जीवन जी रहे थे, उस काल में भारतवासी ज्ञान–विज्ञान में उन्नति कर एक सुसंस्कृत समाज का निर्माण कर चुके थे और उनकी सभ्यता उच्चासन को प्राप्त कर चुकी थी।

भारत प्राचीनकाल से ही एक उद्योग प्रधान एवं कृषि प्रधान देश रहा है और इसी कारण प्राचीनकाल से ही वह धन धान्य से परिपूर्ण रहा। 19वीं सदी में भारत में अंग्रेजी सत्ता कायम होने के साथ ही अपने शासन को जनाधार प्रदान करने के उद्देश्य से विदेशी लेखकों द्वारा भारत के संबंध में बहुत सी गलत और मनगढ़ंत बातों को लिखना और प्रचारित करना आरंभ किया। 19वीं सदी के अंग्रेज लेखकों का यह तकिया कलाम सा हो गया था कि अंग्रेजों को भारत की भलाई के लिए भगवान ने भेजा है क्योंकि उन्होंने ही इस देश को अराजकता एवं लूटमार से उद्धार किया है।[1] विदेशी लेखकों ने इस बात को प्रचारित किया कि भारत प्राचीनकाल से ही एक कृषि प्रधान देश रहा है और भारत की जो अवस्था आज है, वहीं प्राचीनकाल से रही है। ज्ञान विज्ञान और ललित कलाओं के विकास में प्राचीन भारतवासियों का योगदान नगण्य रहा है। परंतु यदि ऐसा ही सत्य होता और यदि वास्तव में भारत एक कृषि प्रधान देश होता हो भारत में इतनी धन संपदा कहा से आती। भारत में प्राचीनकाल से ही कीमती धातुओं–सोने और चांदी की खदानों कमी रही है और यदि वास्तव में भारत एक कृषि प्रधान देश होता तो कृषि पर आधारित अर्थव्यवस्था कभीं भी इतनी सशक्त नहीं हो सकती कि वह विदेशी धन को अपने यहां खींचकर ला सके। वास्तव में भारत प्राचीनकाल से ही विज्ञान एवं प्रौद्योगिकी में समुन्नत और कृषि प्रधान होने के साथ ही एक उद्योग प्रधान देश था और यहीं प्राचीन भारत की वास्तविकता थी और इस संदर्भ में चित्रमय जगत पत्रिका का का कथन एकदम सत्य है कि ''हिंदू जाति की व्यर्थ निंदा उन्नीसवीं सदी ही से आरंभ

हुई है। इसके पहले प्राचीन समय में हिंदुस्तान के विषय में ऐसी बुरी राय किसी की नहीं थी। उस समय तो दुनिया के लोग यही कहते थे कि हिंदुस्तान सोने की एक चिड़िया हैं। यह देश संपत्ति का भंडार है और यहां के निवासी सर्वगुण संपन्न है।"[2]

भारत में अंग्रेजी शासन के दौरान विज्ञान के विकास में प्राचीन भारतीयों का जो योगदान रहा है, उसके महत्व को स्वीकार न कर यहीं प्रचारित किया जाता रहा कि विज्ञान पाश्चात्य देशों की देन है। पाश्चात्य देशों ने विज्ञान का प्रारंभिक ज्ञान यूनान से प्राप्त किया था अतः उन्होंने यूनानी सभ्यता को ही विज्ञान के सूत्रपात का श्रेय दिया और अज्ञानवश भारतीय योगदान की सर्वथा उपेक्षा की। भारतीय प्राच्यविद एवं इतिहासकार भी इसी मत का अनुसरण करते रहे। इतिहास ग्रंथों में विज्ञान के क्षेत्र में भारतीयों द्वारा संपन्न कार्यों का उल्लेख हुआ ही नहीं और यदि हुआ भी है तो यूनानी विज्ञान से प्रभावित ही बताया जाता रहा। ऐसा कुछ प्रदर्शित एवं प्रमाणित किया गया कि जैसे अरस्तु और सुकरात के पूर्व संसार के किसी देश में ज्ञान–विज्ञान था ही नहीं। विज्ञान के इतिहास के सुप्रसिद्ध पुस्तकों में भारत का उल्लेख नाम मात्र या न के बराबर हुआ। प्राचीन भारतीयों ने अध्यात्म, धर्म, दर्शन, साहित्य और कला प्रभृति क्षेत्रों में जो उल्लेखनीय प्रगति की थी उसकी अपेक्षा विज्ञान (साइंस) में उनका योगदान अत्यंत स्वल्प या नहीं के बराबर था, ब्रिटिश शासनकाल में इसी प्रकार के तथा इससे मिलते जुलते विचारों और मान्यताओं को प्रचारित किया गया। भारतीयों को अपने गौरवशाली अतीत एवं तत्कालीन वैज्ञानिक उपलब्धियों के ज्ञान से वंचित रखने की यह एक सोची–समझी राजनीतिक चाल थी।[3]

प्राचीन काल से ही भारत के लोग ज्ञान–विज्ञान के अनेंक क्षेत्रों में उन्नति करते रहे। वे आध्यात्मिक ज्ञान की चरम सीमा तक पहुंच कर भी भौतिक जीवन की ओर से उदासीन नहीं रहे। लौकिक सुख सुविधाओं के लिए विज्ञान का प्रयोग अवश्य किया गया परंतु संयत भाव से। भौतिक एवं आध्यात्मिक जीवन का समन्वय करते हुए वैज्ञानिक उपलब्धियों को ज्ञानार्जन का साधन माना और उनके उपयोग को जन कल्याण की सीमा तक मर्यादित रखते हुए उनका दुरुपयोग प्रतिबंधित किया गया। इस बात का श्रेय भारतीय आर्यों को ही है कि उन्होंने इहलोक एवं परलोक संबंधी विविध तत्वों का व्यवहारिक समुच्चय उपस्थित किया। जीवन के शाश्वत सिद्धांतों को अपना आधार बनाकर उन्होंने न केवल भारतीय समाज का हित किया अपितु अपनी उदार भावनाओं से प्रेरित होकर उन्होंने आर्यत्व या सच्ची सभ्यता का प्रकाश विश्व के अन्य देशों में भी फैलाया।[4]

भारत का संपूर्ण आरंभिक साहित्य संस्कृत भाषा में लिखा हुआ प्राप्त होता है और इस साहित्य पर पाश्चात्य लेखकों ने यह आरोप लगाया कि इनमें विज्ञान विषयक जानकारियों का अभाव है। इस संदर्भ में प्रसिद्ध विज्ञान लेखक श्यामनारायण कपूर ने इतिहासकार कीथ के मत का उद्धरण दिया और उसका खंडन करते हुए लिखा कि ''संस्कृत साहित्य के प्रसिद्ध एवं प्रतिष्ठित इतिहासकार ए0बी0 कीथ महोदय ने अपने ग्रंथ में लिखा कि 'संस्कृत साहित्य के उत्कर्ष काल में व्यवहारिक विज्ञान की कोई चर्चा नहीं है। विशेषतः उन क्षेत्रों की जहां प्रयोगात्मक ज्ञान अपेक्षित है।' परंतु जो नवीन अनुसंधान हुए और प्राचीन दुर्लभ संस्कृत ग्रंथों का अनुशीलन और अध्ययन हुआ उससे यह स्पष्ट हो गया कि व्यवहारिक विज्ञान के क्षेत्र में भी प्राचीन भारतीयों का योगदान किसी भी प्रकार से नगण्य या कम महत्वपूर्ण नहीं था।''[5] इस मत की पुष्टि मर्यादा पत्रिका से भी हो जाती है जिसने 1911ई0 में ही लिखा था कि ''अति प्राचीन काल में वैज्ञानिक शास्त्र भारतवर्ष के अमूल्य शास्त्रों में से था। यद्यपि अब कोई प्राचीन पुस्तक इस विद्या पर नहीं मिलते परंतु और ग्रंथों से यह बात सर्वथा सिद्ध होती है कि अन्य शास्त्रों की भॉति इस शास्त्र में भी भारत के ऋषि मुनि निपुण थे।''[6] प्राचीन भारत में विज्ञान का अस्तित्व था और संस्कृत में लिखे जो प्राचीन ग्रंथ अब उपलब्ध हैं और जिन ग्रंथों के संदर्भ मिलते हैं उनसे यह प्रमाणित होता है कि प्राचीन मनीषियों ने ज्ञान विज्ञान के किसी भी क्षेत्र को अछूत नहीं माना था।

क्या प्राचीन भारत में विज्ञान की परंपरा थी? इस बात का ऐतिहासिक सर्वेक्षण करना बहुत ही आवश्यक हो जाता है। यदि ऐतिहासिक दृष्टिकोण को ध्यान में रखकर प्राचीन भारतीय इतिहास का कालक्रम से अध्ययन किया जाय तो इसके लिए उस काल के स्रोतों का अध्ययन करना होगा। भारत के विषय में लिखित साक्ष्य ऋग्वैदिक काल से मिलता है और इससे पूर्व का संपूर्ण इतिहास पुरातात्विक स्रोतों पर आधारित है। वैदिक काल से जो लिखित सामग्री प्राप्त होती है वह संस्कृत भाषा और काव्य शैली में मिलती है क्योंकि भाषा की शोभा साहित्य और साहित्य की शोभा काव्य से होती है, इसी मूल पर हमारे यहां के विद्वानों ने सब आरंभिक ग्रंथ काव्य शैली में लिखे। पुरातात्विक स्रोतों में शिलालेखों, सिक्कों, मूर्तियों तथा स्थापत्य की कृतियों आदि के रूप में जो विशाल सामग्री उपस्थित हुई है उससे भारत की विज्ञान एवं औद्योगिक उन्नति की बातों का पता चलता है।

भारत के संदर्भ में व्यवस्थित पुरातात्विक साक्ष्य हड़प्पा (सिंधु) सभ्यता से मिलता है और इस सभ्यता की खोज के बाद भारतीय सभ्यता मिश्र, असीरिया, सुमेरियन इत्यादि के

समकालीन अथवा उससे भी प्राचीन सिद्ध हुई और इस सभ्यता की कुछ ऐसी उपलब्धियां थीं, जो समकालीन किसी भी सभ्यता में दिखलायी नहीं पड़ती। 1921–22ई0 में इस नवीन सभ्यता की खोज हुई और खुदाई के दौरान जो विशाल पुरातात्विक सामग्री उपस्थित हुई उसके अध्ययन से इस सभ्यता के निवासियों के रहन–सहन, खानपान, परिधान, समाज, संस्कारों के साथ ही उनकी कला–कुशलता का भी ज्ञान मिलता है। हड़प्पा सभ्यता में उनके नगर–निवेश, मकान, स्नानागार, नालियों एवं सड़कों का जो अवशेष मिलता है वह आधुनिक मानदंडों से भी उनकी बनावट अत्यंत सराहनीय है।[7]

सिंधु सभ्यता के जो अवशेष मिले हैं उससे यह ज्ञात होता है कि विज्ञान के क्षेत्र में भी सिंधु सभ्यतावासियों का योगदान महत्वपूर्ण था। व्यवस्थित नगर नियोजन, पक्की और विशिष्ट आकार की ईंटों से भवनों का निर्माण, घर के अंदर कुँओं एवं सीढ़ियों का बनाया जाना, चौड़ी और एक दूसरे को समकोण पर काटती सड़कें, माप तौल के लिए विशिष्ट बॉटों का प्रयोग तथा विशिष्ट अवसरों के लिए निर्मित किया गया विशाल स्नानागार सिंधुवासियों के वैज्ञानिक ज्ञान की परिपक्वता को प्रदर्शित करता है। जल निकास की व्यवस्था इतनी उत्तम थी कि नगर जमींदोज नालियों के विशाल जाल से भरा था जो उस युग में संसार में अद्वितीय थी।[8] यद्यपि सिंधु सभ्यता में मिले सीलों पर अंकित अक्षर पढ़े नहीं जा सके हैं फिर भी मिले अवशेषें से यह बात स्पष्ट हो जाती है कि ज्ञान–विज्ञान के क्षेत्र में सिंधुवासियों के योगदान को कम कर के ऑका नहीं जा सकता और इन्हीं बातों को ध्यान में रखकर प्रसिद्ध विज्ञान लेखक ओमप्रकाश शर्मा ने अपनी पुस्तक में लिखा कि ''आज से 5000 वर्ष पूर्व सिंधु घाटी में एक ऐसी सभ्यता का निवास था, जो अपने युग की सभ्यताओं में काफी बढ़ी चढ़ी थी।''[9]

भारत के विषय में लिखित साक्ष्य ऋग्वैदिक काल से मिलता है और ऋग्वेद इस संदर्भ में प्रथम ग्रंथ है। ऋग्वेद विश्व की प्राचीनतम् पुस्तक है जो प्राचीन भारतीय आर्यो की राजनीतिक व्यवस्था के साथ ही उनके ज्ञान–विज्ञान, दर्शन, धर्म, कला एवं साहित्यिक उपलब्धियों का एकमात्र स्त्रोत है। यह संपूर्ण ग्रंथ ऋचाओं में लिखा गया है। पाश्चात्य लेखकों द्वारा आर्यों के बारे में यह लिखा गया कि वे कबीलाई जीवन जीने वाले चरवाहे थे जो विभिन्न समूहों में विभाजित थे। परंतु यदि वास्तव में वे चरवाहे होते तो उनके ग्रंथ इतनी श्रेष्ठ भाषा एवं शैली में नहीं होते। भौतिक जगत को समझने की चेष्टा सर्वप्रथम प्राचीन आर्यों ने ही आरंभ की थी। ऋग्वेद ग्रंथ के 'विश्वकर्मा सूक्त' में इस प्रकार के प्रश्न उठाये

गये है कि 'सृष्टि का अधिष्ठान क्या है? इसका आरंभ कैसे हुआ? किस पदार्थ से यह जगत बना? इसका रचयिता कौन है?'[10] इन प्रश्नों में से कुछ का उत्तर तो अभी आधुनिक भौतिकी को भी देना बाकी है। इसी प्रकार ऋग्वेद के नासदीय सूक्त (10। 129) में इस बात का संकेत किया गया है कि सृष्टि के आरंभ में गहन गंभीर अंभस (अथाह जल) था और आधुनिक विज्ञान का भी इस बारे में यही मत है।

विज्ञान का विकास भारत में वैदिक काल से ही प्रारंभ हो जाता है। वेदों में गणित, ज्योतिष, आयुर्वेद एवं कृषि सदृश अनेंक व्यवसायिक विज्ञानों के विकसित होने के प्रमाण उपलब्ध हैं। वैदिक सभ्यता यज्ञ प्रधान रही है। विभिन्न उद्देश्यों से लौकिक एवं पारलौकिक अभ्युत्थान हेतु कई प्रकार के यज्ञ नियमित रूप से होते रहते थे। इसके लिए विशिष्ट प्रकार की ज्यामितीय आकार की वेदिकाएं बनती थीं। यज्ञों के लिए मुहूर्त निश्चित होते थे। यज्ञों की सुव्यवस्था एवं सफल संपादन के लिए गणित, ज्यामिति और ज्योतिष तथा खगोल विज्ञान विकसित हुए। गणित विशेषतः उसकी दार्शनिक अंक प्रणाली और शून्य का आविष्कार विश्व को भारत की सबसे महत्वपूर्ण देन स्वीकार की जाती है।[11] वास्तव में वैदिक यज्ञ संस्था को ज्ञान–विज्ञान की और भी अनेंक शाखाओं के सूत्रपात और विकसित करने का श्रेय है।

देश की समृद्धि और आर्थिक प्रगति के लिए विज्ञान का उपयोग अति प्राचीन काल से प्रचलित रहा है। वैदिक काल में खेती, पशुपालन और साथ ही वस्त्रोद्योग भी उन्नत अवस्था में था। सूत की कताई का प्रथम जन्म ऋग्वेद से परिचित मानव समूह में हुआ और ऐसा माना जाता है कि कताई का आविष्कार भारत की आर्य परंपरा ने किया। 'तन्तुं तनुष्व', 'तन्तुमातन्वते' आदि शब्द तन्तु निकालकर तानने के अर्थ में ऋग्वेद के अनेंक स्थलों में पाये जाते हैं।[12] वैदिक साहित्य में चरखा और ताने–बाने से वस्त्र उत्पादन के साथ ही रंगीन वस्त्रों के भी उल्लेख हैं। निश्चय ही कपड़ा रंगने की प्रक्रिया ज्ञात हो चुकी होगी। वैदिक साहित्य में ऊर्णा (ऊन) के वस्त्रों का जिक्र मिलता है। गांधार (आधुनिक पेशावर जिला तथा उसके आसपास के क्षेत्र) की ऊन सबसे अधिक प्रसिद्ध थी। रेशमी वस्त्र भी तैयार किए जाते थे। इसके लिए वैदिक साहित्य में 'क्षौम' और 'तार्प्य' शब्द मिलते हैं।[13]

वैदिक काल में बढ़ईगिरी का व्यवसाय ऊंचे दर्जे का समझा जाता था। रथ एवं नौका निर्माण का कार्य बड़ी मात्रा में किया जाता था। वैदिक साहित्य में नौका निर्माण और जल यात्राओं के कई प्रमाण मिलते हैं। आर्यों ने जल यात्रा को प्रोत्साहन देने के लिए नौकाओं के निर्माण की ओर ध्यान दिया। इस बात के पुष्ट प्रमाण नहीं प्राप्त हो सके हैं कि उन्होंने

नवनिर्माण कला द्रविड़ों से या अन्य किसी पश्चिमी जाति से सीखी थी या उसके आविष्कारक वे स्वयं ही थे। तत्कालीन साहित्य से केवल इतना ही पता चलता है कि आर्य लोग जल यात्रा के बड़े प्रेमी थे। ऋग्वेद में लंबी यात्राओं में जाने वाले बड़े जहाजों के उल्लेख मिलते हैं। तुग्र नामक ऋषि ने अपने लड़के भुज्य को एक बड़े जहाज में बैठाकर शत्रुओं से लड़ने को भेजा था। मार्ग में कुछ गड़बड़ हो जाने से भुज्य का जहाज डूबने लगा तब भुज्य ने रक्षा के लिए अश्विनीकुमारों से प्रार्थना की। अश्विनी कुमारों ने सौ डॉड़ों वाला एक बहुत बड़ा जहाज रक्षा के लिए भेजा जिस पर भुज्य और उसके साथी बैठे और तब उन्होंने अपनी यात्रा पूरी की।[14]

गणित और ज्योतिष का आरंभ भी ऋग्वैदिक काल से ही होता है। अंकों का ज्ञान एवं गणित की क्रियाओं की पहली जानकारी ऋग्वेद में ही मिलती है। पूर्ण संख्याओं के अतिरिक्त भिन्न संख्याओं के प्रयोग की पहली जानकारी भी इसी समय से ज्ञात होती है। ऋग्वेद में आधे के लिए 'अर्ध', तीन–चौथाई के लिए 'त्रिपाद' (10। 90। 4) शब्दों का प्रयोग हुआ है। मैत्रायणी संहिता (3। 7। 7) में 1/16 के लिए 'कला', 1/12 के लिए 'कुष्ठ', 1/8 के लिए 'शफ' और 1/4 के लिए 'पाद' शब्दों का व्यवहार हुआ है।[15] गणित के समान ही ज्योतिष शास्त्र का साधारण ज्ञान पहले पहल स्वयं ऋग्वेद में मिलता है। वर्ष 12 चंद्र मासो में बांटा था और चंद्र वर्ष को सूर्य वर्ष से मिलाने के लिए एक तेरहवां अर्थात अधिक मास जोड़ दिया जाता था (1, 25, 8)। वर्ष की छः ऋतुओं के नाम मधु, माधव, सुक्त, सुचि, नभ और नभस्थ थे, और उनका संबंध भिन्न भिन्न देवताओं से कर दिया गया था। चंद्रमा के भिन्न भिन्न रूप उन लोगों को मालूम थे और यह देवताओं के अवतार माने जाते थे। उत्तर वैदिक काल में ज्योतिष की बहुत ही उन्नति हुई। उस काल में ज्योतिष एक अलग शास्त्र समझा जाने लगा। श्याम यजुर्वेद में 28 नक्षत्रों के नाम दिए गए हैं।[16]

गणित और ज्योतिष के समान ही चिकित्सा शास्त्र का ज्ञान भी भारतवासियों को प्राचीनकाल से ही था। आयुर्वेद चिकित्सा पद्धति का ज्ञान ऋग्वैदिक काल से ही मिलता है। ऋग्वेद (1। 12। 16) में आयुर्वेद के जन्मदाता दिवोदास, भारद्वाज और अश्विनीकुमार कहे गये हैं। ऋग्वेद के प्रथम मंडल के 89वें सूक्त को 'स्वास्तिवाचन सूक्त' कहा जाता है। इसके सभी दस मंत्रों में दीर्घ, स्वस्थ तथा निरोग जीवन की प्रार्थना की गयी है।[17] रोग प्राप्ति हो जाने पर रोग–हर औषधियों को प्राप्त कराने की प्रार्थना भी है। रोगों के कारण अल्पायु को दूर करने की प्रार्थना तथा पुत्रों की दीर्घायु एवं स्वस्थ जीवन की प्रार्थना भी उसमें उपलब्ध

है।

अथर्ववेद चिकित्साशास्त्र का जन्मदाता माना जाता है। इसे 'आंगिरस' या 'भिषग्वेद' भी कहते हैं। अथर्ववेद में एक मंत्र है–आथर्वणीराग्डिरसीर्दैवीर्मजुष्यजा उत। ओषधयः प्र जायन्ते यदा त्वं प्राण जिन्वसि।। (11।4।16) अर्थात् हे प्राण, जब तुम प्रेरणा देते हो तो आथर्वणी, आंगिरसी, दैवी और मानवी ओषधियां उत्पन्न होती हैं।[18] अथर्ववेद में रोगों का अनेक स्थलों पर विस्तृत उल्लेख है। अथर्ववेद के छठे कांड के तीसरे सूक्त में कहा गया है कि 'हम तुम्हारे उन रोगों को अलग किए देते हैं जो तुम्हारे अंगों को, कर्णों को, ऑखों को, विद्रध और हृदय को अत्यंत कष्ट देते हैं। इसी प्रकार अथर्ववेद के नवें कांड का चौदहवां सूक्त सूक्ष्म रोगों का विस्तृत वर्णन करता है जिसमें सिरदर्द, कान का दर्द, माथे का रोग, क्षयरोग, शरीर में पीड़ा और बुखार इत्यादि की ओर संकेत किया गया है।[19]

अथर्ववेद से आयुर्वेद शास्त्र ने प्रथम प्रेरणा पायी और सुश्रुत एवं चरक इस शास्त्र के आरंभिक महान ज्ञाता हुए। 'चरक संहिता' चरक द्वारा रचित विख्यात ग्रंथ है, जो भारत का अति प्राचीन वैद्यक ग्रंथ है। उनका ग्रंथ केवल चिंतन, मनन और अंतर प्रज्ञा ज्ञान पर आधारित नहीं है बल्कि तर्क प्रज्ञा पर विशेष बल दिया गया है। 'चरक संहिता' में आयुर्वेद चिकित्सा में प्रचलित लगभग 700 जड़ी–बूटियों और वन औषधियों के गुण दोषों को जिस विस्तार से बताया गया है वह प्रायोगिक एवं व्यवहारिक निरीक्षण एवं परीक्षण के बिना संभव नहीं है। आयुर्वेद का विकास यहां बहुत दिनों तक होता रहा और जब भी कोई नयी बीमारी उत्पन्न हुई, आचार्यों ने उसकी चिकित्सा का उपाय जरुर सोचा।[20] अपामार्ग, पिप्पली और अरुंधति–ये तीन सर्वप्रथम वनस्पतियां हैं, जिनका प्रयोग व्याधियों और कष्टों के निवारण में करना मनुष्य ने आदिम काल में सीखा और जिसका उल्लेख वैदिक साहित्य में मिलता है। इन औषधियों का उल्लेख 'चरक संहिता' में भी ग्रंथ के आरंभ में ही मिलता है। चरक संहिता का प्रथम अध्याय तो भूमिका मात्र है, और इस अध्याय के बाद दूसरा अध्याय इस वाक्य से आरंभ होता है–'अपामार्गस्य बीजानि पिप्लीर्मरिचानि च।' (सूक्त 2। 3)। इस बात से ही अपामार्ग और पिप्पली की, जिसका विशद उल्लेख अथर्ववेद में है, प्रधानता का अनुमान होता है।[21]

वेदों के अलावा षट्दर्शनों, उपनिषदों एवं पुराणों में भी विज्ञान विषयक बातों का उल्लेख मिलता है। आधुनिक विज्ञान में जॉन डाल्टन के परमाणुवाद का अत्यंत महत्वपूर्ण योगदान माना जाता है। परंतु भारत के कणाद ऋषि डाल्टन से अनुमानतः 2000 वर्ष पूर्व ही

परमाणुवाद प्रतिष्ठित कर चुके थे। भागवत पुराण में भी परमाणु की सही सही परिभाषा दी गई है। पुराणों में जल में अग्नि का वास होने का उल्लेख है। इससे जल से ऊर्जा प्राप्त होने ही का आशय नहीं बल्कि वरुण (जल) के योगिक होने का भी संदेश मिलता है। आधुनिक भाषा में जल को हाइड्रोजन और ऑक्सीजन का योगिक माना जाता है। पुराण की भाषा में जल पृथ्वी तत्व हाइड्रोजन और अग्नि तत्व ऑक्सीजन का योगिक है।[22] वास्तव में पुराणों में अनेक वैज्ञानिक तथ्यों का उल्लेख मिलता है।

उपनिषद काल में भी ज्ञान–विज्ञान की उन्नति के उल्लेख मिलते हैं और इस काल में ज्योतिष के अलावा अन्य शास्त्रों की भी उन्नति हुई। छान्दोग्य उपनिषद (7,1,2) में नारद सनत कुमार से कहते हैं "महाशय, मैं ऋग्वेद, यजुर्वेद, सामवेद, चौथे अथर्वन वेद, पॉचवें इतिहास पुराण, वेदों का वेद (व्याकरण) जानता हूँ। पित्र्य (पितरों के श्राद्धादि), रासि (गणितशास्त्र), दैव (अशुभ लक्षणों का शास्त्र), निधि (समय का शास्त्र), वाकोवाक्य (तर्कशास्त्र), एकायन (नीति विद्या), देव विद्या (शब्दों की उत्पत्ति की विद्या), ब्रह्मविद्या (उच्चारण तथा छन्द निर्माण आदि का शास्त्र), भूत विद्या, क्षत्र विद्या (शस्त्र चलाने की विद्या), नक्षत्र विद्या (ज्योतिष शास्त्र), सर्प देवजन्य विद्या, यह सब मैं जानता हूँ।"[23]

वैदिक साहित्य–वेद, वेदांग, ब्राम्हण एवं उपनिषद् प्रभृति उच्च कोटि की आध्यात्मिक रचनाओं के साथ ही ऋषियों ने आयुर्वेद, धनुर्वेद, गणित, ज्योतिष, रसायन, शिल्प, पशु चिकित्सा इत्यादि व्यवहारिक वैज्ञानिक विषयों पर भी लेखन कार्य किया और ज्ञान विज्ञान के उपयोग की कोई विधि और क्षेत्र ऐसा नहीं था जिस पर भारतीयों ने ध्यान न दिया हो। प्राचीन भारतीय ग्रंथों से प्राप्त ज्ञान के आधार पर ही जगदीशचंद्र बसु आधुनिक वैज्ञानिकों के समक्ष स्वनिर्मित यंत्रों द्वारा पेड़ पौधों और वनस्पतियों को प्रत्यक्ष रूप से सजीव सिद्ध करने में सफल हुए थे। इसी प्रकार ब्रिटिश शासनकाल में आचार्य प्रफुल्लचंद्र राय ने रसायन संबंधी प्राचीन संस्कृत ग्रंथों का अध्ययन करके उनके आधार पर तत्कालीन भारतीय रसायन विज्ञान संबंधी अपने शोधों से पाश्चात्य रसायनविज्ञों को आश्चर्यचकित कर दिया था।

शून्य का आविष्कार एवं दाशमिक प्रणाली का विकास और इसकी सहायता से दश, शत, सहस्त्र आदि का व्यक्त करना संसार की सबसे बड़ी खोजों में से एक है और प्रसिद्ध विज्ञान–लेखक श्यामनारायण कपूर इसे प्राचीन भारतीयों की 'विश्व को सबसे बड़ी देन' बतलाया है और लिखा है कि "प्राचीन भारतीयों–विशेष रुप से वैदिक काल के भारतीयों की विश्व को सबसे बड़ी देन गणित और उसकी संख्याओं का आविष्कार तथा दाशमिक प्रणाली

है। दाशमिक प्रणाली में भी सबसे अधिक महत्व शून्य का है। विज्ञान की जो प्रगति आज हो रही है उसकी कल्पना भी 'शून्य' के बिना नितांत असंभव है।''[24] वास्तव में गणित में शून्य का प्रयोग करना इस देश का बड़ा ही महत्वपूर्ण आविष्कार है। विक्रम संवत् के आरंभ में ही इसका आविष्कार हो गया था और संख्याओं की श्रेणी में इसे स्थान मिल गया था। वराहमिहिर (505ई0) की 'पंचसिद्धांतिका' में जोड़ और बाकियों में शून्य के प्रयोग का उल्लेख है अर्थात् यह बताया गया है कि शून्य में से कैसे घटाया या जोड़ा जा सकता है।[25] प्राचीन भारतीयों द्वारा शून्य और दाशमिक प्रणाली के आविष्कार किये जाने की सराहना श्लेगल जैसे विद्वान ने भी मुक्तकंठ से की और बहुत ही स्पष्ट शब्दों में अपना विचार व्यक्त किया था कि मनुष्य द्वारा किये गये आविष्कारों में वर्णमाला के बाद 'दाशमिक स्थानमान पद्धति' का आविष्कार सर्वाधिक महत्वपूर्ण है। दाशमिक स्थानमान पद्धति शून्य के प्रयोग पर आधारित है। यदि शून्य और दाशमिक स्थानमान पद्धति का आविष्कार न हुआ होता तो भारतीय अंक, अन्य अंकों से न तो श्रेष्ठ समझे जाते और न ही उनका सर्वत्र आदर होता।[26]

छठी शताब्दी ई0 पू0 में उदित हुए दो प्रमुख नये पंथों–जैन और बौद्ध में भी ज्ञान–विज्ञान को प्रमुखता दी गयी और दोनों ही पंथों में कई ऐसे महापुरुष उत्पन्न हुए जिन्होंने ज्ञान–विज्ञान के क्षेत्र में अविस्मरणीय योगदान देकर अपना और अपने देश का नाम उज्जवल किया। जैन समुदाय ने गणित को विशेष महत्व दिया। भगवतीसूत्र (सूत्र 90) पंचभाग और उत्तराध्ययनसूत्र (25 ।5। 7,8,38) में लिखा है कि जिन मुनियों के लिए संख्यान (गणित) और ज्योतिष का ज्ञान आवश्यक है। तीर्थंकर ऋषभदेव ने अपने ज्येष्ठपुत्र को 72 विद्याएं पढ़ायी थीं, जिनमें लिपि के बाद संख्यान की गिनती थी (कल्पसूत्र 211)। कहा जाता है कि 24वें तीर्थंकर महावीर भी अंकगणित में पारंगत थे।[27] जैनियों के समान ही बौद्धों ने भी गणना और संख्यान को अत्यधिक प्रधानता दी। गौतम बुद्ध स्वयं अपने बचपन में गणना सीखी थी। ईसा से 100 पूर्व 'ललितविस्तर' नामक एक बौद्ध ग्रंथ में दो गणितज्ञों–अर्जुन और बोधिसत्व के बीच संवाद का उल्लेख मिलता है जिसमें शतगुणोत्तर पद्धति पर कोटि के बाद की गणना 10^{140} दी हुई है।[28]

नंद–मौर्य काल में भी विज्ञान के विविध विभागों में उन्नति दिखलायी पड़ती है। इस समय तक राजतंत्रात्मक शासन व्यवस्था के सुदृढ़ीकरण एवं विस्तृत साम्रज्य की स्थापना के बाद तत्कालीन शासकों ने राज्य में सब प्रकार की सुव्यवस्था एवं ज्ञान–विज्ञान तथा कला–कौशल की उन्नति पर बल दिया। अर्थशास्त्र और अन्य समकालीन ग्रंथों के विवरणों

से यह ज्ञात होता है कि उद्योग और व्यापार को सक्रिय प्रोत्साहन देना राजा का धर्म था। यह बात अर्थशास्त्र के जनपद–विनिवेश प्रकरण से प्रकट हो जाती है जिसमें देहात के उपनिवेशीकरण के अनेक उपाय बतलाये हैं। इन उपायों में जंगलों और खानों का सममुचित उपयोग, व्यापार के मार्गों का निर्माण और उनकी सुरक्षा का प्रबंध, नगर मंडियों की स्थापना शामिल है।[29]

मौर्यकाल में रसायनशास्त्र में भी उन्नति दिखलायी पड़ती है। अर्थशास्त्र यद्यपि विज्ञान विषयक ग्रंथ नहीं है फिर भी उसमें सुरा और किण्व का विवरण मिलता है। किण्व की सहायता से सुरा तैयार करने का जितना विस्तृत विवरण कौटिल्य के अर्थशास्त्र में मिलता है, उतना अन्य किसी प्राचीन पुस्तक में नहीं। यह सुरा सुराध्यक्ष के निरीक्षण में जनपद में और दुर्ग तथा स्कंधावार (छावनी) में सुरा–किण्व के अनुभवी व्यक्तियों द्वारा तैयार की जाती थी।[30]

मौर्यकाल, विशेषकर अशोक का काल, अपने कला कौशल एवं अभियांत्रिकी के लिए भी जाना जाता है। बौद्ध धर्म के प्रचार एवं अपनी राजाज्ञाओं को जनता तक पहॅुचाने के लिए अशोक ने जिन गुफाओं एवं स्तंभों का निर्माण करवाया वे तत्कालीन भारत के अति उन्नत कला कौशल एवं अभियांत्रिकी को भी व्यक्त करते हैं। अशोक ने अपने धम्म प्रचार के लिए जिन एकाश्मक स्तंभों का निर्माण करवाया और उन्हें देश के विभिन्न भागों में स्थापित करवाया वे अधिकांशतः चुनार के बलुआ पत्थरों से निर्मित हैं और इसपर एक विशेष प्रकार की चमकदार पालिश है। इन स्तंभों के शीर्ष भी एकाश्मक हैं जिनके ऊपर के अंतिम गोल के बीच बहुत ही भव्य पशु आकृतियां मंडित हैं। बसाढ़ के स्तंभ के ऊपर सिंह, रामपुरवा के ऊपर वृषभ, संकिसा के ऊपर हाथी, लौरिया नंदनगढ़ पर सिंह तथा सॉची और सारनाथ के स्तंभ के ऊपर एक साथ चार सिंहों की आकृतियां मंडित हैं जिनमें सबसे भव्य शीर्ष सारनाथ के स्तंभ का हैं।[31] मौर्यकाल के अधिकांश स्तंभ चुनार के बलुआ पत्थरों से निर्मित हैं और ये अत्यंत ही विशाल और एकाश्मक हैं और ये देश के विभिन्न भागों में स्थापित किये गये थे तो इस बात को केवल सोचकर ही अत्यंत आश्चर्य होता है कि एक ही पत्थर से इतने बड़े स्तंभ का निर्माण कैसे किया गया और इससे भी बढ़कर इस बात पर कि इतने बड़े स्तंभों को किस विधि से इतनी दूर–दूर ले जाकर स्थापित किया गया। इस बात पर प्रसिद्ध इतिहासकार के0 ए0 नीलकंठ शास्त्री ने भी आश्चर्य प्रकट किया था और अपना मत लिखा कि ''मौर्यकालीन अधिकांश स्तंभ चुनार के बलुआ पत्थरों से निर्मित हैं। ध्यान देने की बात यह है कि ये विशाल स्तंभ पश्चिम में दिल्ली से लेकर पूरब में बसाढ़ और दक्षिण में सांची

तक के विस्तृत प्रदेश में बिखरे पड़े हैं। इतने विशाल स्तंभों की इतने बड़े पैमाने पर निर्माण करने की कल्पना, योजना कार्यांवयन में तत्कालीन कलाकारों को शक्तिशाली राज्य के विश्वस्त साधन अवश्य ही सुलभ रहे होंगे।[32]

सम्राट अशोक द्वारा चुनार के बलुआ पत्थरों के विशाल स्तंभों का निर्माण करवाना और उसे अपने साम्राज्य के दूर–दूर के प्रदेशों में स्थापित करवाने की घटना इस बात को सोचने पर विवश कर देती है कि उस युग में बिना मशीनों की सहायता से इतने बड़े एकाश्म पत्थरों का निर्माण कैसे किया गया और उससे भी कठिन कि किन साधनों की सहायता से ये विशाल स्तंभ राजधानी से इतनी दूर–दूर स्थापित किये गये। अशोक से लगभग 1500 वर्ष बाद सुल्तान फिरोज तुगलक ने अशोक के जिन दो स्तंभों को टोपरा और मेरठ से लाकर दिल्ली में स्थापित करवाया था, उसके बारे में समकालीन इतिहासकार शम्स–ए–सिराज अफीफ ने जो वर्णन किया है, और जिसे प्रसिद्ध इतिहासकार डी0 आर0 भंडारकर ने अपनी पुस्तक में यथावत् ग्रहण किया है, पढ़कर आश्चर्य होता है, जिसमें उन्होंने लिखा है कि "खिजराबाद दिल्ली से 90 कोस दूर पहाड़ियों के निकट है। जब सुल्तान जिले में गया और उसने टोपरा गांव में वह स्तंभ देखा तब उसने इसे दिल्ली ले जाने का और वहां इसे भावी पीढ़ियों के लिए स्मारक के रूप में स्थापित करने का संकल्प किया। स्तंभ को नीचे उतारने के उत्तम उपाय सोचने के बाद पास पड़ोस के सब लोगों को जो, टोपरा में या उससे बाहर रहते थे, तथा घुड़सवार और पैदल सब सैनिकों को वहां उपस्थित होने का आदेश दिया गया। उन्हें इस कार्य के लिए सब उपयोगी उपकरण और सेमल की रुई का एक एक गठ्ठर भी साथ लाने की आज्ञा दी गई। सेमल की रूई का गट्ठर स्तंभ के चारों ओर जमा कर दिए गए और जब इसके आधार पर से मिट्टी हटाई गई तब यह धीरे–धीरे उस गट्ठर पर आ पड़ा। इसके बाद धीरे–धीरे वह भी हटा दी गई और कुछ दिनों बाद स्तंभ सुरक्षित धरती पर आ गया। जब स्तंभ की नींव की जांच की गई तो मालूम हुआ कि उसके नीचे एक बड़ा वर्गाकृति पत्थर आधार के रूप में था। वह पत्थर भी निकाल लिया गया।"

"इसके बाद इस स्तंभ पर ऊपर से नीचे तक सरकंडे और खालें सीं गयी ताकि उसे कोई हानि न पहुॅचे। बयालीस पहियों की एक गाड़ी बनायी गयी और उसके प्रत्येक पहिए के पास एक रस्सा बॉधा गया। प्रत्येक रस्से पर हजारों आदमी लगे, और बड़े परिश्रम तथा कठिनाई के बाद स्तंभ गाड़ी पर चढ़ा। प्रत्येक पहिए पर एक मजबूत रस्सा बॉधा गया, और इनमें से प्रत्येक रस्से पर 200 आदमी ($42\times200=8400$) लगे। इतने हजार आदमियों के

युगपत् उद्योग से गाड़ी हिली और यमुना के किनारे लायी गयी। यहां सुलतान उसका स्वागत करने आया। बहुत सी बड़ी–बड़ी नौकाएं एकत्र की गयी थी, जिनमें से कई 5000 से 7000 मन तक अनाज ढो सकती थीं और छोटी–छोटी 2000 मन अनाज ढोने वाली थीं। यह स्तंभ बड़ी चतुराई से इन नौकाओं पर चढ़ाया गया और इस तरह फिरोजाबाद ले जाया गया, जहां उतारकर इसे असीम परिश्रम और कौशल से खुश्की में ले जाया गया।''[33]

मौर्यकाल में नौका निर्माण भी अत्यंत उन्नत अवस्था में था। यूनानी लेखक स्ट्रेबो ने लिखा है कि झेलम और चिनाब नदियों के किनारे जहाज और नाव बनाने की कई तरह की मजबूत लकड़ी मिलती थी। सेनापति नियार्कस ने अपनी जलयात्रा के निमित्त नौकायें तैयार कराने के लिए उस लकड़ी का उपयोग किया। उस समय उत्तरी पंजाब के लोग नौका बनाने में बड़े कुशल थे। उन्होंने नियार्कस के लिए लगभग 2000 नावें बनाई। टालेमी ने लिखा है कि इन नौकाओं पर 8000 यात्री, सहस्त्रों घोड़े तथा अन्य कितना ही सामान लद कर नियार्कस की लंबी यात्रा में गया था।[34]

मौर्यकाल में चिकित्सा शास्त्र भी उन्नत अवस्था में था। कौटिल्य के अर्थशास्त्र एवं अशोक के अभिलेखों से तत्कालीन चिकित्सा व्यवस्था का ज्ञान मिलता है। सम्राट अशोक ने अपने संपूर्ण राज्य में चिकित्सा की जैसी व्यवस्था की थी, वैसी व्यवस्था समकालीन विश्व के किसी भी राज्य में नहीं मिलती। अशोक ने एक ओर जहां मनुष्यों को निरोग एवं सुखी रखने के लिए चिकित्सा का प्रबंध किया, वही दूसरी ओर पशु–पक्षियों को भी सुखी एवं निरोग रखने के लिए चिकित्सा का प्रबंध किया। अपने दूसरे स्तम्भ लेख में अशोक लिखवाते हैं कि ''देवताओं के प्रिय राजा प्रियदर्शी के राज्य में सर्वत्र और सीमा प्रदेश में रहने वाली जातियों यथा चोल, पाण्ड्य, सत्यपुत्र और केरलपुत्र के राज्यों में तम्बपन्नी तक तथा यूनानियों के राजा एण्टिओकस और उसके आसपास के राजाओं के राज्य में सर्वत्र देवताओं के प्रिय राजा प्रियदर्शी ने दो चिकित्सा विभाग किये हैं–मनुष्य की चिकित्सा और पशुओं की चिकित्सा। औषधियां भी मनुष्य के लिए और पशुओं के लिए जहां जहां नहीं हैं सब जगह लाये गये हैं और रोपे गये हैं।''[35]

मौर्यकाल में अस्त्र–शस्त्र के निर्माण में भी भारतीयों की कला कुशलता प्रसिद्ध थी और इसके बारे में समकालीन भारतीय और विदेशी दोनों ही लेखकों ने वर्णन किया है। यूनानी यात्री टेसिअस ने भारत में बनी हुई सुंदर और तेज तलवारों की प्रशंसा की है, जो भारत से ईरान भेजी गई थीं। वहां से वे अन्य पश्चिमी देशों में भी पहुंची। कुछ भारतीय तलवारे ऐसी

थीं जिन पर चुंबक लगा रहता था। इससे उन पर बिजली का कोई असर नहीं हो सकता था। टेसिअस को ऐसी एक तलवार ईरान के सम्राट ने और दूसरी राजमाता ने दी थी।[36] ऐसा प्रतीत होता है कि तेज तलवारों को बनाने की कला पहले भारत में ही आरंभ हुई। भारतीय भाले और तलवारें विभिन देशो में बहुत पसंद किए जाते थे।

मौर्यकाल में भारत में ज्ञान–विज्ञान एवं कला–कौशल की जो उन्नति हुई वह परवर्ती शक–सातवाहन काल में भी दिखलायी पड़ती है और कुछ क्षेत्रों में तो पहले से भी अधिक उन्नति परिलक्षित होती है। कुषाण वंश के प्रतापी शासक कनिष्क रण कुशल होने के साथ ही साहित्य और कला को आश्रय देने वाला भी था। उसकी सभा में बुद्धचरिच और सौंदरनंद अश्वघोष, शून्यवाद के प्रवर्तक नागार्जुन, पार्श्व और वसुमित्र तथा आयुर्वेद के प्रसिद्ध लेखक चरक आश्रय पाते थे। भारतीय रसायन के इतिहास में सबसे बड़ा व्यक्तित्व नागार्जुन का है, जिसने चरक आदि की मान्य पद्धति के समकक्ष में धातु–रसायन के प्रयोग पर विशेष बल दिया जिसे कतिपय लेखकों ने भारतीय रसायन का प्रवर्तक भी माना है।[37] एक समकालीन ग्रंथ 'पेरीप्लस ऑफ दि एरिथ्रियन सी' से भी तत्कालीन कला कौशल का ज्ञान मिलता है। ग्रंथ में इस बात का वर्णन मिलता है कि इस काल में जहाजों का निर्माण बड़ी संख्या में होने लगा था। इनके बनाने के कार्यालय ताम्रलिप्ति, भड़ौच तथा सुपारा में थे और लेखक ने स्वयं तमिल तट से बहुत बड़े बड़े जहाज मिश्र तथा सुवर्णभूमि के लिए जाते हुए देखे थे। शक–सातवाहन काल में भारत सभ्य संसार का व्यापारिक केंद्र बन चुका था। यहां के संस्कृति प्रचारको तथा व्यापारियों ने अपनी लगन एवं उत्साह से इस देश की महानता को विदेशों में प्रतिष्ठित कर दिया था।[38]

भारत में बौद्ध धर्म के ह्रास होने एवं शक्तिशाली गुप्तों के उदय के फलस्वरुप भारत में एक बार पुनः ज्ञान–विज्ञान की उन्नति दिखलायी पड़ती है। वाकाटक–गुप्तकाल को भारत में शिल्प एवं वाणिज्य की उन्नति के काल के रुप में भी जाना जाता है। इस युग में जिस प्रकार सामाजिक, कलात्मक एवं साहित्य क्षेत्र में अभूतपूर्व उन्नति हुई, उसी प्रकार आर्थिक एवं वैज्ञानिकृ दृष्टि से भी यह काल उन्नत रहा। भारत के तत्कालीन राजवंशों में गुप्त, वाकाटक, कदंब तथा पल्लव शासकों ने देश के शिल्प एवं वाणिज्य की उन्नति में सहयोग दिया। इस काल में देश धन–धान्य से संपन्न हो गया था। व्यवसायिक नगरों की संख्या में काफी वृद्धि हुई। अब भड़ौच, पैठण, विदिशा, उज्जैनी, पाटलिपुत्र, कुंडिनपुर, मथुरा, अहिच्छत्र, कौशांबी, प्रयाग, अयोध्या, काशी, वैशाली आदि कितने ही बडे नगर दिखलाई पड़ने लगे थे।

देश में अनेक प्रकार के शिल्प उन्नति पर थे। वस्त्रोद्योग, जवाहरातों का काम, लोहा, तांबा, लकड़ी तथा हाथीदांत के उद्योग बहुत बढ़े–चढ़े थे। विविध क्षेत्रों में अभूतपूर्व उन्नति के कारण ही गुप्त काल भारतीय इतिहास में स्वर्ण युग के नाम से प्रसिद्ध है।[39]

इस काल में कई ऐसे आचार्य हुए जिन्होंने गणित और ज्योतिष में अपना महत्वपूर्ण योगदान देकर प्राचीन भारत का गौरव बढ़ाया जिनमें प्रथम नाम आर्यभट्ट का आता है जिन्होंने संस्कृत की वर्णमाला को संख्यामान प्रदान करके एक नई अक्षरांक पद्धति को जन्म दिया। आर्यभट्ट अपने ग्रंथ 'आर्यभटीय' में जानकारी दिये है कि 23 साल की आयु में 499ई0 में उन्होंने 'आर्यभटीय' की रचना की। वह एक श्लोक में यह भी जानकारी देते हैं कि अपने ग्रंथ की रचना उन्होंने कुसुमपुर में की, जिसे आजकल पटना कहा जाता है।[40] आर्यभट्ट के आर्यभटीय में केवल 33 श्लोक हैं और इन 33 श्लोकों में ही उन्होंने अपने समय तक ज्ञात गणित की सभीं प्रमुख बातों को भर दिया है। पुस्तक के आरंभ में अंकगणित के परिकर्मों के नियम दिये हैं फिर रेखागणित के नियम। आर्यभट्ट एक विलक्षण प्रतिभा के व्यक्ति थे जिन्होंने अंकगणित, बीजगणित, रेखागणित, त्रिकोणमिति और ज्योतिष के क्षेत्र में अविस्मरणीय योगदान दिया। उनकी एक बहुत ही बड़ी उपलब्धि यह है कि उन्होंने पाई का एक काफी शुद्ध और सन्निकट मान दिया है–3.1416. आर्यभट्ट से पहले किसी भी गणितज्ञ ने पाई का इतना शुद्ध मान नहीं दिया था।[41]

गुप्तकाल में आर्यभट्ट के अलावा भास्कर प्रथम, वराहमिहिर, ब्रह्मगुप्त इत्यादि कई गणितज्ञ एवं ज्योतिषाचार्य हुए जिन्होंने गणित और ज्योतिष के क्षेत्र में अपनी अमिट छाप छोड़ी। आर्यभट्ट प्रथम के शिष्य भास्कर प्रथम ने 'महाभास्करीय' और 'लघुभास्करीय' जैसी उत्कृष्ट ग्रंथों की रचना की परंतु इनसे भी श्रेष्ठ आचार्य हुए वराहमिहिर, जिन्होंने ज्योतिष की प्रत्येक शाखा पर ग्रंथ लिखा। वराहमिहिर का प्रसिद्ध ग्रंथ 'पंचसिद्धांतिका' है जिसमें पॉच सिद्धांतों–पौलिश, रोमक, वसिष्ठ, सौर और पैतामह का संग्रह है। इनके अन्य ग्रंथ 'वृहसंहिता' या 'वाराहीसंहिता' और 'वृहज्जातक' हैं, जिनमें ग्रहणों की गणना करने का विशेष प्रसंग है।[42] ब्रह्मगुप्त का योगदान भी इस युग में अति महत्वपूर्ण था। उनका ग्रंथ 'ब्रह्मस्फुटसिद्धांत' है जिसमें 24 अध्याय है। वह संसार के पहले गणितज्ञ हैं जिन्होंने एक विशिष्ट प्रकार के अनिर्धारित वर्ग समीकरण (वर्ग–पद्धति) का हल प्रस्तुत किया।[43] आर्यभट्ट, वराहमिहिर और ब्रह्मगुप्त को भारत के साथ ही विश्व के अग्रणी ज्योतिषाचार्य एवं गणितज्ञ होने का गौरव प्राप्त है। भास्कराचार्य जैसे उत्कृष्ट भारतीय आचार्य ने ब्रह्मगुप्त को 'गणकचक्रचूड़ामणि'

कहा है, और इनके मूलांकों को अपने 'सिद्धांतशिरोमणि' का आधार माना है।[44]

इस काल में भारत में सूती एवं ऊनी वस्त्र निर्माण कला भी उत्कर्ष को प्राप्त थी और उसका अधिक मात्रा में विदेशों को निर्यात किया जाता था। सूती वस्त्र तो यहां प्राचीन काल से ही बनते थे पर तीसरी शताब्दी के मध्य में कश्मीर में ऊनी शालों का व्यवसाय आरंभ हुआ। पश्चिमी देशों में इन की बहुत मांग थी। 274ई0 में सासानी शासक ने रोम सम्राट ओरलिअन (270–75) को एक काश्मीरी शाल भेट में दिया। उसकी निर्माण कला देखकर रोम वाले आश्चर्यचकित हो गए थे।[45]

गुप्तकाल कला की विविध विधाओं की अभूतपूर्व उन्नति के लिए भी प्रसिद्ध है जिनसे तत्कालीन भारतीय कला–कौशल एवं विज्ञता दृष्टिगोचर होती है। गुप्तकाल में स्थापत्य एवं चित्रकला का जैसा विकास हुआ वह अपने आप में अभूतपूर्व है और इस संदर्भ में प्रसिद्ध इतिहासकार रमेशचंद्र दत्त की यह टिप्पणी बहुत ही सटीक है कि "मौर्यकाल में भारतीय कला ने सौंदर्य का जो उच्च स्तर प्राप्त किया वह बाद के काल में भी बना रहा और कुछ बातों में तो उसका विकास भी हुआ। मुख्य रुप से यह बात गुफाओं के निर्माण के बारे में कही जा सकती है। मौर्य साम्राज्य के पतन के बाद के चार पॉच सौ वर्षों में ये गुफाएं भारत के विभिन्न भागों में बनायी गयीं। वे न केवल विहार हैं, वरन् चैत्य भी हैं। अशोक की गुफाओं में उच्चकोटि की कला कुशलता तो अवश्य झलकती है, तथापि वे न तो बड़ी थीं और न ही अलंकृत ही। किंतु परवर्ती काल की बड़ी गुफाओं यथा पश्चिम की भाजा, बेदसा, कोंडने, जुन्नार, नासिक, अजंता और एलोरा तथा पूर्व की उदयगिरि (उड़ीसा में भुवनेश्वर के निकट) में न केवल शैली का ही विकास दिखाई पड़ता है, वरन् वे सुंदर मूर्तियों और अलंकरणों से भी अलंकृत हैं और कलात्मक सफलता की दृष्टि से उनका बहुत उच्च स्थान है।"[46] निःसंदेह गुप्तकालीन निर्मित मंदिर, मूर्तियां, गुफाएं और उनमें की गयी चित्रकारी अपना विशिष्ट महत्व रखती हैं और प्राचीन भारतीय वैज्ञानिक कुशलता को प्रस्तुत करती हैं।

गुप्तकाल में विज्ञान एवं प्रौद्योगिकी की कुशलता का उत्कृष्ट उदाहरण दिल्ली का लौहस्तंभ है। दिल्ली में मेहरौली में कुतुबमीनार के निकट स्थापित यह लौहस्तंभ भारतवर्ष के लौह निर्माण कौशल का जीता–जागता नमूना है जो यह प्रमाणित करता है कि गुप्तकाल में खनिज विज्ञान अत्यंत विकसित अवस्था में था और यहां के लोगों को धातु शोधन और ढलाई की कला में विशेष दक्षता प्राप्त थी। यह स्तंभ 23 फुट 8 इंच ऊँचा, नीचे की ओर 16.4 इंच व्यास का और ऊपर चलकर 12.05 इंच व्यास का है और इसका वनज लगभग 6

टन है। इस पूरे स्तंभ की ढलाई एक साथ की गयी है। इतनी लंबी और वजनी धातु की ढलाई न केवल उन दिनों अन्यत्र अज्ञात थी वरन् आज भी सहज नहीं समझी जाती है। यह स्तंभ देढ़ हजार वर्षों से सर्दी, गर्मी, बरसात सहता हुआ खुले में खड़ा है पर उसमें तनिक भी न तो जंग लगा है और न ही किसी प्रकार की विकृति उत्पन्न हुई है।[47] इस स्तंभ का धातु शोधन आज तक लोगों के लिए एक रहस्य बना हुआ है और यूरोप में औद्योगिक क्रांति के बाद भी 19वीं सदी तक इस प्रकार का निर्माण कर पाना संभव नहीं था।

मौर्यकाल के समान ही गुप्तकाल में भी भारत में जहाजों का निर्माण बड़ी संख्या में होता था और उन्हीं की सहायता से ही भारत का अधिकांश विदेशी व्यापार संभव हो पाता था। गुप्तकाल में प्रयुक्त नौकाओं और जहाजों के स्वरूप का आभास हमें चित्रकला एवं मूर्तिकला से भी होता है। अजंता की गुफाओं में तथा गुप्तकालीन विहारों में नौकाओं तथा बड़े पोतों के चित्र मिलते हैं। इनमें से कई चित्र परवर्ती गुप्त काल के कहे जा सकते हैं। सुदूर जावा के प्रख्यात बोरोबुदुर मंदिर में भारतीय विशालकाय जहाजों के कई मूर्त अवशेष सुरक्षित हैं। ये जहाज संभव उन प्राचीन भारतीय पोतों की प्रतिकृति है जिन पर चढ़कर यहां के निवासी जावा पहुंचे थे।[48]

शक्तिशाली गुप्त साम्राज्य के पतन के बाद भारत में क्षेत्रीय शक्तियों का उदय हुआ और इनमें से कई राज्य अत्यधिक शक्तिशाली थे और इसी काल में अरब में इस्लाम का उदय हुआ तथा भारत और अरब के संबंध बढ़ने लगे। अरब के लेखकों और यात्रियों ने भारत के विषय में जैसा विवरण लिख छोड़ा है उससे ज्ञात होता है कि इस समय भी भारत में ज्ञान–विज्ञान उन्नत अवस्था में था। भारत और अरब का जो संबंध स्थापित हुआ वह कई सौ वर्षों तक कायम रहा और इस दीर्घकालीन संपर्क के फलस्वरुप दोनों देशों के बीच अनेक सांस्कृतिक आदान–प्रदान हुए। भारतीय गणित, ज्योतिष तथा आयुर्वेद को अरब वालों ने सीख कर उन्हें अपने देश में प्रचलित किया। कुछ भारतीय विद्वान भी इस प्रचार कार्य के लिए अरब में बुलाए गए। भारत की महानता और ज्ञान–विज्ञान की उन्नति के विषय में अनेक अरब लेखकों ने विस्तार से लिखा है। जाहिज़ नामक अरबी लेखक ने 9वीं शताब्दी में भारत के संबंध में लिखा कि ''भारतवासी ज्योतिष और गणित विद्या में बहुत बढ़े हुए हैं और उनकी एक विशेष लिपि है। चिकित्सा शास्त्र में भी वे आगे हैं और इस शास्त्र के कई विलक्षण भेद जानते हैं। उनके पास बड़े–बड़े रोगों की विशेष औषधियां होती है। मूर्तियां बनाने, रंगों से चित्र बनाने और भवन निर्माण–कला में वे बहुत चतुर हैं। शतरंज का खेल

उन्हीं का निकाला हुआ है। वे तलवारें बहुत अच्छी बनाते हैं और उनके चलाने के करतब जानते हैं। हिंदुओं के पास कविता का भंडार भी है। दर्शन, साहित्य और नीतिशास्त्र उनके पास हैं। उनमें विचार और वीरता भी है और कुछ गुण तो ऐसे हैं जो चीनियों में भी नहीं है। उनमें स्वच्छता और पवित्रता के भी गुण हैं। उनके पास सुंदरताई, सुघराई, लावण्य और सुगन्धि भी है। **.........** . . विचार और चिंतन की विद्या भी उन्हीं के पास से आयी है। वे ऐसे मंत्र जानते हैं, जनके पढ़ देने से विष उतर जाता है।''[49] इसी प्रकार याकुब्दी नामक एक दूसरे अरब विद्वान ने, जो भारत आया था और जिसकी मृत्यु 298 हिजरी में हुई थी, ने भी भारत के विषय में इसी प्रकार की बातें लिखी है कि ''हिंदुस्तान के लोग बुद्धिमान् और विचारशील हैं और इस दृष्टि से, वे सब जातियों से बढ़कर हैं। गणित और फलित ज्योतिष में उनकी बातें सबसे ठीक निकलती हैं। सिद्धांत उन्हीं की विचारशीलता का परिणाम है, जिससे यूनानियों और ईसाईयों ने लाभ उठाया है।''[50]

भारत के संपर्क में आने पर भारतीय ज्ञान विज्ञान का अरबवालों पर बहुत ही सकारात्मक प्रभाव पड़ा और उन्होंने यहां की अनेंक नई बातें सीखी और और भारतीय साहित्य, आयुर्वेद, ज्योतिष और गणित के ग्रंथों का अपनी भाषा में अनुवाद कराकर उसे समृद्धि बनाया। भारतीयों ने भी संभवतः इस काल में अरबों से नव निर्माण कला और चिकित्सा पद्धति की भी कुछ बातें सीखीं। वास्तव में इस समय तक भारतीय समाज में संकुचित मनोवृति ने घर नहीं कर लिया था। भारत के लोग अपने अगाध ज्ञान और अनुभव को उदारता के साथ दूसरों में वितरित कर रहे थे और अन्य लोगों की नवीन बातों को बिना किसी संकोच के ग्रहण कर रहे थे।[51] जिस प्रकार अरब के लोगों ने भारत से ज्ञान–विज्ञान सीखा, यहां तक कि जिन अंकों को हम अंतर्राष्ट्रीय कहते हैं, वे भी अरब के लोगों ने भारत से ही सीखा और अभीं तक अरबी में इन अंकों का नाम 'हिंदसा' है;[52] उसी प्रकार भारत के लोगों ने भी बहुत सी बातें अरबों से सीखी।

भारत के विषय में तत्कालीन अरब यात्रियों का जो विवरण है, उससे भारत की जलयान निर्माण कला पर भी प्रचुर प्रकाश पड़ता है। इन यात्रियों ने भूमध्य सागर में चलने वाले विदेशी जहाजों से भारतीय जहाजों की तुलना करते हुए लिखा है कि प्रथम कोटि वाले जहाजों के तख्ते लोहे की कीलों से जुड़े रहते थे जबकि भारतीय जहाजों के तख्ते मोटी डोरियों से सिले होते थे। जहाजों के तले में लोहा लगाना ठीक नहीं है, इस वैज्ञानिक तथ्य की अवहेलना करने से विदेशियों के अधिक जहाज चट्टानों से टकरा जाते थे और इसका

अनुभव होने पर उन्होंने बाद में भारतीय पद्धति का अनुकरण कर लिया।[53]

पूर्व मध्यकाल (800–1200ई0), जिसे राजपूत काल की संज्ञा भी दी जाती है, में यद्यपि भारत में सामंतवाद की प्रधानता थी फिर भी भारत ज्ञान–विज्ञान में काफी आगे था और कम से कम यूरोप की तुलना में तो बहुत ही उन्नत था। 'समरांगण सूत्रधार' एक ऐसा ग्रंथ है, जिसमें आधुनिक यूरोप वालों की तरह ही भौतिक शक्ति पर अधिकार कर उससे काम लेने का बहुत कुछ वर्णन मिलता है। यह ग्रंथ मालवा के प्रसिद्ध महाराज भोज (1010–1054ई0) का लिखा हुआ है। इस ग्रंथ के 31वें 'यंत्रविधानाध्याय' में यंत्र की जो परिभाषा दी गयी है वह अवलोकनीय है :

यदृच्छया प्रवृत्तनि भूतानि स्वेन वर्त्मना।
नियम्यास्मिन् नयति यत् तद्यंत्रमिति कीर्तितम्।।3।।[54]

अर्थात् 'अपनी इच्छा से अपने मार्ग पर चलने वाले भूतों, पृथ्वी, जल आदि को जिसके द्वारा अपने इच्छानुसार एक खास रीति से चलने पर बाध्य किया जाय उसे 'यंत्र' मशीन कहते हैं।'

महाराज भोज ने अपनी पुस्तक में विमान बनाने की विधि भी बतलायी है और उसके दो तरीके बतलाये हैं–प्रथम, ''हलकी लकड़ी का बड़ा सा पक्षी बनाकर और उसके शरीर के जोड़ों को पूरी तौर से मज़बूती के साथ बंद कर उसके पेट में पारे का यंत्र लगा दें और उसके नीचे अग्नि का पात्र रक्खें। इस पक्षी पर बैठा हुआ पुरुष पक्षी के परों के हिलने से तेज़ हुई आंच की गरमी द्वारा उड़ने वाले पारे की शक्ति से आकाश में दूर तक जा सकता है; और द्वितीय, लकड़ी का देव–मंदिर के आकार का बड़ा विमान भी आकाश में उड़ सकता है। चतुर रचयिता को चाहिए कि वह उसके भीतर पारे से भरे मज़बूत घड़ों को नियमानुसार रखकर उसके नीचे लगाये गये लोहे के कूॅड़ों में की आग से उनको धीरे धीरे गरम करे। ऐसा करने से वह विमान गर्जन करते हुए गरम पारे की शक्ति से झटपट आकाश में उड़ने लगता है।''[55]

महाराज भोज द्वारा लिखी पुस्तक में विमान रचना की इन दो विधियों में से पहली आधुनिक 'एरोप्लेन' निर्माण कला से और दूसरी 'ज़ैपलिन' की रचना से मिलती हुई सी है। परंतु इस पुस्तक में इन यंत्रों की रचना का पूरा पूरा हाल नहीं लिखा गया है। इनके विषय में लिखा है–''यंत्रों के बनाने की पूरी विधि, उसको गुप्त रखने के लिए ही, नहीं लिखी गई है। इसमें हमारी अज्ञता कारण नहीं है। इनकी विधि सर्व–साधारण के जान लेने से इनका महत्व नष्ट हो जाता है। इसी से यहां पर उनके केवल बीज (उसूल) ही बतलाये हैं।''[56]

महाराज भोज के लेखन में कितनी सच्चाई थी और यह विज्ञान उस समय कितना विकसित था, इसकी तो निश्चित जानकारी नहीं है, परंतु इस संदर्भ में इतना अवश्य कहा जा सकता है कि कहीं न कहीं इस विज्ञान की कुछ जानकारी कतिपय भारतीयों को ज्ञात थी।

मालवा के ही महाराज भोज द्वारा नौका शास्त्र पर 'युक्ति कल्पतरु' नामक एक अन्य वृहद् ग्रंथ की रचना की गयी। इस ग्रंथ में सैकड़ों प्रकार की नौकाओं एवं जहाजों के निर्माण का विस्तृत वर्णन है। जो विदेशी लेखक यह कहते हैं कि प्राचीन भारतीय निरे गँवार थे और उनको वैज्ञानिक बातों का ज्ञान नहीं था उनको इस ग्रंथ से समुचित जवाब मिलता है। इस पुस्तक में एक जगह चेतावनी देते हुए लिखा है "न सिन्धुगाद्यार्हति लौहबन्धं तल्लोहकान्तैर्हियतेहि, लौहम् विपद्यते तेन जलेषु नौका गुणेन बन्धं निजगाद भोजः।" अर्थात् इस श्लोक में इस बात पर ध्यान आकर्षित किया गया है कि 'जहाजों में जो तख्ते जोड़े जॉय उनमें लोहे का व्यवहार न किया जाय, क्योंकि समुद्र में जो चुम्बकवाली चट्टान रहेगी वह उन्हें आकर्षित करेंगी, जिससे उससे टक्कर खाकर जहाज चकनाचूर हो जायेंगे, यहां ऐसे पदार्थों से जोड़ने का आदेश है जो लोहे के न हों।'[57]

अपने ग्रंथ में महाराज भोज ने जहाजों को दो भागों—साधारण जहाज, जो नदियों में चलते थे और समुद्रगामी, जो समुद्र में चलती थीं, में बॉटा है। साधारण जहाजों के भी दस प्रकार बतायें हैं जिसमें सबसे छोटी क्षुद्रा (लंबाई 16 हाथ, चौड़ाई 4 हाथ और ऊँचाई 4 हाथ) और सबसे बड़ी मन्थरा (लंबाई 120 हाथ, चौड़ाई 60 हाथ और ऊँचाई 60 हाथ) बतलाया है, तो वहीं समुद्रगामी जहाजों के भी दस प्रकार बतायें हैं जिसमें सबसे छोटी दीर्घिका (लंबाई 32 हाथ, चौड़ाई 4 हाथ और ऊँचाई 3.20 हाथ) और बड़ी वेगिनी का आकार (लंबाई 176 हाथ, चौड़ाई 22 हाथ और ऊँचाई 17.60 हाथ) बतलाया है।[58]

भारत पर न पता कितने ही विदेशी आक्रमण हुए और युद्धों में सभ्यता और संस्कृति के कितने ही अवशेष नष्ट हो गये। भारत में जो बहुत से स्थापत्य और चित्रकारियां बच गई हैं उनके अवलोकन से भी ज्ञात होता है कि भारत में जहाजों का अस्तित्व प्राचीन काल से रहा है। पुरी का जगन्नाथ मंदिर 12वीं सदी में बना है और उस पर भी जहाज का चित्र खींचा हुआ है। भुवनेश्वर में ही एक पुराना मंदिर है जो विन्दु सरोवर के पश्चिम में स्थित है। मंदिर का नाम वैतालद्यूल है। वैतार (ल) शब्द का अर्थ 'जहाज' है और चूँकि यह मंदिर जहाज के आकार का बना है इसलिए इसका नाम वैताल पड़ा। इन चित्रों से भी इस बात को काफी बल मिलता है कि प्राचीन भारत में जलयानों एवं नौकाओं का निर्माण होता था।[59]

अरब में इस्लाम के उदय और भारत से संपर्क के फलस्वरुप अरबों ने भारत से ज्ञान–विज्ञान की बहुत सी बातें सीखीं और अरबों के द्वारा ही वह विज्ञान यूरोप पहुॅचा। अरबी विज्ञान द्वारा ही बाद में यूरोप के आधुनिक विज्ञान की आधारशिला रखी गयी। इसका श्रेय स्पेन को है जहां पर काफी समय तक मुस्लिम राज्य रहा। यही कारण है कि 10वीं सदी के अंत में विज्ञान का केंद्र बगदाद से हटकर स्पेन हो गया और वहां का कोरडोवा नगर संसार का प्रसिद्ध बौद्धिक केंद्र बन गया। स्पेन के खलीफा (सम्राट) अलहाकम द्वितीय ने एक विशाल पुस्तकालय बनवाया जिसमें उसने 4 लाख से ऊपर पुस्तकें एकत्र करवायी थीं।[60] स्पेन के नगरों में मुसलमान, ईसाई और यहूदी प्रभाव एक दूसरे पर पड़ा और यहां से विज्ञान पश्चिमी यूरोप में गया और उसी पर आधुनिक यूरोप की नींव पड़ी।

भारत पर मुसलमानों के आक्रमण एवं विध्वंस तथा यहां पर उनकी सल्तनत कायम होने पर भी भारत काफी समृद्ध था और भारत से काफी वस्तुएं विदेशों को उस काल में भी निर्यात की जाती थीं, जिसके बदले काफी अधिक बहुमूल्य धातुएं भारत में आती थीं और निश्चित रुप से यह भारत की कला–कुशलता और वैज्ञानिक उन्नति के कारण ही था। सल्तनत और बाद में मुगल काल में भी भारत की यह स्थिति काफी हद तक बनी रही जिसका प्रमाण हमें अनेक विदेशी यात्रियों के विवरणों से मिलता है जो उन्होंने भारतीय सौदागरों और उद्योगपतियों के विषय में लिखा है। इस काल के उन्नत शिल्प एवं व्यापार ने कितने ही व्यवसाइयों को समृद्ध बना दिया था। मनरिक नामक यात्री (1629–43ई0) ने लिखा है कि ''आगरा के व्यवसाइयों के यहां अनाज के ढेरों की तरह धन भरा हुआ था। ढाका के खत्रियों के यहां इतने परिमाण में धनराशि थी कि गिनकर उसका पता लगाना कठिन था, केवल तौलकर ही उनका मूल्य आंका जा सकता था।''[61] इसी प्रकार सर टामस रो, जो जहांगीर के समय भारत आया था, ने लिखा था कि 'यूरोप की बर्बादी पर एशिया फूल फल रहा है। भारत की समृद्धि का प्रधान हेतु यह है कि जहां इसका निर्यात् बहुत अधिक है वहां आयात बहुत कम।'[62]

यह भारत की कला–कुशलता और वैज्ञानिक उन्नति का ही परिणाम था कि उसके उद्योग धंधे और व्यवसाय समृद्ध थे और वह कल्पनातीत धन संपन्न समझा जाता था। इसी समृद्धि के कारण वह 'सोने की चिड़िया' नाम से प्रसिद्ध था। 15वीं और 16वीं शताब्दी में यूरोपिय राष्ट्रों के समुद्री यात्रियों का भारत के समुद्री मार्ग ढूढने के प्रयत्न का उद्‌देश्य यह था कि वे उन दिनों भारत में उत्पन्न होने वाली प्राकृतिक वस्तुएं और तैयार होने वाले

पदार्थों को अपने देश में लावें। भारत अपनी प्राकृतिक और तैयार की जाने वाली वस्तुओं की बिक्री के बदले सारे संसार से सोना और चांदी सदा खींचता था।[63] 17वीं शताब्दी के अंत तक भारत संसार के व्यापार का केंद्र रहा और विश्व व्यापार में इसकी हिस्सेदारी सर्वाधिक थी। भारतीय वस्तुओं के निर्यात के बदले अत्यधिक परिमाण में सोना–चांदी भारत आता था। भारतीय निर्यात के बदले जो बहुमूल्य धातुएं यहां आती थीं, उस पर करेरी जैसे लेखक ने आश्चर्य प्रकट किया था और लिखा कि 'सारे संसार का सोना चांदी घूम फिर कर अंत में भारत पहुंचता है।[64] (All the gold and silver which circulates throughout the at last centres here. (in India).

भारत का व्यापार सभीं युगों में लगभग एक सा रहा और यहां पर सोने–चांदी की वर्षा समान रुप से उन चीजों को खरीदने के लिए होती रहती थी जिन्हें वह सब देशों में भेंजता रहता था, और पुराने युग से लेकर मध्यकाल तक वह सदा एक ऐसी भारी खाईं के रुप में माना गया जो अन्य सभीं देशों के धन को हड़प कर जाता था जो निरंतर उसके पास आता था और वहां से फिर वापस नहीं जाता था।[65] भारतीय लोगों की कला–दक्षता और व्यापार कुशलता 16वीं–17वीं सदी में भी बनी रही और 17वीं शताब्दी का भारतीय निर्यात यह सूचित करता है कि यहां के कारीगर कितनी सफलता के साथ विदेशों के विभिन्न वर्ग के लोगों की आवश्यकता की पूर्ति करते थे। एक ओर शासक वर्ग एवं अमीरों की और दूसरी ओर साधारण तथा निम्न वर्ग के लोगों की रुचि के अनुकूल वस्तुएं तैयार करने में भी वे बड़े कुशल थे।[66]

क्या प्राचीन भारत में विज्ञान की परंपरा थी? इस बात का ऐतिहासिक सर्वेक्षण करने पर यह निष्कर्ष निकलता है कि प्राचीन भारत में विज्ञान की एक बहुत ही सशक्त परंपरा थी और इसके सूत्र न केवल वैदिक काल बल्कि उससे भी काफी पूर्व सिंधु सभ्यता से मिलते हैं। भारत में इस विज्ञान परंपरा का उत्तरोत्तर विकास क्रम दिखलायी पड़ता है और यहां से ही यह विज्ञान किसी न किसी रुप में अरब और यूरोप गया। आर्यभट्ट से भास्कर (5वीं से 12वीं शताब्दी तक) के युग में भारतीय विज्ञान अरब देशों एवं यूरोप आदि के विज्ञान के स्तर से बहुत आगे था। अलबरुनी जैसे विद्वान ने भारत आकर संस्कृत सीखी ताकि वह ब्रह्मगुप्त तथा अन्य विद्वानों की कृतियों का अरबी भाषा में अनुवाद कर सके। अंधकार युग में यूरोप के पास इसके समकक्ष कुछ भी नहीं था।[67] प्राचीन भारतीय लोगों का वैज्ञानिक ज्ञान कितना उन्नत था, इसका अंदाजा इसी से लगाया जा सकता है कि धार के महाराज भोज ने अपने

ग्रंथ में जलयानों के निर्माण में यह सावधानी बरतने का निर्देश दिया था कि उसकी तली के तख्तों को जोड़ने के लिए लोहे की कीलों की जगह लकड़ी की कीलों या अन्य पदार्थों का प्रयोग किया जाय ताकि वे नौकाएँ समुद्र की चुंबकीय चट्टानों की टक्कर में न आने पायें जबकि उस काल को अधिकांश इतिहासकारों ने सामंती काल और वैज्ञानिक अवनति के काल के रुप में चित्रित किया है। यूरोप में इस प्रकार की जागृति लगभग 500 वर्ष बाद पुनर्जागरण काल में दिखलायी पड़ती है।

प्राचीन भारतीय विज्ञान के स्वरुप पर भी विचार कर लेना अनुपयुक्त न होगा। भारत की शिक्षा पद्धति प्राचीन काल से ही गुरुकुल प्रणाली पर आधारित थी जिसमें अधिकांशतः मौखिक शिक्षा प्रदान की जाती थी। इस प्रणाली में गुरु शनैः शनैः अपना ज्ञान अपने सुयोग्य शिष्यों को प्रदान किया करते थे। लिखित की जगह मौखिक प्रणाली की प्रधानता और यहां की नम जलवायु एवं सतत राजनीतिक संघर्षों के फलस्वरुप यदि विज्ञान विषयक ग्रंथ रहे भी होंगे तो नष्ट हो गये होंगे। सुदीर्घ राजनीतिक परतंत्रता के कारण भारत के इतिहास को विकृत करने में कोई कमी नहीं रखी गयी और जो कोई विज्ञान विषयक ग्रंथ मिले भी तो उन्हें वह महत्व न देकर भारतीयों को हीन सिद्ध करने का प्रयास किया गया। प्राचीन भारतीय लोगों के विषय में यह धारणाएँ फैलायी गयी कि उस काल में केवल आध्यात्मिक ज्ञान पर ही जोर दिया गया, जो कि उचित नहीं कहा जा सकता। उस समय भी ज्ञान की अपेक्षा विज्ञान पर अधिक बल दिया जाता था। प्राचीन भारत में आध्यात्मिक ज्ञान के अलावा शिल्पशास्त्र, वास्तुशास्त्र, शस्त्रविज्ञान, आयुर्विज्ञान इत्यादि का भी अध्ययन होता था और भारतीय ऋषिगण अपना ज्ञान बढ़ाने के लिए निरंतर प्रयास करते रहते थे। वैदिक काल से ही यज्ञों के लिए जिस प्रकार वेदिकाएँ बनती थीं और यज्ञों की निगरानी की जाती थी, यह बात चिंतन का विषय है। उस समय यज्ञ करने के पीछे एक गहन वैज्ञानिक तथ्य यह भी होता था कि यज्ञ गहन चिंतन और कठोर प्रयोगों के साधन थे, तभीं तो भारतीय ऋषिगण यज्ञों द्वारा निरंतर अपने ज्ञान और शक्ति में वृद्धि किया करते थे।

एक प्रश्न यह भी उठता है कि यदि प्राचीन भारत में विज्ञान की इतनी सशक्त परंपरा थी तो फिर उसकी अवनति क्यों हुई। इस संदर्भ में यह कहा जा सकता है कि एक तो भारत की मौखिक परंपरा और दूसरे परवर्ती काल में जाति बंधन की कठोरता इसके लिए बहुत कुछ उत्तरदायी मानी जा सकती है। लाला लाजपत राय जैसे राष्ट्रवादी विचारक ने भारत की वैज्ञानिक परंपरा की अवनति के कारणों में जाति व्यवस्था को प्रमुख माना था और

अपना अभिमत व्यक्त करते हुए लिखा था कि "हिंदुओं ने यह भूल की कि उन्होंने धार्मिक पवित्रता और शौच की दृष्टि से प्रायः प्रत्येक व्यवसाय और शिल्प को नीच बना दिया। चमड़े का काम करने वालों, कसाइयों, चांडालों आदि से आरंभ करके उन्होंने शनैः शनैः सभी शिल्पों और व्यवसायों को घृणा की दृष्टि से देखना आरंभ कर दिया। यहां तक कि संभ्रांत काम केवल दो तीन रह गये। अर्थात् ब्राह्मण का कर्म, क्षत्रिय का कर्म और वाणिज्य का काम। यह भूल हिंदू धर्म के अधःपतन के काल की है।"[68] जाति प्रथा की कठोरता और प्रायोगिक परीक्षणों को हेय समझा जाने लगा फलस्वरुप परीक्षण के स्थान पर सैद्धांतिक बातों पर जोर दिया जाने लगा और यहीं से विज्ञान की अवनति आरंभ हुई और भारत में विज्ञान का सूर्य अस्त हो गया और फिर वह यूरोपिय विज्ञान के प्रकाश के रुप में ही पुनः उदित हुआ।

प्राचीन भारत में विज्ञान की परंपरा का सर्वेक्षण करने पर यह बात स्पष्ट हो जाती है कि भारत में विज्ञान की परंपरा काफी समय पहले से ही विद्यमान थी, जिसकी जड़ें वैदिक काल ही नहीं बल्कि उससे भी पूर्व सिंधु सभ्यता में भी दिखलायी पड़ती है। प्राचीन भारतीयों ने ज्ञान–विज्ञान के विविध अंगों को पुष्ट करने का प्रयास किया और इसका सत्यापन तत्कालीन लिखित और पुरातात्विक साक्ष्यों से किया जा सकता है। अति प्राचीनकाल से ही ज्ञानालोकित होने के कारण भारत में सभ्यता और संस्कृति फली–फूली और यहां के लोगों ने चतुर्दिश उन्नति की फिर वह चाहे कृषि, पशुपालन हो या फिर विज्ञान–प्रौद्योगिकी पर आधारित कला–कौशल। ज्ञान–विज्ञान एवं कला–कौशल की अभूतपूर्व उन्नति के कारण ही भारत प्राचीनकाल में ही एक समुन्नत राष्ट्र का दर्जा प्राप्त कर चुका था और यहीं भारत की आर्थिक समृद्धि का कारण भी था और इसी का परिणाम था कि विभिन्न देशों से धन खींचा हुआ भारत चला आता था और यह भी भारत की समृद्धि का एक कारण था।

भारत के लोग प्राचीनकाल से ही ज्ञान–विज्ञान के क्षेत्र में काफी बढ़े–चढ़े थे। आध्यात्म और तत्वज्ञान की चरम सीमा प्राप्त करते हुए भी वे भौतिक जीवन से विमुख नहीं हुए थे बल्कि दोनो ही क्षेत्रों में आशातीत उन्नति कर दोनों का उद्भुत समन्वय उपस्थित किया था। जीवन के शाश्वत सिद्धांतों को अपना आधार बनाकर उन्होंने भारत के साथ ही विश्व कल्याण का मार्ग दिखलाया था, जो प्राचीन आर्य ग्रंथों में देखा जा सकता है। ये प्राचीन ग्रंथ, जो अधिकांशतः संस्कृत में लिखे गये हैं, पर पाश्चात्य विद्वानों ने यह आरोप लगाया कि इनमें तत्वज्ञान की बातें तो हैं, पर विज्ञान विषयक जानकारियां नगण्य हैं। परंतु नवीन अनुसंधानों एवं प्राचीन दुर्लभ संस्कृत ग्रंथों के अनुशीलन और अध्ययन से यह स्पष्ट हो

गया है कि व्यवहारिक विज्ञान के क्षेत्र में भी प्राचीन भारतीयों का योगदान किसी भी प्रकार से नगण्य या कम महत्वपूर्ण नहीं था।

भारत में पहले ईस्ट इंडिया कंपनी और फिर ब्रिटिश सत्ता के संपूर्ण काल में यहीं प्रचारित किया गया कि विज्ञान के क्षेत्र में संपूर्ण योगदान पश्चिम का है और पश्चिम से ही इसका प्रसरण अन्य देशों को हुआ है। पाश्चात्य देशों ने विज्ञान का संपूर्ण प्रारंभिक ज्ञान यूनानी सभ्यता से प्राप्त किया था अतः उन्होंने यूनान को ही विज्ञान के सूत्रपात का संपूर्ण श्रेय दिया और भारतीय योगदान की सर्वथा उपेक्षा की। यदि प्राचीन भारतवासियों ने विज्ञान के क्षेत्र में कुछ योगदान दिया भी था तो उसे भी यूनानी विज्ञान से प्रभावित ही बताया गया और इस मत को पुष्ट किया गया कि सुकरात और अरस्तु से पूर्व संसार के किसी भी देश में विज्ञान था ही नहीं। विभिन्न ग्रंथों में भारत के अध्यात्म, धर्म, दर्शन और साहित्य के क्षेत्र में योगदान को तो अंकित किया गया पर विज्ञान के क्षेत्र में उसके योगदान को न के बराबर महत्व देकर भारतीयों को अपने गौरवशाली अतीत एवं तत्कालीन वैज्ञानिक उपलब्धियों के ज्ञान से वंचित रखने का कार्य किया गया।

पूर्व–मध्य काल तक ही नहीं बल्कि यूरोपिय पुनर्जागरण तक भारतीय विज्ञान उन्नत अवस्था में था, परंतु इसके बाद सारा वैज्ञानिक ज्ञान पश्चिम में विकसित हुआ। यूरोपिय कंपनियां, विशेषकर ईस्ट इंडिया कंपनी जैसे–जैसे भारत में शक्तिशाली होती गयी, उसी क्रम में उसने यहां की वैज्ञानिक परंपरा एवं कला–कुशलता को बरबाद किया एवं साथ ही इस बात का भी प्रचार किया कि भारत की जो अवस्था आज है, वहीं अवस्था सदा से रही है अर्थात् ज्ञान–विज्ञान के क्षेत्र में भारत का योगदान नगण्य था। इन समस्त भ्रामक प्रचार के पीछे केवल एक उद्देश्य था और वह था शासन की जड़े मजबूत करना और भारतीय पुनर्जागरण के बाद ही भारतीय विचारक इस मिथ्या भ्रम का निवारण करने में सफल हो सके।

संदर्भ सूची :

1. वाचस्पति, इंद्रविद्या, भारत में ब्रिटिश साम्राज्य का उदय और अस्त, भाग–1, आत्माराम ऐंड संस, दिल्ली, 1956ई0, पृष्ठ 132

2. हिंदी चित्रमय जगत, जुलाई 1914, चित्रशाला प्रेस, पूना, पृष्ठ 146

3.कपूर, श्यामनारायण, प्राचीन भारत में विज्ञान और शिल्प, साहित्य निकेतन, कानपुर 1998, पृष्ठ 2
4.वाजपेयी, कृष्णदत्त, भारतीय व्यापार का इतिहास, राष्ट्रभाषा प्रकाशन, मथुरा, 1951, पृष्ठ 1
5.प्राचीन भारत में विज्ञान और शिल्प, पृष्ठ 1
6.मर्यादा, भाग 1, संख्या 5, मार्च, 1911ई0, अभ्युदय प्रेस, प्रयाग, पृष्ठ 173
7.मजूमदार, रमेशचंद्र, प्राचीन भारत, मोतीलाल बनारसीदास, दिल्ली, 1990, पृष्ठ 8
8.मुखर्जी, राधाकुमुद, प्राचीन भारत, राजकमल प्रकाशन, नई दिल्ली, चतुर्थ सं0 1990, पृष्ठ 21
9.वैज्ञानिक शब्दावली का इतिहास, फ्रैंक ब्रदर्स एण्ड कम्पनी, दिल्ली, 1968ई0, पृष्ठ 13
10. वहीं, पृष्ठ 74
11. कपूर, श्यामनारायण, प्राचीन भारत में विज्ञान और शिल्प, पृष्ठ 14
12. सत्यप्रकाश, वैज्ञानिक विकास की भारतीय परंपरा, बिहार राष्ट्रभाषा परिषद, पटना, 1954, पृष्ठ 14—15
13. वाजपेयी, कृष्णदत्त, भारतीय व्यापार का इतिहास, पृष्ठ 18
14. वहीं, पृष्ठ 20
15. सत्यप्रकाश, वैज्ञानिक विकास की भारतीय परंपरा, पृष्ठ 53
16. दास, गोपाल, अनुवादित प्राचीन भारत वर्ष की सभ्यता का इतिहास, मूल लेखक मि0 रमेशचंद्र दत्त, पहला भाग, इतिहास प्रकाशक समिति, काशी, 1905ई0, पृष्ठ 171
17. भट्टि, देवदत्त, वैदिक भैषज्य, चौखंम्भा पब्लिशर्स, वाराणसी, 2004, पृष्ठ 39
18. सत्यप्रकाश, वैज्ञानिक विकास की भारतीय परंपरा, पृष्ठ 215
19. वहीं, पृष्ठ 214—15
20. दिनकर, रामधारीसिंह, संस्कृति के चार अध्याय, लोकभारती प्रकाशन, इलाहाबाद, सं0 1997, पृष्ठ 171
21. सत्यप्रकाश, वैज्ञानिक विकास की भारतीय परंपरा, पृष्ठ 217
22. कपूर, श्यामनारायण, प्राचीन भारत में विज्ञान और शिल्प, पृष्ठ 9
23. दास, गोपाल, अनुवादित प्राचीन भारत वर्ष की सभ्यता का इतिहास, पहला भाग, पृष्ठ 175
24. कपूर, श्यामनारायण, प्राचीन भारत में विज्ञान और शिल्प, पृष्ठ 13

25. सत्यप्रकाश, वैज्ञानिक विकास की भारतीय परंपरा, पृष्ठ 58
26. कपूर, श्यामनारायण, प्राचीन भारत में विज्ञान और शिल्प, पृष्ठ 13
27. शर्मा, ओमप्रकाश, वैज्ञानिक शब्दावली का इतिहास, पृष्ठ 118
28. वहीं, पृष्ठ 117
29. शास्त्री, के0 ए0 नीलकंठ, नंद–मौर्य युगीन भारत, मोतीलाल बनारसीदास, दिल्ली, 1969, पृष्ठ 313
30. सत्यप्रकाश, वैज्ञानिक विकास की भारतीय परंपरा, पृष्ठ 130
31. मजूमदार, रमेंशचंद्र, प्राचीन भारत, पृष्ठ 190
32. नंद–मौर्य युगीन भारत, पृष्ठ 393
33. भंडारकर, डी0 आर0, अशोक, एस0 चंद एंड कंपनी (प्राइवेट) लिमिटेड, नई दिल्ली, 1974, पृष्ठ 180–81
34. वाजपेयी, कृष्णदत्त, भारतीय व्यापार का इतिहास, पृष्ठ 61
35. दत्त, नलिनाक्ष एवं दत्त, श्रीकृष्ण, उत्तर प्रदेश में बौद्ध धर्म का विकास, प्रकाशन ब्यूरो, उत्तर प्रदेश सरकार, लखनऊ, 1956ई0, पृष्ठ 306
36. वाजपेयी, कृष्णदत्त, भारतीय व्यापार का इतिहास, पृष्ठ 51–52
37. सत्यप्रकाश, वैज्ञानिक विकास की भारतीय परंपरा, पृष्ठ 157
38. वाजपेयी, कृष्णदत्त, भारतीय व्यापार का इतिहास, पृष्ठ 115
39. वहीं, पृष्ठ 115
40. सत्यप्रकाश, वैज्ञानिक विकास की भारतीय परंपरा, पृष्ठ 90
41. मुले, गुणाकर, गणित से झलकती संस्कृति, राजकमल प्रकाशन, नई दिल्ली, 2015, पृष्ठ 49–50
42. सत्यप्रकाश, वैज्ञानिक विकास की भारतीय परंपरा, पृष्ठ 93
43. मुले, गुणाकर, गणित से झलकती संस्कृति, पृष्ठ 51
44. सत्यप्रकाश, वैज्ञानिक विकास की भारतीय परंपरा, पृष्ठ 94
45. वाजपेयी, कृष्णदत्त, भारतीय व्यापार का इतिहास, पृष्ठ 116
46. प्राचीन भारत, पृष्ठ 192
47. गुप्त, परमेश्वरीलाल, गुप्त साम्राज्य, विश्वविद्यालय प्रकाशन, वाराणसी, 1991, पृष्ठ 529; सत्यप्रकाश, वैज्ञानिक विकास की भारतीय परंपरा, पृष्ठ 210

48. वाजपेयी, कृष्णदत्त, भारतीय व्यापार का इतिहास, पृष्ठ 123
49. वर्मा, रामचंद्र अनु0 अरब और भारत के संबंध, मूल लेखक सुलेमान नदवी, प्रयाग 1930, पृष्ठ 103–104
50. दिनकर, रामधारी सिंह, संस्कृति के चार अध्याय, पृष्ठ 223
51. वाजपेयी, कृष्णदत्त, भारतीय व्यापार का इतिहास, पृष्ठ 162
52. दिनकर, रामधारी सिंह, संस्कृति के चार अध्याय, पृष्ठ 169
53. वाजपेयी, कृष्णदत्त, भारतीय व्यापार का इतिहास, पृष्ठ 178
54. सरस्वती पत्रिका भाग 32, खंड 2, संख्या 3, सितंबर, 1931, इंडियन प्रेस, प्रयाग, पृष्ठ 242
55. वहीं, पृष्ठ 244
56. वहीं, पृष्ठ 244
57. स्वार्थ पत्रिका, वर्ष 3, खंड 2, अंक 6, आषढ़ सं0 1979, ज्ञान मंडल कार्यालय, बनारस, पृष्ठ 293
58. वहीं, पृष्ठ 294; वाजपेयी, कृष्णदत्त, भारतीय व्यापार का इतिहास, पृष्ठ 177
59. स्वार्थ पत्रिका, वर्ष 3, खंड 2, अंक 6, आषढ़ सं0 1979, पृष्ठ 297
60. शर्मा, ओमप्रकाश, वैज्ञानिक शब्दावली का इतिहास, पृष्ठ 26
61. वाजपेयी, कृष्णदत्त, भारतीय व्यापार का इतिहास, पृष्ठ 245
62. वहीं, पृष्ठ 249
63. गुप्त, बलदेव प्रसाद अनु0 कंपनी के काले कारनामें, मूल लेखक मेजर बी0 डी0 बसु, नागरी प्रेस, प्रयाग, 1939, पृष्ठ 7
64. वाजपेयी, कृष्णदत्त, भारतीय व्यापार का इतिहास, पृष्ठ 249
65. गुप्त, बलदेव प्रसाद अनु0 कंपनी के काले कारनामें, पृष्ठ 103
66. वाजपेयी, कृष्णदत्त, भारतीय व्यापार का इतिहास, पृष्ठ 249
67. मिश्र, विनोद कुमार अनु0 भारत की विज्ञान यात्रा, मूल लेखक जयंत विष्णु नारलीकर, प्रभात प्रकाशन, दिल्ली, 2005, पृष्ठ 48
68. संतराम अनु0 भारतवर्ष का इतिहास, प्रथम भाग, मूल लेखक लाजपत राय, वणिक प्रेस, मिर्जापुर, 1922, पृष्ठ 328

2. भारत में अंग्रेजी राज एवं उसकी विज्ञान नीति

भारत में यूरोपिय जातियां व्यापार करने के लिए आयीं और तीन सौ वर्षों के भीतर ही उन्हीं में से एक अंग्रेज जाति भारत पर अपना राजनीतिक प्रभुत्व स्थापित करने में सफल हो गयी। भारत और यूरोप के संबंध तो प्राचीन काल से ही स्थापित थे और दोनों के मध्य प्रगाढ़ व्यापारिक संबंध कायम था। भारत और यूरोप के बीच यह सारा व्यापार स्थल और जल मार्ग दोनो से होता था, परंतु 7वीं सदी में अरब में इस्लाम के उदय और उसका तीव्र प्रसार तथा ईसाईयों से अरबों की स्वाभाविक शत्रुता ने भारत और यूरोप के स्थल मार्ग को काफी कठिन बना दिया फिर भी जलमार्ग द्वारा और स्वयं अरब के व्यापारियों द्वारा भारतीय वस्तुएं यूरोप पहुॅचती रहती थीं, जिनकी यूरोप में बहुत मांग थी और इसके बदले काफी धन भारत में आता था। भारत पूरे यूरोप में अपने अथाह धन–संपदा और वैभव के लिए प्रसिद्ध था और यूरोप के लोग हमेंशा ही भारत पहुॅचने के स्वप्न देखा करते थे।

15वीं सदी के मध्य के आसपास एक ऐसी घटना घटी जिसके प्रभाव अत्यंत दूरगामी हुए और जिसने पूरे विश्व के इतिहास को प्रभावित किया। इस घटना के बाद जो प्रभुता, संपन्नता और शिष्टता एशियाई देशों को प्राप्त थीं, वह सब धीरे–धीरे यूरोप के देशों के पास चली गयीं और फिर पूरे विश्व पर यूरोप की प्रभुता स्थापित हो गयी जो लगभग चार सदी तक बनी रही और आज भी काफी हद तक स्वेत जातियों की सत्ता किसी न किसी रुप में विश्व के अनेक देशों में कायम है। भारत में जो यूरोपिय जातियां व्यापारिक उद्‌देश्य के लिए आयीं, उन्हीं में से एक अंग्रेज जाति अपनी कुटिल और धूर्त नीतियों के चलते धीरे–धीरे भारत में अपना नियंत्रण स्थापित करने में सफल हो गयी और इस देश के इतिहास को नया मोड़ दिया। भारत में यूरोपिय जातियों के आगमन एवं अंग्रेजों द्वारा अपनी सत्ता स्थापित करने तथा इस देश पर नियंत्रण रखने के लिए विज्ञान एवं तकनीकी का एक औजार के रुप में इस्तेमाल करने का इतिहास जानना बहुत ही आवश्यक हो जाता है।

अरब में इस्लाम के उदय और उसके तीव्र प्रसार के फलस्वरुप तुर्कों एवं ईसाईयों में संघर्ष आरंभ हुआ जो कई सदियों तक चलता रहा। इसी पृष्ठभूमि में तुर्क राजा मोहम्मद ने 1453ई0 में कुस्तुनतुनिया नगर को अधिकृत करके तुर्क राज्य स्थापित किया। इस घटना के साथ ही यूरोप में एक नए युग का संचार हुआ। यूनानी सभ्यता और साहित्य के द्वारा अज्ञान में डूबे यूरोप को तुर्कों ने आलोकित करके उसकी वर्तमान उन्नति और ऐश्वर्य के लिए एक

सुगम मार्ग बना दिया, जिसका फल यह हुआ कि यूरोप ज्ञान और उन्नति के मैदान में तेजी के साथ दौड़ पड़ा और वहां पर सभ्यता के साथ–साथ वाणिज्य में भी उन्नति होने लगी। तुर्क राज्य के स्थापित होने के दिन ही से भूमध्य सागर की जगह अब अटलांटिक महासागर वाणिज्य और अन्य सभ्यता का प्रधान केंद्र स्थल हो गया। यूरोप की दक्षिणी सीमा से लेकर उसके पश्चिमी किनारे तक सभ्यता और उन्नति की वेगवती धारा प्रवाहित होने लगी और पश्चिमी यूरोप नवीन उत्साह और स्फूर्ति के साथ वाणिज्य की उन्नति में अग्रसर हुआ।[1]

पूर्व–मध्य काल में अरब वालों ने अपना विदेशी व्यापार बहुत बढ़ा लिया था। वे पश्चिम में भूमध्य सागर से लेकर पूर्व में चीन सागर तक आने जाने लगे। उन्होंने मज़बूत जहाजी बेड़े बनवाए, जिनके द्वारा वे समुद्र पर बहुत समय तक अपना आधिपत्य कायम रख सके। पूर्वी व्यापार से अरबों को बड़ा लाभ हुआ। एक देश की नई और अद्भुत वस्तुएं वे दूसरे देशों में, जहां वे अलभ्य होती थीं, बेचते और इस प्रकार काफी लाभ उठाते थे।[2] अरब वालों के इसी गौरवमय काल में वाणिज्य द्रव्यों के साथ–साथ भारतवर्ष का साहित्य, विज्ञान, शिल्प और अनेक कला–कौशल आदि भी यूरोप में जा फैला। 8वीं से 16वीं शताब्दी तक अरब उपदेशक की गद्दी पर बैठ कर ज्ञान और सभ्यता की विमल ज्योति से असभ्य और अज्ञानी यूरोप को प्रकाशित करता रहा। अरब भारतवर्ष से ज्योतिष, गणित, आयुर्वेद तथा संगीत आदि विविध शास्त्रों को सीख सीख कर यूरोप को उपदेश करता रहा। इस प्रकार यूरोप अरब वालों से भारतवर्षीय साहित्य का ज्ञान प्राप्त करके शुसभ्य हुआ।

मध्यकाल में यूरोप में भारत एक ऐसे देश के रूप में विख्यात था जो लबालब धन और सब प्रकार की वस्तुओं से पूर्ण रुप से भरा हुआ था और यूरोप के लोग स्वप्न में भी भारत पहुँचने का प्रयास करते थे। भारत का नाम यूरोप में अतुल धन संपत्ति के लिए विख्यात था। उधर से आने वाले आततायियों की लूट, और मुगल बादशाहों के दरबार की भड़कीली शान की कहानियां मध्य एशिया से होकर यूरोप में पहुँचती रहती थीं, जिससे यूरोप के लोग भारत तक पहुँचने और उसकी अनहद दौलत के हिस्सेदार बनने के लिए लालायित थे।[3] 1453ई0 में कुस्तुनतुनिया और बाद में भूमध्य सागर के अधिकांश व्यापारिक केंद्रों पर तुर्कों के अधिकार कर लेने के कारण यूरोप वालों को नए मार्गों की खोज की आवश्यकता पड़ी। इस समय यूरोप में मसालों और सुगंधित पदार्थों की बहुत बड़ी मांग थी, क्योंकि ठंढी के दिनों में यूरोप में बहुत अधिक संख्या में जो पशु मर जाते थे, उन्हें मसाले इत्यादि सुगंधित पदार्थ पोतकर रख दिया जाता था और बाद में जब लोग उनका भोजन के रुप में इस्तेमाल करते

थे तो मसाले ही उसे स्वादिष्ट बनाते थे। इन मसालों की पूर्ति के लिए पूर्वी देशों की यात्राएं अनिवार्य हो गईं। इस संदर्भ में सर जार्ज बर्डवुड ने ठीक ही लिखा है कि "आधुनिक यूरोप और विशेषकर इंग्लैंड का इतिहास भारत, वृहत्तर भारत और पूर्वी द्वीपसमूह में सुगंधित पदार्थों और मिर्च—मसालों की खोज का इतिहास है।"[4]

कुस्तुनतुनियां पर तुर्कों द्वारा अधिकार कर लेने के कारण यूरोप का स्थल मार्ग से भारत से संपर्क टूट गया। वेनिस, जिनेवा इत्यादि नगरों में भारतीय वाणिज्य की वस्तुओं के जाने का द्वार एकदम बंद हो गया। इस कारण वे समृद्धिशाली नगर उजाड़ दशा को पहुंच चले। उसी समय से भारतवर्ष में वाणिज्यार्थ आने को यूरोप के व्यवसायी लोग ललचाने लगे। पुर्तगाल देश पश्चिमी यूरोप के इस नवीन युग का प्रवर्तक हुआ। इस छोटे देश ने सारे यूरोप की आंखें खोल दी। आंखे खुलते ही यूरोप की विशाल लोलुप दृष्टि सर्वप्रथम भारत पर आ पड़ी। इसी लोलुप दृष्टि से यूरोप में वर्तमान उन्नति और उसके वैभव के लिए एक बहुत बड़ी सुदृढ़ दीवार खड़ी कर दी।[5] यही जागृति ही यूरोप में पुनर्जागरण के नाम से जानी गयी और इसके बाद यूरोप की कायापलट ही हो गयी।

यूरोप में जागृति की लहर अचानक से ही नहीं आ गयी और न ही यूरोप अचानक एक बार में ही आधुनिक यूरोप बन गया। यूरोप एक हजार वर्षों से अधिक समय तक घोर अंधकार में डूबा हुआ था और ज्ञान—विज्ञान के क्षेत्र में वहां कोई विशेष प्रगति नहीं हुई। विज्ञान में उन्नति ही आधुनिक यूरोप की सबसे प्रमुख विशेषता थी परंतु प्राचीन और आधुनिक विज्ञान के युग में यूरोप में एक समय ऐसा हो गया जो विज्ञान की रात्रि कहा जा सकता है। 100ई0 से 1240 ई0 तक कोई प्रसिद्ध विज्ञान व्यक्ति नहीं उत्पन्न हुआ। अरब में कुछ—कुछ विज्ञान का प्रकाश था परंतु वह मिथ्या बातों के तिमिर से ऐसा आच्छादित था कि उसका होना ना होने के बराबर था।[6] उस समय यूरोप में कुछ ऐसी घटनाएं घटी जिसने यूरोप के लोगों की मनःस्थिति ही बदल दी। उस समय सारे यूरोप में नवजीवन का प्रभात उदित हो रहा था। वह नवजीवन आकस्मिक नहीं था। वह एक दीर्घ इतिहास परंपरा का फल था। वह घटनाओं की उस लंबी जंजीर की आखिरी कड़ी थी जिसकी पहली कड़ी यूरोप में पुनर्जागरण के प्रादुर्भाव के साथ घटी थी।

यूरोप में जागरण का प्रारंभ 15वीं सदी में हुआ, ऐसा अधिकांश विद्वानों का मत है। इससे पूर्व की कई सदियां यूरोप के इतिहास में मध्य युग और अंधकार युग के नाम से पुकारी जाती हैं। उन सदियों में यूरोप में जागीरदारी प्रथा का बोलबाला था। साधारण प्रजा

के अधिकार शून्य के समान थे। लोगों के धार्मिक जीवन पादरियों की मुट्ठी में थे और पादरी रोम के पोप के एजेंट मात्र थे। शिक्षा कुछ इने-गिने व्यक्तियों की बपौती समझी जाती थी और कानून बादशाह और उसके वजीरों का खिलौना था। सबसे बड़ा रोग अंधकार युग का यह था कि प्रजा के मन दासता की जंजीरों में जकड़े हुए थे।[7] परंतु जैसे लोहा चुंबक की ओर खींचता है, वैसे ही मनुष्य का चित्त सर्वदा ज्ञान की ओर आकर्षित होता रहता है। कभी-कभी तो ऐसे घोर बादल आ जाते हैं कि सब अंधकारमय देख पड़ता है परंतु तो भी जहां कहीं थोड़ा सा प्रकाश देख पड़ा कि पतंग की भांति चित्त उसी ओर चलायमान हो जाता है। धीरे धीरे असाधारण विद्वान धूर्तों से अलग होने लगे। न्यायानुकूल तर्क वितर्क से प्राकृतिक बातों को मिलाना आरंभ हुआ। यह नींव व्यवहारिक ज्ञान की पड़ी। व्यवहारिक ज्ञान के प्रचलित होते ही लोगों की पोल खुलने लगी। पहले के भ्रम ज्ञात हो गए। सत्य ने अपना अधिकार जमाया। आलौकिक मूल का स्थान विवेक और विचार ने लिया। देवी, देवता, भूत-प्रेतों का राज्य जो लगभग सहस्त्र वर्ष से चला आता था थर्रा गया; और लोगों का प्राकृतिक नियमों पर विश्वास बढ़ने लगा। 13वीं शताब्दी में रोजर बेकन और अल्बर्ट दो बड़े ज्ञानी पंडितों और अपूर्व बुद्धिमानों ने व्यवहारिक शास्त्र की ओर ध्यान दिया। यद्यपि यह लोग उस समय कुछ मुख्य उन्नति न कर सके परंतु इन्होंने भविष्य के लिए रास्ता बना दिया।[8]

यूरोप में पुनर्जागरण का आरंभ 15वीं सदी में सर्वप्रथम इटली में हुआ और उसके बाद ही ज्ञान की यह लहर यूरोप के अन्य देशों में गई। विज्ञान की उन्नति और भौगोलिक खोजों ने ही यूरोप की उन्नति का मार्ग प्रशस्त किया और इसकी पृष्ठभूमि तैयार करने का श्रेय पुर्तगाल के राजा हेनरी और वैज्ञानिक रोजर बेकन को जाता है। 1373ई0 में पुर्तगाल के राजा फर्डिनेंट की मृत्यु हो गयी। इससे पहले ही पुर्तगाल देश मूर लोगों को निकाल कर स्वाधीनता प्राप्त कर चुका था। स्पेन की महारानी राजा का सिंहासन पाने की एकमात्र उत्तराधिकारी थी परंतु एक स्त्री को अपनी महारानी बनाकर उनके सम्मुख अपनी स्वाधीनता विसर्जन कर देना पुर्तगाली प्रजा को स्वीकार नहीं था। लाचार होकर पुर्तगाल के लोगों ने नियम विरुद्ध मृत राजा के भ्राता को, जो दासी पुत्र था, गद्दी पर बैठाया। राजा का दूसरा पुत्र युवराज हेनरी वाणिज्य विस्तार के साथ-साथ राज्य विस्तार का उद्योगी हो नाविक हेनरी के नाम से जग विख्यात हुआ। उसके अदम्य उत्साह और चेष्टा से पुर्तगाल के बंदरगाहों में बड़े बड़े जहाज तैयार होने लगे। उसी हेनरी ने सामान्य से पुर्तगाली राज्य को सारे यूरोप के वाणिज्य शिक्षक और परिचालक के पद पर बैठा कर उसके महत्व को दोगुना कर दिखाया।

उसी के परिश्रम से पुर्तगाल की राजधानी लिस्बन नगर यूरोप के वाणिज्य का एक प्रधान केंद्र बन गया। हेनरी के उद्योग और परिश्रम ने पश्चिमी यूरोप में इस भांति वाणिज्य श्रृंखला स्थापित करके यूरोप के प्रभुत्व को संसार में फैलाने का सूत्रपात कर दिखाया।[9] वहीं, 13वीं शताब्दी में यूरोप में एक ऐसे पुरुष की उत्पत्ति हुई जो विज्ञान के अभ्युदय का कर्ता माना गया। यह पुरुष रत्न रोजर बेकन नाम का विद्वान था। उन्होंने पदार्थों के विषय में ज्ञान प्राप्त करने की आधुनिक प्रथा निकाली। जिस समय वे उत्पन्न हुए उस समय लोगों ने उनकी कुछ भी कदर नहीं की। लोग उनकी योग्यता को जानते ही नहीं थे। उनकी विद्या ही उनका काल हो गई। उसी के कारण वे कारागार में डाले गए थे। विज्ञान का अभ्युदय उनके 200 वर्ष बाद हुआ।[10]

पुर्तगाल के राजा हेनरी के आश्रित होकर वास्कोडिगामा और कोलंबस नाविक शिक्षा प्राप्त करते रहे और पूर्ण निपूर्ण होने पर अपने भविष्य ख्याति का सूत्रपात कर दिखाया। यद्यपि युवराज हेनरी की मृत्यु हो गई थी किंतु उसके प्रदर्शित मार्ग का अवलंबन करके पुर्तगाल प्रतिदिन उन्नति और सौभाग्य के पथ पर अग्रसर होने लगा। पुर्तगाल के राजा लोग वाणिज्य विस्तार की ओर अधिक ध्यान देने लगे। पुर्तगाल का इस भांति सौभाग्य सूर्य उदय होते देख स्पेन भी ईर्ष्या से वाणिज्य व्यापार में पुर्तगाल की बराबरी करने को उठ खड़ा हुआ। 1479ई0 में दोनों देशों में संधि हो गई। भारत में आने का सुगम मार्ग खोज निकालना ही पुर्तगाल और स्पेन का प्रधान लक्ष्य था। राजकुमार हेनरी की मृत्यु के 26 वर्ष उपरांत राजा जान द्वितीय के शासन काल में पुर्तगाली नाविक बार्थोलोम्यू डियाज़ 1487ई0 में अनेंक कष्ट झेल कर दक्षिणी अफ्रीका की अंतरीप को खोज निकाला जो आंधी पानी से परिपूर्ण थी। इसके द्वारा भारतवर्ष में आने–जाने का मार्ग स्थिर हो गया, इस कारण उस अंतरीप का नाम 'उत्तमाशा' पड़ा और जिसे बार्थोलोम्यू डियाज़ ने तूफानी अंतरीप कहा।[11]

अफ्रीका के पश्चिमी किनारों पर लगातार 67 वर्षों तक जीतोड़ परिश्रम करके पुर्तगाल के नाविक भारत पहुंचने का प्रयत्न करते रहे। इसी समय जिनेवा निवासी कोलंबस नामक नाविक अपनी प्रतिभा द्वारा भारतवर्ष में आने जाने के लिए कोई दूसरा सुगम मार्ग खोज निकालने को दत्तचित हुआ और खूब सोच विचार कर उसने यह निश्चय किया कि अटलांटिक महासागर से सीधे पश्चिम की ओर जाने से सहज ही में भारतवर्ष में पहुंचा जा सकता है। स्पेन के महाराजा और महारानी की पूर्ण सहायता लेकर कोलंबस 3 जहाज अपने साथ लेकर 3 अगस्त, 1492ई0 को भारतवर्ष खोजने के लिए पश्चिम दिशा को चला और

अनेक कष्टों को सहते हुए 11 अक्टूबर को भटकता–भटकता वह अमेरिका पहुँच गया।[12] इस भांति अमेरिका महाद्वीप खोज निकाला। भारत की खोज ने कोलंबस द्वारा सारा अमेरिका महाद्वीप खोज निकलवाया। स्पेन के अतुल वैभव और सौभाग्य के साथ ही साथ एक नवीन और अधिक विस्तृत यूरोप का सूत्रपात हो गया।

कोलंबस से प्रेरणा लेते हुए जगत विख्यात पुर्तगाली नाविक वास्कोडिगामा 19 जुलाई, 1497ई0 को अपने साथ 3 जहाज लेकर भारतवर्ष की ओर रवाना हुआ और 22 महीने तक बहुत सारे कष्टों को झेलते हुए 20 मई, 1498 को कालीकट बंदरगाह पर आ पहुंचा और वहां कुछ समय तक रह कर वापस लिस्बन लौट गया। उस समय पुर्तगाल के गुणग्राही राजा इमैनुअल ने अपने प्रधान दरबारियों के सामने वास्कोडिगामा को उत्तमोत्तम बहुमूल्य पुरस्कारों से विभूषित करके अपनी गुणग्राहता का परिचय दिया।[13] वास्कोडिगामा ने भारत आने का जो मार्ग खोजा उसी मार्ग द्वारा यूरोप निवासी लोग भारतवर्ष से वाणिज्य व्यापार करने लगे। भारतीय मार्ग का अन्वेषण उस समय की बहुत ही महत्वपूर्ण घटना थी जैसा कि रमेशचंद्र मजूमदार, हेमचंद्र रायचौधुरी और कालीकिंकर दत्त ने अपनी पुस्तक में लिखा है कि ''शायद मध्यकाल की किसी घटना ने सभ्य जगत् पर इतना महत्वपूर्ण प्रभाव नहीं डाला, जितना भारत के सामुद्रिक मार्ग के खुल जाने से पड़ा।''[14]

यूरोप में पुनर्जागरण के फलस्वरुप एक नवीन जागृति दिखलायी पड़ने लगी। इस जागृति की सबसे बड़ी विशेषता यह थी कि यह जनता के एक बड़े भाग को जगा रही थी। मानसिक जागृति कुछ एक जागीरदारों या पादरियों के घोसले में से निकल कर समाज के संपूर्ण उपविभाग का स्पर्श करने लगी थी। यह समाज की जागृति का अटल सिद्धांत है कि जो राष्ट्र मानसिक दासतां में फंसा हुआ हो वह चिरकाल तक राजनीतिक दृष्टि से स्वाधीन नहीं रह सकता। मानसिक जागृति पहले और नैतिक जागृति पीछे आती है और यूरोप में भी यही हुआ। पुनर्जागरण और धर्म सुधार का परिणाम यह हुआ कि संपूर्ण यूरोप में नए जीवन की एक प्रबल बाढ़ सी आ गई जिसने यूरोप की सभी जातियों में ऊपर उठने और आगे बढ़ने की भावना उत्पन्न कर दी। यूरोप में यह जागृति धर्म सुधार, कला, साहित्य और विज्ञान के क्षेत्र में दिखलायी पड़ी। लॉर्ड बेकन के 200 वर्ष बाद पुस्तकों के छापने की रीति खोज निकाली गई और मुद्रण कला के ज्ञात होते ही जर्मनी में मार्टिन लूथर ने मताभिमानी पादरियों के पंजों से सत्य का उद्धार किया। फिर तो एक अपूर्व उत्साह के साथ यूरोप में वैज्ञानिक अध्ययन आरंभ हुआ।[15] पुनर्जागरण काल के आरंभिक दिनों में जिन महानुभावों ने

विज्ञान का अभ्युदय किया, उनकी नामावली में कोपरनिकस का नाम पहला है। 1473ई0 में वे प्रशिया में उत्पन्न हुए थे। उन्होंने मनुष्यों के विचारों में जो परिवर्तन कर दिया उसका अंदाजा इस समय लगाना बड़ा कठिन है। उन्होंने यह सिद्धांत दिया कि पृथ्वी और ग्रहों की तरह एक ग्रह है और सूर्य की परिक्रमा किया करती है। इस सिद्धांत के पूर्व यूरोप वालों का यह विश्वास था कि आकाश स्थित पिंडो का केंद्र पृथ्वी है और सारे पिंड इसकी परिक्रमा करते हैं।[16] इस प्रकार की घोषणा करना उस समय एक बहुत ही क्रांतिकारी कदम था। अब लोग वैज्ञानिक तरीके से सोचने को बाध्य हुए और 16वीं शताब्दी का मध्य यूरोप में विज्ञान के अभ्युदय काल के रुप में जाना गया। 17वीं शताब्दी में इटली, इंग्लैंड, फ्रांस इत्यादि में वैज्ञानिक समितियां खुल गई जहां विद्वान मनुष्य मिलकर विचार करने लगे। फिर क्या था न्यूटन सरीखे बड़े बड़े वैज्ञानिक पैदा हो गए और 17वीं और 18वीं सदी में यूरोप की जातियां भूमंडल पर छा गईं।

पुनर्जागरण के फलस्वरुप यूरोप के निवासियों में नए देशों को खोजने की उमंग 15वीं शताब्दी में ही पैदा हो गई थी। अगली शताब्दी में वहां ज्ञान विज्ञान संबंधी अन्वेषण आरंभ हुए। यूरोपिय नाविक अब उसी भांति अपने विशेष उद्देश्यों को लेकर ज्ञात और अज्ञात जगत् की ओर बढ़े जिस प्रकार शताब्दियों पहले हमारे पूर्वज 'चरैवेति' भावनाओं को लेकर बहिर्देशों की ओर निकल पड़े थे, या जिस भांति अरब के लोग खिलाफत का पैगाम लेकर अरब से बाहर चल पड़े थे।[17] भौगोलिक अन्वेषण के कार्य में यूरोपिय नाविकों को अतिशय सफलता मिली और उन लोगों ने अमेरिका, अफ्रीका और एशिया के कितने ही देशों को खोज निकाला। इन अन्वेषणों में कुतुबनुमा, बारुद, तथा छपाई की कला विशेष सहायक सिद्ध हुई।

भारत में आने वाली यूरोपिय जातियों में प्रथम पुर्तगाली थे और भारत में व्यापार के साथ–साथ साम्राज्य स्थापित करने की महत्वाकांक्षा का उदय सबसे पहले पुर्तगालियों में ही हुआ। पुर्तगालियों ने वैध व्यापार की सीमाओं में रहकर व्यापार करने के बदले पूर्वी समुद्रों में अपना आधिपत्य स्थापित करने के लिए प्रयत्नशील हो गये और इसके लिए उचित अनुचित सब मार्गों का अवलंबन लिया और भारत तथा अरब के व्यापारियों को समुद्र के रास्ते व्यापार करने के मार्ग में बाधा डाल उन्हें इससे वंचित करने का कार्य किया। 1509ई0 में पुर्तगालियों ने भारत के समुद्र पर आधिपत्य कर लिया।[18] पश्चिमी तट पर पुर्तगालियों के आगमन से गुजरात के सुल्तान महमूद बेगड़ा को विशेष चिंता हुई और उसने इन्हें निकालने का प्रयास

किया। इसके लिए उसने मिश्र के शासक की नौसैनिक सहायता लेकर पुर्तगालियों से युद्ध भी किया पर अंत में असफल रहा और 1510 में पुर्तगाली गोवा में अपना किला बनाने में सफल हो गये।[19]

अब प्रश्न उठता है कि पुर्तगालियों के आगमन और भारत के समुद्र पर शीघ्र ही एकाधिपत्य स्थापित कर लेने का कारण क्या था? जयचंद विद्यालंकार जैसे विद्वान का मानना है कि इस समय तक भारतीयों में समुद्री यात्रा के प्रति उपेक्षा का भाव आ गया था और भारत में ठहराव की स्थिति दिखलायी पड़ती है। उन्हीं के शब्दों में ''15वीं शताब्दी के अंत और 16वीं शताब्दी के आरंभ की इस दशा को जब हम अपने प्राचीन इतिहास की परंपरा में देखते हैं तो पहला प्रश्न यहां उपस्थित होता है कि समुद्री यात्रा के प्रति हिंदुओं की उपेक्षा कब और कैसे पैदा हो गई। गुप्त युग तक आर्य भारतीय नाविक और उपनिवेशक संसार के नाविकों और उपनिवेशकों के अगुआ थे। चोल साम्राज्य के समय तक भी उस दिशा में विशेष अवनति नहीं हुई थी। परंतु मध्यकाल में इसमें अवनति दिखलायी पड़ती है।''[20] तो वहीं रामधारी सिंह दिनकर का यह मानना है कि भारत के शासकों ने सामुद्रिक शक्ति के महत्व पर ध्यान नहीं दिया और इसी कारण यूरोपिय शीघ्र ही भारतीय समुद्र पर आधिपत्य करने में सफल हो गये। उनके शब्दों में ''भारत के राजे नावों और जहाजों के महत्व को नहीं जानते थे। सच तो यह है कि समुद्र भी राज्य का अंग होता है, इस बात पर यहां के राजाओं का ध्यान ही नहीं था। अतएव, पुर्तगाली लोग पानी पर अपना अधिकार बढ़ाते गये और बहुत शीघ्र ही इस अवस्था में पहॅुच गये कि उनका हुक्म लिये बिना समुद्र में कोई अपनी नाव ही नहीं भेंज सकता था।[21]

पुर्तगाली लोगों ने भारत में आकर जो कार्य किया उनसे बाद में आने वाली यूरोपीय जातियों को भी वैसी ही प्रेरणा मिली। अंग्रेज भला कब पीछे रहना पसंद कर सकते थे। 15वीं सदी का अंत होने से पूर्व ही इंग्लैंड में भी जागृति उत्पन्न हो चुकी थी। भारत का रास्ता ज्ञात हो जाने पर इंग्लैंड के कुछ साहसिक लोगों ने भारत से व्यापार करके धन कमाने के लिए एक कंपनी संगठित की जिसका प्रारंभिक नाम था 'दि गवर्नर एंड कंपनी ऑफ मर्चेंट ऑफ लंदन ट्रेनिंग इन टू दि ईस्ट इंडीज'। कंपनी की ओर से ब्रिटेन की रानी एलिजाबेथ की सेवा में प्रार्थना की गई कि उसे भारत से व्यापार करने का आज्ञापत्र (चार्टर) दिया जाए। रानी एलिजाबेथ ने जो चार्टर दिया वह 'साहसिकों की मंडली' के नाम था।[22] उस समय के अंग्रेजी भाषा में दो पारिभाषिक शब्द परस्पर विरोधी समझे जाते थे। वे शब्द

थे–'भद्रजन' और 'साहसिक'। इन दोनों के आचार शास्त्र अलग अलग थे। भद्रजनों के आचारशास्त्र का मुख्य सिद्धांत था 'भलमनसाहत' और साहसिक लोगों की विशेषता थी–सफलता के लिए भले बुरे सब उपायों को काम में लाना। शासकों के धर्मशास्त्र में डकैती या क्रूरता का बहुत ऊंचा स्थान था तभी तो उस समय के नाविक डाकुओं को इंग्लैंड में देवता की भांति पूजा जाता था।

1588ई0 का वर्ष न केवल इंग्लैंड वरन् पूरे यूरोप में एक विभाजक रेखा के रुप में जाना जाता है। इस वर्ष प्रसिद्ध आर्मडा की लड़ाई लड़ी गयी जिसमें इंग्लैंड के नौसैनिकों ने स्पेन के प्रसिद्ध जल बेड़े आर्मडा को नष्ट कर दिया था। समुद्र में लड़े गये इस युद्ध में इंग्लैंड के नौ सैनिकों के साथ ही वहां के समुद्री लुटेरों ने बढ़ चढ़ कर हिस्सा लिया था। इस युद्ध के बाद यूरोप और वाह्य विश्व पर जो धाक स्पेन की थी, वह अब इंग्लैंड की हो गयी और साथ ही इंग्लैंड की नौसैनिक धाक भी समुद्र पर कायम हुई जो कि कई सदियों तक कायम रही। इस घटना के बाद ही इंग्लैंड के नाविक भारत की ओर अग्रसर हुए और वहां के जो लोग भारत से व्यापार करने के लिए पहले पहल चले वे साहसिक श्रेणी के थे, भद्रजन श्रेणी के नहीं। कंपनी के डायरेक्टरों ने प्रारंभ में ही घोषणा कर दी थी कि कोई भद्रजन कंपनी के किसी कार्य पर नियुक्त नहीं किया जाएगा। इंग्लैंड की कंपनी की प्रारंभिक समुद्र यात्राएं सुमात्रा, जावा और मोलक्का के लिए हुईं, जिनका उद्देश्य था मसाले के व्यापार का एक हिस्सा प्राप्त करना।[23]

भारत आने पर अंग्रेजी कंपनी का मुख्य उद्देश्य भारत के शासकों से सुविधाएं प्राप्त कर अपनी व्यापारिक कोठियां खोलना और धन कमाना था। इसी उद्देश्य से 1608ई0 में कप्तान हाकिंस को मुगल बादशाह जहॉगीर के दरबार में भेंजा गया और उसने अंग्रेजों के सूरत में बसने की अनुमति मांगी थी। इसी उद्देश्य के लिए टामस रो को राजदूत बनाकर मुगल दरबार में भेजा गया था जिसके कारण अंग्रेजों को सूरत में कोठी खोलने की आज्ञा मिली थी।[24] टामस रो के भारत में रहते ही अंग्रेजों की कई कोठियां भारत में खुल गयीं। सत्रहवीं सदी में अंग्रेजों ने भारत के पश्चिमी, दक्षिणी और पूर्वी तटों पर बहुत सा आक्रामक और उत्तेजनापूर्ण कार्य किया। इनके कार्यों द्वारा उनकी शक्ति और प्रभाव में वृद्धि हुई। बाद में वे भारत के राजनीतिक मामलों में भाग लेने लगे। यहीं नहीं, वे शक्ति प्राप्त करने के उद्देश्य से उचित अनुचित सभी प्रकार के मार्गों का अवलंबन भी करने लगे। 1684ई0 से कंपनी के पास ब्रिटिश सैनिकों की एक फौज भी रहने लगी।[25] अठारहवीं सदी के चार दशकों में

अंग्रेजी कंपनी के प्रभाव और व्यापार में जिस प्रकार विस्तार हुआ, उसके कारण वे दक्षिण में फ्रांसीसियों को हराने एवं भारत में अपने राज्य स्थापित करने का मार्ग प्रशस्त कर सके।

भारत में जब मुगल शासन कर रहे थे, उसी काल में यूरोप वालों के वैज्ञानिक अनुसंधानों से संसार में एक नया युग ही उपस्थित हो गया। इस काल में यूरोप में व्यवसायिक क्षेत्र में बड़ी तेजी से उन्नति होने लगी। इसी काल में इंग्लैंड तेजी से आधुनिकता की ओर अग्रसर हुआ। अभ्युदय चाहे जिस किसी का हो, सहज में नहीं होता। सूर्य को रात्रि का तिमिर दूर करके निकलने में थोड़ा कष्ट और परिश्रम उठाना ही पड़ता है। यहीं इंग्लैंड के साथ भी हुआ। पुनर्जागरण के फलस्वरुप अंधकार युग से निकलने के बाद 1550 से 1700ई0 के बीच का काल अंग्रेजी इतिहास का सबसे प्रसिद्ध काल था। इसी कालखंड में महाकवि शेक्सपियर और मिल्टन; विख्यात् विज्ञानी बेकन और विज्ञान के जन्मदाता न्यूटन हुए। न्यूटन के अतिरिक्त विलकिंस, गिल्बर्ट, हार्वे आदि ने विज्ञान की जड़ जमाई। 1550 से पहले अंग्रेजी लेखकों के मुख्य तीन विषय थे–काव्य, धर्म और इतिहास और अब तीन विषय और हो गए–नाटक, राजनीति और विज्ञान।[26] विज्ञान के अध्ययन में इंगलेंड के विज्ञानविदों को बड़ी बड़ी कठिनाइयों का सामना करना पड़ा, फिर भी वे निराश नहीं हुए और विज्ञान की उन्नति ने इंग्लैंड की उन्नति का मार्ग खोला।

जिस समय यूरोप अनेक प्रकार के नए आविष्कारों द्वारा अपने व्यवसाय की उन्नति में जुटा हुआ था उस समय भारत के अशांत वातावरण में पुराने ही तरीकों और सूझ–बूझ से काम लिया जा रहा था। 17वीं शताब्दी के मध्य से लेकर 18वीं शताब्दी के अंत तक भारत सोचनीय भारत रहा। यदि इस काल में अपनी प्राचीन परंपरा का ख्याल कर यहां के विचारशील लोग आर्थिक उत्थान की ओर समुचित ध्यान देते तो देश की वैसी दशा न हुई होती जैसी कि हुई। इसके विपरीत 18वीं शताब्दी के पूर्वार्द्ध में अंग्रेजों की व्यापारिक शक्ति बहुत बढ़ गयी। यूरोप में उनकी गणना प्रमुख देशों में होने लगी। 1714ई0 में स्पेन का प्रसिद्ध बंदरगाह जिब्राल्टर इंग्लैंड को मिल गया इसके साथ ही उसे उन प्रदेशों में, जो अमेरिका में स्पेन के उपनिवेश थे, अफ्रीका के गुलाम हब्सियों को बेचने का ठेका भी प्राप्त हो गया।[27] इस तरीके से इंग्लैंड को बड़ा आर्थिक लाभ हुआ और वे ही भारत में अपना राज्य स्थापित कर सके।

यूरोपिय व्यापारिक कंपनियों में से अंग्रेजी कंपनी भारत में अपना नियंत्रण स्थापित करने में सफल रही। यहां पर उन कारणों को खोजना एवं भारत और यूरोप की, विशेषकर इंग्लैंड

की तुलना करना आवश्यक हो जाता है। यदि उस समय के इंग्लैंड और भारत की तुलना की जाए तो ज्ञात होता है कि ऐश्वर्य, शिष्टाचार और संस्कृति की दृष्टि से उस समय का भारत इंग्लैंड से बहुत ऊंचा था। भारत में जो यूरोपियन यात्री उन दिनों आए वह यहां की विभूति और संस्कृति से बहुत प्रभावित हुए। भारत की सामाजिक दशा में बहुत सी त्रुटियां थी, शासन तंत्र भी दोषपूर्ण था, फिर भी यहां की विभूति और संस्कृति की उत्कृष्टता से विदेशी यात्री चकित से हो गए। विशेषतः बादशाह और उनके सरदारों की धन दौलत और शान शौकत से वह बहुत आश्चर्यचकित हुए। उससे भी अधिक आश्चर्य में वह तब आए जब उन्होंने यह देखा कि जिस देश में वह असभ्य, अशिक्षित लोगों से मिलने की आशा रखकर आए थे, वहां उन्हें यूरोप से भी अधिक शिष्ट और उदार विचार रखने वाले शासक और विद्वान मिले।[28] धन और ऐश्वर्य की तो इंग्लैंड क्या पूरे यूरोप की भारत से कोई तुलना ही नहीं थी। 16वीं शताब्दी में भारत के पास जितनी संचित पूंजी थी उसे देखते हुए यूरोप कंगाल ही था। यदि भारत जागरूकता के साथ अपनी संचित पूॅजी और शिल्प शक्ति का उपयोग करता तो बड़ी आसानी से अपना नेतृत्व बनाए रख सकता था।[29]

सामान्य रूप से भारत और इंग्लैंड 17वीं शताब्दी के आरंभ में एक सी दशा में थे परंतु सभ्यता के धरातल और संपत्ति की दृष्टि से देखा जाय तो भारत का स्थान ऊंचा था। यदि बात इतनी ही होती तो परिणाम यह होना चाहिए था कि जो संपर्क स्थापित हो रहा था उसमें भारत का स्थान ऊंचा रहता और भविष्य में जो संघर्ष उत्पन्न हुआ उसमें भारत की जीत होती। परंतु ऐसा नहीं हुआ। इसके पर्याप्त कारण थे और वह कारण दोनों देशों की उस समय की परिस्थितियों में ही सन्निहित थे। उस समय इंग्लैंड पहाड़ की चोटी की ओर जा रहा था और भारत नीचे उतर रहा था। एक की चढ़ती कला थी और दूसरे की उतरती कला। दोनों एक ही स्थान पर खड़े थे परंतु एक ऊपर को देख रहा है और दूसरा नीचे की ओर। इंग्लैंड एक नए जीवन में प्रवेश कर रहा था। वह स्वतंत्रता, एकता और विस्तार की ओर जा रहा था। इंग्लैंड की महारानी एलिजाबेथ और मुगल सम्राट अकबर समकालीन थे। दोनों के नाम शासकों की श्रेणी में बहुत ऊंचे स्थान पर लिखे गए हैं। यही से अंग्रेज राष्ट्र पहाड़ की चोटी पर चढ़ने लगा और मुगल साम्राज्य विनाश की खाई की ओर जाने लगा। इस संदर्भ में इंद्रविद्या वाचस्पति ने बड़ी ही सटीक टिप्पणी की है कि "एक उत्साह और उमंग से भरा हुआ नौजवान था और दूसरा थका–मांदा। ऐसे संघर्ष का परिणाम जो होना था वही हुआ। थके हुए अधेड़ को ताजा नौजवान ने पछाड़ दिया।"[30]

भारत के पराभव का कारण यह था कि एक बार अपनी कमजोरी प्रकट होने पर हमारे पुरखों को यह नहीं सूझा कि उस कमजोरी को दूर कर ले। पुर्तगाली जब पहली बार अफ्रीका का चक्कर लगाकर हमारे देश में आए थे, तब उन्होंने केवल एक नया रास्ता खोजा था। न तो उनके जहाज हमारे जहाजों से कुछ अच्छे थे और न उनके नाविक हमारे नाविकों से। उनके साधन हमारे साधनों से प्रायः घटिया ही थे। 18वीं शताब्दी के अंत में व्यवसाय क्रांति के चरितार्थ हो जाने से पहले तक भारतीय शिल्पी अपनी शिल्प योग्यता में यूरोपीय शिल्पियों से कहीं आगे थे। भारत के जिन राजनेताओं और व्यापारियों का यूरोपीय लोगों से बराबर संपर्क होता था, उनके मन में भी कोई उत्सुकता नहीं होती थी कि अपनी आंखों उन देशों का हाल देखें और जाने। यूरोपीय लोग जब नए समुद्रों और देशों को खोजने और उन पर अधिकार जमाने में लगे थे, भातीय अपनी पूजा, इबादत और गुड़ियों के जुलूस में ही मस्त थे।[31]

यूरोपिय जातियों, विशेषकर अंग्रेजों के विरुद्ध भारतीयों के लगातार पराभव का मुख्य कारण जागृति का अभाव अथवा जिज्ञासा का क्षीण होना था। जिस तरह पहले पुर्तगाली और फिर यूरोप के अन्य देशों के नाविक भारतवर्ष, अमेरिका और अन्य नए नए देशों का हाल मालूम करते फिरते थे, उसी तरह भारतीय उनसे उनके देशों की बात सुनकर यूरोप और अमेरिका के नए देशों का पता लगाने निकल सकते थे। परंतु इस काल में भारत जहाजरानी में पिछड़ गया था। सम्राट अकबर जैसे शक्तिशाली शासक की प्रजा के जहाजों को भी मक्का तक जाने के लिए पुर्तगालियों का परवाना लेना पड़ता था। सन् 1580–82ई0 तक गुजरात के बंदरगाहों से पुर्तगालियों को निकालने की अनेक चेष्टाएं अकबर ने की पर समुद्र विद्या ज्ञान और शक्ति के न होने से वृथा गयीं। इसके बाद समूचे मुगल मराठा युग में जहाजरानी और दुनिया के अंकन के ज्ञान में यूरोपियों के मुकाबले में हिंदुस्तानियों की कमजोरी बराबर लज्जाजनक रूप में प्रकट होती गई। और यह हालत इस बात के बावजूद थी कि सूरत के बंदरगाह पर 19वीं सदी के शुरु तक जो जहाज बनते थे, वे यूरोपीय जहाजों से ज्यादा मजबूत और अच्छे होते थे। यूरोप वाले उन जहाजों को खरीद कर ले जाते थे लेकिन उन जहाजों से दुनिया के समुद्रों के रास्ते नापना और उन पर अधिकार करना यूरोपियों को ही सूझता था, हमें नहीं।[32]

यूरोपिय जातियों के मुकाबले भारतीयों का पिछड़ापन कई क्षेत्रों में दिखलायी पड़ता है। जिस प्रकार जहाजरानी और समुद्र यात्रा में भारतीय यूरोपियों से पिछड़ गए थे उसी प्रकार

तोपों को बनाने, चलाने और उनके उपयोग की कला में भी। पुर्तगालियों के भारत आने के 30 वर्ष के भीतर ही पुर्तगाली तोपचियों की मांग भारतीय राज्यों में होने लगी थी। यह देखा गया कि हुमायूं के साथ लड़ाई में बहादुर शाह गुजराती ने और शेरखान से मुकाबला पड़ने पर बंगाल के महमूद शाह ने उनकी मदद ली थी। उसके बाद से समूचे मुगल मराठा युग में यूरोपिय तोपचियों को भारतीय राज्यों में ऊंची तनख्वाह पर बराबर काम मिलता रहा और उस प्रसंग में भारतीय शासन और सैनिक संगठन की भीतरी कमजोरी देखने का मौका भी।[33] अपनी कमजोरी प्रगट होने पर भी भारतीयों द्वारा उसे दूर करने और विदेशियों की उन अच्छी चीजों को अपनाने का भाव मस्तिष्क में कभी भी नहीं आया। शिवाजी जैसे चतुर शासक भी इस प्रसंग में चूक गये, जैसा कि प्रसिद्ध इतिहासकार जदुनाथ सरकार ने इस संदर्भ में लिखा है कि ''शिवाजी ने जब तमिल तट को जीता तब उसने देखा की किलों को जीतने के लिए फिरंगी तोपें और तोपची बड़े उपयोगी हैं। उसने उन्हें अपनी सेवा में लेने चाहा पर यह कभी न सोचा कि अपनी प्रजा को उस कला में साध लें।''[34]

ऐसा नहीं था कि भारतीय एकदम विवकेशून्य हो गये थे और दुनियादारी से उन्हें कुछ लेना देना ही नहीं था। परंतु यह अवश्य था कि उनका मस्तिष्क उस तरह संवेदनशील नहीं रह गया था, जैसा कि यूरोपिय जातियों का उस समय दिखलायी पड़ता है। उदाहरण के लिए महाराष्ट्र के रामचंद्र नीलकंठ बावडेकर ने 18वीं शताब्दी में राजनीति पर एक ग्रंथ लिखा जिसमें उसने यह स्वीकार किया कि यूरोपिय लोग जहाजरानी में तथा तोप, बंदूक, गोला–बारूद बनाने और चलाने में मराठों या कुल भारतीयों से अधिक होशियार हैं। पर उसने केवल यहीं सोचा कि इस कारण वे खतरनाक हैं और उन्हें भारत में बसने को जमीने न देनी चाहिए अन्यथा वे किले बना कर हमें परेशान करेंगे। उनके ख्याल में यह बिल्कुल न आया कि हम उनके देशों में जाकर देखें तो सही कि उनकी इन विषयों में उन्नति का स्वरूप और कारण क्या है? और हम भी इन नई विद्याओं, कलाओं और शिल्पों को उनसे सीख ले, चुरा ले या चाहे जिस तरह अपना लें।[35] इस प्रकार अपनी शिल्प शक्ति का संगठन कर अपने युद्ध कला की कमजोरी को दूर करने तथा शिल्प की दौड़ में अपना 2000 वर्ष पुराना नेतृत्व बनाए रखने की ओर हमारे राष्ट्र नेताओं का ध्यान ही नहीं गया और यही बात प्रत्येक दूसरे क्षेत्र के विषय में भी थी।

जब भारत के लोग अत्यधिक वैभव और संपन्नता के होते हुए भी ठहराव की स्थिति में बने हुए थे, उस समय यूरोप पुनर्जागरण के फलस्वरुप एक नवीन युग में प्रवेश कर रहा था।

वैज्ञानिक अनुसंधानों एवं भौगोलिक खोजों ने यूरोप के लोगों की चिंतन की दिशा ही बदल दी। विभिन्न प्रकार के आविष्कारों के फलस्वरुप यूरोप के लोगों ने अपने शिल्प और व्यवसाय के तरीकों में परिवर्तन किया जिसके कारण यूरोप की औद्योगिक उन्नति, जिसे 'यूरोप की औद्योगिक क्रांति' भी कहा जाता है, हो गयी। यूरोप की औद्योगिक उन्नति का प्रधान कारण नए–नए यंत्रों का अविष्कार था। यह उन्नति प्रायः 18वीं सदी ही में हुई। 18वीं सदी के पहले वहीं यंत्र उपयोग में आते रहे जो ग्रीस और रोम के राज्यों के समय में थे। 5वीं और 18वीं सदी के बीच में बहुत ही थोड़े आविष्कार हुए। इसका कारण एक तो यह था कि यूरोप के मनुष्य उस समय के राजकीय झगड़ों में लगे रहे जिससे उनका ध्यान व्यवसायिक उन्नति की ओर नहीं गया। दूसरा कारण यह था कि उस समय यूरोप की प्रत्येक बात में पोप तथा उनके पादरियों की प्रधानता रही जिनका कि उद्देश्य स्वयं धनवान बनने और समस्त अज्ञान में डूबे हुए यूरोप को अपने अधिकार में रखने का था।[36] परंतु 18वीं सदी में अचानक एक के बाद एक बहुत से आविष्कार हुए जिसने कि यूरोप के मनुष्यों की दशा में शीघ्रता से बड़ा परिवर्तन कर दिया। औद्योगिक क्रांति के फलस्वरुप बड़े–बड़े कारखाने स्थापित हो गये, छोटे गांव की जगह बड़े शहर दृष्टिगोचर होने लगे।

यूरोप में औद्येगिक उन्नति सर्वप्रथम इंग्लैंड में हुई और वह यूरोप का अग्रणी देश बन गया। इंग्लैंड की इस उन्नति का अनुकरण सर्वप्रथम फ्रांस ने किया और फिर जर्मनी इत्यादि देशों ने। इसी तरह सारे यूरोप में कारखानों की वृद्धि हो गई। अब यूरोप निवासियों ने बाहर से तैयार माल मंगाना बंद कर दिया। सारे संसार में अपने यहां के बने माल को बेचने का प्रयत्न शुरू किया। यही यूरोप की उन्नति का मूल कारण हुआ। यूरोपवासी अब कच्चा माल विदेश से सस्ता मॅगाकर अपने कारखानों में उसकी वस्तुएं बनाकर विदेश में बेच देते थे जिससे उनके देश के मजदूरों को जीविका मिलती थी और देश की आर्थिक दशा में उन्नति होती थी। अत्यधिक उत्पादन के कारण यूरोप के देश अपने उपनिवेश स्थापित करने को लालायित हो उठे और एशिया तथा अफ्रीका के देशों पर अधिकार करने की प्रक्रिया आरंभ हुई।

भारत में कमजोर हो चुकी मुगल सत्ता का लाभ उठाकर अंग्रेजों ने अपने उचित अनुचित तरीकों द्वारा भारत पर नियंत्रण स्थापित करने की प्रक्रिया आरंभ की और यह दक्षिण के कर्नाटक युद्ध से आरंभ हुई। यह युद्ध लगभग 20 वर्षों तक चला जिसने यह सिद्ध कर दिया कि संख्या बल मायने नहीं रखता बल्कि विज्ञान एवं तकनीकी प्रशिक्षण ज्यादे महत्वपूर्ण

होता है। कर्नाटक युद्ध के फलस्वरुप भारत में फ्रांसीसी शक्ति अंतिम रुप में टूट गयी। इसकी प्रतिक्रिया बंगाल में भी हुई, जिसने अनपेक्षित और महत्वपूर्ण परिणाम उपस्थित किये।[37] जैसा कि सर्व विदित ही है कि कर्नाटक युद्ध और उसके बाद 1757 के प्लासी युद्ध के बाद ही अंग्रेजों का भारत पर राजनीतिक नियंत्रण स्थापित होने की प्रक्रिया आरंभ हुई और अंग्रेज व्यापारी से शासक बन गये, जैसा कि इतिहास–लेखकों ने ठीक ही लिखा है कि प्लासी की लड़ाई न केवल भारत के इतिहास में अपितु संसार के इतिहास में विशेष महत्व रखती है क्योंकि यह एक निर्णायक लड़ाई थी इस लड़ाई ने इस प्रश्न का निश्चित उत्तर दे दिया कि अंग्रेजी व्यापारी भारत में केवल व्यापारी बनकर रहेंगे या शासक बनकर।[38]

दक्षिण में मैसूर युद्ध जीतने में भी, जिसके बाद अंग्रेज भारत में एक प्रमुख शक्ति के रुप में स्थापित हुए, अंग्रेजों की विज्ञान एवं तकनीकी एक प्रमुख साधन थी। हैदर अली और टीपू के पास भी उन्नत हथियार (जैसे रॉकेट) और प्रशिक्षित सेना थी फिर भी उन्हें पराजय का सामना करना पड़ा। इसका कारण यह था कि अंग्रेजों ने दक्षिण भारत का सर्वेक्षण करवाया था जो कि दक्षिण के युद्धों में उनके लिए बहुत ही लाभकारी सिद्ध हुआ और संख्यात्मक दृष्टि से श्रेष्ठतर अपने विरोधियों पर ब्रिटिश इसलिए सफल हुए क्योंकि उनके पास भारत का व्यापक और वैज्ञानिक ज्ञान मौजूद था।[39]

भारत में प्लासी विजय के बाद बंगाल, बिहार और उड़ीसा का नियंत्रण अंग्रेजों के हाथ में आया और राबर्ट क्लाइव बंगाल के गवर्नर बने जिनको बाद में इतिहासकारों ने भारत में अंग्रेजी राज्य के संस्थापक के रुप में निरूपित किया। चाहे प्लासी विजय हो या बंगाल में कंपनी की सत्ता स्थापना, दोनों में ही क्लाइव ने छल का प्रयोग किया और इस प्रकार भारत में जो अंग्रेजी राज्य कायम हुआ वह झूठ और विश्वासघात पर कायम हुआ अतः अंत तक वह उस अभिशाप से मुक्त न हो सका। इस संदर्भ में इंद्र विद्या वाचस्पति का कथन अक्षरशः सत्य है कि ''यह ब्रिटिश साम्राज्य का दुर्भाग्य था कि उसका बुनियादी पत्थर छल और प्रवंचना की भूमि पर रखा गया था। उसका परिणाम यह हुआ कि ब्रिटिश राज जितने समय तक भारत पर छाया रहा है वह दंभ और वायदा भंग की दीवारों पर ही खड़ा रहा। यदि अंग्रेज भारत को तलवार के बल पर जीत सकते तो शायद कुछ अधिक समय तक राज्य कर सकते। जिस राज्य की जड़ों में ही छल और कपट हो वह वास्तविकता की स्थिरता को कैसे पा सकता था।''[40]

भारत में ईस्ट इंडिया कंपनी की सत्ता स्थापित करने एवं उसे स्थायित्व प्रदान करने में

पश्चिमी विज्ञान एवं तकनीकी की महती भूमिका थी, इस बात से इंकार नहीं किया जा सकता। अंग्रेजों की गलत नीतियों के कारण जब भारतीयों में असंतोष बढ़ा और उन्होंने 1857ई0 में अंग्रेजों के विरुद्ध भयंकर विद्रोह किया तो उस समय भी विज्ञान एवं तकनीकी ही अंग्रेजों की प्रमुख सहायक सिद्ध हुई। विद्रोह को दबाने में अंग्रेजों की रेल, तार, डाक ने बहुत कार्य किया। हंटर ने डलहौजी की प्रशंसा करते हुए लिखा है कि 'वह महान राजदूत, भारत के साम्राज्य को लौह श्रृंखलाओं से बॉधने से ही संतुष्ट नहीं हो गया, वरन् उसने उसे दृढ़ करने के लिए दो और भी हथियार जारी किये–तार तथा आधे पैनी का पोष्टर''। वास्तव में सन् 1857 के गदर में रेल तथा तार ने अंग्रेजों के लिए हजारों आदमियों का काम किया। एक विद्रोही ने फॉसी पर लटकते समय तारों की तरफ संकेत कर कहा था कि ''इसी निर्दयी रस्सी ने हमारा गला दबाया है।''[41] वास्तव में 1857 के विद्रोह को दबाने में संचार साधनों ने ही अंग्रेजों को अग्रिम सूचनाएं देकर भारी सहायता पहुॅचायी थी और वे इसे नियंत्रित करने में सफल हो सके थे। इस संदर्भ में सैंडिज जैसे पाश्चात्य लेखक हों या दीपक कुमार जैसे भारतीय लेखक, अपना मत प्रतिपादित किया है कि ''बहुधा किया जाने वाला यह दावा भले ही अतिरंजित जान पड़ता हो कि भारत में 1857 के विद्रोह से विद्युत–टेलीग्राफ ने ही रक्षा की, लेकिन यह सही है कि मई, 1857 में देहातों में भड़के विद्रोह की आरंभिक खबर अधिकारियों को टेलीग्राफ लाइनों से ही मिली और विद्रोह के बाद के चरणों में जब सर कालिन कैंपबेल ने युद्धार्थ सज्जित लखनऊ में प्रवेश किया तो ब्रिटिश सैनिक अभियंताओं के अधीन टेलीग्राफ लाइनों से ही इसकी सूचना प्राप्त हुई। इसीलिए इस युद्ध को प्रथम 'टेलीग्राफिक युद्ध' भी कहा गया।[42]

भारत में अंग्रेजी राज्य की स्थापना के परिणाम एवं भारत पर उसके प्रभाव की चर्चा भी आवश्यक हो जाती है। भारत पर जैसे जैसे अंग्रेजों का नियंत्रण स्थापित होता गया, उन्होंने भारतीय शिल्प–व्यापार का दलन एवं भारत का आर्थिक विदोहन आरंभ किया। आरंभिक मुगल शासक शक्तिशाली थे, और उन्होंने भारत के शिल्प और वाणिज्य की उन्नति पर ध्यान भी दिया परंतु मुगल काल का अंत होते–होते देसी शिल्प और व्यापार का भी अंत दिखाई देने लगा। पिछले मुगल शासकों ने शिल्प और व्यापार की उन्नति की ओर ध्यान नहीं दिया। बिना राज्य के संरक्षण और प्रोत्साहन के उद्योग धंधों या व्यापार का आपेक्षित विकास असंभव है और उत्तर मुगल काल में भारत में यहीं हुआ। इस समय की देश की कारीगरी का उल्लेख करते हुए यह याद रखना चाहिए कि यूरोपिय राष्ट्रों से भारतीय अब ज्ञान क्षेत्र में

पिछड़ रहे थे। जहाजरानी और सामुद्रिक व्यापार में, भूमंडल के ज्ञान में तथा तोपें बनाने और चलाने की कला में यूरोपिय राष्ट्र अब भारतीयों से आगे बढ़ गए थे। भारत पर अंग्रेजी नियंत्रण स्थापित होने पर अंग्रेजी शासन द्वारा विदोहन और शोषण का जो एक नया तरीका चला वह था विजित राष्ट्र के शिल्प का दलन और नियंत्रण। ईस्ट इंडिया कंपनी के जमाने में भारतीय शिल्प का सीधा नियंत्रण किया गया और इंग्लैंड में भारी चुंगीओं द्वारा भारतीय माल का प्रवेश रोका गया। उसके बाद से अंग्रेजी शासन का सब संचालन ऐसे ढंग से किया गया कि भारत में और विशेषकर भारतीयों के हाथ में शिल्प न पनपने पाए।[43]

अंग्रेजों द्वारा भारतीय शिल्प–व्यापार के साथ इस प्रकार का असंगत व्यवहार करने के पूर्व के इतिहास पर यदि दृष्टि डाली जाय तो ज्ञात होता है कि पूर्व में ऐसा असंगत नियम या व्यवहार न था, यद्यपि इंग्लैंड में काफी समय पहले से ही भारतीय वस्तुओं के बहिष्कार के स्वर अवश्य सुनाई देने लगे थे। यह एक ऐतिहासिक घटना है कि जब 1688ई0 की अंग्रेजों की क्रांति के बाद महारानी मेरी अपने पति के साथ इंग्लैंड आईं तो उसने भारत के रंगीन कैलिको (सादे सूती कपड़े) की अभिरुचि दिखलाई जिसका प्रचार बड़ी तेजी से सब वर्ग में हो गया।[44] न केवल इंग्लैंड बल्कि यूरोप के अधिकांश देशों में उस समय भारत के सूती कपड़ों, मसालों और अन्य विलासिता की वस्तुओं की भारी मांग थी। रोम और वेनिस की मंगेतरों ने अपने होने वाले जीवनसाथियों से साफ कह दिया कि ढाका के मलमल निर्मित गाऊन में ही वे शादी के लिए चर्च में जायेंगी। जी0 एलेन नामक पश्चिमी इतिहासकार लिखते हैं कि 'ढाका के मलमल की ग्लोबल डिमांड तो थी ही, रोम की मंगेतरों के लिए इस मलमल का एक ओंस सोने के एक ओंस में मिलता था।'[45] एक मंगेतर ने कहा कि दूल्हा यह करार करे कि काली मिर्च, बालछड़ और दालचीनी और भारतीय गरम मसालों से निर्मित आमिष व्यंजन ही वह उसके परिजनों को खिलायेगा। कई दूल्हे नाविक बनकर अथाह सागर में उतर गये, इस संकल्प के साथ कि वे भारत जायेंगे और वहां से ढाका का मलमल, कालीमिर्च और अन्य बहुमूल्य वस्तुएं अपनी दुल्हन के लिए लेकर ही लौटेंगे। और इस प्रकार से कई दूल्हे नाविक समुद्र की अथाह गहराई में समा गये। दुल्हने इंतजार करती रही पर वे लौट नहीं सके।[46] इन उद्धरणों से ज्ञात होता है कि मध्यकाल में ऐसा था भारतीय मसालों और सूती वस्त्रों का आकर्षण।

17वीं शताब्दी के अंत में सस्ते और सुंदर भारतीय कैलिको (सादे सूती कपड़े), मलमल और छींट के कपड़े बहुत अधिक मात्रा में इंग्लैंड मंगाए गए और लोगों ने उन्हें इतना पसंद

किया कि रेशम और ऊन के व्यवसायी बहुत अधिक भयभीत हो गए। उन दिनों के लोकोपकारी अंग्रेजों को यह बात पसंद नहीं आई और उन्होंने भारतीय माल का बहिष्कार घोषित किया। इस कारण 1700 और 1721ई0 में पार्लियामेंट द्वारा ऐसे कानून बने जिनमें कुछ खास किस्मों को छोड़कर छपे या रंगे हुए कैलिको (सादे सूती कपड़े) को पहनने या किसी प्रकार इस्तेमाल करने का सर्वथा निषेध किया गया तथा ऐसी छपी या रंगीन चीजों के प्रयोग का भी सर्वथा निषेध हुआ जिसमें सूत मिला हो।[47] इन निषेधाज्ञा और और अवरोधों के बावजूद भी 1813ई0 से पूर्व तक भारत का सूती और रेशमी माल इंग्लैंड के बाजार में तैयार हुए माल की कीमतों से 50 और 60 प्रतिशत कम कीमत पर लाभ के साथ बिक सकता था, इसलिए भारतीय मालों के मूल्य पर 70 और 80 प्रतिशत का कर लगाकर या उनका आना बिल्कुल ही रोक कर विलायती माल की रक्षा की। यदि ऐसा न किया गया होता और अत्यधिक कर और निषेधात्मक आज्ञाएं न प्रचारित की गयी होतीं तो पैसली और मैनचेस्टर की मिलें प्रारंभ में ही बैठ गई होतीं और भाप के इंजनों द्वारा फिर चालू नहीं की जा सकी होती। भारतीय व्यवसायों के ध्वंस करने से उनकी उत्पत्ति हुई, जैसा कि एच0 एच0 विल्सन जैसे अंग्रेज इतिहासकार तक ने लिखा कि 'यदि भारत स्वतंत्र रहता तो वह इसका उत्तर देता; विलायती माल पर रुकावट डालने के लिए अत्यधिक चुंगी लगाता और इस प्रकार अपने हरे–भरे व्यवसाय को विनष्ट होने से बचा लिया होता।'[48] वस्त्र व्यवस्था का अंत होना भारत के लिए सबसे अधिक घातक हुआ। इसी व्यवसाय के कारण शताब्दियों तक भारत एशिया, अफ्रीका तथा यूरोप में अपना प्रमुख स्थान बनाए रखने में समर्थ हुआ था। इसी के कारण लाखों भारतीयों को काम मिलता था। अब तक कितने ही मजदूर, कृषक और उनकी स्त्रियां अपने अवकाश का समय कताई–बुनाई में लगाती थीं, यह उनकी जीविका का एक प्रधान साधन था। परंतु अंग्रेजों के भारत में राजनीतिक प्रभुत्व प्राप्त करने तथा मशीनो के युग के आगमन से इसका अंत हुआ।

भारतीय वस्त्र उद्योग के विनाश के साथ ही भारत के जहाजरानी उद्योग को भी अंग्रेजों द्वारा विनष्ट किया जाना भारत के लिए अत्यंत ही भयंकर सिद्ध हुआ। मराठों के समय में 1750ई0 तक भारत का यह उद्योग अपने उत्कर्ष पर था और मराठों ने कई युद्धों में यूरोपिय नौसेना को परास्त कर भारतीय जहाजों की श्रेष्ठता भी प्रमाणित कर दी थी परंतु जैसे जैसे ईस्ट इंडिया कंपनी शक्तिशाली होती गयी और भारत पर उसका राजनीतिक प्रभुत्व स्थापित होता गया, उसने राजनीतिक शक्ति का प्रयोग भारत के उद्योग धंधों के विनाश के लिए

किया। 1814ई0 तक भारत निर्मित जहाज इंग्लैंड आते–जाते थे परंतु ब्रिटिश प्रजा के विरोध के कारण इसी वर्ष ब्रिटिश पार्लियामेंट ने एक कानून बनाया कि लंदन के बंदरगाह में कोई भी ऐसा जहाज नहीं आ सकता जिसमें कम से कम तीन चौथाई यात्री अंग्रेज न होंगे और जिसका मालिक अंग्रेज के अलावा कोई और होगा, चाहे वह इंग्लैंड का ही बना हुआ जहाज क्यों ना हो। यह कानून मुख्यतः भारतीय जहाजों को लक्षित करके बनाया गया था।[49] इस असंगत नियम के कारण भारत के जहाजरानी उद्योग और देशी व्यापार पर घातक चोट पड़ी। यहां के जहाजी उद्योग का नष्ट करना तो ऐसा ही हुआ जैसे किसी व्यक्ति के हाथ पैर काट लिए जाए। जिस भारत में यह कलाकारी हजार वर्ष तक विकसित होती रही उसी में उस का एकाएक बंद कर दिया जाना एक महान सोचने वाली घटना हुई। अब भारत का यूरोपीय व्यापार तो चौपट होने ही लगा अफ्रीका, अरब, ईरान तथा दक्षिण पूर्व के देशों से भी उसका संबंध विच्छेद हो गया। अब बाहर भेजने की कौन कहे भारत अपनी ही जनसंख्या की आवश्यकता पूरी करने में असमर्थ होने लगा।

ईस्ट इंडिया कंपनी द्वारा भारतीय वस्त्र उद्योग और जहाजरानी उद्योग का विनाश बड़े ही सुनियोजित तरीके से किया गया। इन उद्योगों के साथ अन्य भारतीय उद्योग–धंधों पर भी कुठाराघात किया गया। लोहा, लकड़ी, चमड़ा, शक्कर, नील, सोरा, नमक आदि कितने ही व्यवसाय भारत में अब तक चले आ रहे थे। इनके द्वारा विभिन्न जातियों की जीविका चलती थी और जनता का काम आसानी से हल हो जाता था। अब इन भारतीय उद्योग धंधों का खात्मा राजनीतिक प्रभुत्व के माध्यम से इंग्लैंड की मशीनों द्वारा किया जाने लगा। भारत में विलायती माल की बिक्री बढ़ाने के लिए अंग्रेजों ने मुक्तद्वार या बेरोक व्यापार का पक्ष लिया जिसका अर्थ यह था कि आयात अर्थात् इस देश में आने वाले और निर्यात् अर्थात् इस देश से बाहर जाने वाले व्यापारिक पदार्थों पर किसी प्रकार का कर न लगाया जाय। आयात और निर्यात दोनो प्रकार के माल के लिए व्यापार का मार्ग खुला रहे। किंतु मुक्तद्वार का यह व्यापार पारस्परिक नहीं होने दिया गया। विलायती माल तो हिंदुस्तान के ऊपर बल पूर्वक लादा जाता था किंतु भारत का तैयार माल विलायत में आयात–निर्यात कर चुकाये बिना भेजे जाने की आज्ञा नहीं थी। यदि मुक्तद्वार पारस्परिक होता तो विलायती उद्योग–धंधे खुले मुकाबले में कुचल दिये गये होते।[50] अब तक इन उद्योगों से जो लाभ भारत को मिलता था वह इंग्लैंड को प्राप्त होने लगा। इसके फलस्वरुप इंग्लैंड की आर्थिक दशा सुधर गई, वहां के कारीगरों और मजदूरों की आय पहले से कई गुना बढ़ गई, इसके विपरीत भारत

दिनोदिन विपन्न होता चला गया।

ऊपर दिये गये विवरणों एवं उद्धरणों के आलोक में यह बात निकलकर सामने आती है कि जिस क्रम में अंग्रेजी नियंत्रण भारत पर स्थापित होता गया, उसी क्रम से अंग्रेजी सत्ता ने राजनीतिक शक्ति का प्रयोग भारतीय कला–कौशल के विनाश एवं अपनी उद्यमशीलता के विकास के लिए किया। 18वीं सदी से ही विज्ञान का प्रयोग एक औजार के रुप में यूरोपिय देशों द्वारा किया जाना आरंभ हुआ और उसके बाद तो विज्ञान एवं राजनीति दोनों ही एक दूसरे के पूरक हो गये जो कि आगे दिये जाने वाले विवरणों से स्पष्ट हो जायेगा।

यूरोप में औद्योगिक क्रांति के बाद ही जिस प्रकार उद्योग–धंधों एवं साथ ही उपनिवेशों का विस्तार होता गया और इस समस्त प्रकिया में विज्ञान एवं तकनीकी जिस प्रकार सहायक सिद्ध हो रही थी, तभीं से ही यूरोपिय देशों में विज्ञान के महत्व को समझने के प्रयत्न आरंभ हुए। यूरोपिय लोग विज्ञान के चमत्कार को यूरोप में देख चुके थे और इस बात को जान चुके थे कि उनकी समस्त उन्नतियों का मूल विज्ञान एवं तकनीकी ही है, इसलिए वे किसी भी कीमत पर उसे उपनिवेशों में नहीं आने देना चाहते थे। स्वयं अंग्रेजों ने भी भारत पर नियंत्रण स्थापित होने पर विज्ञान के संदर्भ में यही नीति अपनायी। ब्रिटिश साम्राज्य धाक पर आधारित था जिसकी निरंतरता कहीं ज्यादा इस बात पर निर्भर थी कि वह प्रजाजन के बीच से अपने पक्ष में कितना अधीनता भाव और सहमति अर्जित कर सकता था। इस प्रयोजन में इतिहास–लेखन और एक खास विज्ञान नीति प्रमुख हथियार थी। अंग्रेजों ने उपनिवेशीकरण और नियंत्रण के एक बहुत प्रभावशाली औजार के रुप में विज्ञान का प्रयोग किया इसीलिए ब्रिटिश शासन ने हमेशा पूर्वी 'पारलौकिकता' को दोष दिया और भारत में वैज्ञानिक ज्ञान को हतोत्साहित किया। उन्होंने हमेशा यह तर्क दिया कि 'देशी लोगों' में शारीरिक श्रम और प्रौद्योगिकी के प्रति एक अंतर्निहित किस्म का सांस्कृतिक दुराग्रह मौजूद है। यह कोई व्याख्या नहीं, बल्कि एक बहाना था, या यों कहें कि यह एक हथियार था क्योंकि वे प्रौद्योगिकी की संस्कृति भारत नहीं आने देना चाहते थे।[51]

इस तथ्य की पुष्टि प्राच्यवादियों के उदाहरण से स्पष्ट की जा सकती है। प्राच्यवादियों को इतिहासकारों एवं साहित्यकारों ने इस प्रकार प्रस्तुत किया है कि वे भारत के बहुत ही हितैषी थे और उन्होंने अपने अनुसंधान एवं लेखन द्वारा भारत के अतीत पर से पर्दा हटाने एवं भारतीय गौरव को उद्‌घाटित करने का महान कार्य किया। यह बाद किसी अंश में सत्य हो सकती है परंतु उन सभीं के कार्यों के मूल में भी कहीं न कहीं 'साम्राज्य का हित' ही

निहित था। 18वीं सदी के अंतिम और 19वीं सदी के प्रारंभिक चरणों में यूरोपिय प्राच्यविदों ने भारत को एक ऐसे प्राचीन सभ्यता संपन्न देश के रुप में चित्रित किया जो प्राचीन ग्रीक और रोमन सभ्यताओं के समकक्ष और कतिपय मामलों में उनसे उच्चतर तथा उनका पुरोगामी था।[52] इस संदर्भ में डेविड कॉफ जैसे लेखक ने तो यहां तक लिखा है कि ''एशियाई लोगों ने ग्रीकवासियों के द्वारा वर्णमाला सीखने के पूर्व ही विज्ञान के क्षेत्र में उत्कर्ष प्राप्त कर लिया था।''[53] गणित, ज्योतिष और चिकित्साशास्त्र में भारतीय विज्ञान ईसा पूर्व ही काफी समुन्नत हो चुका था और भारत से ही यह ज्ञान अरबों के द्वारा पश्चिम को गया जो कि सभीं अनुसंधानों के प्रेरणास्रोत बने। परंतु इस प्रकार की व्याख्या के बावजूद प्राच्यवादियों ने इस बात का भी मंडन किया कि भारतीय सभ्यता अपनी आरंभिक उपलब्धियों को अक्षुण्य रखने में असमर्थ थी जिसके फलस्वरुप वह आगे चलकर पतनोन्मुखी हो गयी। इस पतनोनमुखी स्थिति में प्राचीन ग्रंथों पर ऑख मूँदकर विश्वास किया जाने लगा, निरीक्षण का स्थान परंपरा ने ले लिया और धर्म ने विज्ञान को पदच्युत कर दिया[54] जो कि उपर्युक्त बातों को स्पष्ट प्रमाणित करता है।

यह बात सर्वज्ञात ही है कि भारत के दूरगामी अतीत पर से पर्दा उठाने का काम प्राच्यवादी अंग्रेजों ने ही आरंभ किया था। किंतु, भारत के अतीत पर जब सारा संसार चकित रहने लगा, तब अंग्रेजों ने घबराकर उस कार्य को ही स्थगित कर दिया। भारतीय पुनर्जागरण के संदर्भ में जो यह मत प्रतिपादित किया जाता है कि भारत ने यूरोप से बहुत कुछ ग्रहण किया और तभीं भारत में जागृति आयी, किसी अंश में पूर्णतः सत्य नहीं कही जा सकती क्योंकि यूरोप के पास जो कुछ पूँजी था, उसमें विज्ञान ही एक ऐसा तत्व था, जो भारत को नवीन लगा और जिसे भारत ने खुशी–खुशी स्वीकार कर लिया। बाकी प्रत्येक दिशा में, भारत ने अपने अतीत की पूँजी टटोली और अपने प्राचीन ज्ञान को नवीन करके वह नये मार्ग पर अग्रसर होने लगा।[55]

अपने राजनीतिक नियंत्रण के आरंभिक दिनों से ही भारत में विज्ञान के मामलों में ईस्ट इंडिया कंपनी काफी सतर्क थी और इसके कर्मचारी पाश्चात्य वैज्ञानिक गतिविधियों पर पूर्ण नियंत्रण रखते थे। इस उपमहाद्वीप में अपने व्यापारिक विशेषाधिकारों को सुरक्षित रखने के लिए कंपनी भारत में यूरोप के प्रवेश को विनियमित करती थी। इसी लिए तो 'ब्रिटिश एसोसिएशन फॉर ऐडवांसमेंट ऑफ साइंस' ने आस्ट्रेलिया, कनाडा और दक्षिण अफ्रीका में अपने सत्र आयोजित किये और अक्सर इसे संघात्मक सौजन्य में आयोजित बताया गया।

लेकिन इस एसोसिएशन का कभी भारत पदार्पण नहीं हुआ।[56] ईस्ट इंडिया कंपनी के समय से ही किसी भी वैज्ञानिक अभियान को शुरु करने के लिए कंपनी का अनुमोदन अनिवार्य था और किसी भी वैज्ञानिक आगंतुक, चाहे वह कितना भी नामी–गिरामी क्यों न हो, को भारत आने की अनुमति देने में कंपनी भारी हीला–हवाला करती थी।[57] ईस्ट इंडिया कंपनी के बाद जब सत्ता का नियंत्रण सीधे वहां की संसद के हाथ में चला गया तब भी अंग्रेजों की विज्ञान नीति पक्षपातपूर्ण ही बनी रही।

अंग्रेजों का साम्राज्य विस्तार और औद्योगिक विस्तार दोनो ही एक दूसरे के पूरक और सहायी थे और आरंभ से ही दोनों में घनिष्ठ संबंध कायम रहा। भारत में सत्ता का नियंत्रण प्राप्त करने के आरंभिक दिनों में अंग्रेजों में जातीय श्रेष्ठता की भावना भी नहीं थी, परंतु जैसे–जैसे भारत पर अंग्रेजी शासन दृढ़ होता गया, वैसे–वैसे जातीय उच्चता की भावना भी अंग्रेजों में दृढ़ होती गयी और तब उन लोगों ने इस बात का मंडन आरंभ किया कि वे भारत में भारतीयों को अराजकता और लूटमार से बचाने एवं उन्हें सुसभ्य बनाने के उद्देश्य से आये हैं और प्रत्येक भारतीय वस्तु, विचार और परंपराएं उन्हें हीन और निम्नतर ही दिखलायी पड़ने लगीं। इन बातों के सत्यापन में दीपक कुमार की यह टिप्पणी काफी सटीक जान पड़ती है कि ''औपनिवेशिक राज्य संरचना, सत्ता, नस्ल आदि के आधार पर श्रेष्ठता का दावा करता था, दूसरी तरफ विज्ञान अपनी श्रेष्ठता का दावा ज्ञान के आधार पर करता था और इस क्रम में औपनिवेशिक राज्य को अन्य ज्ञान मीमांसाओं को खारिज करने में मदद करता था। इस तरह दोनों को एक दूसरे की जरुरत थी और वे एक दूसरे पर निर्भर होते चले गये।''[58] औपनिवेशिक शासन ने अपने हितों के लिए हमेंशा यह तर्क दिया कि भारतीयों में ज्ञान–विज्ञान के प्रति एक नकारात्मक भावना होती है है और उन्हें हमेशा ही हीन साबित करने का प्रयास किया। जबकि वास्तविकता यह थी कि उद्यमशीलता की यहां कोई कमी नहीं थी लेकिन जो भी विज्ञान के क्षेत्र में आगे बढ़ने का हौसला दिखाता उसे न तो उचित सुविधाएं और न ही उचित उपकरण प्रदान किये जाते थे, बल्कि उल्टे उन्हे भारतीय होने का एहसास दिलाकर नीचा दिखलाया जाता था। प्रफुल्ल चंद्र राय[59] हों अथवा जे0 एन0 टाटा, जब इन लोगों ने विज्ञान के क्षेत्र में कार्य करने और आगे बढ़ने का प्रयास किया तो उन्हें जल्द ही समझ में आ गया कि विकास का रास्ता राजनीति से होकर जाता है। व्यापार की तरह तकनीकी भी झंडे में लिपटी हुई आती थी और इसलिए राजनीति सर्वाधिक महत्वपूर्ण कारक थी।[60]

उपर्युक्त विवेचन से यह स्पष्ट होता है कि भारत में अंग्रेजी सत्ता की स्थापना में विज्ञान एवं तकनीकी की बहुत ही प्रभावशाली भूमिका थी। यूरोपिय कंपनियों के भारत आने एवं उनकी प्रारंभिक सफलताओं के पीछे उनका वैज्ञानिक ज्ञान सहायक था। यूरोपिय कंपनियों में से एक ईस्ट इंडिया कंपनी की आरंभिक सफलताओं से लेकर राज्य निर्माण की पूरी प्रक्रिया में विज्ञान एवं प्रौद्योगिकी बहुत ही उपयोगी सिद्ध हुई थी, इसी कारण उसी समय से ही विज्ञान एवं तकनीकी ज्ञान के भारत में आने एवं उसके प्रसार पर प्रभावशाली नियंत्रण रखा गया। अंग्रेजों द्वारा जब भारतीयों को शिक्षा देने की बात आयी तो वैज्ञानिक शिक्षा की जगह भाषा और साहित्य की शिक्षा देने का प्रबंध किया गया। 1857 के विद्रोह को दबाने में भी विज्ञान एवं प्रौद्योगिकी ने कई सेनाओं का कार्य किया था। यूरोप में औद्योगिक उन्नति और भारत में राज्य निर्माण एवं उसे स्थायित्व प्रदान करने में विज्ञान एवं तकनीकी जिस प्रकार कारगर साबित हुई थी, उससे यह स्पष्ट हो गया था कि भारत में यदि अंग्रेजी शासन को सुदृढ़ रखना है तो भारतीयों को वैज्ञानिक ज्ञान से वंचित रखना होगा। इसी नीति के कारण ही भारतीयों को हमेशा ही हतोत्साहित किया जाता कि वे वैज्ञानिक ज्ञान प्राप्त करने के योग्य ही नहीं हैं और न ही उनके यहां इस प्रकार की परंपरा रही है। यूरोपिय संपर्क एवं भारतीय नवजागरण के फलस्वरुप जब भारतीयों को अपने देश की गौरवमयी वैज्ञानिक परंपरा का ज्ञान हुआ और उनमें से कई लोगों–पी0 एन0 बोस, महेंद्रलाल सरकार, जे0 सी0 बोस, पी0 सी0 राय, आशुतोष मुखर्जी, पं0 श्रीकृष्ण जोशी इत्यादि ने जब विज्ञान के क्षेत्र में आगे बढ़ने का प्रयास किया तो उन्हें शीघ्र ही समझ में आ गया कि यह मार्ग इतना आसान नहीं है और विज्ञान एवं तकनीकी का रास्ता भी राजनीति से ही होकर जाता है। भारत में जब तक अंग्रेजी शासन कायम रहा, विज्ञान के क्षेत्र में उसकी नीति हमेशा ही नियंत्रण की रही और यदि थोड़ा बहुत विज्ञान एवं तकनीकी भारत आ भी सकी तो वह शासन की आवश्यकता थी। अंग्रेजी शासन द्वारा भारत में विज्ञान एवं तकनीकी का प्रयोग एक औजार के रुप में किया गया, इसी के कारण संपूर्ण औपनिवेशिक काल में भारत में कोई वैज्ञानिक प्रगति नही हुई और भारत के लोगों को बहुत अधिक समस्याओं का सामना करना पड़ा।

संदर्भ सूची :

1. लक्ष्मी पत्रिका, भाग–6, अंक–5, नवंबर, 1908, लक्ष्मी प्रेस, गया, पृष्ठ 139
2. वाजपेयी, कृष्णदत्त, भारतीय व्यापार का इतिहास, पृष्ठ 191
3. वाचस्पति, इंद्रविद्या, भारत में ब्रिटिश साम्राज्य का उदय और अस्त, भाग 1, उदय, आत्माराम एंड संस, दिल्ली, 1956, पृष्ठ 1
4. वाजपेयी, कृष्णदत्त, भारतीय व्यापार का इतिहास, पृष्ठ 255–56
5. लक्ष्मी पत्रिका, भाग 6, अंक 5, नवंबर, 1908, पृष्ठ 139
6. सरस्वती पत्रिका, भाग 13, संख्या 1, जनवरी, 1912, पृष्ठ 17
7. वाचस्पति, इंद्रविद्या, भारत में ब्रिटिश साम्राज्य का उदय और अस्त, भाग 1, उदय, पृष्ठ 10
8. मर्यादा पत्रिका, भाग 1, संख्या 5, मार्च, 1911, पृष्ठ 175
9. लक्ष्मी पत्रिका, भाग 6, अंक 5, नवंबर, 1908, पृष्ठ 140
10. सरस्वती पत्रिका, भाग 13, संख्या 1, जनवरी, 1912, पृष्ठ 17
11. मजूमदार, रमेशचंद्र, रायचौधरी, हेमचंद्र, दत्त, कालिकिंकर, भारत का वृहत् इतिहास, भाग 3, मैकमिलन इंडिया लि0, मद्रास, 1989, पृष्ठ 1
12. दिनकर, रामधारीसिंह, संस्कृति के चार अध्याय, पृष्ठ 411
13. लक्ष्मी पत्रिका, भाग 6, अंक 5, नवंबर, 1908, पृष्ठ 143
14. भारत का वृहत् इतिहास, भाग 3, पृष्ठ 1
15. मर्यादा पत्रिका, भाग 1, संख्या 5, मार्च, 1911, पृष्ठ 175
16. सरस्वती पत्रिका, भाग 13, संख्या 1, जनवरी, 1912, पृष्ठ 18
17. वाजपेयी, कृष्णदत्त, भारतीय व्यापार का इतिहास, पृष्ठ 256
18. विद्यालंकार, जयचंद, भारतीय इतिहास की मीमांसा, हिंदी भवन, इलाहाबाद, 1960, पृष्ठ 148
19. दिनकर, रामधारीसिंह, संस्कृति के चार अध्याय, पृष्ठ 412
20. भारतीय इतिहास की मीमांसा, पृष्ठ 148
21. संस्कृति के चार अध्याय, पृष्ठ 412
22. वाचस्पति, इंद्रविद्या, भारत में ब्रिटिश साम्राज्य का उदय और अस्त, भाग 1, उदय, पृष्ठ 2
23. मजूमदार, रायचौधरी, दत्त, भारत का वृहत् इतिहास, भाग 3, पृष्ठ 6
24. दिनकर, रामधारीसिंह, संस्कृति के चार अध्याय, पृष्ठ 416

25. वाजपेयी, कृष्णदत्त, भारतीय व्यापार का इतिहास, पृष्ठ 270
26. सरस्वती पत्रिका, भाग 3, संख्या 5–6, मई–जून, 1902, पृष्ठ 153
27. वाजपेयी, कृष्णदत्त, भारतीय व्यापार का इतिहास, पृष्ठ 278
28. वाचस्पति, इंद्रविद्या, भारत में ब्रिटिश साम्राज्य का उदय और अस्त, भाग 1, उदय, पृष्ठ 5
29. विद्यालंकार, जयचंद, भारतीय इतिहास की मीमांसा, पृष्ठ 149
30. भारत में ब्रिटिश साम्राज्य का उदय और अस्त, भाग 1, उदय, पृष्ठ 8
31. विद्यालंकार, जयचंद, भारतीय इतिहास की मीमांसा, पृष्ठ 149–150
32. बसु, बामनदास, राइज ऑफ दि क्रिश्चन पावर इन इंडिया, सेकंड एडि0 1931, पेज 158
33. विद्यालंकार, जयचंद, भारतीय इतिहास की मीमांसा, पृष्ठ 152
34. शिवाजी तृतीय संस्करण 1929 पृष्ठ 312
35. विद्यालंकार, जयचंद, भारतीय इतिहास की मीमांसा, पृष्ठ 153
36. इंदु पत्रिका, कला 5, खंड 2, किरण 1, जुलाई, 1914, पृष्ठ 80
37. मजूमदार, रायचौधरी, दत्त, भारत का वृहत् इतिहास, भाग 3, पृष्ठ 15
38. वाचस्पति, इंद्रविद्या, भारत में ब्रिटिश साम्राज्य का उदय और अस्त, भाग 1, उदय, पृष्ठ 22
39. कुमार, दीपक, विज्ञान और भारत में अंग्रेजी राज, पृष्ठ 35
40. वाचस्पति, इंद्रविद्या, भारत में ब्रिटिश साम्राज्य का उदय और अस्त, भाग 1, उदय, पृष्ठ 29
41. दिवाकर, बी0 एम0, भारत में कंपनी राज के कारनामें, कालेज बुक डिपो, नई दिल्ली, 1999, पृष्ठ 530
42. कुमार, दीपक, विज्ञान और भारत में अंग्रेजी राज, पृष्ठ 46; आर्नाल्ड, डैविड, औपनिवेशिक भारत में विज्ञान, प्रौद्योगिकी और आयुर्विज्ञान, वाणी प्रकाशन, नई दिल्ली, 2005, पृष्ठ 148
43. विद्यालंकार, जयचंद, भारतीय इतिहास की मीमांसा, पृष्ठ 187
44. लेकी, विलियम एडवर्ड हार्टपोल, ए हिस्ट्री ऑफ इंग्लैंड इन दि एट्टिंथ सेंचुरी, वोल्यूम 2, लांगमैंस ग्रीन, लंडन, 1890, पेज 158
45. दत्त, सुकुमार, बुद्धिष्ट मांक ऐंड मोनेस्टीज ऑफ इंडिया, जी0 एलेन ऐंड उनविन, 1962, पेज 132

46. बिलो, जिऑर्जियो ऐंड रॉय, तीर्थंकर, हाऊ इंडिया क्लोथ्ड् दि वर्ल्ड : दि वर्ल्ड ऑफ साउथ एशियन टेक्सटाइल, 1500–1850 ए0डी0, ब्रिल, 2000, पेज 219
47. लेकी, विलियम एडवर्ड हार्टपोल, ए हिस्ट्री ऑफ इंग्लैंड इन दि एट्टिंथ सेंचुरी, वोल्यूम 7, पेज 255
48. विल्सन, एच0 एच0, हिस्ट्री ऑफ ब्रिटिश इंडिया, वो0 1, पेज 385
49. वाजपेयी, कृष्णदत्त, भारतीय व्यापार का इतिहास, पृष्ठ 297
50. गुप्त, बलदेवप्रसाद, कंपनी के काले कारनामें, मूल लेखक मेजर बी0 डी0 बसु, नागरी प्रेस, दारागंज, प्रयाग, 1939, पृष्ठ 10
51. कुमार, दीपक, विज्ञान और भारत में अंग्रेजी राज, पृष्ठ 11
52. शैलेंद्र अनु0 औपनिवेशिक भारत में विज्ञान, प्रौद्योगिकी और आयुर्विज्ञान, मूल लेखक डैविड आर्नोल्ड, वाणी प्रकाशन, नई दिल्ली, 2005, पृष्ठ 19
53. ब्रिटिश ओरिएंटलिज्म ऐंड दि बंगाल रेनेसॉ, फर्मा के0 एल0 मुखो0, कैलकटा, 1969, पेज 102
54. शैलेंद्र अनु0 औपनिवेशिक भारत में विज्ञान, प्रौद्योगिकी और आयुर्विज्ञान, पृष्ठ 20
55. दिनकर, रामधारी सिंह, संस्कृति के चार अध्याय, पृष्ठ 455
56. कुमार, दीपक, विज्ञान और भारत में अंग्रेजी राज, पृष्ठ 7
57. शैलेंद्र अनु0 औपनिवेशिक भारत में विज्ञान, प्रौद्योगिकी और आयुर्विज्ञान, पृष्ठ 39
58. कुमार, दीपक, विज्ञान और भारत में अंग्रेजी राज, पृष्ठ 14
59. शैलेंद्र अनु0 औपनिवेशिक भारत में विज्ञान, प्रौद्योगिकी और आयुर्विज्ञान, पृष्ठ 208
60. कुमार, दीपक, विज्ञान और भारत में अंग्रेजी राज, पृष्ठ 11

3. भारतीय नवजागरण एवं विज्ञान के क्षेत्र में प्रारंभिक प्रयास

भारतीय नवजागरण आधुनिक भारत की एक अविस्मरणीय घटना थी। भारतीय नवजागरण वस्तुतः सामाजिक, राजनीतिक, धार्मिक और बौद्धिक जीवन में व्यापक बदलाव और नवीकरण की वह प्रक्रिया थी जो उन्नीसवीं शताब्दी में दिखलायी पड़ती है। इस काल में मानवीय चिंतन, ज्ञान–विज्ञान एवं कला इत्यादि जीवन के प्रत्येक क्षेत्र में महान सृजनात्मक प्रयासों का उद्‌भव दिखलायी पड़ता है जिसने अनेक बड़े चिंतकों, कलाकारों, कवियों, दार्शनिकों, समाज सुधारकों तथा नेताओं को जन्म दिया। 19वीं सदी को, जिसे आधुनिक विश्व की पहली वैज्ञानिक सदी कही जाती है, में भारत तकनीकी और औद्योगिक विकास में काफी पिछड़ा दिखलायी पड़ता है, फिर भी इस युग में वैचारिक, सामाजिक एवं धार्मिक क्षेत्र में क्रान्तिकारी उथल–पुथल के दर्शन होते हैं। नवीनता, युक्तिपरकता, इहलौकिकता, वैज्ञानिक मूल्यों के प्रति आग्रह एवं स्वतंत्रता, समानता और विश्व–बंधुत्व के नये आदर्शों से यह काल अनुप्रेरित है।

भारत में नवजागरण के उद्‌भव एवं विकास का अध्ययन करने के पूर्व 'नवजागरण' की प्रक्रिया एवं तत्कालीन परिस्थितियों पर विचार करना आवश्यक होगा। नवजागरण के लिए अंग्रेजी में 'रेनेसां'[1] तथा हिंदी में सामान्यतः ''पुनर्जागरण''[2] या 'नवोत्थान' शब्द प्रयोग किये जाते हैं। पुनर्जागरण 'पुनर्+जागरण' इन दो शब्दों के योग से बना है जिसका अर्थ है–'पुनः जागना' अथवा पुनरूत्थान'। इसका पारिभाषिक अर्थ है 'प्राचीन ज्ञान और संस्कृति को नये वातावरण और काल के परिप्रेक्ष्य में भविष्य के लिए परिवर्तित या रूपायित करना। एक नयी चेतना के आधार पर ऐसी भविष्य का निर्माण जिसमें मानव की विचार शक्ति की संभावनाओं पर पूरी आस्था रखी जाय'[3]। 'पुनर्जागरण' नितान्त नवीन जागरण जैसी प्रक्रिया नहीं है अर्थात् 'पुनर्जागरण' अनादि–निद्रित का एक बारगी जागरण नहीं अपितु इसके अन्तर्गत् पूर्व–जागरण और बाद में सुप्त का फिर से जागरण होता है। जो सदा से सुप्त होता है उसका जागरण होता है, पुनर्जागरण नहीं[4]। पुनर्जागरण पद किसी राष्ट्र अथवा जाति के पुनरूत्थान से सम्बन्धित हैं। प्राचीन का गौरवगान और उसकी पुनः स्थापना इस प्रवृत्ति की प्रमुख विशेषता है। यह प्रकृतिसिद्ध है कि जब कोई राष्ट्र, जाति अथवा सभ्यता अपनी उन्नति के चरम बिन्दु पर पहुँच जाती है तब उसका अधोपतन शुरू होता है। ठीक इसके विपरीत जब उसकी अवनति अपनी चरम सीमा पर पहुँच जाती है तब उसमें पुनर्जागरण का स्फुरण

होता है और वह शनैः शनैः उन्नति के शिखर पर आरूढ़ होने लगती है।[5] 19वीं सदी का भारतीय नवजागरण इसी प्रकृति पर आधारित था।

पुनर्जागरण का यह स्फुरण किसी भी राष्ट्र में प्रायः दो तरह से होता है–प्रथम, राष्ट्र स्वयं अपनी हीनतर अवस्था और प्राचीन उन्नत अवस्था की तुलना कर, तत्परिणामस्वरूप सक्षुब्ध होकर अपने में परिवर्तन लाना शुरू कर देता है और द्वितीय, राष्ट्र किसी अन्य राष्ट्र, जो उसकी तुलना में महनीय और प्रशस्त है, के संपर्क में आने पर प्रतिक्रियास्वरूप पुनः जागृत होता है। यह प्रक्रिया दो दिशाओं में संभव होती है–प्रथम, सुप्त राष्ट्र जागृत राष्ट्र की चकाचौंध करने वाली संस्कृति से प्रभावित होकर उसका अन्धानुकरण करता है और ऐसी दशा में दूसरे राष्ट्र की संस्कृति में उसका पूर्ण विलय अवश्यम्भावी हो जाता है, और द्वितीय, सुप्त राष्ट्र जागृत राष्ट्र की महान संस्कृति के सम्पर्क में आने पर अपनी संस्कृति को जागृत राष्ट्र की संस्कृति की तुलना में हीन पाकर प्रतिक्रिया स्वरूप अपने प्राचीन इतिहास की ओर दृष्टिपात करता है और वहां से पुनर्जागरण की चेतना का आहरण करता है। इस प्रकार वह ग्रहण और त्याग की नीति अपनाकर प्राचीन उदात्त से उपयोगी तत्वों को ग्रहण कर लेता है और जागृत राष्ट्र की अनुपयोगी विशेषताओं को छोड़ देता है। भारतवर्ष में पुनर्जागरण की प्रक्रिया इसी सरणि पर संघटित हुई है।[6]

19वीं सदी में जो भारतीय नवजागरण हुआ, वह भारत का तीसरा नवजागरण था। भारतीय परिप्रेक्ष्य में पहला नवजागरण छठी शताब्दी ईसा पूर्व में हुआ था, जब महावीर स्वामी और गौतम बुद्ध ने सामाजिक व धार्मिक व्यवस्था में परिवर्तन का प्रयास किया था, जैसा कि रामधारी सिंह दिनकर ने लिखा है कि "ई0 पू0 छठी शताब्दी के आसपास का काल भारत में बौद्धिक बेचैनी, शंका और मानसिक कोलाहल का काल था।"[7] इसी समय संस्कृत की जगह पहली बार जनभाषाओं के सामाजिक व धार्मिक महत्व को स्वीकार किया गया था और उन्हें जनमानस में चेतना के प्रसार हेतु माध्यम बनाया गया था।[8]

भारत में दूसरा नवजागरण 15वीं–16वीं शताब्दी में हुआ जो कि यूरोपिय पुनर्जागरण के समकालीन था। यूरोपिय पुनर्जागरण से थोड़ा भिन्न हुए इस नवजागरण में सामाजिक सुधार और साहित्यिक चेतना के साथ ही भाषिक जागरण के भी दर्शन होते हैं। यह राज्याश्रय से हटकर लोकाश्रय का आंदोलन था।[9] इस काल के समाज सुधारकों एवं कवियों ने परंपरागत एवं राज्याश्रय प्राप्त संस्कृत और फारसी की जगह आम बोलचाल की भाषाओं में अपने संदेश लोगों तक पहुँचाकर उनमें जागृति लाने का प्रयास किया था।

भारत में तीसरा नवजागरण 19वीं शताब्दी में संघटित होता दिखाई देता है जिसके लिए पाश्चात्य सभ्यता एवं संस्कृति से संपर्क की किया एवं प्रतिकिया उत्तरदायी थी। यह समय देश की परतंत्रता का काल था। 18वीं शताब्दी तथा 19वीं शताब्दी के लगभग अर्द्ध तक एशियाई देशों में सर्वत्र राजनीतिक जर्जरता, आर्थिक अधःपतन, सामाजिक गतिहीनता तथा सांस्कृतिक सड़ॉध के दृश्य दिखाई देने लगते हैं। भारत, जो प्राचीन काल से ही सभ्यता और संस्कृति के सर्वोच्च शिखर पर आसीन, ज्ञान गरिमा से मंडित और वीर कृत्यों के कारण सर्वपूज्य और जगत्वंद्य था, इस समय तक आते-आते उसकी अवस्था अत्यन्त क्षोभपूर्ण हो गई थी।[10] विश्व के इतिहास में एशिया की गणना अधीन कोटि में होने लगी थी।

राजनीतिक दृष्टि से इस समय तक भारतवर्ष के वृहद् भाग पर ब्रिटिश सत्ता कायम हो चुकी थी। 1800ई0 से 1900ई0 की सौ वर्षों की लम्बी अवधि में देश ने ईस्ट इण्डिया कम्पनी और ब्रिटिश मंत्रिमण्डल दोनों के शासन-कालों का अनुभव किया। दोनों कालों में अनेक शासन-संबंधी, राजनीतिक, कानूनी, शिक्षा-संबंधी, सामाजिक, धार्मिक आदि परिवर्तन हुए। ये परिवर्तन नवीन शासकों की रूचि और स्वार्थ-सुविधा के अनुसार होते थे, अथवा ईसाई धर्म-प्रचारकों के प्रचारकार्य के फलस्वरूप। किन्तु दोनों कालों में जो समानता मिलती है वह भारत के आर्थिक शोषण और सांस्कृतिक उपेक्षा की दृष्टि से मिलती है।[11]

उस समय जनता की आर्थिक दुरावस्था थी। करों का भार लदा हुआ था। सस्ते विदेशी माल के प्रचार से भारतीय व्यापारियों को धक्का पहुँच रहा था। देश के उद्योग धन्धे नष्ट हो चुके थे, अंग्रेजों का आतंक छाया हुआ था एवं राजनीति, शिक्षा और सरकारी नौकरियों तक साधारण मनुष्य की कोई पहुँच नहीं थी। ऐसे में भारत में अंग्रेजों का शासन भी भारतीय धन के निष्कासन द्वारा इंग्लैण्ड को समृद्धशाली बनाने के मकसद से किया जा रहा था[12]। इन सबका परिणाम यह हुआ कि ग्राम उद्योगों का ह्रास तथा शिल्पकार्य की अवनति से बहुत से शिल्पी किसान और मजदूर बन गये। इस प्रकार ग्रामों की प्राचीनकाल से चली आ रही आत्मनिर्भरता का ह्रास होने लगा।[13]

राजनीतिक और आर्थिक अधःपतन के साथ देश के सामाजिक और धार्मिक जीवन का भी ह्रास हो गया था। देश में धार्मिक एवं सामाजिक कुरीतियों व कुप्रथाओं का प्रचार बना हुआ था। जातिगत सोपानक्रम, अस्पृश्यता, बहु-विवाह, कुलीनवाद, शिशु हत्या, सतीप्रथा, बाल-विवाह, विधवा विवाह निषेध इत्यादि कुप्रथाएं समाज में प्रचलित थीं। तत्कालीन समाज पर विचार करते हुए के0एम0 पनिक्कर ने लिखा है-'18वीं शताब्दी के उत्तरार्द्ध में भारत के

विशाल भू–भागों में सभ्यता का ऐसा अपकर्ष हुआ जिसका विश्व के इतिहास में दूसरा उदाहरण नहीं मिलता है।[14]

भारतवर्ष में धर्म और समाज का बड़ा धनिष्ठ सम्बन्ध रहा है। वास्तव में प्राचीन काल में उसकी महानता का प्रधान तत्व धर्म रहा है।[15] किन्तु 18वीं शताब्दी आते–आते सहस्त्रों वर्षों के विदेशी शासन के फलस्वरूप भारतीय धर्म में अनेक बुराइयाँ आ गयीं थीं। भारतीयों की धार्मिक सहिष्णुता की भावना लुप्त हो रही थी और धर्म अधोगति को प्राप्त हो रहा था।

प्राचीन काल में अद्वितीय शिक्षा के बल पर ही भारत जगत–गुरू कहलाता था क्योंकि शिक्षा ही मनुष्य का, किसी देश और समाज का न केवल गौरव है बल्कि बल और पुरूषार्थ है।[16] किन्तु 18वीं शताब्दी आते–आते भारत में शिक्षा अधोगति को प्राप्त हो रही थी। जैसा डी0 एस0 शर्मा ने तत्कालीन शिक्षा पर लिखा है– 'इस अंधकार युग में किसी भी भारतीय भाषा में प्रथम श्रेणी के महत्व वाला कोई सृजन नहीं हुआ।'[17]

18वीं शताब्दी में एक व्यवसायात्मिका बुद्धि–सम्पन्न विदेशी कम्पनी ने धीरे–धीरे देश की राजनीति में अपना निश्चित स्थान बना लिया। कम्पनी की बढ़ती हुई शक्ति के साथ–साथ ईसाई धर्म प्रचारक आये जिन्होंने देश के धार्मिक जीवन को अपने अभियान का लक्ष्य बनाया। पश्चिम की समाहित करने की चुनौती इतनी शक्तिशाली थी कि इसकी उपेक्षा नहीं की जा सकती थी। ईसाई मिशनरियाँ हिन्दू धर्म के पूर्ण उन्मूलन हेतु तत्पर थीं और हिन्दुओं को यह कहकर आवेशित किया कि हिन्दू धर्म काफिरों और मूर्तिपूजकों का धर्म है जो असभ्य रीति–रिवाजों के भार से दबा हुआ है।[18] प्रारम्भ में उन्हें आशातीत सफलता भी प्राप्त हुई, किन्तु उनके राजनीति मिश्रित धर्म ने देशवासियों को शीघ्र ही सचेत कर दिया। वास्तव में अंग्रेजी राज्य के अन्तर्गत आर्थिक शोषण, जाति और रंगभेद एवं ईसाई मिशनरियों के धर्म प्रचार कार्य ने देश में कटुता के बीज बोए।

18वीं शताब्दी यदि भारत के इतिहास का अंधकार युग था तो 19वीं शताब्दी, विश्व के शेष भागों के समान भारत के लिए भी आशा की शताब्दी थी। यह मानव इतिहास में सृजनात्मक चमत्कारपूर्ण शताब्दी थी।[19] 19वीं शताब्दी प्राचीन और नवीन का संधिकाल है और देश के बौद्धिक एवं सांस्कृतिक जीवन में एक नितान्त नूतन मोड़ प्रस्तुत करती है। पिछली शताब्दी का स्वाभाविक विकास होते हुए भी वह जीवन, कला और साहित्य को देखने और परखने के लिए ऐसी विचारधारा और ऐसे दृष्टिकोण को जन्म देती है जिसका अस्तित्व पहले कभी नहीं मिलता। क्योंकि एक ओर तो भारतीय जीवन सुव्यवस्थित एवं सुदृढ़

शिक्षा–पद्धति के अभाव के कारण अनेक मध्ययुगीन कट्टर गतिहीन, रूढ़िबद्ध, असामाजिक और अनुदार अंध–विश्वासों से भरा हुआ था, तो दूसरी ओर वह परम्परा और रूढ़िप्रियता तथा पौराणिकता का मोह छोड़कर नवीनता की ओर तीव्रता के साथ बढ़ रहा था जिससे यह स्पष्ट हो जाता है कि यद्यपि भारतीय जीवन अपने दुर्दिन देख रहा था, तो भी वह नितान्त निष्प्राण नहीं हो गया था।

तत्कालीन परम्पराभोगी लोग जन–जीवन में व्याप्त अंधविश्वासों और कुरीतियों से उत्पन्न कष्ट से अवगत थे। उन्हे तो उसे दूर करने की चिंता भी थी, किन्तु उनकी समझ के अनुसार कष्ट का निवारण पश्चिम से संभव नहीं था। वे प्रचलित परम्पराओं को बिना छोड़े ही अपनी समस्याओं का हल पाना चाहते थे। इसका कारण देश में घटित ऐतिहासिक परिवर्तनों से उनकी अनभिज्ञता थी। उनके मन में राष्ट्र का हित निश्चित रूप से था, लेकिन उनकी मुख्य असुविधा थी जो वे राष्ट्र में स्थान ग्रहण करने वाले ऐतिहासिक परिवर्तनों की शक्ति को पहचानने में असफल रहे। वे दरवाजे और खिड़कियां बंद करके आने वाले तूफान से बचने का प्रयत्न कर रहे थे और इस तरह उन्होंने अपने को युद्ध में हारा हुआ पाया।[20]

भारतवर्ष में पुनर्जागरण की चेतना का उन्मेष अंग्रेजी संस्कृति के संपर्क के फलस्वरूप संभव हुआ। ब्रिटिश सत्ता के देश के बृहद् भाग पर स्थापित होने के फलस्वरूप शासन ने ऐसी परिस्थितियाँ पैदा की जिससे भारत के लोगों में राष्ट्रीयता एवं एकता पैदा हुई। न केवल शासन की बुराइयों बल्कि इसकी अच्छाई ने यह जागृति लाने में योगदान दिया।[21] ब्रिटिश शासन के द्वारा ही भारतीय सीधे यूरोपीय सभ्यता एवं पश्चिमी जीवन–शैली के सम्पर्क में आये जिसने न चाहते हुए भी उन्हे घोर निद्रा से जगा दिया। वास्तव में अंग्रेजी शिक्षा और अंग्रेजी राज की चोट के कारण भारतीय वाङमय में भी जागरण के चिन्ह दिखाई दिये।

भारत का ब्रिटेन से संपर्क का तरीका अत्यन्त दुर्भाग्यपूर्ण रहा और इसने अत्यधिक कटुता, अवसाद और संघर्ष को जन्म दिया किन्तु भारतीयों के लिए यह अच्छी बात थी कि वे औद्योगिक और वैज्ञानिक पश्चिम के संपर्क में आये।[22] इसका परिणाम यह हुआ कि भारतीय जीवन में उथल–पुथल मच गई। वास्तव में, उन ताकतों में, जिसने सर्वाधिक प्रभावित किया, सबसे महत्वपूर्ण था अंग्रेजी शिक्षा का प्रचार जिसने भारतीय बौद्धिक पृथक्करण को तोड़ा और इसे पश्चिमी विज्ञान, साहित्य और इतिहास के सानिध्य में लाया। इसका परिणम भारत में एक महान बौद्धिक प्रसार हुआ ठीक उसी तरह का जैसे पश्चिमी राष्ट्रों ने 15वीं–16वीं शताब्दी में शास्त्रीय अध्ययन के पुनरूत्थान के समय अनुभव किया था[23] जिसे भारत में

नवजागरण, नवोत्थान इत्यादि नामों से जाना गया।

भारतीय पुनर्जागरण की रीढ़ का प्रधान लक्षण अतीत की गहराइयों का अनुसंधान था। यह पुनर्जागरण नहीं बल्कि भारत का नवोत्थान था। यूरोप के पास जो पूंजी थी, उसमें आधुनिक विज्ञान ही एक ऐसा तत्व था, जो भारत को नवीन लगा और जिसे भारत ने खुशी–खुशी स्वीकार कर लिया। बाकी प्रत्येक दिशा में, भारत ने अपने अतीत की पूंजी टटोली और अपने प्राचीन ज्ञान को नवीन करके वह नये मार्ग पर अग्रसर होने लगा। जो भी व्यक्ति आज के सत्य को अनादृत करके भूतकाल की मरी हुई बातों को दुहरात है, उसे हम पुनर्जागरणवादी या 'रिवाइवलिष्ट' कहते हैं और पुनर्जागरणवादी होना कोई अच्छा काम नहीं है। किन्तु नवोत्थान में भी अतीत की बातें दुहरायी जाती हैं। जब नवोत्थान का समय आता है, जातियों के कुछ पुरातन सत्य दुबारा जन्म लेते हैं। यह पुनर्जागरण नहीं, सत्यों का पुनर्जन्म है। बहुत से सत्य ऐसे हैं, जो मिटता नहीं जानते, जो कुछ दिनों के लिए प्रच्छन्न तो हो जाते हैं, किन्तु समय पाकर जिन्हें मनुष्य फिर से प्राप्त कर लेता है। भारत में ऐसे सत्य वेदान्त के सत्य रहे हैं। नवोत्थान उस प्रक्रिया का नाम है, जिससे भारत सॅभला, जिससे उसने यूरोप से नैतिक कुश्ती लड़ते समय अपने हिलते हुए पाँव को स्थिर किया, जिससे उसे यह विश्वास हुआ कि मैं सचमुच उतना बुरा नहीं हूँ जितना कि नये लोग बता रहे हैं, बल्कि मेरे पास कुछ ऐसे अनुभव भी हैं, जिनका इन बच्चों को पता नहीं है।[24]

19वीं सदी का भारतीय पुनर्जागरण दो सभ्यताओं के घात–प्रतिघात का फल था। एक नियम के अनुसार, 19वीं शताब्दी का भारतीय पुनर्जागरण सांस्कृतिक सततता एवं ब्रिटिश उपनिवेशवाद के अन्तर्गत हो रहे परिवर्तन के बीच व्यवहृत दिखाई देता है। उस पुनर्जागरण का इतिहास लेखन, ब्रिटिश प्रभाव का समर्थन करने एवं भारतीय प्रतिक्रिया, इन दो बातों में बँटी है। यदि ब्रिटिश प्रभाव मापक माना जाता है, तब लेखक परिवर्तन का समर्थन करता है और, पुनर्जागरण पश्चिमीकरण अथवा आधुनिकीकरण के रूप में माना जाता है। इसी प्रकार, दूसरी तरफ, यदि भारतीय प्रतिक्रिया प्रभावशाली मानी जाती है तब केन्द्रिय बिन्दु भारतीय विरासत होती है और पुनर्जागरण का अभिप्राय परम्पराओं के पुनर्व्याख्या से होता है।[25] इस प्रकार भारत ने पुनः अपनी परम्परा से प्रेरणा ली और यह भारतीय संस्कृति ही थी जो दृढ़ता पूर्वक अपने पैर पश्चिमी सभ्यता के सम्मुख टिकाये रखी।

भारत में पुनर्जागरण की चेतना को उद्‌बुद्ध करने का श्रेय सर्वप्रथम ईसाई मिशनरियों को दिया जाना चाहिए। इस पृष्ठभूमि में मिशनरियों के तीन प्रयास स्तुत्य हैं–(1) हिन्दुओं के

धार्मिक पाखण्ड पर कशाघात। (2) तत्कालीन प्रचलित अमानुषिक प्रथाओं का विरोध एवं (3) आधुनिक शिक्षा (वैज्ञानिक शिक्षा) का प्रचार प्रसार। उन्होंने स्कूल एवं कालेज खोले जहाँ उन्होंने न केवल नया धर्मनिरपेक्ष ज्ञान प्रदान किया बल्कि यह भी पढ़ाया कि ईसाईयत ही सच्चा धर्म है। पश्चिम के नये ज्ञान के साथ ही प्रारम्भिक ईसाई मिशनरियों के हिन्दुत्व और हिन्दू समाज पर तीव्र आक्रमण हुए।[26] यह सर्वमान्य तथ्य है कि पुनर्जागरण की चेतना की वपन–भूमि वस्तुतः धर्म रहा है और इसकी उत्पत्ति ईसाई धर्म के प्रति हिन्दू धर्म की प्रतिक्रिया के फलस्वरूप हुई। ईसाई मिशनरियों ने अपने धर्म का प्रभाव जमाने के उद्‌देश्य से हिन्दू धर्म और समाज पर दोषारोपण करना शुरू किया, परन्तु इसकी प्रतिक्रिया स्वरुप हिंदुओं में जो चेतना आयी वह नवजागरण के उन्नयन में सहायक सिद्ध हुई।

हिन्दू धर्म पर मिशनरियों के कशाघात पड़ते देखकर तत्कालीन हिन्दू धर्म चिंतकों पर उसकी प्रतिक्रिया होनी स्वाभाविक थी। किन्तु यह बात भी लक्षणीय है कि यदि नवोदित संस्कृति की तुलना में भारतीय हिन्दू संस्कृति घटिया ठहरती तो उसमें प्रतिक्रिया न होकर अनुकरण की प्रवृत्ति जोर मारती और तब पुनर्जागरण की तो बात ही दूर रही, हिन्दू धर्म और संस्कृति का अस्तित्व भी खतरे में पड़ जाता, जैसा कि मंगलाप्रसाद ने इंगित किया है कि ''अतीत कालीन उन्नत भारतीय संस्कृति ही वह घटक है जो अंग्रेजों की प्रखर संस्कृति के समक्ष अपने पैर दृढ़ता से टिकाये रखने में समर्थ हो सकी।''[27]

मिशनरियों के उत्तेजनापूर्ण कार्यों ने हिंदुत्व में कंपन पैदा कर दिया और इसकी तीव्र धार्मिक प्रक्रिया हुई। एक बार पुनः धर्म की महत्ता तत्कालीन सामाजिक–धार्मिक आंदोलनों के नेतृत्वकर्ताओं द्वारा प्रतिपादित की गई क्योंकि धर्म एक राष्ट्र की आत्मा है और यह प्रत्येक काल एवं प्रत्येक देश में राष्ट्रीय जीवन के विकास में गतिशील, नियंत्रक एवं पथ प्रदर्शक कारक एवं बल रहा है।[28] इतिहास भी हमें यह बतलाता है कि केवल प्राच्य तथा औपनिवेशिक देशों में ही नहीं, इतिहास में बहुत से अवसरों पर किसी जाति के उत्थान के साथ धार्मिक पुनरूजीवनवाद का एक बड़ा स्थान रहा है और 19वीं सदी में भारत में भी यह प्रवृत्ति दिखलायी पड़ती है।

भारत में पुनर्जागरण की चेतना का उन्मेष अंग्रेजी शिक्षा के संपर्क के फलस्वरूप हुआ। पश्चिमी शिक्षा से परिचय और उसकी वृद्धि संभवतः भारतीय नवजागरण का सबसे महत्वपूर्ण घटक था। यह वह यन्त्र था जिसने मुसलमानी शासन की जड़ता के शताब्दियों बाद मध्यकालीन भारतीय संसार को हिलाया।[29] उन्नीसवीं शताब्दी के प्रथमार्द्ध में भारत में अंग्रेजी

शिक्षा समाविष्ट कर दी गई जो तीव्रता के साथ स्वीकार की गई और उसकी मांग तीव्रता से बढ़ी जिसने एक बौद्धिक मध्यमवर्ग के जन्म की अगुआई की।

अंग्रेजी शासन द्वारा भारत में पश्चिमी सभ्यता, संस्कृति, शिक्षा एवं विचारधारा के फलस्वरूप उसकी व्यापक प्रतिक्रिया हुई जो सदैव विदेशी राज्य स्थापित होने पर होती है। आंग्ल राज्य के साथ टक्कर खाने से दोनों प्रकार के परिणाम निकले। धार्मिक पुनरूत्थान का रूप ब्रह्म समाज, आर्य समाज, थियोसोफिकल सोसाइटी, गोरक्षिणी सभा इत्यादि में पाया गया है, परंतु भारतवर्ष पर सबसे अधिक प्रभाव आंग्ल स्थान की स्वदेश प्रीति का हुआ।[30] 19वीं सदी के उत्तरार्द्ध में भारतवासियों में देशप्रेम की जो भावना दिखलाई पड़ती है उस पर इंग्लैंड की संस्कृति का काफी प्रभाव निश्चित रुप से था।

आधुनिक भारत में जागृति की प्रथम प्रभा बंगाल में उद्घाटित हुई और उसके केन्द्र बिन्दु राजा राममोहन राय हुए। 19वीं सदी में उन्होंने एक ऐसे आंदोलन को जन्म दिया, जिसके पीछे महान नैतिक और आध्यात्मिक बल था। जिन कारणों से भारतीय समाज अधोगति को पहुँचा था उन कारणों पर राजा राममोहन ने जोर का आघात किया और उसके सामने एक नया आदर्श रखा।[31] परंतु उस काल में भारतीय धर्म समाज का नेतृत्व करने वाले दो भिन्न प्रकार के नेता सामने आते हैं। पहले को परंपरावादी कह सकते हैं और दूसरे को सुधारवादी। बंगाल के राजा राधाकान्त देव बहुत कुछ परम्परावादी हैं। वे भी तत्कालीन समाज में प्रचलित जर्जर रूढ़ियों को अनदेखा नहीं कर सके और उन्हें दूर करने के लिए उन्होंने वैज्ञानिक शिक्षा–प्रणाली के प्रचार–प्रसार में बहुत योग दिया।[32] राजा राममोहन राय सुधारवादी नेता हैं जो धर्म और समाज के विद्रूप को देखते हैं और उसे दूर करने के लिए भारतीय प्राचीन और पाश्चात्य नवीन का सामंजस्य आवश्यक समझते हैं। वे इस महान उद्देश्य की सिद्धि के लिए भारतवासियों के धार्मिक आचार–विचार में क्रान्ति करना आवश्यक समझते थे।

राममोहन राय मानवीय स्वाधीनता, विचार, स्वातन्त्रय, मुद्रण–स्वातन्त्रय और धर्म स्वातन्त्रय के कट्टर पक्षपाती थे। वे पहले ऐसे महान सुधारक थे जिन्होंने यूरोप की उदारवादी और मानवतावादी परम्परा को यहाँ समाहित किया। वे सामंजस्यवादी व्यक्ति थे और प्राचीन को उन्होंने वहीं तक स्वीकार किया है जहाँ तक उनकी क्रान्तिकारी विचारधारा को कोई बाधा नहीं पहुँचती थी। वे पौवार्त्य और पाश्चात्य संस्कृतियों के एकीकरण से एक नवीन संस्कृति को जन्म देना चाहते थे। उन्होंने विज्ञान के प्रति आग्रह और बौद्धिकता के

प्रति प्रेम, सुधार और व्यापक मानवतावाद की भारत की नई भावना को प्रस्तुत किया।[33] इसके लिये उन्होंने शिक्षा–प्रचार को सबसे अधिक उपयुक्त साधन समझा था। उन्होंने पश्चिमी शिक्षा का पश्चिमी भाषा में दिये जाने का प्रबल समर्थन किया।

पुनर्जागरण की चेतना का सूत्रपात ब्रह्म–समाज आंदोलन से होता है। इस समाज की स्थापना वेदान्त धर्म की आधार–शिला पर 1828ई0 में राजा राममोहन राय द्वारा हुई थी। इस समाज के प्रवर्तक तथा नेता अंग्रेजी सभ्यता से इतने प्रभावित हुए कि वे उसका साक्षात् विरोध करने से भयभीत होने लगे। डरते–डरते उन्होंने अपने जाति धर्म को बचाने का यत्न किया।[34] इस समाज का प्रभाव बंगाल में शिक्षित मध्यम वर्ग तक ही सीमित था। इसका कारण यह था कि हिन्दू धर्म की मौलिक प्रकृति से बहुत भिन्न होने पर भी ब्रह्म–समाज का बंगाल में इसलिए प्रचार हो सका, और वह भी अल्पसंख्यक शिक्षित वर्ग में, क्योंकि सैकड़ों वर्ष से अंग्रेजी के सम्पर्क में रहने के कारण उसकी मानसिकता पर अंग्रेजियत का यथेष्ट प्रभाव पड़ चुका था।[35]

सामान्य अशिक्षित, किन्तु धार्मिक विश्वासों से सबसे अधिक चिपकी रहने वाली जनता ब्रह्म–समाज के प्रभाव से अछूती रही। आर्य समाज ही ऐसा आंदोलन था जिसने सामान्य जनता को भी प्रभावित किया। उन्नीसवीं सदी के नवोत्थान का इतिहास यह बतलाता है कि जब यूरोपवाले भारतवर्ष में आये, तब यहाँ के धर्म और संस्कृति पर रूढ़ि की परतें जमीं हुई थीं एवं यूरोप के मुकाबले उठने के लिए यह आवश्यक हो गया था कि ये परतें एकदम उखाड़ फेंकी जॉय। आर्य समाज के संस्थापक स्वामी दयानंद सरस्वती ने यह कार्य किया जब 1875ई0 में, भारतवर्ष में ज्ञान की ज्योति चमकाने के लिए, वैदिक संस्कृति का प्रकाश फैलाने के लिए और एक सुसंस्कृत समाज स्थापित करने के लिए उन्होंने बम्बई में, आर्य समाज की स्थापना की।[36]

दयानंद ने यह अनुभव किया कि भारत एक राष्ट्र के रूप में तब तक नहीं उभरेगा जब तक वे अपने समाज में क्रान्तिकारी परिवर्तन नहीं करेंगे। स्वामीजी का सुधार कार्य राममोहन राय, देवेन्द्रनाथ तथा केशवचन्द्र सेन से भिन्न किस्म का था। पहले तीन सज्जनों का मुँह बहुत कुछ यूरोप की ओर था, पर स्वामी दयानंद ने यूरोप की ओर पीठ कर रखी थी।[37] स्वामी जी ने छुआछूत के विचार को अवैदिक बताया और उनके समाज ने सहस्त्रों अन्त्यजों को यज्ञोपवीत देकर उन्हें हिंदुत्व के भीतर आदर का स्थान दिया। आर्य–समाज ने नारियों की मर्यादा में वृद्धि की एवं उनकी शिक्षा–संस्कृति का प्रचार करते हुए विधवा–विवाह का भी

प्रचलन किया।

पुनर्जागरण युगीन चेतना बंगाल से शुरू हुई। यहां से यह महाराष्ट्र को गयी। बंगाल में इसकी पीठिका धार्मिक थी जो महाराष्ट्र तक आते–आते समाज–सुधारवादी हो गयी। जिस प्रकार बंगाल में हिन्दू नवोत्थान के पहले नेता राजा राममोहन राय हुए, उसी प्रकार, महाराष्ट्र में इस आंदोलन का श्रीगणेश महादेव गोविन्द रानाडे ने किया।[38] उनके द्वारा स्थापित 'प्रार्थना समाज' समाज–सुधार में अग्रणी रहा। इस समाज ने उन रूढ़ियों एवं प्रथाओं का विरोध किया जो भारतीय समाज को कमजोर बना रहे थे।

पश्चिमी भारत में यदि जनजागृति लाने का कार्य प्रार्थना समाज ने किया तो दक्षिण भारत में यह कार्य 'थियोसोफिकल सोसाइटी' ने किया। आर्य समाज की ही तरह थियोसोफिकल सोसाइटी की स्थापना एक रुसी महिला मैडम ब्लेवट्सकी एवं एक अमेरिकी कर्नल अल्कॉट द्वारा भारतीयों में सांस्कृतिक राष्ट्रवाद के प्रचार–प्रसार की भावना से की गई थी।[39] इस सोसाइटी ने एवं इसकी महत्वपूर्ण सभानेत्री एनी बेसेंट ने हिंदुओं में आत्माभियान भर दिया एवं हिंदुत्व के नवोत्थान एवं भारतीय राष्ट्रीयता के विकास में महत्वपूर्ण योगदान दिया।

पुनर्जागरण की चेतना का सूत्रपात बंगाल से राजा राममोहन राय द्वारा होता है। राममोहन के पश्चात् बंगाल में, एक बड़ी संख्या में प्रतिभाशाली विद्राही उत्पन्न हुए, जिन्होंने बंगाल के सामाजिक और राजनीतिक विकास में एक नया जीवन प्रवाहित किया। किश्तोदास पाल और हरिश्चंद्र मुखर्जी ने पत्रकला और राजनीतिक स्फूर्ति पैदा करने में, केशवचन्द्र सेन, रामकृष्ण परमहंस और विवेकानंद ने धार्मिक और आध्यात्मिक जागरण में, ईश्वरचंद्र विद्यासागर ने सामाजिक सुधारों के उद्बोधन में, मधुसूदन, दीनबंधु और बंकिम ने साहित्य में एवं किश्तोमोहन बनर्जी और महेन्द्रलाल सरकार ने सार्वजनिक उत्थान में चतुर्मुखी जीवन का एक प्रकाश उत्पन्न किया वरन् सामाजिक और राजनीतिक वातावरण में उसने उज्वल और क्रान्ति का स्फुरण किया।[40]

भारतीय जनजागृति का मध्यान्हकाल आर्य–समाज के प्रचार का समय है जब इसने राष्ट्रीय स्तर ग्रहण किया। इसके राष्ट्रीय स्तर ग्रहण करने के संदर्भ में यह तथ्य महत्वपूर्ण है कि–दूसरे देशों की अपेक्षा भारत के संदर्भ में यह बात दर्शनीय है कि जो आंदोलन सीधे धार्मिक भावनाओं से स्फुरित होते हैं वे जनता के आंदोलन हो जाते हैं।[41] आर्य–समाज पर भी यह बात अक्षरशः लागू होती है। स्वामी विवेकानंद का तिरोभाव पुर्नजागरण का अंत माना

जा सकता है। परवर्ती काल में ब्रह्म—समाज के गिर जाने पर बंग देश में स्वामी विवेकानंद के वेदांत का प्रचार हुआ। स्वामी विवेकानंद के काम का बड़ा अंश यह था कि उन्होंने अमरीका आदि देशों में हिन्दू—धर्म के सिद्धान्तों का प्रचार कर संसार में यह सिद्ध कर दिया कि पश्चिमी देशों को धार्मिक—संसार में भारतवर्ष से अभी बहुत कुछ सीखना है।[42]

पुनर्जागरण के दौरान तत्कालीन नेताओं ने हिंदू धर्म, संस्कृति, जाति तथा देश के महत्व को लोगों के समक्ष रखने तथा हिन्दू धर्म और संस्कृति का वैज्ञानिक विवेचन कर उसकी उत्कृष्टता घोषित की। इस संदर्भ में सर्वप्रथम यह ध्यान देने योग्य बात है कि इस काल के नेताओं ने अपनी शिक्षा एवं कार्यों द्वारा विश्व के देशों में भारत का स्तर ऊँचा उठाया।[43] इन नेताओं ने धार्मिक और सामाजिक समस्याओं का कारण राष्ट्रीय चेतना का अभाव माना और शिक्षा के माध्यम से लोगों में राष्ट्रीयता की भावना के उन्मेष में उक्त समस्याओं का समाधान खोजा।

पश्चिमी शिक्षा ने भी भारत में जनजागृति लाने में महत्वपूर्ण भूमिका निभाई। नवीन शिक्षा का परिणाम यह हुआ कि देश के नवयुवक नवीन साहित्य तथा विज्ञान से परिचित हुए। वे इतिहास, भूगोल, गणित, तथा अन्य विषयों के अध्ययन द्वारा मानसिक तथा बौद्धिक विकास करने लगे। उनके जीवन में नये आदर्श, नयी—उमंगें तथा नये विचारों का विकास होने लगा। नयी शिक्षा का एक अन्य श्रेष्ठतम् परिणाम यह हुआ कि अंग्रेजी के भीतर से यूरोप के तेजपूर्ण विचारों का सेवन करते—करते शिक्षित भारतवर्ष की मानसिक एकता में वृद्धि हुई। वस्तुतः वर्तमान भारत का जन्म ही अंग्रेजी शिक्षा पद्धति की गोद में हुआ। एक बात के लिए, पश्चिमी शिक्षा ने भारतीयों को समान भाषा प्रदान की जिससे उसका शिक्षित वर्ग स्वतंत्र रूप से अपने दृष्टिकोणों एवं विचारों का आदान—प्रदान कर सका। एक समान भाषा राष्ट्रीय एकता की वृद्धि के लिए आवश्यक नहीं हो सकती, किन्तु, इस बात से इंकार नहीं किया जा सकता कि यह (भाषा) राष्ट्रीयता के निर्माण एवं वृद्धि की दिशा में महान सहयोगी है[44] और अंग्रेजी भाषा ने भारत के लिए यह कार्य किया।

पश्चिमी शिक्षा के साथ ही पश्चिमी विचारों ने भी भारतीय पुनर्जागरण के उन्नयन में योग दिया। अंग्रेजों की बंगाल विजय केवल एक राजनीतिक क्रान्ति नहीं थी बल्कि, इसने विचार एवं अवधारणा, धर्म और सामाजिक प्रगति में महान क्रान्ति ला दी।[45] जब अंग्रेजी भाषा भारत में अपना पॉव फैला रही थी, ठीक उसी समय, यूरोप में स्वतंत्रता, राष्ट्रीयता, प्रजातंत्र और उदार भावनाओं के जोरदार आंदोलन चल रहे थे। इन सारे विचारों और आंदोलनों का

उत्तराधिकार भारत को, आप से आप प्राप्त हो गया। उन्नीसवीं शताब्दी के प्रारम्भ में, बंगाल में हुए अविस्मरणीय पुनर्जागरण का एक प्रधान कारण निःसन्देह फ्रांसीसी क्रान्ति भी थी।[46] फ्रांसीसी क्रान्ति के 'स्वतंत्रता, समानता, और भ्रातृत्व' के विचारों से वे ओत-प्रोत हो रहे थे। अतएव, यूरोप में चलने वाले वैचारिक आंदोलनों के साथ-साथ भारत अनायास सम्बद्ध हो गया और यूरोपिय विचारधारा का प्रभाव ग्रहण करने में पीछे नहीं रहा क्योंकि दूसरों के विचारों के संपर्क में आने से दृष्टिकोण व्यापक होता है। विचार क्षेत्र में आदान-प्रदान किसी भी राष्ट्र के लिए हितकर ही सिद्ध नहीं होता, वरन् वह ज्ञान पियासा की तीव्रता का भी द्योतक होता है और सबसे महत्वपूर्ण यह कि उच्च विचार कहीं के क्यों न हों, उनसे उच्च विचारों को ही जन्म मिलता है[47] और भारत के संदर्भ में भी यहीं हुआ।

पश्चिमी शिक्षा एवं पश्चिमी विचारों के साथ ही पश्चिमी विज्ञान ने भी भारत में, पुनर्जागरण के उदय में योगदान दिया। 19वीं शताब्दी के भारतीय जीवन में प्रेस और बारूद ने तो अपना प्रभाव दिखाया ही था, किन्तु, कम्पास, दूरबीन आदि ने यह भावना भी उत्पन्न कर दी कि मनुष्य अपने चारो ओर की परिस्थितियों पर काबू पाने की क्षमता भी रख सकता है। नित्य नये आविष्कारों के युग में भारतीय मन का नई दिशाएं खोजना स्वाभाविक था। अपनी प्राचीन समृद्ध संस्कृति का संबल लेकर उसने नवीन से प्रेरणा ग्रहण की। भारत यूरोप के साथ आनेवाले धर्म से नहीं डरा, बल्कि भय उसे यूरोप के विज्ञान को देखकर हुआ, उसकी बुद्धिवादिता, साहस और कर्मठता से हुआ अतएव, भारत में नवोत्थान का जो आंदोलन उठा, उसका लक्ष्य अपने धर्म, अपनी परम्परा और अपने विश्वासों का त्याग नहीं, प्रत्युत, यूरोप की विशिष्टताओं के साथ उसका सामंजस्य बिठाना था जैसा कि लक्ष्मीसागर वार्ष्णेय ने बहुत ही सटीक टिप्पणी इस संदर्भ में की है कि ''वास्तव में कोपरनिकस, मोर्ले तथा अन्य यूरोपिय विद्वानों के विचारों ने भारतीय मध्ययुगीन जीवन की जड़ हिला दी। यहीं उन्नीसवीं शताब्दी का वास्तविक महत्व है, नहीं तो राजनीतिक उत्थान-पतन तो पहले भी हो चुके थे।[48]

उन्नीसवीं शताब्दी के जागरण में समाचारपत्रों और अनुवाद ग्रंथों का बहुत बड़ा उत्तरदायित्व था। समाचारपत्रों ने साहित्य के क्षेत्र में नवीन भावों, विचारों, गद्यरूपों एवं शैलियों के प्रवर्तन-प्रवर्द्धन की दृष्टि से ही नहीं, वरन् सुधारवादी, राजनीतिक एवं आर्थिक आंदोलनों को प्रोत्साहन प्रदान करने, नवोदित राष्ट्रीयता को बल देने, भारत में ऐक्य भावना उत्पन्न करने, जन-जागरण को जन्म देने तथा पुष्ट करने और अन्य अनेक विषयों के संबंध

में विचार–विनिमय का साधन प्रस्तुत करने, संक्षेप में, भारतीय नवोत्थान के विशाल चक्र को गतिशील बनाने में विद्युत–शक्ति का कार्य किया।[49] 19वीं शताब्दी में, समाचारपत्रों का तीव्र गति से उत्थान भारतीय नवजागरण और भारतीय राष्ट्रवाद के विकास में महत्वपूर्ण कारक था। इसी काल में भाषा को भी महत्व मिला क्योंकि ज्ञान के प्रचार–प्रसार में भाषा का महत्वपूर्ण स्थान होता है। इस काल में प्रान्तीय भाषाओं–बॅगला, मराठी, उड़िया, तमिल, तेलगू और हिंदी इत्यादि का जो विपुल साहित्य तैयार हुआ, वह इसी चेतना की महती देन थी।

पश्चिमी ज्ञान–विज्ञान एवं विचारों के गहन संपर्क के फलस्वरूप भारतीयों में नवीन चेतना विकसित हुई और ब्रिटिश नौकरशाही इस चेतना के उन्मूलन में नाकाम रही। 'जीवित शक्तियों को कोई नहीं रोक सकता। आप उनको गाड़ देंगे तो वे फिर उग निकलेंगी। आप उनको दबा देंगे, तो वे फिर भभककर फूट निकलेंगी। संसार में किसी भी पुलिस में विचारों के प्रवाह को रोकने की शक्ति नहीं है, किसी भी नौकरशाही के कानून उस स्वतंत्र स्वर्ग तक नहीं पहुँच सकते, जहाँ से वे अजेय शक्तियाँ जन–समुदाय के मस्तिष्क और हृदय में तीव्र वेग से अवतीर्ण होती हैं' डी0 एस0 शर्मा[50] का यह कथन 19वीं सदी के उत्तरार्द्ध में हुए भारतीय नवजागरण के संदर्भ में सटीक प्रतीत होती है और उस पुनर्जागरण काल में भारत के संदर्भ में यहीं बात चरितार्थ हुई भी।

यदि पुनर्जागरण का आरम्भ 14वीं सदी में यूरोप में हुआ तो इसकी आखरी यात्रा 19वीं शताब्दी में, बंगाल में हुई और यह बंगाली बुद्धिजीवी वर्ग ही था जिसने ज्ञान की इस मसाल को इस उपमहाद्वीप में धारण किया।[51] बंगाल से यह महाराष्ट्र और मद्रास को गयी। आर्य समाज ने पश्चिमोत्तर प्रान्तों, विशेषकर गुजरात, पंजाब व आधुनिक उत्तर प्रदेश, को विशेष रूप से प्रभावित किया। इस जागरण का स्वरूप यह था कि इसकी चेतना का बीज वपन धर्म के क्षेत्र में हुआ, सामाजिक क्षेत्र में यह चेतना पल्लवित–पुष्पित हुई और इसमें फल राष्ट्रीय राजनैतिक भूमिका पर लगा। इस तरह यह चेतना अपने संकुचित दायरे से निरन्तर व्यापक होती गयी है और इसकी प्रारम्भिक धार्मिक चेतना अन्ततः राष्ट्रीय भूमिका ग्रहण करती चली गयी ।

कलकत्ते के साथ पूरे उत्तर भारत तथा मध्य भारत में बनारस में इस जागरण की लहरें सबसे पहले आयीं। उस समय इस जागरण का नेतृत्व यहां भारतेंदु बाबू हरिश्चंद्र ने किया।[52] भारतेंदुजी (1850–1885ई0) ने अपने व्यक्तित्व एवं कृतित्व द्वारा जन सामान्य में उठ रही नवीन भावनाओं को दशा एवं दिशा दी। इस सारभौम ऐतिहासिक प्रक्रिया में भारतेंदु तथा

उनके नेतृत्व में हिंदी प्रदेश ने सक्रिय भाग लेकर गतिशीलता का परिचय दिया। उन्नीसवीं शताब्दी के लगभग मध्य तक हिंदी प्रदेश में परम्परागत भारतीय सभ्यता और यूरोपीय सभ्यता में पारस्परिक संघर्ष चलता रहा परंतु उत्तरार्द्ध में भारतेंदुजी ने भारत की सांस्कृतिक राजधानी काशी में रहते हुए दोनों में समन्वय स्थापित करने एवं जनता में चेतना लाने का प्रयास किया।

उत्तर भारत में नवजागरण का उन्मेष भारतेंदु हरिश्चंद्र से माना जाता है और इसका सबसे सशक्त माध्यम बनी—हिंदी भाषा। परंतु विज्ञान के क्षेत्र में उत्तर भारत में जो नवजागरण हुआ उसका चरित्र संपूर्ण भारत में हुए नवजागरण से काफी भिन्न तो था ही, साथ ही विज्ञान के क्षेत्र में हुआ यह नवजागरण उस नवजागरण से काफी पहले ही आरंभ हो चुका था, और वह भी काफी सशक्त रुप में। 19वीं सदी के चौथे दशक से ही हिंदी भाषी क्षेत्रों के बुद्धिजीवियों ने विज्ञान के महत्व को जान लिया था, और साथ ही यहां की प्रांतीय सरकार की भी यही मंशा थी कि यहां के लोगों में ज्ञान-विज्ञान का प्रसार हो, परंतु दोनों के उद्देश्य भिन्न थे। हिंदी भाषी क्षेत्रों के बुद्धिजीवियों का जहां उद्देश्य यह था कि इस क्षेत्र के लोग पश्चिम के ज्ञान-विज्ञान को अपनी भाषा में जान सकें और उससे अपनी उन्नति कर सकें; वहीं, यहां की सरकार की मंशा थी कि सिंचाई, पैमाइश और लोकनिर्माण विभागों के लिए उपयुक्त व्यक्ति मिल सकें। यही कारण था कि हिंदी भाषी क्षेत्र में विज्ञान के क्षेत्र में जो प्रयास आरंभ हुआ उसमें यह अंतर्द्वंद्व स्पष्ट दिखलायी पड़ता है।

उपलब्ध साक्ष्यों से ज्ञात होता है कि हिंदी भाषी क्षेत्र में विज्ञान-लेखन का आरंभ 1840ई0 से आरंभ होता है। हिंदी भाषी क्षेत्र में विज्ञान-लेखन का जो क्रम आरंभ हुआ, उस संदर्भ में तीन बातें विशेष उल्लेख करने योग्य हैं। प्रथम, हिंदी में विज्ञान-लेखन के क्षेत्र में अग्रणी भूमिका ईसाई मिशनरियों की थी। द्वितीय, हिंदी भाषी क्षेत्र में अव्यवस्थित सबसे प्रमुख प्रदेश पश्चिमोत्तर प्रदेश और अवध की राजभाषा तो यद्यपि उर्दू थी परंतु जनता का अधिकांश काम हिंदी भाषा में चलता था और सिंचाई एवं लोकनिर्माण विभागों के लिए ऐसे लोगों की नितांत आवश्यकता थी जो कि हिंदी भाषा भी जानते हों और ज्ञान-विज्ञान से भी परिचित हों। और तृतीय, 1843ई0 का वर्ष इस संदर्भ में एक विभाजक रेखा मानी जाती है क्योंकि इस वर्ष दो ऐसी घटनाएं हुईं जिसने विज्ञान आंदोलन को काफी बल प्रदान किया।

विज्ञान-लेखन के क्षेत्र में अग्रणी भूमिका ईसाई मिशनरियों की थी, इस बात से इंकार नहीं किया जा सकता। यद्यपि मिशनरियों का उद्देश्य ईसाईयत का प्रचार और अधिकाधिक

भारतीयों को ईसाई बनाना था फिर भी उन्होंने भारतीय भाषाओं में लेखन और प्रकाशन का कार्य आरंभ किया। इस कार्य हेतु भारत के कई भागों में सोसाइटियों की स्थापना की गई जिनमें कलकत्ता स्कूल बुक सोसाइटी (1817ई0), आगरा स्कूल बुक सोसाइटी (1833ई0) और नार्थ इंडिया क्रिश्चियन ट्रैक्ट ऐंड बुक सोसाइटी, इलाहाबाद (1848ई) इत्यादि प्रमुख थीं।[53] इन संस्थाओं से ईसाईयत के अलावा अन्य विषयों की भी पाठ्य पुस्तकें, जिनमें विज्ञान विषयक पुस्तकें भी थीं, भारतीय भाषाओं में प्रकाशित हुईं।

हिंदी भाषा में विज्ञान–लेखन का आरंभ मालवा के आष्टा ग्राम निवासी ओंकार भट्ट ज्योतिशी के 'भूगोलसार' अर्थात् 'ज्योतिष चंद्रिका' से माना जाता है जो आगरा स्कूल बुक सोसाइटी के लिए आगरे के छापेखाने से दिसंबर, 1840ई0 में प्रकाशित हुई थी। इस ग्रंथ को लिखने का क्या कारण था, इसको बतलाते हुए ग्रंथकार ने ग्रंथ की भूमिका में बड़ा ही स्पष्ट लिखा है, उन्हीं के शब्दों में "मालव देश में भूपाल प्रदेश के अजंठ, श्रीलान्सिलट् विल्किन्सन् साहिब ने सीहोर छावनी में आज्ञा दी, कि भूगोल विषय में श्रीमद्भागवत, सिद्धान्त शिरोमणि, और जैनमत इत्यादिक और अंग्रेज लोगों के जानने में क्या भेद है, सो इन चारों मत का अंतर निकालो; प्रत्येक में जो ठीक नहीं दृष्ट में आवे उस को वैसा ही लिखो, और जो विद्या, बुद्धि, और गणित से ठीक निकले वह भी लिखो, किसी मत का पक्षपात न करो।। ये बातैं सुन साहिब की आज्ञा को शिरपर धरके आष्टा ग्राम वासी ब्रांह्मण गुजराती औदुंबर जाति ज्योतिषी ओंकार भट्टने सब मतों का विचार करके इस ग्रंथ को आरंभ किया; और नाम इसका भूगोल सार रक्खा।।"[54] आगरा स्कूल बुक सोसाइटी, जिसके सचिव जे0 जे0 मूर थे, के आदेश पर इस पुस्तक का प्रकाशन किया गया था और प्रथम आवृत्ति में इसकी एक हजार प्रतियां प्रकाशित हुई थीं। इस पुस्तक में पुराण और सिद्धांत को कोपरनिकस की ज्योतिष से परीक्षा की गयी है और संपूर्ण पुस्तक गुरु–शिष्य संवाद की परंपरा में प्रश्नोत्तर शैली में लिखी गयी है।[55]

1843ई0 का वर्ष इस क्षेत्र में एक विभाजक रेखा मानी जाती है जिसके दो कारण थे–प्रथम, पश्चिमोत्तर प्रदेश और अवध (वर्तमान उत्तर प्रदेश और उत्तराखंड) की शिक्षा संस्था का नियंत्रण बंगाल से निकलकर प्रांतीय सरकार के हाथ में आया[56] और द्वितीय, इसी वर्ष मातृभाषा के परम हितैषी जेम्स थॉमसन की नियुक्ति पश्चिमोत्तर प्रदेश के लेफ्टिनेंट गवर्नर के रुप में हुई। थॉमसन (1843–53ई0) भी बम्बई के गवर्नर एलफिंस्टन के समान भारतीय जनता के हितैषी थे। बंगाल में सारा जोर शिक्षा का माध्यम अंग्रेजी बनाने पर था

पर थॉमसन की शिक्षा योजना मातृभाषा पर आधारित थी। उनके समय की पश्चिमोत्तर प्रदेश की शिक्षा संबंधी एक रिपोर्ट में कहा गया कि 'इस भू–भाग में बंगाल की तरह अंग्रेज अधिक नहीं हैं। जो हैं भी, उनकी माली हालत अच्छी नहीं है। विदेश से भी यहां अंग्रेज कम आते हैं और विदेशी उपकरणें का भी यहां प्रचलन कम है। अतएव, अंग्रेजी के अनुकूल वातावरण का यहां अभाव है।'[57] इस आधार पर थॉमसन ने देशी भाषाओं द्वारा ग्राम शिक्षा की एक विस्तृत योजना बनाई ताकि भूमिकर और लोक निर्माण विभागों के लिए शिक्षित व्यक्ति उपलब्ध कराये जा सकें।

पश्चिमोत्तर प्रदेश और अवध के लेफ्टिनेंट गवर्नर जेम्स थॉमसन मातृभाषा के हितैषी होने के साथ ही ज्ञान–विज्ञान के भी मातृभाषा में ही प्रचार–प्रसार के समर्थक थे, यद्यपि इसके पीछे ब्रिटिश सरकार का हित भी छिपा था। जेम्स थॉमसन ने रुढ़की में एक सिविल इंजिनियरिंग कालेज खोलने का प्रस्ताव रखा और 1847ई0 में यह कालेज खुल भी गया। कालेज की अनिवार्यता और सरकार का हित कितना महत्वपूर्ण था, इस बात का अंदाजा इसी से लगाया जा सकता है कि कालेज तो 1847ई0 में खोला गया पर सरकारी विभागों में कार्यरत लोगों के प्रशिक्षण का कार्य 1845ई0 से ही यहां आरंभ हो गया था। पश्चिमोत्तर प्रदेश में उन दिनों महाराष्ट्र की तरह जन–शिक्षा का कार्य देशी भाषाओं–हिंदी और उर्दू में चलता था तथा इन भाषाओं में विविध पुस्तकें भी प्रकाशित होती थीं। थॉमसन महोदय ने हिंदी में पाठ्यपुस्तकों हेतु मूल ग्रंथ लिखने या संस्कृत, अंग्रेजी आदि भाषाओं से हिंदी में अनुवाद करने के लिए, जिनमें विज्ञान विषयक पुस्तकें भी थीं; पुरस्कार देने की घोषणा कर रखी थी[58], के फलस्वरुप जो साहित्य तैयार हुआ वह बहुत उच्चकोटि का नहीं था, किंतु उससे हिंदी प्रदेश में हिंदी में लेखन को बल मिला और इसी बात का प्रभाव था कि पश्चिमोत्तर प्रदेश में अगले 25 वर्षों में जो विज्ञान विषयक पुस्तकें लिखीं गयीं उनमें अधिकांश गणित, पैमाइश और हिसाब से संबंधित थीं।[59] आरंभिक दौर में जो पुस्तकें लिखीं गयीं उनमें से अधिकांश अनुवाद थी, पर कुछ मौलिक पुस्तकें भी लिखी गयीं जिसका उद्देश्य स्कूल के विद्यार्थियों को पाठ्य पुस्तकें उपलब्ध कराना और वैज्ञानिक ज्ञान को जनता की भाषा में जनता तक पहुँचाना था, जैसा कि निम्न ऑकड़ों से स्पष्ट है :

ग्रंथ	ग्रंथकर्ता	प्रकाशन	प्रकाशन वर्ष
ज्योतिष चंद्रिका	टोंकार भट्ट ज्योतिषी	आगरा स्कूल बुक डिपो	1840
पटवारियों का हिसाब	–	आगरा स्कूल बुक डिपा	1846
पदार्थ विज्ञान	–	क्रिश्चियन ट्रेक्टबुक सोसाइटी, कलकत्ता	1846
रसायनप्रकाश प्रश्नोत्तर	बद्रीलाल शर्मा	आगरा स्कूल बुक सोसाइटी	1847
माप प्रबंध	वंशीधर	सिकंदर प्रेस, आगरा	1853
रेखामिति तत्व	कुंजबिहारी लाल	सिकंदर प्रेस, आगरा	1854
सुलभ रसायन संक्षेप	जे0 आर0 वैलेण्टाइन		1856
रेखागणित भाग–1	पं0 मोहनलाल	मेडिकल हॉल प्रेस, बनारस	1859
हिंदी बीजगणित भाग 2	पं0 मोहनलाल	मेडिकल हॉल प्रेस, बनारस	1859
गणित कौमुदी	पं0 लक्ष्मीशंकर मिश्र	लाइट प्रेस, बनारस	1868
पेमाइश की किताब	प्रियानाथ मिश्र	लाइट प्रेस, बनारस	1868
गणित प्रकाश भाग 1	श्रीलाल	लखनऊ	1873
गणित प्रकाश भाग 1	वंशीधर	लखनऊ	1873
बीजगणित	आदित्यराम भट्टाचार्य	गवर्नमेंट प्रेस, प्रयाग	1874
पाटी गणित भाग 1	पालीराम पाठक	नार्मल स्कूल मेरठ	1874
रेखागणित बुक 1	जीवानंद विद्यासागर	संस्कृत कालेज, कलकत्ता	1874
व्यक्त गणित	बापूदेव शास्त्री	मेडिकल हॉल प्रेस, बनारस	1875
सुलभ बीजगणित	कुंज बिहारी लाल	गवर्नमेंट प्रेस, प्रयाग	1875

स्रोत : विज्ञान–परिषद और हिंदी का वैज्ञानिक साहित्य; आर्यभाषा पुस्तकालय का सूचीपत्र

विज्ञान विषयक पुस्तकों के लेखन एवं प्रकाशन में मिर्जापुर की ईसाई मिशनरियों का योगदान भी आरंभिक दौर में काफी महत्वपूर्ण था। 1838ई0 में ही मिर्जापुर में ईसाई मिशनरियों ने 'आरफन प्रेस' नामक मुद्रणालय स्थापित किया था[60] जहां से शिक्षा संबंधी कई महत्वपूर्ण हिंदी पुस्तकें, जिनमें विज्ञान विषयक पुस्तकें भी थीं, प्रकाशित हुईं। इस मुद्रणालय से जो विज्ञान विषयक पुस्तकें प्रकाशित हुई वह अधिकांशतः 1850ई0 के बाद शेरिंग महोदय के संपादन में निकलीं जिनमें 'भूगोल विद्या', भूचरित्र–दर्पण', 'जन्तु–प्रबंध' (1864ई0), 'विद्वान संग्रह', 'मनोरंजक वृतांत' और 'विद्यासागर' इत्यादि उल्लेखीय थीं।

हिंदी में विज्ञान–लेखन एवं प्रकाशन का क्रम तो 1840ई0 से ही आरंभ होता है पर हिंदी पत्रकारिता ने इस क्षेत्र में पदार्पण एक दशक बाद वह भी काफी सशक्त रुप में किया और पदार्पण के साथ ही हिंदी पत्रकारिता ने विज्ञान विषयक जानकारी के प्रकाशन एवं लोकप्रियकरण का ऐसा क्रम आरंभ किया कि वह पूरी 19वीं सदी में चलता रहा और 20वीं सदी में वह और भी सशक्त होता गया। यहां पर हिंदी पत्रकारिता के विज्ञान के क्षेत्र में किये गये प्रयासों का अध्ययन करने से पूर्व हिंदी पत्रकारिता के इतिहास पर भी दृष्टिपात करना समीचीन होगा। हिंदी में सबसे पहले जनवरी, 1845ई0 में राजा शिवप्रसाद की सहायता से ''बनारस अखबार'' का जन्म हुआ।[61] यह पत्र लिथो में बहुत ही दरिद्र कागज पर छपता था और इसके संपादक गोविंद रघुनाथ थत्ते शिवप्रसाद के आदेशानुसार इसे निकालते थे। ऐसा लिखने का कारण यह है कि 1931ई0 तक हिंदी के प्रथम समाचार पत्र के विषय में किसी को ज्ञात ही नहीं था। सर्वप्रथम समाचार–पत्रों का इतिहास बाबू राधाकृष्णदास ने 1894ई0 में लिखा और हिंदी में प्रकाशित प्रथम पत्र की पदवी 'बनारस अखबार' को ही प्रदान की थी।[62] उस समय हिंदी के प्रथम पत्र 'उदन्त मार्तंड' का किसी को ज्ञान ही नहीं था। 'मॉडर्न रिव्यू' और 'प्रवासी' के उप–संपादक बाबू ब्रजेन्द्रनाथ बंद्योपाध्याय को बॅगला के पुराने पत्रों की खोज में हिंदी के प्रथम पत्र 'उदन्त मार्तंड' को प्रकाश में लाने का सौभाग्य प्राप्त हो गया। ब्रजेन्द्र बाबू ने यह जानकारी 'विशाल भारत' के सम्पादक पं0 बनारसीदास चतुर्वेदी को दी और उन्होंनें विशाल भारत के 1931ई0 के फरवरी, मार्च, अप्रैल, मई, और जुलाई में अंकों में विस्तार पूर्वक इसका वर्णन किया। तब से 'उदन्त मार्तंड' हिन्दी के प्रथम समाचार पत्र के पद पर प्रतिष्ठित है।[63]

'बनारस अखबार' के बाद 'शिमला अखबार', 'मालवा अखबार' आदि पत्र निकले पर उनकी भाषा के बारे में अधिक जानकारी का अभाव है जैसा कि बाबू राधाकृष्णदास ने लिखा

कि 'मुझे यह नहीं ज्ञात है कि ये पत्र देवनागरी अक्षरों में या उर्दू में निकलते थे परंतु भाषा उर्दू ही थी। इस प्रभाव को दूर करने के अभिप्राय से सन 1850 ईसवी में कुछ सुधरे हुए ढंग पर हिंदी भाषा में काशी से बाबू तारामोहन मित्र आदि सज्जनों ने 'सुधाकर' नामक हिंदी भाषा का पहला पत्र प्रकाशित किया।'[64] परंतु इस पत्र में विज्ञान को वरीयता या महत्व नहीं दिया गया।

हिंदी पत्रकारिता के इतिहास में बुद्धिप्रकाश वह पहला हिंदी का पत्र था जिसने अपने प्रारंभिक काल से ही बहुत ही सशक्त ढंग से हिंदी में विज्ञान विषयक सामग्री के प्रकाशन एवं लोकप्रियकरण का कार्य किया। इस पत्र का प्रकाशन 1852ई0 में आगरा से हुआ था जिसमें विविध समाचार छपते थे। हिंदी भाषा के पत्रों का इतिहास लिखने वाले प्रथम लेखक बाबू राधाकृष्णदास ने अपनी पुस्तक में जिस प्रकार हिंदी के प्रथम समाचार पत्र उदंत मार्तंड का कोई उल्लेख नहीं किया है उसी प्रकार 1857ई0 के विद्रोह के पूर्व प्रकाशित होने वाले बहुत ही प्रमुख समाचार पत्र 'बुद्धिप्रकाश' का भी कोई उल्लेख नहीं किया है। उन्होंने अपनी पुस्तक के अंत में ज्ञात अज्ञात सभी हिंदी समाचार पत्रों का विवरण दिया है परंतु उसमें 1852ई0 से प्रकाशित बुद्धि प्रकाश का उल्लेख नहीं किया है। यद्यपि उन्होंने अपनी पुस्तक के पृष्ठ संख्या 63 पर बुद्धि प्रकाश, जिस के संपादक पंडित चंद्रशेखर गौड़ थे और जो लखनऊ से 1888ई0 से प्रकाशित होता था, का उल्लेख किया है, परंतु आगरा से प्रकाशित बुद्धि प्रकाश का उल्लेख नहीं किया है।[65]

बुद्धिप्रकाश का प्रकाशन 1852ई0 से हुआ था और इसके प्रबंधक मुंशी सदासुखलाल थे। यह पत्र साप्ताहिक रुप में प्रत्येक बुद्धवार को आगरे के नुरूल अवसार छापेखाने से मोतीकटरा मुहल्ले से छपता था। इसका मासिक मूल्य 1); छमाही पेशगी 4.5) और वार्षिक पेशगी 6) रु0 थी। इसमें विज्ञापन भी छपता था जिसके लिए पंक्तिवार मूल्य निर्धारित किया जाता था। वह समय हिंदी पत्रकारिता का आरंभिक दौर था इसलिए इस पत्र में बहुत ही साधारण ढंग से समाचार लिखे जाते थे परंतु महत्वपूर्ण बात यह थी कि न केवल अपने प्रदेश, बल्कि देश और विदेश के समाचार भी इसमें प्रकाशित होते थे।

बुद्धिप्रकाश में विविध प्रकार के समाचार और जानकारियां प्रकाशित होती थीं। इस अखबार में इतिहास और भूगोल सहित विज्ञान, शिक्षा और गणित पर कई महत्वपूर्ण लेख छपे थे और साथ ही पाश्चात्य जगत में हो रही विज्ञान की प्रगति संबंधी काफी जानकारियां भी इस पत्र ने प्रकाशित किया। 'प्रकृति ज्ञान विद्या का विषय' शीर्षक लेख में लिखा गया कि

''जानना चाहिए कि प्रकृतिज्ञान विद्या वह है जिसमें संपूर्ण संसार की दृश्य वस्तुओं के गुणों का वर्णन है जितनी वस्तु संसार में हैं उनमें कोई कोई गुण ऐसे हैं जो सबमें पाए जाते हैं अर्थात् कोई ऐसी वस्तु नहीं है जिनमें वे गुण न हों और वे छः गुण है 1 यह कि जो वस्तु जहां है उसके स्थानपर उसी समय दूसरी नहीं हो सकती जैसे जिस काल में कि पुस्तक एक स्थान पर रक्खी है तो यह नहीं हो सक्ता कि उसी समय में उसी स्थान पर पट्टी भी हो–2 प्रत्येक वस्तु में लम्बाई चौड़ाई और गहराई अवश्य है चाहे थोड़ी हो वा बहुत हो 3 प्रत्येक वस्तुओं का कुछ रुप भी होगा 4 प्रत्येक वस्तुओं के खण्ड भी हो सकते हैं 5 सब वस्तुओं में यह स्वभाव पाया जाता है कि जिस अवस्था में हैं उसी में रहैं और जबतक कोई कारण न हो तब तक वह अपनी पूर्वावस्था हो न छोड़े–6 एक वस्तु दूसरी वस्तु को अपनी ओर खेंचती है यह छः गुण सब वस्तुओं में हैं और यहीं प्रकृति ज्ञान विद्या के मूल हैं।''[66]

इस पत्र ने 'प्रकृति ज्ञान विद्या का वर्णन' शीर्षक एक अन्य निबंध में विज्ञान के इस सत्य का प्रचार किया कि प्रकृति के किसी भी पदार्थ का विनाश नहीं किया जा सकता यद्यपि कुछ कारणों से उसका रुप परिवर्तित हो जाता है। पत्र ने स्पष्ट लिखा कि ''कोई वस्तु किसी युक्ति से नाश को प्राप्ति नहीं हो सकती है यद्यपि अपने निज स्वरुप को त्याग दे तद्यपि जिन तत्वों की वह बनी है वे कहीं नहीं जाते जैसे पहले थे वैसे ही रुप पलट के भी विद्यमान रहैंगे नदी सरोवर और समुद्रों का जल सूखा दिखाई देता है और घट जाता है परन्तु वास्तव में नाश को प्राप्ति नहीं होता वरन जितना सूखने के पहले था उतना ही बना रहता है जब तक कि संसार में यहीं दैवी प्रबन्ध जो वर्त्तमान है स्थिर रहेगा तबतक यह नहीं हो सकता कि एक बूँद भी नाश होवे परन्तु रुप पलट के वा बिन पलटे वह जल अपने स्थान को पलट देता है।''[67]

इस पत्र में प्राकृतिक विज्ञान के साथ ही भूगोल विषय का भी बहुत ही बढ़िया और विस्तृत वर्णन है। इस पत्र में भूगोल का जो वर्णन किया गया है वह एक–दो नहीं बल्कि कई भागों में किया गया है और सबसे महत्वपूर्ण यह कि इसमें क्रम से दुनियॉ के एक–एक क्षेत्रों और देशों का वर्णन है।[68] भूगोल के वर्णन में तत्कालीन विश्व के अधिकांश देशों के भूगोल के बारे में विस्तृत और रोचक जानकारी प्रकाशित की गयी है और उसके उपरांत भारत (हिंदुस्तान के भूगोल का वर्णन)[69] के भूगोल का काफी विस्तार से वर्णन किया गया है।

बुद्धिप्रकाश प्रारंभिक दौर का बहुत ही महत्वपूर्ण हिंदी पत्र था और उस दौर में, जबकि स्वयं हिंदी भाषा का न तो कोई व्यवस्थित स्वरुप था और न ही उसकी कोई पहचान थी, न

केवल सामान्य बातें, बल्कि सब उन्नतियों के मूल विज्ञान विषयक जानकारी को आम जनता की भाषा में जनता तक पहुँचाने का कार्य किया। इस पत्र ने प्रकृति के महत्वपूर्ण घटकों–जीव–जंतुओं एवं मानव के बारे में विस्तृत वैज्ञाानिक जानकारी लोगों तक पहुचाने का कार्य किया। 'जीवजंतु का वर्णन' शीर्षक लेख में उनके पॉच प्रकार बतलाये हैं और उनका बड़ा ही वैज्ञानिक वर्णन इस पत्र ने किया है। उदाहरण के लिए पॉचवे प्रकार के जंतुओं का वर्णन करते हुए पत्र ने लिखा कि ''पॉचवें वे जंतु हैं जो दॉतसे अपना भक्ष कुतरते हैं उनका लक्षण यह है कि ऊपर नीचे के दोनों जबड़ों में आगे को दो बड़े दॉत होते हैं जिनसे वे अपना भक्ष काटते हैं और इन दॉत और डाढ़ो के बीच में कुछ स्थान खाली रहता है और जिन दॉतों से मॉसाहारी जीव मॉसको फाड़ते हैं वे दॉत इन जंतुओं के होते ही नहीं और काटने के दॉत आगे की ओर एक प्रकार के कड़े मॉस से मढ़े हुए होते हैं इसलिए पिछली ओर से शीघ्र घिस जाते हैं और साम्हने एक पैनी धार सी काटने के लिए रह जाती है।''[70]

इस पत्र ने न केवल जीव जंतुओं बल्कि जंतुओं में सर्वश्रेष्ठ मानव एवं उसके विविध अंगों की बहुत सी महत्वपूर्ण जानकारियां प्रकाशित की। इस संदर्भ में एक बात ध्यान देने योग्य है कि यदि मानव के किसी अंग का भी वर्णन किया जा रहा है तो भूमिका के तौर पर उससे जुड़े अंगों की जानकारी पहले ही दी गयी है ताकि जब मुख्य विषय का वर्णन हो तो पाठकों को समझने में कोई असुविधा न हो। उदाहरण के लिए 'मनुष्य के सिर का वर्णन' शीर्षक आलेख में इस बात को आसानी से देखा जा सकता है कि ''मनुष्य के शरीर में तीन बड़े भाग हैं अर्थात् सिर धड़ और हाथ पांव और इनमें कई वस्तु हैं जैसे हाड़ पट्टे वसा आदि और हड्डियों से शरीर की ठठरी बनी हुई है और पठ्ठों का मांस है और वसा वा चरबी एक भॉति की चिकनी और कोमल वस्तु है जो त्वचा के नीचे रहती है और त्वचा इन सबके ऊपर ढकने की भांति है मनुष्य के शरीर में सब अंगों से ऊँचा सिर है सो वह बहुत से जन्तुओं में अगले पैरों से आगे को निकला हुआ होता है और उनकी दृष्टि नीचे को रहती है परन्तु मनुष्य का सिर इसके सम्पूर्ण शरीर से ऊपर लगा हुआ है और सब ओर फिर सकता है।''[71] इसके बाद सिर का विस्तृत वर्णन किया गया है।

इस समाचार पत्र ने विज्ञान के प्रमुख अंग गणित को भी काफी प्रमुखता दी तथा गणित और पैमाइश से संबंधित काफी जानकारियां और उसके उपयोग की सूचनाएं पत्र में प्रकाशित हुआ करती थीं। जैसा कि पहले ही इंगित किया जा चुका है कि उत्तर भारत में गणित और पैमाइश के क्षेत्र में काफी प्रयास किया गया था, और यहां की प्रांतीय सरकार भी

इन विषयों को बढ़ावा दे रही थी, उस कम में इस समाचारपत्र ने उस युग में सराहनीय कार्य किया और गणित तथा उसके विभागों पर विस्तारपूर्वक सामग्री का प्रकाशन किया। उदाहरण के लिए रेखागणित पर ही ''रेखागणित के क्षेत्र का सिद्धकरण'' शीर्षक विस्तृत लेख प्रकाशित किया जो कि पत्र के कई अंकों में प्रकाशित हुआ जिसमें विस्तार से छायाचित्र के साथ रेखागणित के सिद्धांतों का वर्णन किया गया।[72] इस समाचारपत्र ने न केवल गणित के विषयों पर जानकारी प्रकाशित की बल्कि विभिन्न क्षेत्रों में उसका जो उपयाग हो रहा था, उसकी जानकारी से भी लोगों को परिचित कराया। पंजाब प्रांत में उसका जो उपयोग हो रहा था उस संदर्भ में 'धरती नापने की नवीन युक्ति' शीर्षक छोटे से स्तंभ में लिखा कि ''जनना चाहिये कि पंजाब देश में धरती नापने का एक बहुत ही सरल प्रकार प्रचलित है कम्पास की जो नियत रीति है उसमें एक यन्त्र के द्वारा कोण और रेखा जानकरके कम्पास वाले अपने स्थान में बैठ के उन कोणों और रेखाओं से गॉव आदि का नक्शा बना लेते हैं।''[73]

चिकित्सा एवं रोग निवारण के क्षेत्र में भी इस पत्र का योगदान सराहनीय था। वह दौर भारत में घोर अज्ञानता, अंधविश्वास एवं चिकित्सकीय अभाव का था। इस पत्र ने रोगों एवं उसके उपचार के बारे में लोगों को लगातार जानकारियां प्रदान की एवं लोगों को जागरुक करने का कार्य किया। हैजा, चेचक, प्लेग इत्यादि उस समय की सबसे भयंकर बीमारियां थीं और लाखों भारतवासी उसकी चपेट में आकर अपनी जान गॅवा देते थे। इस पत्र ने इन रोगों एवं उनके उपचार के संदर्भ में जो नवीन जानकारियां थीं, उसे लोगों तक पहुॅचाने का कार्य किया। चेचक के संदर्भ में इस पत्र ने लिखा कि ''सीतला के रोग निवारण के लिए टीके लगाने की युक्ति जो अद्वितीय है मंदराज की ओर बहुत प्रचलित होती जाती है और वहां के वासियों के मन पर उसके गुण प्रतिदिन प्रगट होते जाते हैं सो पिछले वर्ष में उस ओर पचास सहस्त्र मनुष्यों की भुजापर टीका लगाया गया था और अबके वर्ष तीन लक्ष मनुष्यों का उपाय उसी रीति से हुआ निश्चय है कि आगे को सब मनुष्य अपनी इच्छा से इस उपाय को अंगीकार करेंगे।''[74] इसी प्रकार हैजे की चिकित्सा के संदर्भ में देशवासियों को जागरुक करते हुए यह जानकारी प्रकाशित की कि ''देहली गज़ट से प्रगट है कि इलाहाबाद के जंट मजिस्ट्रेट ने इस देशवासी मनुष्यों के जीवन की रक्षा के कारण जो बहुधा इस रोग से देह त्यागते हैं इन दिनों में एक पुस्तक उरदू और हिन्दी में छपवाई है। (हैज़े की चिकित्सा का वर्णन) इलाहाबाद के मिशनप्रेस के छापेखाने में यह पुस्तक छपी है जिसे चाहिये वहां से मंगाले उसका संक्षेप व्यौरा यह है कि हैज़ा जिसका इस पुस्तक में वृत्तांत है ऐसा रोग है कि

उससे मनुष्य का पेट मुँह दोनों छूट जाता है उसका उपाय अंगरेजी चिकित्सालयों में भलीभॅति होता है और वहां के डाक्टरों की सावधानी से बहुत से रोगी शीघ्रही चंगे हो जाते हैं परन्तु ऐसे चिकित्सालय ठौर ठौर गांव गांव में नहीं हैं।''[75]

इस पत्र ने ज्ञान–विज्ञान विषयक बहुत सारी जानकारी का प्रकाशन तो किया ही, पर साथ ही इसकी एक बहुत ही बड़ी देन यह थी कि इस पत्र ने पाश्चात्य जगत में हो रही विज्ञान एवं प्रौद्योगिकी की प्रगति एवं साथ ही वह जिस प्रकार भारत आ रही थी, उस पर भी अपनी पैनी दृष्टि रखता था और उससे हमेशा ही देशवासियों को अवगत कराता रहता था। जैसा कि सर्वज्ञात है कि भारत में टेलीग्राफिक सेवा 1853ई0 में शुरु की गयी थी और उसके बाद ही पूरे भारत में इसका जाल फैला था। जब यह भारत में आने वाला था, तभीं इस पत्र ने इसकी सूचना प्रकाशित कर दी और 'ईलेक्ट्रिक टेलीग्राफ के समाचार' शीर्षक स्तंभ में लिखा कि ''बनारस रिकार्डर नाम समाचार पत्र से प्रगट है कि ईलेक्ट्रिक टेलीग्राफ अर्थात् वह युक्ति जिसके द्वारा एक स्थान के समाचार दूसरे स्थान में एक पलभर में पहॅुचते हैं हिन्दुस्तान में भी शीघ्र ही बनेगी और उस के पॉच भाग होंगे एक कलकत्ते से बनारस तक दूसरा बनारस से कानपुर तक परन्तु लिखने वाले ने यह नहीं लिखा कि और तीन भाग कौन से होंगे।''[76]

भारत में यूरोपिय जातियों के आगमन एवं उन्हीं में से एक अंग्रेजों के भारत पर राजनीतिक नियंत्रण प्राप्त करने के फलस्वरुप भारतीय सीधे यूरोपिय जातियों के संपर्क में आये। पाश्चात्य सभ्यता एवं संस्कृति से संपर्क के किया एवं प्रतिकिया स्वरुप भारतीयों में नवीन विचारों का उदय हुआ और वे भी इस बात पर विचार करने लगे कि किस प्रकार वे अपनी विद्रूप स्थिति से बाहर निकल सकते हैं। इस प्रकार सामाजिक, आर्थिक, राजनीतिक, धार्मिक इत्यादि सभीं क्षेत्रों में सुधार का जो कम भारत में आरंभ हुआ, वहीं भारतीय नवजागरण के नाम से जाना गया। भारतीय नवजागरण में ईसाई मिशनरियों एवं पाश्चात्य शिक्षा के योगदान को नकारा नहीं जा सकता। नवजागरण के फलस्वरुप ही भारत में नवीन प्रवृत्तियां दृष्टिगोचर होने लगीं जो इससे पूर्व कभीं भी नहीं देखी गयीं थी। नवीन भावों एवं विचारों के कारण ही भारत में सभा–समाजों की स्थापना एवं सुदृढ़ीकरण का एक ऐसा आंदोलन आरंभ हुआ जिसने भारत की दिशा ही बदल दी। सभा–समाजों की स्थापना के साथ ही भारतीय भाषाओं में विविध प्रकार के साहित्य के प्रणयन एवं प्रकाशन का युग भी आरंभ हुआ और प्रकाशित ग्रंथों एवं पत्र–पत्रिकाओं ने भारतीय जनमानस में चेतना लाने में

विशिष्ट योगदान दिया। हिंदी भाषा में विज्ञान विषयों पर लेखन और प्रकाशन एक बहुत ही महत्वपूर्ण घटना थी और यह क्रम संपूर्ण 19वीं सदी में चलता रहा। ग्रंथ लेखन में जहां ओंकारभट्ट ज्योतिषी ने प्रथम योगदान दिया तो वहीं आगरा से प्रकाशित 'बुद्धिप्रकाश' पत्र ने विज्ञान विषयों पर सामग्री का प्रकाशन कर इसे विस्तृत फलक प्रदान किया और आगे आने वाले लेखकों एवं पत्र-पत्रिकाओं के लिए एक मापदंड स्थिर किया जिस पर कार्य कर हिंदी का वैज्ञानिक साहित्य समृद्ध किया जा सका।

संदर्भ सूची :

1. रेनेसाँ शब्द फ्रांसीसी इतिहासकार मिशले (1796-1874ई0) ने गढ़ा था और बुर्कहार्ट (1818-1897ई0) द्वारा वह ऐतिहासिक अवधारणा में विकसित हुआ। डिक्शनरी ऑफ फिलॉसफी, लंदन, पेज 270
2. दास, श्यामसुंदर, सं. हिंदी शब्दसागर, भाग 6, नागरीप्रचारिणी सभा, वाराणसी सं0 1986 वि0, पृष्ठ 3046
3. दत्त, कार्तिक चन्द्र, राम मोहन राय जीवन और दर्शन, लोक भारतीय प्रकाशन, इलाहाबाद, 1993ई0, पृष्ठ 355
4. प्रसाद, मंगला, पुनर्जागरण युग और भारतेन्दु, श्रीरामकृष्ण पुस्तकालय वाराणसी 1988ई0, पृष्ठ 1
5. वहीं, पृष्ठ 1
6. वहीं, पृष्ठ 1-2
7. संस्कृति के चार अध्याय, पृष्ठ 101
8. जैसवाल, श्रीश, हिंदी का नवजागरण काल एवं भाषा विवाद, हिंदी साहित्य सम्मेलन, इलाहाबाद, 2007ई0, भूमिका, पृष्ठ 1
9. वहीं, पृष्ठ 1
10. वार्ष्णेय, लक्ष्मीसागर, उन्नीसवीं शताब्दी, साहित्य भवन प्रा0 लि0 इलाहाबाद, 1963ई0, पृष्ठ 25
11. वहीं, पृष्ठ 19
12. मुलर, ए0 ऐंड भट्टाचार्यजी, ए0, इंडिया विंस इंडिपेंडेंस, एशिया पब्लिशिंग हाउस न्यू देहली, 1988, पेज 1

13. दत्त, आर0 सी0, इकोनॉमिक हिस्ट्री ऑफ इंडिया, वोलूम 1, पेज 269
14. ए सर्वे आफ इंडियन हिस्ट्री, पेज 212
15. मित्रा, शिशिरकुमार, दि विजन ऑफ इंडिया, क्रेस्ट पब्लि0 हाउस, न्यू देहली, 1994, पेज 33
16. ठाकुर, केशव कुमार, भारत में अंगरेजी राज्य के दो सौ वर्ष, मणि प्रिंटिंग प्रेस, इलाहाबाद, सं0 1959 ई0, पृष्ठ 601
17. स्टडीज इन दि रेनेसां ऑफ हिन्दुइज्म इन 19th ऐंड 20th सेंचुरी, बनारस हिंदू युनिवर्सिटी, 1944, पेज 67
18. सिंघल, डी0 पी0, नेशनलिज्म इन इंडिया ऐंड अदर हिस्टारिकल एसेज, मुंशीराम मनोहरलाल ओरिएंटल पब्लि0, दिल्ली, 1967, पेज 15
19. दत्ता, के0 के0, डॉन ऑफ रिनेसेंट इंडिया, एलायड पब्लि0, बॉम्बे, 1964, पेज 1
20. बोस, निमाई सदन, दि इंडियन अवेकनिंग एण्ड बेंगाल, पेज 6
21. प्रधान, आर0 जी0, इण्डियाज स्ट्रगल फॉर स्वराज, दया पब्लिशिंग हाउस न्यू दिल्ली, 1934, पेज 1
22. घोष, शंकर, दि रेनेसां टू मिलिटैंट नेशनलिज्म इन इडिया, एलायड पब्लि0 कैलकटा, 1969, पेज 4
23. शर्मा, डी0 एस0, दि रेनेसां आफ हिन्दुइज्म इन द 19th ऐंड 20th सेंचुरी, पेज 68
24. दिनकर रामधारी सिंह, संस्कृति के चार अध्याय, पृष्ठ 455
25. कॉफ, डेविड, ब्रिटिश ओरिएंटलिज्य एण्ड दि बेंगाल रेनेसां, फर्मा के0 एल0 मुखोपाध्याय, कैलकटा, 1969, पेज vii
26. शर्मा, डी0 एस0, दि रेनेसां आफ हिन्दुइज्म इन दि 19th ऐंड 20th सेंचुरी, पेज 68–69
27. पुनर्जागरण युग और भारतेन्दु, पृष्ठ 5–6
28. रॉय, सतीसचंद्र, रिलिजन ऐंड मॉडर्न इंडिया, आशुतोष ऐंड लाइब्रेरी, कैलकटा, 1923, पेज 63
29. बोस, निमाई सदन, दि इंडियन अवेकनिंग एण्ड बेंगाल, पेज 81
30. दिनकर, रामधारी सिंह, संस्कृति के चार अध्याय, पृष्ठ 428
31. परमानंद, भाई, भारतवर्ष का इतिहास, ज्ञानमंडल प्रकाशन लिमिटेड, बनारस, 2009 वि0, पृष्ठ 473

32. भण्डारी, सुखसम्पत्तिराय, भारतवर्ष और उसका स्वातन्त्र्य-संग्राम, डिक्शनरी पब्लिशिंग हाउस, अजमेर, 1950ई0, पृष्ठ 217
33. वहीं, पृष्ठ 222
34. परमानंद, भाई, भारतवर्ष का इतिहास, पृष्ठ 477
35. भण्डारी, सुखसम्पत्तिराय, भारत वर्ष और उसका स्वातन्त्र्य-संग्राम, पृष्ठ 475
36. दिनकर, रामधारी सिंह, संस्कृति के चार अध्याय, पृष्ठ 476
37. भण्डारी, सुखसम्पत्तिराय, भारत वर्ष और उसका स्वातन्त्र्य-संग्राम, पृष्ठ 335
38. घोष, शंकर, दि रेनेशां टू मिलिटेंट नेशनलिज्म इन इंडिया, पेज 40
39. एण्ड्रूज, सी0 एफ0 ऐंड मुखर्जी, गिरिजा, दि राइज एंड दि ग्रोथ ऑफ दि कांग्रेस इन इंडिया, जार्ज एलेन एंड उनविन, लंडन, 1938, पेज 13
40. ठाकुर, केशव कुमार, भारत में अंगरेजी राज्य के दो सौ वर्ष, पृष्ठ 540
41. परमानंद, भाई भारत वर्ष का इतिहास, पृष्ठ 478
42. शर्मा, डी0 एस0, दि रेनेसा ऑफ हिंदूइज्म, पेज 635
43. प्रधान, आर जी0, इंडियाज स्ट्रगल फॉर स्वराज, पेज 5
44. दत्त, रोमेश चंद्र, कल्चरल हेरिटेज ऑफ बेंगाल, आई0 एस0 पी0 पी0, कैलकटा, 1962, पेज 90
45. वार्ष्णेय, लक्ष्मीसागर, उन्नीसवी शताब्दी, पृष्ठ 14
46. पॉल, रिचर्ड, एशिया में प्रभात, गंगा पुस्तक कार्यालय, लखनऊ, 1924ई0, पृष्ठ 46
47. वार्ष्णेय, लक्ष्मीसागर, उन्नीसवी शताब्दी, पृष्ठ 6
48. वहीं, पृष्ठ 3
49. इंडिया ओल्ड ऐंड न्यू पेज 8
50. दि रेनेसा ऑफ हिंदूइज्म इन दि 19th ऐंड 20th सेंचुरी, पेज 69
51. दत्ता, सुनील के0, दि राज ऐंड दि बेंगाली पीपुल, पेज 58
52. सिंह, ठाकुर प्रसाद, काशी की परंपरा, सूचना विभाग, उत्तर प्रदेश, 1957ई0, पृष्ठ 31
53. वार्ष्णेय, लक्ष्मीसागर, आधुनिक हिंदी साहित्य की भूमिका (1757-1857), लोकभारती प्रकाशन, इलाहाबाद, पृष्ठ 302
54. भूगोलसार, गवर्नमेंट प्रेस, आगरा, 1840ई0, भूमिका, पृष्ठ A
55. वहीं, भूमिका, पृष्ठ A

56. नुरुल्लाह, सैयद ऐंड नायक, जे0 पी0, ए स्टूडेंट हिस्ट्री ऑफ एजूकेशन इन इंडिया (1800–1947), मैकमिलन ऐंड कं0 लि0 कैलकटा, 2 एडि0, 1955, पेज 77
57. दिनकर, रामधारीसिंह, संस्कृति के चार अध्याय, पृष्ठ 433
58. मिश्र, शिवगोपाल, स्वतंत्रता पूर्व हिंदी में विज्ञान लेखन, पृष्ठ 3
59. ग्रंथसूची भाग–1, नागरीप्रचारिणी सभा, वाराणसी
60. वार्ष्णेय, लक्ष्मीसागर, आधुनिक हिंदी साहित्य की भूमिका (1757–1857), लोकभारती प्रकाशन, इलाहाबाद, पृष्ठ 430
61. दास, राधाकृष्ण, हिंदी भाषा के सामयिक पत्रों का इतिहास, पृष्ठ 9
62. वहीं, पृष्ठ 9–10
63. विशाल भारत, भाग–8, जुलाई–दिसम्बर 1931, विशाल भारत कार्यालय, कलकत्ता, पृष्ठ 596
64. दास, राधाकृष्ण, हिंदी भाषा के सामयिक पत्रों का इतिहास, पृष्ठ 10
65. वहीं, पृष्ठ 11
66. बुद्धि प्रकाश, 3 जुलाई, 1853ई0, नूरुल अवसार छापाखाना, मोती कटरा, आगरा, पृष्ठ 220
67. वहीं, 10 अगस्त, 1853ई0, पृष्ठ 256–57
68. वहीं, 14 अप्रैल, 1853 पृष्ठ 128; 28 अप्रैल, 1853ई0, पृष्ठ 140
69. वहीं, 17 अगस्त, 1853ई0, पृष्ठ 263
70. वहीं, 9 मार्च, 1853ई0, पृष्ठ 78
71. बुद्धि प्रकाश, 1 दिसंबर, 1853ई0, पृष्ठ 381
72. वहीं, 25 मई, 1853, 166–167; 2 जून, 1853ई0, पृष्ठ 176
73. वहीं, जुलाई, 1853ई0, पृष्ठ 227
74. वहीं, 5 अक्टूबर, 1853ई0, पृष्ठ 313
75. वहीं, 5 अक्टूबर, 1853ई0, पृष्ठ 312
76. वहीं, 10 अगस्त, 1853ई0, पृष्ठ 254

4. भारतेंदुकालीन हिंदी पत्रिकाओं का विज्ञान के क्षेत्र में योगदान

भारत में पुनर्जागरण का आरंभ बंगाल से हुआ और वहां से ही जागरण की यह प्रभा पूरे भारत में फैली। उत्तर भारत में इस जागरण की लहरों से सबसे पहले बनारस आंदोलित हुआ और पूरे उत्तर भारत में इस प्रभा की मशाल को धारण किया बनारस के एक नवयुवक भारतेंदु हरिश्चंद्र ने। भारतेंदु हरिश्चंद्र (1850–1885ई0) का जन्म काशी में हुआ था और इनके पूर्वज अंग्रेजों के बहुत बड़े सहायक रहे थे। परंतु उसी कुल में 'कीचड़ में कमल' के समान इनका अभ्युदय हुआ और उन्होंने अपने बहुआयामी देशहितैषी कार्यों द्वारा देशवासियों में चेतना लाने और उन्हें सब प्रकार से अपनी उन्नति और देश की उन्नति करने का ऐसा मंत्र दिया और उन्हें इस प्रकार आंदोलित किया कि उनका नाम देश के प्रमुख विचारकों, समाज सुधारकों एवं राष्ट्रनायकों में हमेशा के लिए अंकित हो गया।

भारतेंदु परम्परागत मान्यताओं के पोषक होते हुए, भी नवीन प्रगतिशील विचारों के समर्थक थे। पत्रकारिता, स्त्री–शिक्षा, शासन नीति और शासक वर्ग की राजनीतिक गतिविधियों पर सचेष्ट दृष्टि रखना, नवीन आंदोलनों, उत्थानों एवं प्रवृत्तियों को क्रियान्वित करने के प्रति उद्यत रहने का भाव आदि उनकी कतिपय विशिष्ट प्रवृत्तियाँ थीं, जो अनेंक रूपों में उनके साहित्यिक रचनाक्रम के सन्दर्भ में अभिव्यक्त हुई।[1] उन्होंने जीवन में प्राचीन और नवीन दोनों ही ओर ध्यान दिया। उन्होंने जो कुछ देखा, आँखें खोलकर देखा और उनकी साहित्यिक प्रतिभा ने मणि–कांचन योग उपस्थित किया। उनकी प्रतिभा इस बात में प्रकट हुई कि उन्होंने अपने युग की आवश्यकताओं को पहचाना और पहचान कर तुरंत ही कमर कसकर कर्मक्षेत्र में कूद पड़े। यदि अपने समाज और साहित्य की सही परिस्थितियों का उन्हे ज्ञान न होता तो उनकी प्रतिभा उनकी सहायता न कर पाती। युग एक तरफ जाता, वह दूसरी तरफ जाते।[2]

भारतेंदु की प्रतिभा सर्वतोन्मुखी थी और उन्होंने जीवन के प्रत्येक क्षेत्र पर दृष्टि रखी। उन्होंने जागरण का एक शक्तिशाली स्त्रोत प्रवाहित किया और सतत इस बात की चेष्टा की कि भारतवर्ष शीघ्र ही नवीन चेतना और शक्ति ग्रहण कर उन्नति करे। उन्होंने आधुनिकता का समर्थन किया पर पश्चिम की अति भौतिकवादी आधुनिकता का नहीं। उनके युग की आधुनिकता का अपना विशिष्ट संदर्भ है। यह आधुनिकता समसामयिक आधुनिकता से भिन्न एक विशिष्ट प्रकार के संक्रमणकालीन पुनरूत्थान से सम्बद्ध थी जिसके साथ परंपराबद्धता, नवीनता के प्रति आग्रह, सांस्कृतिक बोध एवं आत्मनिष्ठा, नवीन जीवन पद्धति आदि के मूल्य अवतरित हुए।[3]

भारतेंदुजी के समय तक हिंदी प्रदेश पर अंग्रेजी शासन पूरी तरह कायम हो चुका था। अंग्रेज साम्राज्यवादियों ने भारतीय जनता को गुलामी की शिक्षा दी, उनके राष्ट्रीय सम्मान और प्रतिरोध की भावना को कुचलने की कोशिश की। इसके बावजूद जनता के समर्थ लेखक देश की संस्कृति की रक्षा और विकास के लिए आगे बढ़े। ऐसे लखकों ही में भारतेंदु हरिश्चंद्र थे। उन्होंने अंग्रेजों की सम्मानजनक एवं भारतीयों की हीन दशा का वर्णन करते हुए 'हरिश्चंद्र मैगजीन' में लिखा था कि ''अंग्रेजों को घूस, सलाम, बंदगी, ऐड्रेस सब कुछ मिलता है। धन, विद्या, कौशल सब उनके पास है उन्हीं के आवभगत के लिए सभाएं होती है। एका और बल उनके पास हैं। हिंदुस्तानियों के हिस्से में मूर्खता, कायरता, धक्के खाना पड़ा है। जो भाग्यशाली हैं वे दरवार में कुर्सी पाते हैं, कौंसिल मेंबरी और 'सितारे हिन्द' का खिताब पाते हैं।''[4]

भारतेंदु जी को तत्कालीन समाज में व्याप्त बुराइयों का ज्ञान था और अपने साहित्य में जगह-जगह उन्होंने इन बातों को पटल पर रखने का प्रयास किया। राजनीतिक गतिविधियों के स्थान पर साहित्यिक गतिविधियों को अपना प्रधान साधन चुन कर उन्होंने जनता के हृदय तक पहुँचने का प्रयास किया। उनके साहित्य के अवलोकन से स्पष्ट होता है कि उनकी गणना महान समाज सुधारकों में की जानी चाहिए। भारतेंदु का पुनर्जागरण-बोध बंगाल के पुनर्जागरण के सूत्रधारों के बोध की तरह परमुखापेक्षी नहीं था और न ही उसकी तरह पूर्ण विद्रोह या क्रान्ति को स्वीकार करता था, अपितु वह उदार और परिस्थिति सापेक्ष था। हिंदी प्रदेश में सांस्कृतिक पुनर्जागरण की प्रक्रिया में घटित धार्मिक-सामाजिक सुधारों की मूल प्रक्रिया 'अपने ही भीतर से सुधार' थी।[5] भारतेंदु ने भी भारतीयों में आत्माभिमान की भावना भरने के उद्देश्य से अपने साहित्य में भारतीय संस्कृति के गौरव को जगह-जगह अभिव्यक्ति दी यथा :

''सबके पहले जेहि ईश्वर धन बल दीनों।
सबके पहिले जेहि सभ्य विधाता कीनों।
सबके पहिले जो रूप-रंग रस मीनों।
सबके पहिले विद्याफल जिन गाहि लीनों।''[6]

पुनर्जागरण के अन्य सूत्रधारों के समान भारतेंदु ने भी शिक्षा के प्रचार-प्रसार पर बल दिया। उन्हें यह स्पष्ट हो गया था कि बिना व्यापक शिक्षा के प्रचार के विविध क्षेत्रों में व्याप्त विसंगतियां दूर न होंगी। उन्होंने उपयोगितावादी दृष्टिकोण रखते हुए पश्चिम की वैज्ञानिक

एवं अंग्रेजी शिक्षा का भी समर्थन किया। उन्होंने पश्चिम से आने वाली वैज्ञानिक बातों के लिए खिड़की खुली रखने की वकालत की। इसीलिए उन्होंने अंग्रेजी शिक्षा तथा पाश्चात्य ज्ञान–विज्ञान को हासिल न करने पर उससे होने वाली क्षति की ओर संकेत भी किया था।[7]

भारतेन्दु ने समस्त उन्नति के मूल में निजभाषा ज्ञान को ही बतलाया क्योंकि वह संस्कृति–प्रदत्त होती हैं। उन्होंने प्रारम्भ में ही अपने मन में यह निश्चय कर लिया था कि बिना मातृभाषा के उद्धार तथा पाश्चात्य शिक्षा के प्रचार के देश का उपकार नहीं हो सकता। हिंदी के उस नव–जागृति काल में भाषा की ओर उनका ध्यान जाना अवश्यम्भावी था क्योंकि भाषा और समाज का अटूट सम्बन्ध है। भारतेंदु की पैनी दृष्टि देश और समाज के उत्थान में सबसे महत्वपूर्ण अस्त्र मातृभाषा के विकास को खोज लिया था। तभी तो जून, 1877ई0 में इलाहाबाद की 'हिंदीवद्धिनी सभा' के वार्षिकोत्सव में 'हिंदी की उन्नति' विषय पर 98 दोहों का पद्यबद्ध व्याख्यान देते हुए निज भाषा की उन्नति को सब उन्नतियों का आधार बतलाया था –

निज भाषा उन्नति अहै, सब उन्नति को मूल।
बिन निज भाषा ज्ञान के, मिटत न हिय कौ सूल।[8]

राजा राममोहन राय को भारत में पुनर्जागृति का मसीहा कहा जाता है और उन्होंने खुले शब्दों में पाश्चात्य भाषा का समर्थन किया था। उनका मत था कि समाज सुधार केवल ज्ञान–विज्ञान और भाषा के पश्चिमी संस्करण से ही संभव है। प्राच्य और पाश्चात्य भाषाओं के महत्व का विश्लेषण कर वे पाश्चात्य भाषा के पक्ष में बह गये। विशेषकर भाषा के क्षेत्र में वे एक मौलिक गलती कर गए, जैसा कि प्रो0 तुलसीराम ने बड़ा ही स्पष्ट लिखा है कि 'वे यह भूल गये कि यूरोप में जो वैचारिक और वैज्ञानिक क्रान्तियां आई थीं वह लोक भाषा के माध्यम से आयी थीं। राजा साहब यह भी भूल गए कि बेकन के दशर्न ग्रंथ लैटिन भाषा में लिखे गये थे, अंग्रेजी में नहीं। हमारे लिए यह समझना अत्यनत आवश्यक है कि जागृति यदि प्राचीन भाषा के माध्यम से नहीं आ सकती तो विदेशी भाषा के माध्यम से भी नहीं आ सकती।[9] भारत के संदर्भ में राममोहन ने लैटिन और संस्कृत को पुरानी भाषा कह गए किन्तु साथ ही अंग्रेजी को आधुनिक भाषा कह गए। अंग्रेजी इंग्लैण्ड में आधुनिक भाषा थी, भारत में नहीं। विचित्र बात यह है कि लैटिन के स्थान पर अंग्रेजों ने तो अंग्रेजी को शिक्षा–भाषा के रूप में अपनाकर बौद्धिक स्वतंत्रता प्राप्त की थी, किन्तु राममोहन राय संस्कृत की दासता को समाप्त करके दूसरी विदेशी भाषा की दासता के समर्थक बने और कहलाए नई जागृति के

नेता।[10] राममोहन के विपरीत भारतेंदुजी ने प्राच्य प्राचीन और पाश्चात्य नवीन का समर्थन किया और निजभाषा हिंदी को को सब उन्नतियों का मूल बताया।

भारतेंदु हरिश्चंद्र का जन्म 1850ई0 में हुआ था और वह समय हिंदी, जिसे आधुनिक हिंदी या खड़ी बोली हिंदी भी लोगों ने कहा है, का आरंभिक काल था। 1850ई0 से कुछ समय पहले ही ईसाई मिशनरियों और कतिपय भारतीयों ने इस क्षेत्र में प्रयास शुरु किया था। इसी बीच में 1857ई0 का प्रबल विद्रोह भारतवासियों द्वारा कंपनी सरकार के विरुद्ध किया गया जिसे सरकार ने बड़ी ही बर्बरतापूर्वक कुचल दिया। 1857 के विद्रोह का सबसे बड़ा लाभ यह हुआ कि नये विचारकों तथा आलोचकों को और तेजी तथा गंभीरता से सोचने को बाध्य होना पड़ा। देशव्यापी विप्लव के शांत होने पर नई सभ्यता एवं संस्कृति के संघर्ष से भारत में अनेक नवीन भावों एवं विचारों का उदय हुआ। भारतीय शिक्षित समुदाय में अनेक देश–हित संबंधी नई विचार–धाराएं सोत्साह उभड़ने लगी थीं और वे अपने देशवासियों के कल्याण में हर प्रकार से तत्पर दिखलायी पड़ते हैं। 1858ई0 की इंग्लैंड की महारानी की घोषणा के बाद भारतीयों में भी यह भावना बलवती होने लगी कि हिंदी के लिए भी प्रयास किया जा सकता है और वह भी समृद्ध हो सकती है। इस क्षेत्र में प्रथम सराहनीय प्रयास था शिवप्रसाद सितारैहिंद का और फिर उसके बाद भारतेंदु हरिश्चंद्र का, जिसके कारण हिंदी साहित्य के एक युग का नाम ही 'भारतेंदु युग' पड़ गया।

भारतेंदु ने निजभाषा हिंदी का प्रबल समर्थन किया और उसके साहित्य के विविध अंगोपांगों को परिपूर्ण करने का आजीवन उद्योग किया। हिंदी हित और देश हित के लिए उन्होंने अपना सर्वस्व होम कर दिया। हिंदी के लिए किये गये उनके निःस्वार्थ योगदान के कारण हिंदी के आधुनिक काल का नामकरण उनके ही नाम पर किया गया जैसा कि इस संदर्भ में 'हिंदी साहित्य के वृहत इतिहास में बड़ा ही स्पष्ट लिखा गया कि ''हिंदी साहित्य के आधुनिक युग के आरंभिक समय को 'भारतेंदु युग' कहा जाता है क्योंकि आलोचकों तथा इतिहासकारों के अनुसार इस समय की साहित्यिक गतिविधि भारतेंदु बाबू हरिश्चंद्र की परिष्कृत साहित्यिक सुरुचि एवं जागरुकता के फलस्वरूप केंद्रित होकर नवीन वातावरण नियोजित करने में प्रतिफलित हुई थी। 'भारतेंदु युग' नाम पर सामान्यतः आलोचकों या साहित्य के इतिहासकारों को आपत्ति कम रही है। सर्वप्रथम मिश्र बंधुओं ने आधुनिक हिंदी साहित्य के इस कालखंड को 'परिवर्तन काल' तथा 'वर्तमान हिंदी काल' का नाम दिया था और उनके अनुसार उसकी समय सीमा 1832 ई0 से 1900 तक की है। आचार्य रामचंद्र

शुक्ल ने भी इस युग का नाम 'भारतेंदु युग' नहीं रखा है। गद्य की दृष्टि से इसे हिंदी गद्य साहित्य का 'प्रवर्तन काल' तथा काव्य की दृष्टि से 'नई धारा' का नाम दिया है परंतु उन्होंने स्थल स्थल पर हरिश्चंद्र काल शब्द का प्रयोग अपने इतिहास में किया है साथ ही वे आधुनिक काल की विकसित साहित्यिक मनोवृत्तियों के बीच भाषा तथा साहित्य दोनों पर भारतेंदु हरिश्चंद्र का गहरा प्रभाव देखते थे।''[11] आचार्य रामचंद्र शुक्ल ने 1868 से लेकर 1893ई0 तक (1893ई0 में ही नागरीप्रचारिणी सभा की स्थापना हुई थी) तो कुछ साहित्यकारों ने भारतेंदु युग 1868ई0 से लेकर 1910ई0 तक माना है। डॉ0 लक्ष्मीसागर वार्ष्णेय सन 1850 ई0 से सन 1900ई0 तक के 50 वर्षों के समय को भारतेंदु युग मानते हैं। उनके अनुसार भी ''इस युग का नामकरण 'भारतेंदु युग' होना चाहिए क्योंकि प्रभावशाली व्यक्तित्व होने के कारण और साहित्य क्षेत्र को नेतृत्व प्रदान करने के कारण भारतेंदु के नाम पर इस काल खंड का नामकरण सर्वथा उपयुक्त है।''[12] भारतेंदु हरिश्चंद्र का समय 1850 से 1885ई0 तक है और सामान्यतः इसी समय को या अधिक से अधिक भारतेंदु मंडल के अन्य साहित्यकारों के कार्यकलापों को देखते हुए सन 1900ई0 तक के काल को भारतेंदु युग मानने पर अधिकांश विद्वानों की सहमति रही है।

भारतेंदु हरिश्चंद्र देशवासियों में ज्ञान–विज्ञान के प्रचार के प्रबल समर्थक थे और वह भी जनभाषा हिंदी में। जन हितैषी भारतेंदु ने विद्या के प्रचार के लिए पत्रकारिता की ओर ध्यान दिया क्योंकि किसी विचार के प्रचार–प्रसार का सर्वश्रेष्ठ और सुगम माध्यम पत्रकारिता होती है और भारतेंदु युग में पत्रकारिता से बढ़कर उपयुक्त साधन अन्य कुछ नहीं था। जन–जागरण की जो क्षमता पत्रकारिता में है, वह विश्व के किसी व्यक्ति, वस्तु या वाद में नहीं है। पत्रकारिता ज्ञानान्धकार में पड़ी निश्चेष्ट जातियों का सामाजिक, धार्मिक, आर्थिक तथा राजनीतिक दृष्टि से कल्याण करने की क्षमता रखती है। न केवल भारत वरन् विश्व के अन्य राष्ट्रो में, राजनीतिक, आर्थिक, सामाजिक एवं सांस्कृतिक परिवर्तनों के पीछे समाचार–पत्रों की अहम भूमिका रही है, भारतेंदु जी इस बात से भलीभॉति परिचित थे, यही कारण था कि 18 वर्ष की अल्पायु में ही उन्होंने पत्रिका निकालना आरंभ किया।

जनजागरण के इस काल में जनता तक साहित्यकारों के जनहितकारी संदेशों को पहुँचाने के लिए भारतेंदुजी ने 1868ई0 में 18 वर्ष की अल्पवय में ''कविवचन सुधा'' नामक मासिक पत्र निकाला। यह हिंदी का प्रथम मासिक पत्र था फिर भी विषय वस्तु और छपाई की दृष्टि से अत्युत्तम था जैसा कि हिंदी भाषा के समाचारपत्रों का प्रथम इतिहास लिखने

वाले बाबू राधाकृष्णदास ने इसकी सुंदर समालोचना करते हुए लिखा था कि ''पहले पहल हिंदी में मासिक पत्र स्वरूप से कविवचनसुधा सन् 1868 में निकला। ------ जैसे सुंदर लेख और जैसा सुंदर कागज और छपाई इस मासिक पत्र की पहला पत्र होने पर भी थी वह अब तक किसी पत्र में नहीं पाई जाती।''[13]

1868ई0 में इस पत्रिका का प्रकाशन आरंभ किया और यह मासिक प्रकाशित होनी आरंभ हुई। इस पत्रिका के शीर्ष का दोहा यह था–

''सुधा सदा सुरपुर बसै, सो नहीं तुम्हरे योग।
तासों आदर देहु अरू, पौ वहु एहि बुध लोग।।''[14]

पहले यह पत्रिका मासिक, फिर पाक्षिक और वाद में साप्ताहिक हो गयी। इसमें सामाजिक, धार्मिक, राजनैतिक सब प्रकार के लेख छपने लगे एवं सब विषयों की समालोचना होने लगी जैसा कि पत्रिका के मुखपृष्ठ पर ही अंग्रेजी में छपा रहता था कि 'A WEEKLY HINDI JOURNAL OF LITERATURE, POLITICS, POETICAL WORK, DRAMA & NEWS. साप्ताहिक होने पर यह पत्रिका प्रत्येक सोमवार को निकलती थी और इसमें विविध विषयों की जानकारियां प्रकाशित की जाती थी। यह पत्रिका काफी समय तक निकली पर इस संदर्भ में एक बात ध्यान देने योग्य है कि इसमें अन्य विषयों की अपेक्षा विज्ञान को कम वरीयता दी गयी। भारतेंदु जी द्वारा ही प्रकाशित हरिश्चंद्र मैगज़ीन और विशेषकर श्रीहरिश्चंद्रचंद्रिका की तुलना में कविवचन सुधा में विज्ञान विषयक सामग्री का कम प्रकाशन हुआ। परंतु इससे यह अर्थ नहीं लगाया जाना चाहिए कि इसमें विज्ञान विषयक सामग्री का बिल्कुल प्रकाश नही नहीं हुआ। इस पत्रिका में भी कभीं–कभीं विज्ञान विषयक सामग्री और पश्चिमी जगत में हो रही विज्ञान की प्रगति की जानकारी का प्रकाशन किया जाता था। उदाहरण के लिए 3 दिसंबर, 1883ई0 की पत्रिका में छपा कि ''एक फ्रांसीसी सूरज की किरणों की सहायता से गेहूँ भूंज लेता है और कूए से पानी खैंच लेता है। जैसे आतशी शीशे में सूरज की किरणे इकट्‌ठी होकर कपड़े को जलाने लग जाती है, उसी तरह यह भी एक कल में किरण को इकट्‌ठा करके इनसे आग निकाल लेता है।''[15]

भारतेन्दुजी को केवल 'कविवचन सुधा' के ही प्रकाशन से संतोष नहीं हुआ वरन् उन्होंने और आगे कदम बढ़ाया और जब कविवचन सुधा साप्ताहिक हुई तो अक्टूबर, 1873ई0 से एक अत्युत्तम मासिक पत्र 'हरिश्चंद्र मैगजीन' का प्रकाशन प्रारम्भ किया जो डॉ0 ई0 जे0 लाजरस के मेडिकल हाल प्रेस से छपती थी।[16] इसमें भारतेन्दुजी के अतिरिक्त अन्य लोगों

के लेख भी प्रकाशित होते थे। यह मैगजीन 8 संख्या तक निकली, फिर जून, 1874 से वहीं 'श्रीहरिश्चंद्र चन्द्रिका' के नाम से प्रकाशित होने लगी।[17] 1874ई0 से स्त्री शिक्षा को ध्यान में रखते हुए भारतेन्दुजी ने 'बालाबोधिनी' नामक पत्र निकाला। स्त्री शिक्षा के अतिरिक्त अन्य विषयों पर भी लेख इस पत्रिका में प्रकाशित होते थे। इस प्रकार भारतेंदु ने समाज के दोनों वर्गों–स्त्री एवं पुरूष को समान महत्व प्रदान किया।

भारतेंदु हरिश्चंद्र ने अक्टूबर, 1873ई0 से 'हरिश्चंद्र मैगज़ीन' नामक मासिक पत्रिका का प्रकाशन आरंभ किया और इस पत्रिका में किन बातों को स्थान दिया जायेगा, इस बात को मुखपृष्ठ पर ही बतलाया गया कि "A Monthly Journal published in connection with the Kavivachanasudha containing articles on literary, scientific, political and religious subjects; antiquities, reviews, dramas, history, novels, poetical selections, gossip, humour and wit."[18]

हरिश्चंद्र मैगज़ीन में इस बात का उल्लेख अवश्य किया गया कि इसमें वैज्ञानिक विषयों को भी स्थान दिया जायेगा किंतु कविवचन सुधा के समान ही इस पत्रिका में भी विज्ञान विषयों को बहुत कम स्थान दिया गया और वह भी पत्रिका के अंतिम अंकों में। भारतेंदु युग के आरंभ में जिस प्रकार अंग्रेजों द्वारा भारत का आर्थिक दोहन किया जा रहा था और भारत की कारीगरी एवं शिल्प जिस प्रकार चौपट हो चुकी थी, उसे भारतेंदुजी ने स्वयं अपनी पत्रिकाओं में रेखांकित किया। शुरुआती दौर में यद्यपि बात सीधे विज्ञान एवं तकनीकी प्रगति की नहीं होती है, बल्कि व्यापार, वाणिज्य एवं देशी कलाकौशल के पतन की की जाती है किन्तु उसके मूल में निश्चित रुप से विज्ञान एवं तकनीकी की चर्चा करना ही था और इन सच्चाईयों से देशवासियों को परिचित करवाना था। 'देसी कला और निर्माण का पतन भारत की गरीबी का एक प्रधान कारण है' शीर्षक लेख में इन बातों को बहुत ही बारीकी से रेखांकित किया गया। बाबू काशीनाथ लिखित इस लेख में यह बतलाया गया कि किस तरह से भारतीय उद्योग धंधों के विनाश एवं इंग्लैंड के उद्योग–धंधों की बढ़ती हुई और इंग्लैंड के आयातित माल के कारण भारत की यह दशा हुई। इसी लेख में उन्होंने इस बात का भी उल्लेख किया कि बहुत समय पहले जबकि स्टीम इंजन का प्रयोग इंग्लैंड में बहुत अधिक विकसित नहीं हुआ था तब वहां के व्यापारी बहुत अधिक मात्रा में ढाका, कासिम बाजार और बनारस से कपड़ों का आयात करते थे, जो की अत्यधिक टैक्स देने के बाद भी काफी लाभ पर बेचा जाता था।[19]

अपनी पत्रिका हरिश्चंद्र मैगजीन में भारतेंदुजी ने विज्ञान, विशेषकर भौतिक विज्ञान के

बारे में बहुत से आलेख प्रकाशित किये। इन आलेखों के अवलोकन से यह स्पष्ट होता है कि पाश्चात्य जगत में हो रही विज्ञान की प्रगति को बतलाने के उद्देश्य से ही इनका प्रकाशन किया गया था क्योंकि भारत की तत्कालीन परिस्थितियों के अनुसार शायद ये बातें उतनी आवश्यक न रही हों, परंतु वैश्विक परिप्रेक्ष्य को देखते हुए यह बात एकदम स्पष्ट हो जाती है कि इसके मूल में देशवासियों को विज्ञान विषयों का व्यवहारिक ज्ञान देकर उनके अंधविश्वासों को दूर कर उन्हें उन्नति के मार्ग पर अग्रसर करना था। दैनिक जीवन में उपयोगी वैज्ञानिक ज्ञान को प्रचारित करते हुए 'चंद्रमा सूर्य के प्रकाश को प्रतिसारित करता है' शीर्षक लेख में बतलाया कि ''स्वच्छ और चिकनी वस्तु विशेष करके प्रकाश को प्रतिसारित करती है। दर्पण से हम लोगों को अथवा जो कोई वस्तु उसके सामने रखी जाती है उसका जो प्रतिबिंब दिख पड़ता है सो इसी के अधीन है। प्रकाश आकार रहित मालूम होता है और कदाचित है भी पर इसके प्रतिसारित होने में एक नियम देख पड़ता है कि यह स्वच्छ पृष्ठ में लगकर सीधी रेखा से पीछे की ओर फिर आता है ठीक वैसे ही जैसे भीत में मारने से गेंद पीछे लौट आता है।''[20] इसी लेख में इस बात को बतलाया गया है कि प्रकाश सात रंगों से मिलकर बना है और यदि प्रकाश की किरण एक त्रिकोण कांच (प्रिज्म) वा किसी पारदर्शक वस्तु के बीच से देखी जाए तो वह अपने स्वच्छ रंग से 7 तरह के रंग में अर्थात लाल, नारंगी, पीला, हरा, लाजवर्द, नीला और बैगनी में परिगणित हो जाती है। इसके देखने के लिए बने हुए कांच को त्रिपार्श्वकॉच कांच और जो इसमें देख पड़ता है उसे त्रिपार्श्वकॉच से उत्पन्ननादर्श कहते हैं।[21]

हरिश्चंद्र मैगज़ीन में प्रकाश के बारे में विस्तृत जानकारी का प्रकाशन किया गया। इस पत्रिका में न केवल यह बतलाया गया कि प्रकाश क्या होता है?, बल्कि उसके गुणों की भी चर्चा की गयी है। आलोक वा प्रकाश क्या है और यह कैसे उत्पन्न होता है? इसको बतलाते हुआ लिखा है कि ''गर्मी के तरह आलोक के भी ठीक ठीक स्वभाव के जानने में पंडितों को संदेह रहता है। किसी समय में इसको भी लोग गर्मी के तरह अत्यंत सूक्ष्म और पतला द्रव समझते थे पर अब तो यह मत अधिक साधारण हो गया है कि द्रव के किसी विशेष रीति से हिलने में आलोक उत्पन्न होता है, ऐसा सूक्ष्म है कि इंद्रिय से इस हिलने का प्रत्यक्ष नहीं होता, पर यह सब स्थानों में व्याप्त है और आकाश वा शून्य कहा जाता है।''[22] प्रकाश का वेग इतने वैज्ञानिक परंतु साधारण ढ़ंग से विवेचित किया गया है कि देखकर आश्चर्य होता है। पत्रिका में इस संदर्भ में प्रकाशित है कि ''परीक्षा करने पर जाना गया है कि प्रकाश में

इतना बेग है कि एक बिपल में यह 192000 मील चलता है और इसी कारण सूर्य का प्रकाश 8 पल में हम लोगों के भूमंडल पर अवश्य आता है। जानना चाहिए कि अंग्रेजी 24 घंटे का एक दिन रात होता है, और 1 घंटे में 60 पल और एक पल में 60 बिपल होते हैं।''[23] इस लेख में इसी प्रकार की बहुत सी अन्य वैज्ञानिक बातों की जानकारी भी दी गयी थी।

भारतेंदु ने न केवल प्रकाश बल्कि उष्मा अथवा गर्मी के बारे में भी जानकारियां प्रकाशित कीं, जिनका दैनिक जीवन में प्रत्येक दिन व्यवहार होता है। इस विषय का वैज्ञानिक विवेचन करने के साथ ही उस क्षेत्र में क्या नई खोजें हो रहीं हैं, उसे भी बतलाने का प्रयास किया। उन्होंने बतलाया कि 'सब लोगों को विदित गर्मी का ज्ञान, और उसका कारण, अर्थात जिससे गर्मी उत्पन्न होती है, दोनों बहुधा एक ही गिने जाते हैं। सूर्य के ताप को जैसे लोग गर्मी कहते हैं, वैसे ही जो उनकी किरण से लोगों की शरीर में गर्मी का अनुभव होता है, उसे भी कहते हैं। शास्त्र में तो जिससे गर्मी का अनुभव होता है उसी के लिए इस शब्द का व्यवहार किया जाता है। इस अर्थ से गर्मी वह वस्तु है जो सब भौतिक पदार्थों में रहती है और बड़े–बड़े उपयोगी कामों को करती है पर इसका ठीक–ठीक स्वभाव अभी तक नहीं जाना गया है। बहुतेरे अंग्रेजों के शास्त्र के पंडित लोग कहते हैं कि यह एक बहुत सूक्ष्म और पतला द्रव द्रव्य है, और कोई लोग, इसे द्रव में रहने वाला केवल एक गुण वा धर्म अर्थात पदार्थों के परमाणुओं में रहने वाली एक प्रकार की गति कहते हैं।[24] इस लेख में लेखक ने उष्मा के विभिन्न गुणों को बतलाया है। उदाहरण के लिए ऊष्मा के संचरण को बतलाते हुए कितने साधारण ढ़ंग से बात को व्याख्यायित किया गया है कि 'यह एक प्राकृतिक नियम व स्वाभाविक बात है कि जब भिन्न–भिन्न व अल्प और अधिक ऊष्ण वस्तु इकट्ठी रखी जाए तो अधिक गर्म वस्तु अपनी गर्मी को शीत वस्तु को देती है, यहां लौं कि दोनों बराबर गर्म हो जाती हैं। जैसे अपने हाथ में एक पत्थर लो, तो हाथ की कुछ गर्मी पत्थर में चली जाएगी, यहां लौं, कि हाथ की गर्मी इतनी अल्प और पत्थर की इतनी अधिक हो जाएगी कि दोनों बराबर गर्म हो जायंगे।'[25] इस लेख में गर्मी के विभिन्न प्रकार एवं उसके विविध गुणों को तो बतलाया ही गया है साथ ही गर्मी नापने के यंत्र का चित्र भी इसमें अंकित किया गया है।

भारतेंदुजी ने न केवल भौतिक विज्ञान बल्कि रसायन विज्ञान से संबंधित जानकारियां भी प्रकाशित कीं। फोटोग्राफी, जो उस समय यूरोप में भी नयी–नयी विकसित हो रही थी और भारत के लिए तो एकदम ही नयी थी, के बारे में भी लोगों को बतलाया और अपनी

पत्रिका में प्रकाशित किया कि ''रसायन की रीति से आलोक के किरणों के द्वारा वस्तुओं का चित्र उतारा जाता है उसे फोटोग्राफ अर्थात किरण लिखित चित्र कहते हैं। किसी भौतिक पदार्थ से निकला हुआ वा प्रतिसारित प्रकाश की किरण आंखों में लगती है तो प्रकाश का प्रत्यक्ष होता है और इसी से पदार्थ दृष्टिगोचर होते हैं। प्रकाश के अनेक धर्मों और दृष्टि से संबंध रखने वाले अनेक विषयों को वर्णन करने वाली विद्या को दृष्टि शास्त्र वा प्रकाश और दृष्टि की विद्या कहते हैं''[26]

जून, 1874ई0 से हरिश्चंद्र मैगज़ीन 'श्रीहरिश्चंद्र चंद्रिका' में बदल गयी। इस समय भी इसका प्रकाशन मासिक ही किया जाना आरंभ हुआ पर फिर भी इसका रुप और नाम दोनों बदल गया। इस पत्रिका में भी अन्य विषयों के अलावा विज्ञान विषय को स्थान दिया गया जैसा कि इस पत्रिका पर जो लोगो छपता था, उसी से स्पष्ट हो जाता था, कि

कविजन कुमुदगन हिय बिकासि चकौर रसिकन सुखभरै
प्रेमिन सुधामों सींचि भारत भूमि आलस तम हरै
उद्यम सु औषधि प्रीखि बिरहिन दाहि खल चोरन दरै
हरिचन्द्र की यह चन्द्रिका परकासि जग मंगल करै।।[27]

पत्रिका का लोगो तो यह स्पष्ट ही करता ही था कि इस पत्रिका में ज्ञान–विज्ञान को महत्व दिया जायेगा, इस पत्रिका में क्या विषय रहेगा? इस बात के संदर्भ में पत्रिका ने स्पष्ट कर दिया कि इस पत्रिका में 'नवीन प्राचीन संस्कृतभाषा और अंरेजी में गद्य पद्य मय काव्य, प्राचीन वृत्त, राज्यसंम्बन्धी विषय, नाटक, विद्या और कला पर लेख, लोकोक्ति, इतिहास, परिहास, गप्प और समालोचना संभूषिता।'[28] अर्थात् रहेंगे और विद्या और कला का सीधा संबंध विज्ञान एवं प्रौद्योगिकी ज्ञान से ही संबंधित था जो कि पत्रिका के प्रथम अंक से ही दिखलायी पड़ने लगा और जैसे–जैसे यह पत्रिका उन्नति करती गयी, विज्ञान विषयक सामग्री का प्रकाशन बढ़ता ही गया।

श्रीहरिश्चंद्रचंद्रिका का प्रथमांक जून, 1874ई0 में निकला और पत्रिका के प्रथम अंक में ही विज्ञान विषय को स्थान दिया गया। पत्रिका के प्रथम अंक में ही 'बिजली' विषय पर एक उत्तम लेख प्रकाशित हुआ जिसमें बिजली क्या है? के साथ ही उसके विविध गुणों को भी बतलाने का प्रयास किया गया। 'बिजुड़ी वा तणुगणिशक्ति और चुंबक के विषय में' शीर्षक लेख में प्रकाशित हुआ कि ''प्राचीन समय में यह बात देखी गयी है कि अंबर अर्थात् तेलिया पत्थर के रगड़ने से उसमें आकर्षण शक्ति अर्थात् बार और पर इत्यादि उसके पदार्थों को

अपनी ओर खीचने वाली शक्ति उसमें होती थी इसी को बिजुड़ी वा तणुगणिशक्ति कहते हैं।''[29] इतना ही नहीं, पत्रिका के प्रथम अंक में ही पं0 लक्ष्मीशंकर मिश्र की विज्ञान विषयक पुस्तक की सुंदर समालोचना भी की गयी।

1873ई0 में पं0 लक्ष्मीशंकर मिश्र ने 'सरल त्रिकोणमिति की उपक्रमणिका' नामक विज्ञान विषयक पुस्तक लिखी। विषय वस्तु एवं उपयोगिता की दृष्टि से यह पुस्तक बेजोड़ और अपने किस्म की प्रथम पुस्तक थी। इसका कारण यह था कि उस समय हिंदी में विज्ञान विषयक पुस्तकें ही न के बराबर थीं और भारतीय भाषाओं विशेषकर हिंदी में वैज्ञानिक शब्दावली का तो नितांत अभाव था, जैसा कि पुस्तक की प्रस्तावना में ही तत्कालीन समय में देशज भाषाओं में गणित और विज्ञान–लेखन की अवस्था का यथार्थ चित्र प्रस्तुत किया गया जिसमें लिखा था कि ''वर्तमान समय को निश्चित रुप से हिंदी भाषा के पुनरुत्थान का समय समझा जाना चाहिए।........वर्तमान में पश्चिमोत्तर प्रदेश में देशी भाषाओं में विविध विषयों में मौलिक और अनुवादित सामग्री का बड़ा अभाव है, किन्तु हिंदी का संघर्षरत् भविष्य यह है कि वैज्ञानिक क्षेत्र में यह और भी दयनीय है, इतना अधिक कि हिंदी में एक वैज्ञानिक शब्दावली तक का घोरतम् अभाव है।''[30] भारतेंदु हरिश्चंद्र ने जनभाषा हिंदी में इस प्रकार के सुंदर प्रयास की हृदय से सराहना की और अपनी पत्रिका 'श्रीहरिश्चंद्रचंद्रिका' के प्रथम अंक में ही इस पुस्तक की सुंदर समालोचना की और लिखा कि ''हिंदी भाषा में विज्ञान, दर्शन, अंकादि के ग्रंथ बहुत थोड़े हैं और जो दस–पॉच छोटे–मोटे हैं भी उनका श्रेय न तो सरकार को है, न ही किसी आंदोलन को।''[31]

पत्रिका के द्वितीय अंक में भी विज्ञान विषय को आपेक्षित वरीयता दी गयी और इस अंक में भी अत्युत्तम विज्ञान विषयक लेख छपे। यूरोप में हुए पुनर्जागरण के बाद से ही विज्ञान विषयों में काफी अनुसंधान कार्य हो रहे थे और 19वीं सदी के उत्तरार्द्ध में परमाणु जैसे विषयों पर यूरोप में काफी अनुसंधानकार्य चल रहा था। पत्रिका के द्वितीय अंक में 'परमाणुओं का वर्णन' शीर्षक बहुत ही जानकारीपूर्ण लेख प्रकाशित हुआ जिसमें बतलाया गया कि 'प्रत्येक भौतिक पदार्थों के ऐसे सूक्ष्म अंश हो सकते हैं जिनका विनाश करना मनुष्य की शक्ति के असाध्य है। किसी धातु के टुकड़े को चाहो जै बार काटो पीसो वा गलावो वा और किसी प्रकार से विकृत करो पर वह फिर ज्यों का त्यों किया जा सकता है। भौतिक पदाथों के जो अंश अत्यंत सूक्ष्म हैं जिनका फिर विभाग नहीं किया जा सकता, उन्हीं को परमाणु कहते हैं। तात्पर्य यह है कि जिन अवयवों को न हम काट सकते हैं न पीस सकते हैं न

गला सकते हैं न और किसी प्रकार से विकृत कर सकते हैं वेई परमाणु हैं।''[32]

19वीं सदी के उत्तरार्द्ध से ही इस विषय पर पश्चिमी देशों में बहुत से अनुसंधान कार्य चल रहे थे और उनके निष्कर्षों से अपने देशवासियों को परिचित कराने के उद्देश्य से ही इस पत्रिका में ऐसे विषयों पर आलेख प्रकाशित किया गया। परमाणु के विषय में जो जानकारी प्रकाश में आ रही थी और उनसे जनमानस को परिचित कराने का कार्य इस पत्रिका ने बखूबी किया। परमाणु के गुणों को रेखांकित करते हुए पत्रिका ने लिखा कि ''परमाणु चाहे पृथक पृथक हों अथवा मिल कर कोई वस्तु बन गये हो, परस्पर आकर्षण करते हैं। पाषाण आदि पदार्थों के परमाणु किसी शक्ति से आपस में जुड़े हुये हैं, पृथ्वी पर पड़ा हुआ पत्थर का टुकड़ा किसी शक्ति से पृथ्वी से चिपका रहता है, और समुद्र का पानी किसी शक्ति से चन्द्रमा की ओर उठता है इन्हीं शक्तियों को आकर्षण शक्ति कहते हैं।''[33] पं0 शीतलाप्रसाद तिवारी लिखित इस अति उपयोगितापूर्ण लेख में परमाणुओं के विविध गुणों यथा आकर्षण, जड़त्व, परिमाण इत्यादि का वैज्ञानिक वर्णन तो किया ही गया, साथ ही इस संदर्भ में पश्चिमी जगत में इतिहास क्रम से जो अन्वेषण हुए थे, अथवा हो रहे थे, उसपर भी प्रकाश डाला गया जैसे ''यूरोप देश निवासी 'वास्कविच' नाम पण्डित का यह मत है कि परमाणुओं का कुछ भी परिमाण अर्थात् लंबाई, चौड़ाई आदि नहीं है। रेखागणित के बिंदु और परमाणु में इतना ही अन्तर है कि परमाणुओं में एक बल अर्थात् शक्ति रहती है कि जिस से वे नियत स्थान पर स्थित रहते हैं और बिन्दु में नहीं।''[34]

भारतेंदु अपने देशवासियों में भौतिक विज्ञान से संबंधित जानकारी के साथ ही रसायन विज्ञान से संबंधित जानकारी भी प्रचारित करना चाहते थे तभी तो उन्होंने इस विषय पर भी सामग्री का प्रकाशन अपनी पत्रिकाओं में किया। 19वीं सदी के उत्तरार्द्ध में रसायन विज्ञान यूरोप की प्रगति में जिस प्रकार महत्वपूर्ण भूमिका निभा रहा था, उससे भारत का विज्ञ समाज अच्छी तरह परिचित था और भारतेंदुजी भी इसके अपवाद नहीं थे। उन्होंने हर संभव उपायों द्वारा इस विज्ञान का प्रचार किया तभीं तो श्रीहरिश्चन्द्रचन्द्रिका के दूसरे अंक में ही ''सुलभरसायनसंक्षेप'' पुस्तक को, जो जे0 आर0 वैलेण्टाइन ने 1856ई0 में लिखी थी,[35] खंडवार प्रकाशित करना आरंभ किया जिसमें रसायन विद्या का लक्षण बतलाते हुए लिखा कि ''हम अब रसायन विद्या का कुच्छ वर्णन करेंगे। यह विद्या ऐसी विस्तृत है कि जो इसका पूरा वर्णन किया जाय तो कोई एक बड़े बड़े ग्रंथ बन जाएंगे। परन्तु इस विद्या को थोड़ा भी जानने से लाभ होता है।''[36] इस शास्त्र की उपयोगिता बतलाने के साथ ही रसायन शास्त्र

क्या है? इसे बहुत ही सरल शब्दों में बतलाया कि 'द्रव्यों के स्वभाव में जो स्थायी परिवर्तन देख पड़ता है उसकी विद्या को रसायन शास्त्र कहते हैं'।[37] इस पुस्तक को अध्याय दर अध्याय कई खंडों में इस पत्रिका में प्रकाशित कर उसके लाभों से जनता को परिचित करवाने का कार्य किया।

भारतेंदुजी देश–विदेश में हो रही विज्ञान एवं तकनीकी की प्रगति पर अपनी दृष्टि रखते थे और यदि कोई भी ऐसी रोचक अथवा देशोन्नति की बात होती तो उसे अपनी पत्रिका में स्थान अवश्य ही देते थे। जयपुर के महाराजा रामसिंह द्वितीय *(1835–1880ई0)* तत्कालीन भारत के सबसे प्रबुद्ध और प्रजाहितैषी शासकों में से एक थे। उन्होंने अपने शासनकाल में अपनी प्रजा की भलाई के लिए अनगिनत कार्य किये और साथ ही अपने राज्य में ज्ञान–विज्ञान के प्रचार–प्रसार के लिए जो कुछ किया था, वह उस समय न केवल राजपूताना बल्कि पूरे भारत में अग्रणी और अनुकरणीय कार्य था। उन्होंने पूरे राजपूताना में सबसे पहले अपने राज्य में रेल चलवाई और पहली रेललाइन 1874ई0 में आगरा फोर्ट से बॉदीकुई के बीच खुली थी। उस समय जयपुर रियासत के लोगों के लिए रेलगाड़ी किसी आश्चर्य से कम न थी।[38] यह महत्वपूर्ण खबर भारत की कई पत्र–पत्रिकाओं में प्रकाशित हुई थी। भारतेंदु हरिश्चंद्र ने भी इस खबर को अपनी पत्रिका श्रीहरिश्चंद्रचंद्रिका में प्रमुखता से प्रकाशित किया था और शीर्षक दिया था 'THE FIRST TRAIN TO JEYPORE' जिसमें जयपुर नरेश के प्रजावत्सलता और ज्ञानप्रियता की प्रशंसा की गयी थी।[39] इतना ही नहीं, 'हिंदू पंच' नामक अंग्रेजी पत्र में इस घटना का संदर्भ लेकर महाराजा रामसिंह द्वितीय के अपनी प्रजा की भलाई एवं ज्ञान–विज्ञान के क्षेत्र में किये गये उत्कृष्ट कार्यों को रेखांकित करते हुए एक कविता छपी थी। भारतेंदु जी ने उस पूरी कविता को अपनी पत्रिका में प्रकाशित कर दिया था।[40]

भारतेंदु हरिश्चंद्र ने अपनी सभी पत्रिकाओं में सामान्य बातों के अलावा विज्ञान विषयक बातों का सतत प्रकाशन किया। उनका नाम हिंदी पत्रकारिता के इतिहास में काफी महत्वपूर्ण स्थान रखता है। उन्होंने स्वयं ही अनेक विषयों के साथ ही विज्ञान विषयों पर भी लेखनी चलाई और अपनी पत्रिकाओं के माध्यम से विज्ञान के लोकप्रियकरण का सराहनीय कार्य किया। उन्होंने स्वयं तो हिंदी पत्रकारिता के क्षेत्र में प्रयास किया ही, उनके साथ ही उनके जीवन काल में अन्य अनेक लोगों ने भी, जिनमें से अधिकांश के प्रेरणास्रोत वे ही थे, इस क्षेत्र में सराहनीय प्रयास किया। भारतेंदु काल में लगभग 25 प्रमुख पत्र–पत्रिकाएं

निकलीं–अल्मोड़ा अखबार (संवत 1928, संपादक पंडित सदानंद सलवास), हिंदी दीप्तिप्रकाश (कोलकाता, सं0 1929 कार्तिकप्रसाद खत्री), बिहारबंधु (सं0 1929, केशवराम भट्ट), सदादर्श (दिल्ली सं0 1931, लाला श्रीनिवासदास), काशीपत्रिका (सं0 1933 बाबू बलदेवप्रसाद बी0 ए0), भारतबंधु (अलीगढ़ सं0 1933 तोताराम), भारतमित्र (कोलकाता सं0 1934 रुद्रदत्त), मित्रबिलाश (लाहौर सं0 1934 कन्हैयालाल), हिंदी प्रदीप (प्रयाग सं0 1934 पंडित बालकृष्ण भट्ट), आर्यदर्पण (शाहजहांपुर सं0 1934 मुंशी बख्तावरसिंह), सारसुधानिधि (कलकत्ता सं0 1935 सदानंदमिश्र), उचितवक्ता (कलकत्ता सं0 1935 दुर्गाप्रसाद मिश्र), सज्जनकीर्ति सुधाकर (उदयपुर सं0 1936, वंशीधर), भारत सुदशाप्रवर्तक (फर्रुखाबाद सं0 1936 गणेशप्रसाद), आनंद कादंबिनी (मिर्जापुर सं0 1938 उपाध्याय बद्रीनारायण चौधरी), देशहितैषी (अजमेर सं0 1936), दिनकरप्रकाश (लखनऊ सं0 1940 रामदास वर्मा), धर्म दिवाकर (कलकत्ता सं0 1940 देवीसहाय), प्रयाग समाचार (सं0 1940 देवकीनंदन त्रिपाठी), ब्राम्हण (कानपुर सं0 1940 प्रतापनारायण मिश्र), शुभचिंतक (जबलपुर सं0 1940 सीताराम), सदाचार मार्तंड (जयपुर सं0 1940 लालचंद शास्त्री), हिंदुस्तान (इंग्लैंड सं0 1940 राजा रामपाल सिंह, दैनिक), पीयूष प्रवाह (काशी सं0 1941 अंबिकादत्त व्यास), भारत जीवन (काशी सं0 1941 रामकृष्ण वर्मा), भारतेंदु (वृंदावन सं0 1941 राधाचरण गोस्वामी) और कविकुलकंज दिवाकर (सं01941 रामनाथ शुक्ल)[41] और इन पत्रिकाओं ने हिंदी भाषा एवं साहित्य के विविध अंगोपांगों को परिपूर्ण करने का कार्य किया। ये पत्रिकाएं अपने–अपने उद्देश्यों के अनुरुप सामग्री का प्रकाशन करती थीं और इनमें से तो कितनी ही पत्रिकाओं में विज्ञान विषयक सामग्री का एकदम ही प्रकाशन नहीं हुआ; पर साथ में यह भी महत्वपूर्ण है कि इनमें से कई पत्रिकाओं ने हिंदी भाषा में विज्ञान विषयक ऐसी सामग्री का प्रकाशन किया कि बिना उनका उल्लेख किये यह अध्याय पूरा नहीं होता है।

1876ई0 में बनारस से काशी पत्रिका का प्रकाशन आरंभ हुआ। भारतेंदु हरिश्चंद्र की सहायता से बाबू बालेश्वरप्रसाद बी0 ए0, हेड मास्टर, नॉर्मल स्कूल, जो बाद में सेक्रेटरी गवर्नमेंट बोर्ड ऑफ रेवेन्यु हुए, ने 'काशी पत्रिका' साप्ताहिक निकाली। पहले तो इसका प्रकाशन कविवचन सुधा की ही तरह हुआ और 'सत्य हरिश्चंद्र', 'कर्पूरमंजरी' आदि कई नाटक इस में छपे परंतु बाद में इसके प्रकाशन का ढ़ंग ही बदल गया और इसमें स्कूल के छात्रों के उपयोगी विषय छपने लगे फिर भाषा उर्दू और अक्षर हिंदी हो गया, और अंत में अक्षर भी एक पोस्ट हिंदी और एक पोस्ट उर्दू हो गए। बाबू बालेश्वर प्रसाद ने डिप्टी

कलेक्टर होने पर यह पत्रिका रायबहादुर पंडित लक्ष्मीशंकर मिश्र को दिया।[42] लक्ष्मीशंकर मिश्र ने 1882ई0 में उसका संपूर्ण भार ग्रहण कर उसे साप्ताहिक कर अपने 'चंद्रप्रभा प्रेस' से निकालने लगे। इस पत्रिका में गणित, विज्ञान, साहित्य, नीति और शिक्षा आदि विषयों पर उपयोगी सामग्री का प्रकाशन होता था। पत्रिका के मुख पृष्ठ पर ही अंग्रेजी, नागरी और में उर्दू में विशेष वाक्य छपा रहता था ''ए वीकली एजूकेशनल जर्नल ऑफ साइंस, लिटरेचर ऐंड न्यूज इन हिंदुस्तानी।'' इस पत्रिका की उपयोगिता को देखकर पश्चिमोत्तर प्रदेश और अवध के शिक्षा विभाग के डाइरेक्टर ह्वाइट ने इसे पाठशालाओं में जारी कर दिया था जिसे उनके परिवर्ती डाइरेक्टर लिविस ने भी जारी रखा।

लक्ष्मीशंकर मिश्र के संपादकत्व में इस पत्रिका ने काफी उन्नति की और इसमें ज्ञान–विज्ञान के विविध विषयों–भौतिकी, रसायन, ज्योतिष, भूगोल, यात्रा वृत्तांत, स्वास्थ्य, गणित इत्यादि की जानकारी नियमित प्रकाशित होती थी। 'सूरज' के संदर्भ में इस पत्रिका ने लिखा कि ''यह बात जाहिर है कि बगैर सूरज के इस जमीन पर के बाशिंदों की जिंदगी गैर मुमकिन है। जिस जमीन पर हम लोग रहते हैं वह तो एक निहायत सर्द जिस्म है और इसी बाइस से उसकी अपनी खास रोशनी नहीं है जो कुछ रोशनी इसे हासिल होती है आफताब की है। और बहुत से अससाम सूरज के गिर्द घूमते हैं और रोशनी के लिए सूरज ही का भरोसा रखते हैं। इन्हें ग्रह कहते हैं और इनके चलने की तेजी में फर्क रहता है कोई आहिस्ता घूमते हैं कोई जल्द। उनकी सतह पर मौसम मुखलिफ किस्म के होते हैं। इस फरक का भी बाइस सूरज हैं। जमीन और उसके बाशिंदों को हिफाजत का खास बाइस सूरज को कहना निहायत वाजिब है।''[43]

इस पत्रिका ने सूरज के बारे में विस्तृत जानकारी प्रकाशित की और शायद इससे पूर्व किसी भी हिंदी पत्रिका ने इस विषय पर इतनी अधिक व्यवस्थित जानकारी प्रकाशित नहीं की थी। सूदज की सतह के बारे में प्रकाशित किया कि ''सूरज में इस कदर गर्मी है कि इसका ख्याल करना मुश्किल हो जाता है। जो चीजें कि इस जमीन पर अमूमन ठोस हालत में रहती हैं और जिनके गलाकर द्रव हालत में करना हम लोग मुश्किल बात समझते हैं वह चीजें सूरज में हवा की शक्ल में पाई जाती है। वहां कुछ ठोस हालत में तो रही नहीं सकता जो कुछ है वह सफेद गरम भाप की सूरत में है। सूरज को एक बड़ा भारी निहायत तेज धधकती आग का गोला समझना चाहिए ये जिसकी ऑच लाखों कोस पर तेजी से असर

करती है और जमीन ऐसे–ऐसे बड़े जिस्मों को इतने फासिले से गरमी और रोशनी पहुंचाती है। इस बेइंतहा गर्मी के बाइस सूरज खुद बहुत रोशन है बल्कि इसको रोशनी का बडा भारी खजाना कहना चाहिए''[44] इतना ही नहीं, सूरज के आकार को भी बहुत ही अच्छी तरह से उदाहरण देकर समझाया गया और वह भी इस प्रकार कि कोई भी व्यक्ति आसानी से समझ ले। पत्रिका ने लिखा कि 'अगर कुल ग्रह मिलाकर एक गोला ख्याल करें तब भी आफताब ऐसे गोले का 500 गुना बड़ा रहेगा यानी अगर यह सब जिस्म आफताब में मिला दिए जावें तब भी सूरज कुछ और बड़ा न मालूम देगा। जमीन ऐसे 1500000 गोलों को मिलाकर एक गोला बनाया जावे तो इतना बड़ा गोला करीब–करीब सूरज के बराबर होगा । सूरज का व्यास (यानी ऐसी रेखा जो इसके पीछे बीच से गुजरकर सतह पर दोनों तरफ जा मिले) 851467 मील है। अगर ऐसा मुमकिन हो कि एक रेलगाड़ी सूरज के चारों तरफ घंटे में 15 कोस की तेजी से चले तो 9 बरस से कम में यह गाड़ी सूरज के घेरे को तै न कर सकेगी।'[45]

काशी पत्रिका में विज्ञान से संबंधित अनेक लेख प्रकाशित हुए जिनमें विविध प्रकार की जानकारियों का प्रकाशन होता था। उदाहरण के लिए 1884 के अंक में मोटाई और दुबलापन तथा स्टेनली साहिब का अफ़्रिका में सफर;[46] 1885 में हवा की ऊँचाई;[47] 1887 में सूरज और शक्कर बनाने की कल[48] एवं 1888 में गेलिलियो और हल के लिए सवाल[49] सदृश लेख या जानकारियां प्रकाशित हुईं। इस पत्रिका में प्रकाशित विज्ञान विषयक सामग्री काफी ज्ञानवर्द्धक होती थी जो कि 'हवा की ऊँचाई' शीर्षक एक लेख से स्पष्ट होती है जिसमें बैरोमीटर तक की चर्चा की गयी है जिससे हवा का दाब मापा जाता है। पत्रिका ने लिखा कि ''बारोमेटर एक आला होता है जिससे हवा का दबाव किसी मोकाम पर दरियाफ्त हो सकता है। इसके जरिये में आलिमों ने उन ऊँचे पहाड़ों पर जिनकी ऊँचाई मालूम थी हवा का दबाव दरियाफ्त कर लिया और मुखालिफ़ मोकामात के दबाव दरियाफ्त कर लेने से उन्होंने बलदी के ख्याल से हवा के दबाव की कमी का हिसाब कर लिया है।''[50]

काशी पत्रिका अपने ढंग की निराली पत्रिका थी और विज्ञान विषयक सामग्री के प्रकाशन के संदर्भ में इसकी समता पूरे देश की तत्कालीन कोई भी हिंदी पत्रिका नहीं कर सकती थी। 1878ई0 से ही यह पूर्णतः सरकारी पत्रिका हो गयी थी और शुद्ध हिंदी की जगह हिंदुस्तानी में छपती थी जिससे ग्रामीण क्षेत्रों के विद्यार्थियों को गणित और विज्ञान

विषयों में काफी लाभ मिलता था। छात्रों के हितचिंतक मि0 हिल, मि0 जार्ज थीबो, पं0 रमाशंकर मिश्र, बाबू आत्माराम, पं0 पिंडीशंकर, बाबू सीताराम एवं बाबू पुरुषोत्तमदास इस पत्रिका में नियमित लिखा करते थे। प्रतिवर्ष गणित के प्रश्न इस पत्रिका में प्रकाशित होते थे और उनको उत्तम क्रिया से हल करने वाले विद्यार्थियों को 20) रुपये के चार पारितोषिक इस पत्रिका द्वारा प्रदान किया जाता था जिसका उद्देश्य विद्यार्थियों की तार्किक शक्ति को बढ़ाना होता था। इसका एक उदाहरण प्रस्तुत है–"दो आदमी क और ख अपने मकान से घोड़े पर एक बाजार को एक ही दिन गये और लौट आयें। क उस रास्ते से गया जो निहायत नज़दीक है और बनिस्बत दूसरी राह के जिससे ख गया दो कोस कम है। लौटते वक्त जिस राह से क गया था उस राह से ख लौटा और जिस राह से ख गया था उस राह से क आया। क एक घंटा ख से पीछे चला और दोनों बाजार में ठीक एक ही वक्त पहुॅचे। लौटने के वक्त दोनों एक ही वक्त पर चले और क मकान पर ख से 6 मिनट पहले पहुँचा। बतलाओं उनके घर से नजदीक की राह से बाजार कितनी दूर है और क और ख घंटे में कितने कोस के हिसाब से चलते हैं?"[51]

हिंदी में यथार्थ रूप से कोई पत्र निकलता ना देखकर सन 1877ई0 में भारतवर्ष की राजधानी कलकत्ता से पंडित दुर्गाप्रसाद मिश्र, पंडित छोटूलाल मिश्र, पंडित सदानंद मिश्रा तथा बापू जगन्नाथ खन्ना के उद्योग से 'भारतमित्र कमेटी' बनी और उसके द्वारा 17 मई, 1878ई0 को 'भारतमित्र' पत्र निकला।[52] इस पत्र में विज्ञान विषय को भी महत्व दिया जिसका पता इसी बात से चल जाता है कि पत्र के प्रथम अंक से ही ज्ञान–विज्ञान की चर्चा के साथ ही पाश्चात्य जगत में हो रही विज्ञान एवं तकनीकी की प्रगति से अपने देशवासियों को परिचित करवाना था। पत्र के प्रथम अंक में ही इस प्रकार की सूचना प्रकाशित हुई थी कि उसे देखकर ही विज्ञान के लोकप्रियकरण में इस पत्र की क्या भूमिका होगी, इस बात का सहज अंदाजा लगाया जा सकता था। पत्र ने लिखा कि "अमरिका में खेतीके काम की उन्नति कर्नेके लिए केवल एक लिडयार्क कम्पनी के कारखाने में धान काटने के लिए 160 कल रोज बनती है और इस बरस के लिए 26000 कल बनाने की आज्ञा मिली है।'[53]

इस पत्र ने शुरुआत से ही ज्ञान–विज्ञान से संबंधित विषयों को अपने पत्र में स्थान देना आरंभ किया। खेती–बारी, व्यापार और वाणिज्य, देश में संचार व्यवस्था, चिकित्सा, शिक्षा इत्याइि पर यह पत्र काफी खुलकर लिखता था। तत्कालीन समय में देश की दुरावस्था का

चित्रण करना और अपने देश के व्यापार और वाणिज्य की अवनति के कारणों पर लिखना देशहितैषियों का प्रमुख धर्म बन गया था। उस समय विज्ञान एवं तकनीकी की उन्नति की चर्चा न कर शिल्प–व्यापार की चर्चा की जाती थी, जो कि एक प्रकार से विज्ञान एवं तकनीकी की ही चर्चा होती थी। 'वाणिज्य' शीर्षक अति महत्वपूर्ण लेख में इस पत्र में देश दशा का वर्णन करते हुए लिखा गया कि "आजकल भारतवर्षियों की अवस्था पृथिवी की दूसरी दूसरी जगहके लोगों से अवनत क्यों है। इस प्रश्न की मीमांसा करने से पहले हमको उस विषय की खोज करनी चाहिए जिस्को अवलम्बन करके योरोप अमेरिका इत्यादि देशों के रहने वालों की दिन दिन उन्नति होती जाती है और जिस्को अनादर कर्के भारतसंतान कितने रकम के दुःख और कष्ट भाग करते हैं। उन लोगों की पूर्व दशा और आजकल की अवस्था को देखने से वाणिज्य, शिल्प (अर्थात् कारीगरी) और कृषि (खेतीबारी) यहीं तीन उपाय उनकी उन्नति का कारण मालूम पड़े हैं।"[54] (इस पत्र में ज्ञान विज्ञान से संबंधित अनेंक बातों का प्रकाशन हुआ और उस युग में इसका अपना विशेष महत्व भी है परंतु इस पत्र की जो फाइलें उपलब्ध हुई हैं, वे या तो बहुत जीर्ण हैं या फिर पढ़ी ही नहीं जा सकतीं।)

1978ई0 से कलकत्ता से सारसुधानिधि का प्रकाशन आरंभ हुआ और यह पत्र साप्ताहिक निकला। इस पत्र का प्रथमांक 12 सितंबर, 1878 को निकला था जिसके संपादक पं0 सदानंद मिश्र और कार्य संपादक पं0 दुर्गाप्रसाद मिश्र थे। यह पत्र भी सरस्वती यंत्र, बड़ाबाजार कलकत्ता से ही निकला था। इस पत्र का उद्देश्य भी अपने देशवासियों का हितसाधन करना ही था, जैसा कि इस विषय में प्रथम अंक में ही विस्तार से लिखा गया। इस पत्र ने भी तत्कालीन समय में ज्ञान–विज्ञान के प्रचार–प्रसार एवं लोकप्रियकरण का सराहनीय कार्य किया था। इस पत्र की आवश्यकता क्या है?, इस संदर्भ में इस पत्र ने बड़ा ही स्पष्ट लिखा था कि "एक हिंदी भाषा का समाचार पत्र ऐसा प्रचार होना चाहिए जिस्में साधारण सब लोगों का उपकार होय और ऐसे ऐसे विषय उसमें रहे हैं कि जिस्के पढ़ने से थोड़े में विशेष ज्ञान होकर स्वदेशियोंकि उन्नति होय।"[55] इस पत्र में किन–किन किन–किन विषयों को स्थान दिया जाय, इस बात की भी विवेचना इस पत्र में बहुत ही सुंदर ढ़ंग से की थी और प्रथम अंक में ही लिखा गया कि "इस प्रकार का समाचारपत्र यदि सर्वांगसुंदर किया जाय जो आठमें दिन कम से कम तीन (फर्मा रायल) होना चाहिए क्योंकि उसमें धर्मनीति, राजनीति, समाजनीति और पदार्थ विद्या, रसायन विद्या (Science) आदि दर्शन शास्त्र;

साहित्यशास्त्र; वैद्यशास्त्र और वाणिज्य व्यापार विषय और अनेंक प्रकार की खबरें, ये सब विषय उदारता से रहने चाहिए।''[56]

इस पत्र ने आरंभ से ही अन्य विषयों के अलावा ज्ञान–विज्ञान से संबंधित सामग्री एवं सूचनाओं का प्रकाशन आरंभ किया। इस पत्र ने इस बात का उद्घाटन किया कि प्राचीन आर्यों को विज्ञान का प्रचुर ज्ञान था और जिन विषयों का ज्ञान पश्चिम के लोगों को 19वीं सदी में हुआ, उसका ज्ञान भारतीय महर्षियों को अत्यंत प्राचीन काल से था। उदाहरण के लिए बिजली विषयक ज्ञान का ही संदर्भ लेते हुए 'आर्य ऋषियों का तड़ित् विषयक ज्ञान' में पत्र ने भारतीय विज्ञान की परंपरा को रेखांकित करते हुए लिखा कि ''पूर्वकाल में जब यह भारत महासाम्राज्य धर्मपरायण सूर्य और चंद्रवंशीय क्षत्रियों द्वारा शासित होता था, तब यहां ब्राह्मणदिकों में जो सब महानुभाव अतिशय अध्यवसाय, और कठिन परिश्रम द्वारा विविध विषय का तत्वज्ञान लाभ करते थे वे ही जगतमान्य, गण्य और पूज्य को ऋषिपद वाची होते थे। परम तत्वज्ञ नारद, विश्वामित्र, भृगु, वशिष्ठ, वाल्मीकि, द्वैपायन, व्यास, गौतम, याज्ञवल्क्य, और जनक प्रभृति असंख्य महात्मा ऋषि इस पवित्र भारतभूमि में जन्म ग्रहण कर भारतवर्ष का मुखोज्ज्वल कर गये हैं, यह तो प्रायः सभीं जानते हैं। आर्य ऋषियों ने क्या पारमार्थिक और क्या लौकिक किसी विषय का तत्व निर्णय करना बाकी नहीं छोड़ा। जिस प्रकार उन लोगों ने ईश्वर विषयक तत्वज्ञान लाभ किया था, वैसा ही भूगोल, गणित, वैद्यक पदार्थ और रसायन प्रभृति विषयों में भी पारदर्शी हुए पर दुःख का विषय है कि तत्वज्ञ, आर्ष और आर्य ऋषियों के प्रगाढ़ मस्तिष्क चालना के फलस्वरुप शास्त्रनिचय, कालक्रम से बहुधा विनष्ट और विलुप्त हो गये, और जो कुछ रह भी गये हैं वे दुष्प्राप्य हो गये हैं।''[57]

इस लेख में आर्यों के तडित् ज्ञान को बहुत ही बारीकी से बतलाया और साथ ही कई उदाहरणों द्वारा पुष्ट भी किया गया है। जैसे कि क्यों पूर्व आचार्यों ने ऐसा विधान किया है कि ''देव मंदिरादि निर्माण कर उसके सर्वोच्च शिखर पर ताम्र, लौह अथवा पीतल निर्मित त्रिशूल अथवा चक्र स्थापन करना।''[58] क्योंकि यदि कभी आकाशीय बिजली इस पर गिरे तो वह सीधे जमीन में चली जाय और मंदिर इत्यादि को कोई क्षति न होवे। इस लेख में बिजली क्या है? कितने प्रकार की होती है, और इसके क्या–क्या गुण है? इन बातों को तीन अंकों में काफी विस्तृत ढ़ंग से प्रकाशित किया। तडित् अर्थात् बिजली क्या है? इसे बतलाते हुए लिखा कि 'जो शक्ति संपूर्ण भौतिक पदार्थों के सहित ओतप्रोत भाव से अवस्थित है, और

जो शक्ति कभी स्थिर और कभी चंचल भाव धारण कर आकाश में विद्युत् और तार में संवाद प्रकाश करती है, उसी का नाम तडित् है।'[59] इस पत्र में इस बात की व्याख्या भी की गयी कि यह तडित् दो प्रकार का होता है–एक पुरुषाकार, दूसरा स्त्री आकार। योरोपीय लोग इन्हीं दोनों में से एक को पॉजीटिव, और दूसरे को नेगेटिव कहते हैं। उनके देश में पहले लोग जब यह जानते थे कि तडित् एक ही प्रकार का है दो प्रकार का नहीं, तभीं वे ऊपर की कही हुई दोनों संज्ञा दी गयी थी।[60] अर्थात् प्राचीन भारतवासियों को यूरोपिय लोगों से काफी पहले ही इस विषय का विस्तृत ज्ञान था।

इस पत्र में इस बात का विस्तृत विवेचन किया गया कि प्राचीन भारत में विज्ञान की एक गौरवमयी परंपरा थी पर धीरे–धीरे वह लुप्त होती गयी और कालान्तर में तो लोग यह भी भूल गये कि क्या इसी देश में विज्ञान ने कभीं उन्नति भी की थी। 'भारतीय आर्यों के विज्ञान शास्त्रों के लोप होने के क्या कारण हैं?' शीर्षक लेख में इस बात का अनुसंधान करने का प्रयास किया गया कि क्या भारत में कभीं विज्ञान की उन्नति हुई थी? इस संदर्भ में पत्रिका में प्रकाशित किया गया कि ''इस प्रश्न के उत्तर देने के पहले यह देखना चाहिए कि प्राचीन आर्यों में विज्ञान चर्चा थी भी या नहीं? जब हम यह सोचते हैं तो हमको दिव्य दृष्टि से दिखायी देता है कि भारतवर्ष में एक ऐसा समय हुआ था कि उस समय में यहां विज्ञान शास्त्र की इतनी चर्चा हुई थी कि उतनी विज्ञान की चर्चा तो आज पर्यंत फेर कहीं नहीं हुई। हां, यूनान में जो विज्ञान और रसायन की चर्चा हुई थी उसका आंदोलन अभीं तक होता है और उसकी अब विशेष उन्नति भी दिखायी देती है। किंतु भारतीय विज्ञान जो इन विज्ञानों का जनक है उसकी चर्चा ऐसी विलीन हुई कि अब यह आशंका होती है कि प्राचीन आर्यों में विज्ञान चर्चा थी भी या नहीं।''[61] उस समय तक प्राचीन भारतीय इतिहास एवं भारतीय विज्ञान परंपरा का बहुत कुछ अनुसंधान नहीं हुआ था पर फिर भी इस लेख में यह बताने का प्रयास किया गया कि विज्ञान शास्त्र के लोप होन का प्रधान कारण शास्त्रों पर ब्राह्मणों के अधिकार एवं महाभारत के युद्ध और द्वारका का विनाश है।[62]

इस पत्र ने प्राकृतिक आपदाओं का भी वैज्ञानिक कारण प्रस्तुत किया। उस समय में न तो भारतवासियों की साक्षरता ही अधिक थी और न ही वैज्ञानिक दृष्टिकोण। लोगों में अंधविश्वासों का बाहुल्य था और प्राकृतिक आपदाओं को भी लोग दैवीय गति मानते थे। उस समय में भूकंप, ज्वालामुखी, तूफान इत्यादि को लोग दैविय प्रकोप मानते थे और उसका

वैज्ञानिक कारण नहीं जानते थे। भूकम्प को वैज्ञानिक कारणों को बतलाते हुए इस पत्र ने लिखा कि ''कई यूरोप निवासी Science (वो विद्या जिसमें दैवी रचनाओं का वर्णन बहुधा सकारण है) के मर्मवेत्ताओं ने इस बात को सिद्ध कर लिया है कि पृथ्वी का आन्तर्य भाग कई प्रकार की धातु विशेषों से निर्मित है और ये धातु समूह अत्युप उष्णता के कारण जलवत् पतले सर्वदा बने रहते हैं और चारों ओर कई मील चट्टानी दीवारों से बंद हैं। यह चट्टानी दीवारें समयानुकूल पुष्ट और दृढ़ होती चली जाती हैं। परंतु वास्तव में ये इतनी पुष्ट और दृढ़ नहीं हैं जितनी कि प्रत्यक्ष में प्रतीत होती हैं। वह पिघली हुई धातु विशेष अत्युग्र अग्नि का बलपा कर उन दीवारों से बाहर निकलने को बल करती हैं और ये दीवारें जहां तक बनती हैं वहां तक उन्हें अपनी सीमा से बाहर कदापि नहीं निकलने देती। उन धातु विशेषों के दीवार से बाहर निकलने की कोशिश करने से पृथ्वी के उपरिभाग पर भी सदमा पहुँचता है उससे वह चलायमान होता है। उसे ही भूकम्प कहते हैं।''[63] भूकम्प को बतलाने के साथ ही इस लेख में यह भी बतलाया गया है कि ज्वालामुखी कैसे बनता है और दोनों कैसे एक दूसरे से संबद्ध होते हैं। पृथ्वी के अंदर धातुओं की कई परतें होती हैं और जब कोई भाग उस दीवार का किसी कारण से निर्बल हो जाता है तब शीघ्र ही पृथ्वी को तोड़कर धातु समूह बाहर निकल आते हैं और अनेक वर्ष पर्यंत निकला करते हैं इसी का नाम ज्वालामुखी है। अतएव दृष्टिगोचर पहला व्यापार ज्वालामुखी का भूकम्प ही है जब कहीं कभी भूकम्प होता है तब ज्वालामुखी भी भूकम्प के साथ अथवा उसके कुछ काल उपरांत प्रगट होती है।[64]

19वीं सदी के उत्तरार्द्ध से ही प्रबुद्ध भारतवासियों का यह दृढ़ विश्वास हो गया था कि भारत की उन्नति के लिए यह आवश्यक है कि यहां पर ज्ञान–विज्ञान की उन्नति हो और इसके लिए आवश्यक था कि इस विषय पर अधिक से अधिक चर्चा–परिचर्चा हो और लोग विज्ञान के प्रति अधिक से अधिक आकर्षित हों। इन्हीं उद्देश्यों को ध्यान में रखकर डॉ0 महेंद्रलाल सरकार ने कलकत्ता में 1876ई0 में 'इंडियन एसोसिएशन फॉर कलटीवेशन ऑफ साइंस' नामक संस्था की स्थापना की।[65] सारसुधानिधि पत्र ने इस घटना पर हर्ष प्रकट किया और इसे भारत के लिए हितकर बतलाते हुए लिखा कि ''डाक्टर महेंद्रलाल सर्कार ने महानगर कलकत्ते में भारत विज्ञान सभा स्थापन करके जो भारतवर्ष का एक विशेष अभाव दूर किया है इसमें संदेह नहीं। क्योंकि जब तक देश में विज्ञान चर्चा विशेष नहीं होती है तब तक देश उन्नत भाव धारण करने में समर्थ नहीं होता है। इधर जो भारतवर्ष में बहुत दिनों से विज्ञान चर्चा रहित हो गयी है यह सभी जानते और मानते हैं। एक समय यही भारतवर्ष जो

विशेष विज्ञानालोक से आलोकित हुआ था यह सभीं सुशिक्षित स्वीकार करते हैं। जब यह विज्ञान के सर्वोच्च श्रेणी में आरुढ़ था उस समय अन्यान्य प्रदेश असभ्य औा जंगली अवस्था में थे। वस्तुतः एकमात्र भारतवर्ष ही है कि इसने पृथ्वी के अन्यान्य खण्ड और प्रदेशों को वैज्ञानिक शिक्षा दी है। किंतु अब वहीं भारतवर्ष है कि यहां के सर्वसाधारण लोगों को विज्ञान शब्द का अर्थ भी नहीं आता।''[66] इतना ही नहीं; डॉक्टर राजेंद्रलाल मित्र जैसे लोगों ने जब इस संस्था की आवश्यकता पर सवाल उठाया तो इस पत्र ने उनकी कटु आलोचना की।

19वीं सदी के उत्तरार्द्ध में भारत में अंग्रेजी राज को वरदान के रुप में देखा जा रहा था क्योंकि अंग्रेज एवं उनके कुछ पिछलग्गू भारतीयों ने इस बात का प्रचार कर रखा था कि भारत दिनोदिन उन्नति कर रहा है। परंतु 19वीं सदी के उत्तरार्द्ध से ही कतिपय भारतीयों ने इस बात का प्रचार करना आरंभ कर दिया कि अंग्रेजों की आर्थिक शोषण की नीति के कारण भारत दिनोदिन और भी गरीब होता जा रहा है। सारसुधानिधि पत्र ने भी अंग्रेजों की आर्थिक शोषण की नीति की कटु आलोचना की, जिसके कारण भारत दिन पर दिन और भी विपन्न होता जा रहा था और अत्यंत व्यंगपूर्ण ढ़ंग से लिखा कि ''क्या कारण है कि अंग्रेज अधिकृत भारतखंड दिन पर दिन दरिद्र होता जाता है। अब इसकी यह दशा है कि यदि 1 बरस भी कहीं वृष्टि किंचित भी न्यून हुई तो बस वही दुर्भिक्ष उपस्थित हुआ परंतु पहले ऐसा नहीं होता था। पहले तो यह देश ऐसा संपन्नता था कि 1 बरस कम ही वर्षा की कौन कहे यदि 2 बरस वर्षा नहीं होती थी तो दुर्भिक्ष नहीं होता था। अब जो किंचित भी व्यतिक्रम होने से दुर्भिक्ष पड़ जाता है इसका कारण क्या है इसका कारण अनुसंधान करने के पहले यह सोचना चाहिए कि अब क्या बात विशेष हो गई है जिससे ऐसा होता है। विशेषता पर ध्यान देने से कितनी बातें नई दिखाई देने लगती हैं कि पहले वे सब सपने में भी नहीं थीं। बहुतों का निश्चय यह है कि जहां जहां ब्रिटिश गवर्नमेंट का राज्य होता जाता है वहां ही की बरक्कत उठती जाती है अर्थ एवं उनकी राजा की नियत खोटी होने के कारण भारत की ऐसी दुर्दशा होती जाती है।''[67]

इस पत्र ने इस बात को बतलाया कि भारत की आर्थिक समृद्धि का एक प्रधान कारण यहां की कृषि रही है और अंग्रेजों की नीतियों के कारण ही भारत की कृषि दुर्दशा को प्राप्त हुई है जिसका नतीजा बार बार का अकाल पड़ना हो गया है। पत्र ने लिखा कि ''भारतवर्ष कृषि प्रधान देश है। भारतवर्ष की जो स्वर्ण भूमि संज्ञा है उसका यही हेतु है कि यहां पर प्रचुरर अनाज उत्पन्न होता है परंतु विचार करके देखने से स्पष्ट दिखाई देता है कि दिन पर

दिन स्वर्ण भूमि लोष्ट्र में परिणत होती जाती है। अब पहले सरीका पृथ्वी फल नहीं देती है, इसका क्या कारण है? यही प्रधान और मुख्य प्रश्न है। इसकी मीमांसा होने से भारत की अवस्था सुधारने का उपाय विदित हो सकता है। अतएव इस प्रश्न के उत्तर में अनेंक मतभेद हो सकते हैं परंतु इस विषय में हम ऐसा समझते हैं कि साधारण सभी चिंतनशील मात्रों का एक ही मत होगा कि पहले नाना कारणों से भूमि बराबर लगातार बोई जोती नहीं जाती थी, बीच–बीच में विश्राम मिल जाता था। इसलिए शस्य विशेष उत्पन्न होता था। अब अंगरेजी अलमदारी के कारण एक तो आपस के झगड़े लड़ाई मिट गए हैं। दूसरे अंतर और वहिर्वाणिज्य दिन पर दिन बढ़ता जाता है। तीसरे मालगुजारी देना सिर पर चढ़ा ही रहता है तिस पर महाजनों का भी देना है। इन्हीं कारणों से भूमि को विश्राम नहीं मिलता है। अब तो यह दशा है कि जिस भूमि में दो फसल पैदा होती है उसमें की यदि एक फसल भी ना हुई तो बस दुर्भिक्ष है।''[68]

भारत की अंग्रेजी सरकार ने अपने हित के लिए भारत में भूमि बंदोबस्त के लिए कई पद्धतियों–जमींदारी, रैयतवाड़ी, महालवाड़ी इत्यादि का सृजन किया और जिसके मूल में था–कम लागत पर ही अधिक से अधिक वसूली। जिसका परिणाम यह हुआ कि सरकार ने कृषि पर ध्यान देना ही बंद कर दिया और जमींदारों की लूट खसोट चलने लगी। सरकार की उपेक्षा पर कटाक्ष करते हुए सारसुधानिधि ने लिखा कि ''विशेष दुख और दुर्भाग्य की बात तो यह है कि न्यायपरायण विज्ञान विज्ञ हमारी ब्रिटिश गवर्नमेंट भी तो इस ओर ध्यान नहीं देती। गवर्नमेंट भी जमींदारों की भांति अपनी मालगुजारी वसूल करने से काम रखती है ठीक उसी प्रकार विशेष प्रयोजन होने से एक नए टैक्स की सृष्टि कर डालती है। केवल इतना ही विशेष है कि जमींदार जो कुछ विशेष लेता है वह उसे एक काम के लिए फिर जब कोई और काम उपस्थित होता है तो उसके लिए दूसरी बार लेता है परंतु गवर्नमेंट यदि एक किसी काम के लिए एक बार कोई टैक्स लगाती है तो वह टेक्स्ट फिर जल्दी नहीं छूटता। वह तो प्रजा देती ही रहती है और जो कोई काम उपस्थित होता है तो उसके लिए फिर दूसरा टैक्स लगा देती है वह भी फेर बराबर के लिए जारी हो जाता है।''[69]

सारसुधानिधि पत्र ने वैज्ञानिक कृषि की आवश्यकता पर बल दिया। इस पत्र ने यह बतलाया कि वैज्ञानिक कृषि के ज्ञान के अभाव में ही भारतीय कृषकों की यह दुर्दशा हुई है और आज उसकी नितांत आवश्यकता है। पत्र ने लिखा कि ''इसी से कहते हैं कि वैज्ञानिक कृषि की अब विशेष आवश्यकता है परंतु यह शिवाय गवर्नमेंट के इसका कोई उपाय नहीं

कर सकता है। इस पर एक यह प्रश्न होता है कि वैज्ञानिक कृषि की आवश्यकता तो बताई परंतु वैज्ञानिक कृषि क्या? कृषि तो उसी को कहते हैं जो किषानों का काम काम है जमीन जोतना–बोना–काटना–दौवना इत्यादि, इसमें विज्ञान से क्या संबंध है? इस विषय को तो यहां के किसान जैसा जानते हैं वैसा तो इंग्लैंड और अमेरिका के भी नहीं जानते। जिनका यह संस्कार है उनको वैज्ञानिक कृषि का भाव जानना कठिन है।''[70] इस पत्र ने न केवल वैज्ञानिक कृषि की आवश्यकता पर बल दिया, बल्कि साथ ही अंग्रेजी सरकार से भी अपनी नीतियों को बदलने और कृषि पर सतुचित ध्यान देने की अपील की कि 'हम अपने परम हितैषी कर्तव्यनिष्ठ महामान्य राजप्रतिनिधि लार्ड रिपन साहिब से सविनय प्रार्थना पूर्वक निश्चय कहते हैं कि भारतवर्ष की दुर्दशा के कारणों में पृथ्वी की निर्योग्यता उपरोक्त वैज्ञानिक कृषि के अभाव से जो होती जाती है यही प्रधान अन्यतम कारण है। जब तक यह अभाव दूर नहीं होगा कदापि न तो भारत की दुर्दशा विदूरित होगी और ना कभी यह कलंक शांतिप्रिय ब्रिटिश गवर्नमेंट का दूर होगा कि इन की नियत खोटी होने के कारण यहां की बरक्कत जाती रही है। अतएव जिस एक विध कार्य द्वारा सर्वधिक रक्षा हो उसको सबसे पहले करना चाहिए।'[71]

भारत प्राचीनकाल से ही एक कृषि और उद्योग प्रधान देश रहा है और इन्हीं दोनों के कारण ही यह प्राचीनकाल से ही समृद्ध और समुन्नत था। अंग्रेजों की अव्यवहारिक नीतियों के कारण भारत के शिल्प का विनाश हुआ और यहां का व्यापार–वाणिज्य चौपट हो गया। सारसुधानिधि पत्रिका ने देश की उन्नति के लिए शिल्प की उन्नति आवश्यक बतलाया कि ''शिल्प जो देश को समृद्धिशाली करने का प्रधान कारण है, हम जानते हैं कि इस विषय में किसी को किंचित भी संदेह नहीं हो सकता है। क्योंकि शिल्प ही वाणिज्य का मूल है और वाणिज्य में ही देश को प्रयोजनीय पदार्थ प्राप्त होते हैं। सुतरां कृषि जिस प्रकार खाद्य सामग्री प्रसूता है उसी प्रकार शिल्प देश के अभावों को दूर करने का एकमात्र सर्व प्रधान कारण है। केवल अपने ही देश के प्रयोजनीय पदार्थों का अभाव शिल्प द्वारा दूर नहीं होता है वरन एक देश के शिल्पजात पदार्थों का दूसरे देशों में भी प्रयोजन होता है। अतएव एक देश के पदार्थ दूसरे देश में ले जाना और उस देश का पदार्थ अन्य देश में ले जाने की आवश्यकता होती है इसी प्रयोजन सिद्ध करने का नाम वाणिज्य है। विचारिये तो जिस देश के शिल्प की जितनी उन्नति होगी अर्थात जितना विशेष शिल्पकार्य होगा उस देश का उतना ही वाणिज्य बढ़ेगा, सुतरां वह देश उतना ही समृद्धि संपन्न होगा।''[72]

इस पत्रिका ने इस बात को बहुत ही दृढ़ता के साथ स्थापित किया कि प्राचीन भारत में शिल्प, जिसका सीधा संबंध विज्ञान एवं तकनीकी से ही है, और जिसके लिए शिल्प शब्द का प्रयोग किया गया है और 20वीं सदी के आरंभ में उसके लिए विज्ञान एवं तकनीकी शब्द का प्रयोग होता है; उन्नत अवस्था में था और भारत की समृद्धि के प्रमुख कारणों में से था। पत्रिका ने लिखा कि ''पहले जो भारतवर्ष की इतनी उन्नति और समृद्धि हुई थी शिल्प भी उसका एक अन्यतर कारण था। यहां जो एक समय शिल्प ने अति उन्नत भाव धारण किया था उसके अन्यान्य प्रमाण और दृष्टांतों के शिवाय एक यही सर्व प्रधान प्रत्यक्ष प्रमाण है कि यहां आज पर्यंत शिल्पानुसार विविध जातियां वर्तमान हैं। हमारे प्राचीन आर्यों ने शिल्प की उन्नति और उसके चिरस्थाई करने के अभिप्राय से जो जिस विषय में निपुण थे उनकी उसी शिल्प के नाम से जाति स्थिर कर दी थी।''[73] इस पत्रिका ने प्रमाण के साथ प्राचीन भारतीय विज्ञान एवं तकनीकी की उन्नति को प्रतिपादित किया और यह भी बतलाया कि यहां जो जाति व्यवस्था स्थापित हुई वह एक विशेष प्रकार के शिल्प या व्यवसाय को करतीं थी और जो पहले कर्मानुसार था पर बाद में जातिनुसार हो गयी। यद्यपि यहां अभी तक जाति व्यवस्था वर्तमान है किंतु अंग्रेजों की नीतियों के कारण शिल्प की शिथिलता और हीनता ही होती जाती है और लोगों के सामने जीविका निर्वाह का खतरा उत्पन्न हो गया है। पत्रिका ने लिखा कि ''दरिद्र भारतवर्ष में अब एक मात्र साधारण सदुपाय नौकरी ही रह गया है। सो भी विद्या सापेक्ष है। किंतु वह विद्या शिक्षा भी प्रथम तो सब के पक्ष में सहज नहीं है दूसरे सबको सुगमता से नौकरी भी नहीं प्राप्त होती है। प्रयोजन तो यह जबकि देशीय शिल्प की अवनति के कारण देश की समृद्धि ही घटी जाती है तब नौकरी सबको कहां से प्राप्त हो सकती है। रह गया केवल गवर्नमेंट का आश्रय जो वह जेताभिमान प्रयुक्त स्वजातिप्रियता के अनुरोध से उच्च पदों में विशेषतः अपने ही स्वदेशी और स्वजातियां ही को रखती है।........ अतएव शिल्प प्रधान जातियों के निर्वाह का कोई सदुपाय ही सहज नहीं दिखाई देता है।''[74]

भारत में अंग्रेजी शासन की नीति आरंभ से ही भेदभावपूर्ण थी और विज्ञान के क्षेत्र में तो यह प्रत्यक्ष दर्शित होता था तभीं तो 19वीं सदी के अंतिम चतुर्थांश में भारतीयों को कड़ी प्रतिक्रिया व्यक्त करने पर बाध्य कर दिया। विज्ञान एवं प्रौद्योगिकी के क्षेत्र में भेदभाव का अंदाजा इसी से लगाया जा सकता है कि 1878 से ही उच्चतर ओहदों पर कार्यरत् भारतीयों को समान काम के लिए अपने अंग्रेज सहकर्मियों की दो तिहाई तनख्वाह मिल रही थी। जे0 सी0 बोस, पी0 सी0 रे को इसके चलते तकलीफ उठानी पड़ी थी।[75] सरसुधानिधि पत्र ने भी

भारत की अंग्रेजी सरकार की विज्ञान के क्षेत्र में स्थापित रंगभेद की नीति की कटु आलोचना की और स्पष्ट शब्दों में लिखा कि ''संपति भारतवर्ष इंग्लैंडीय गवर्नमेंट के अधीन है और स्वदेशी उन्नति सभी पुरुषार्थियों की स्वाभाविक प्रकृति होती है, तदनुसार ब्रिटिश गवर्नमेंट भी अपने ही देश की उन्नति की सर्व प्रकार से चेस्टा करती है। निदान जब स्वयं गवर्नमेंट ही का यह पक्ष है कि येनकेन प्रकारेण अपने स्वदेश ही की उन्नति हो तब किस प्रकार भारतीय शिल्प की उन्नति हो सकती है? बस यही कारण है कि मैनचेस्टर और ग्लासगो ने भारतीय शिल्प की वै मार दी है।''[76] इस पत्र ने सरकार को उसके दायित्व का स्मरण दिलवाया कि यदि सरकार भारत के हित के लिए भारत पर शासन करती है तो उसे इस प्रकार की नीति नहीं अपनानी चाहिए जिससे भारतवासियों के समक्ष कठिन परिस्थितियां उपस्थित हों; जैसा कि पत्र ने लिखा था कि 'गवर्नमेंट से इस विषय में हम लोगों की इतनी ही प्रार्थना है कि जब आप हमारे कल्याण के लिए हमारे देश के शासन में प्रवृत्त हुए हैं तब ऐसी स्वार्थपरता किसी प्रकार योग्य नहीं है कि हमारा देश ऐसी दशा में प्राप्त हो कि यहां के प्राचीन शिल्पियों को अपने जाति व्यवसाय को छोड़कर कुत्सित दूषित और निंदित उपाय द्वारा अपना निर्वाह करना पड़े।'[77] इस पत्र ने तत्कालीन भारतवासियों की स्थिति और अंग्रेजी शासन की नीतियों को देखकर अपने देशवासियों को सतर्क होने की सलाह दी और यह सुझाव दिया कि यदि अपनी उन्नति करना चाहते हो तो वह स्वदेशी से ही होगी और इसके लिए आवश्यक है कि स्वदेशी शिल्प और स्वदेशी वस्तुओं का व्यवहार किया जाय। पत्र ने बड़े ही स्पष्ट शब्दों में लिखा कि ''हम अपने देशवासी धनी और साधारण सब लोगों को सविनय सतर्क किए देते हैं कि शिल्पोन्नति की जो आवश्यकता है इस समय उस पर ध्यान देकर हम लोगों को उसकी चेष्टा करनी चाहिए क्योंकि यदि अब इस की चेष्टा ना होगी तो थोड़े ही दिनों में भारत नीरा दरिद्र हो जाएगा। जब दरिद्रता बढ़ेगी तब साथ ही लोगों में कुप्रवृत्तियां बढ़ जाएंगी। सुतरां तब बड़ा ही अनर्थ का समय उपस्थित हो जाएगा। उस समय फेर किसी के सुधारे नहीं सुधरेगा। अतएव यही अवसर है कि हम लोग विदेशी शिल्प की अपेक्षा अपने स्वदेशी शिल्प का विशेष आदर करें और यहां बड़े–बड़े शिल्प कार्यालय खोलें जिनकी बहुतायत से यहां विदेशीय शिल्पजात पदार्थों की अपेक्षा स्वदेशीय सिल्पजात पदार्थ सहज और सस्ते प्राप्त हों।''[78]

भारतेंदुकालीन हिंदी पत्रिकाओं में वैज्ञानिक ज्ञान के प्रचार–प्रसार में क्षत्रिय पत्रिका का योगदान भी उल्लेख करने योग्य है। इस पत्रिका का प्रकाशन ज्येष्ठ दशमी सं0 1938 वि0

(जून, 1881ई0) को खड्ग विलास प्रेस, बॉकीपुर से हुआ था। मासिक प्रकाशित इस पत्रिका में भी विभिन्न विषयों पर सामग्री का प्रकाशन किया गया। इस पत्रिका में भी ज्ञान–विज्ञान से संबंधित सामग्री का प्रकाशन किया गया जो कि पत्रिका के प्रथम अंक में प्रकाशित उसकी प्रतिज्ञा से ही स्पष्ट हो जाता है कि इसमें ''प्रसंगानुसार समुचित विषय, प्राचीन वा नूतन ग्रंथ, अनुवाद, और नीति आदि से शंभूषित होकर प्रति माह प्रकाशित होती है।''[79]

इस पत्रिका ने भी भारतेंदुकालीन हिंदी पत्रिकाओं की परंपरा के अनुरूप अपने देश की दशा, पश्चिमी शिक्षा में शिक्षित लोगों की मानसिकता, खेती बारी की अवस्था, उद्योग–व्यापार की स्थिति, चिकित्सा के साथ ही दैनिक उपयोग में काम आने वाली छोटी–छोटी बातों का भी प्रकाशन किया। तत्कालीन देश दशा और नवशिक्षितों को लक्ष्य करके पत्रिका ने लिखा कि ''तिजारत का दिन दिन घटना थोड़े नफे में खुशी मनना, नौकरी को सबसे बड़ा उद्यम समझना, लगातार अकाल का पड़ना, अखबार वालों पर दिन दिन सखती का होना, अंग्रेजों के अच्छे अच्छे कामों की तरफ खयाल न करना, उनकी कोमों में जो कुछ बुराई हो उसे अपनी तरक्की का बाइस जानना, कपड़े वगैरह की नई–नई कलों को देखकर बेकल न होना, कोट पतलून बूट और चक्करदार टोपी और छड़ी, घड़ी चेन, चूरट में अपनी हालत चैन में समझना, अपने देश की कदीमी रिवाजों को बुरा कहना, नाम के आगे मिस्टर लफ़्ज़ का लगाना अपनी इज्जत और फखर मनाना, नमस्कार, जै गोपाल, राम राम, आदाब बंदगी के बदले शेक हैंड (हाथ मिलाना) करना, सर नीचा न करके अकड कर चलना, रोज रोज नए नए टैक्सों का जारी पाना, कमेटियों और सभाओं में अकड़ अकड़ लेक्चररों का पढ़ना और घर में सब भकोस बैठना, महाजनों का दिवाला पीटना, कंपनियों का फेल होना, अपने देश की अच्छी से अच्छी चीजों की बनावट को देखकर हंसना और गैर मुल्कों की चीजों के लिए एक एक का चार चार दाम देकर तरहदारियों का नाक जानना, वगैरह वगैरह।''[80]

इस पत्रिका ने खेती बारी एवं उन में लगने वाले कीड़ों की रोकथाम[81] के साथ ही दैनिक उपयोग की बहुत सारी वस्तुओं के बनाने, उन्हें कलई करने[82] एवं चिकित्सा विज्ञान से संबंधित कई महत्वपूर्ण बातों का भी प्रकाशन किया। चिकित्सा के संबंध में पत्रिका ने बड़ी ही ऐतिहासिक बात प्रकाशित की कि ''होमियोपैथी वाले जीवन में आयुर्वेदीय शास्त्र से बराबर मिलते हैं। डॉक्टर जोज़ेफलारी एम0 डी0 अपने होमियोपैथी के संग्रह की पुस्तक में चिकित्सा सार को ज्वर ही से आरंभ किया है और उस प्रकर्ण में लिखा है कि ''कुल बीमारियों के शुरू में ज्वर का अंश ही मौजूद रहता है'' एलोपैथी में भी पहले ज्वर ही से चिकित्सा आरंभ किया

और उसे प्रधान माना है। डॉक्टर एवरनेथी और टैनर आदि इस के भी आचार्य सब ऐसा ही कहते हैं जैसा आयुर्वेदीय और होमियोपैथी वाले कहते हैं। इस पर कदाचित कोई संदेह नहीं करेंगे कि वह दोनों प्रणाली अर्थात होमियो और एलोपैथी आयुर्वेदीय चिकित्सा संबंधीय पुस्तकों की सहायता से बनी है क्योंकि दोनों प्रणाली का व्यवहार आयुर्वेद से मिल गई।''[83] अर्थात् होमियोपैथी और एलोपैथी दोनों ही कहीं न कहीं भारत की आयुर्वेदिक चिकित्सा पद्धति की ऋणी हैं।

भारतेंदु कालीन हिंदी पत्रिकाओं में विज्ञान के लोकप्रियकरण में 'हिंदी प्रदीप' पत्रिका का योगदान भी बहुत ही अधिक महत्वपूर्ण था। इस पत्रिका का प्रकाशन इलाहाबाद की 'हिंदीवद्धिनी सभा' द्वारा 1877ई0 में हुआ था जिसके संपादक पं0 बालकृष्ण भट्ट थे। इस पत्रिका ने दो दशकों तक अकेले ही विज्ञान के क्षेत्र में वह कार्य किया जो अनेक व्यक्तियों और संस्थाओं ने मिलकर भी नहीं किया। पं0 बालकृष्ण भट्ट ने इस पत्रिका के माध्यम से विज्ञान के प्रचार–प्रसार एवं लोकप्रियकरण का हर संभव प्रयास किया। एक तरफ उन्होंने जहां पश्चिमी सभ्यता, शिक्षा एवं विज्ञान की प्रसंशा की तो वहीं भारतीय नवशिक्षितों द्वारा पश्चिमी सभ्यता एवं विज्ञान के अंधानुकरण की आलोचना भी की। पश्चिम की शिक्षा एवं विज्ञान की प्रसंशा करते हुए लिखा कि ''भारत ने यूरोपिय विद्या और योरोपिय शिक्षा प्रणाली के द्वारा बहुत कुछ लाभ उठाया है और आगे को अभी लाभ उठाने की आशा है। हम समझते हैं जहां इसें बहुत से उत्तम फल प्राप्त हुए हैं वहां बहुत उत्तम फल एक यह भी हुआ है कि अपने ही घर की विद्या, अपने ही यहां के तत्वान्वेषण की रीति, और अपने निज के ग्रंथ के महत्व पर भारत की आंख खुल चली है–और क्यों न खुलै क्योंकि कोई विदेशी ग्रंथ आप पढ़िये यदि कुछ वह आपको न सिखलावेगा तो यह अवश्य ही उससे आपको मालूम हो जायेगा कि स्वदेशानुराग क्या वस्तु है और इन दिनों भारत की जैसी दशा है उस्के लिए स्वदेशानुराग कैसी भारी बहुमूल्य रतन है और हममें देशानुराग का अंकुर जमाने की केतनी आवश्यकता है।''[84]

हिंदी प्रदीप पत्रिका में पश्चिमी शिक्षा एवं विज्ञान की प्रसंशा के साथ ही तत्कालीन नवशिक्षित वर्ग की नीतियों की आलोचना भी की गयी और लिखा कि ''हमारे नई रोशनी वाले सुशिक्षित सब एकमत हो यहीं चिल्ला रहे हैं कि जो कुछ बुद्धि विद्या विज्ञान हिन्दुस्तान में आया वह सब पश्चिम वालों की उदारता और दया का फल है इसी सिद्धांत पर दृढ़ विश्वास रख ये सुशिक्षित जन ''जिन्हें सुशिक्षित कहते हमारी जीभ सकुचाती है'' अपनी

सुरीतों को छोड़ छोड़ विदेशियों की कुरीतें अंगीकार करते जाते हैं और कितने तो अपने को हिन्दुस्तानी कहते भी शरमाते हैं; उन्हें हम चिताया चाहते हैं कि यह उनका सर्वथा भ्रम है माना कि यवनों के आक्रमण से यहां कि विद्या बुद्धि धन सम्पत्ति सब नष्ट हो गईं जिनकी रीति नीति बात त्योहार सब बदलकर कुछ के कुछ हो गये और अब वे सब खोई हुई बात हमें पश्चिम वालों से मिलती जाती हैं; पर दूर दृष्टि फैलाय कर देखो तो उन सबों का मूल यहां ही पाया जाता है।''[85]

इस पत्रिका ने बड़े ही खुले शब्दों में इंग्लैंड की उन्नति की प्रसंशा की और बतलाया कि किस प्रकार यह छोटा सा देश पूरे यूरोप में सबसे समुन्नत है। पत्रिका ने लिखा कि ''हम नहीं जानते इंग्लैंड की पृथ्वी में ऐसी कौन सी चमत्कारी है जिससे वहां के लोग इतना देदीप्यमान हैं यूरोप क्या वरन समस्त भूगोल के लोग अंग्रेज जाति के साथ तुलना में नहीं ठहर सक्ते–रूस जर्मनी फ्रांस आस्ट्रिया सभी उन्नति के शिखर पर चढ़े हुए हैं बुद्धि साहस हिम्मत व्यवसाय में एक से एक बढ़कर हैं पराक्रम और दिलेरी में भी कोई किसी से कम नहीं है पर इनके साथ तुलना में निकृष्ट ही करते हैं।[86] इस पत्रिका ने अंग्रेजों के समुन्नत होने का कारण भी बतलाया और यह बात उजागर की कि अंग्रेजों की कर्तव्यपरायणता ही उनकी उन्नति का प्रधान कारण है ''सेंस ऑफ ड्यूटी'' अपने कर्तव्य में मुस्तैदी और सावित कदमी एक ऐसा भारी गुण इन में है जिससे ये यूरोप की ओर सब बड़ी–बड़ी जाति रूस फ्रांस आदि के मुकाविले शुक्र के तारा के समान चमक रहे हैं–शुक्र यद्यपि और और बड़े ग्रहों की अपेक्षा सबसे छोटा है किंतु प्रकाश में उसको कोई बड़े ग्रह नहीं पा सकते ऐसा ही इंग्लैंड का मुल्क यूरोप के और और देशों की अपेक्षा सबसे छोटा है किंतु इज्जत और प्रतिष्ठा में सब का सिरताज हो रहा है–यह निज कर्तव्य बुद्धि ही इनसे यह सब करा रही है जिससे यह आज दिन मध्यान्ह के सूर्य समान प्रकाशमान हो रहे हैं।[87]

इस पत्रिका ने भारत में अंग्रेजी राज की भूरि–भूरि प्रसंशा की पर साथ ही उसकी नीतियां, जो भारत की प्रगति के लिए घातक थी, की कटु आलोचना भी की। अंग्रेजी राज की प्रसंशा में लिखा कि ''अंग्रेजी गवर्नमेंट के कारण हमें जो कुछ लाभ पहुंचा और जो जो उपकार इसके द्वारा हमारा हुआ उसे जब हम याद करते हैं तो तन मन से निहाल और रोम रोम से हर्षित हो फूले नहीं समाते–इनका शुभ चरण यहां न आया होता और नित्य की नादिरशाही पहले के समान अब तक यहां बनी ही रहती तो ना जानिए हम लोगों का क्या हाल हो गया होता–कहां तक कहें रसातल में भी हम लोगों का कहीं पता न लगता।''[88] पर

साथ ही उनकी भारत की शोषण नीति की निंदाकरते हुए उसे भारत के लिए अहितकर बतलाया और 'अंगरेजी राज्य से उपकृत होकर भी हमें क्यों इस्से ऊब होती है? शीर्षक लेख में लिखा कि "हिन्दुस्तान में ब्रिटिश शासन जैसे सुख और आराम का है शेर और बकरी दोनों एक घाट पानी पीते हैं सब को अपने लिए तरक्की करने का द्वार खुला है अनेक तरह की विद्या और विज्ञान तथा शिल्प का प्रादुर्भाव देख हमको अपनी प्राचीन सभ्यता का अभिमान जाता रहा वैसा ही यदि रुपये की खींच न होती तो सोना में सुगन्धि या–दिन दिन देश में दरिद्रता का विस्तार देख अंगरेजी राज्य सब भांत उत्तम होने पर भी लोगों की श्रद्धा इधर से हटती जाती है मुसलमानी राज्य में इतने अत्याचार सहकर भी किसी को ऊब नहीं हुई थी जितनी ऊब इतने थोड़े दिन में इस राज्य से लोगों को हो गई है।"[89]

इस पत्रिका ने भी प्राचीन भारत की समृद्धि एवं ज्ञान–विज्ञान तथा उन्नत कलाकौशल के होने की बात प्रतिपादित की और बतलाया कि यावत विद्या और सभ्यता का यह देश आदर्श रूप था सौभाग्य लक्ष्मी तथा विजय श्री की क्रीड़ा भूमि थी, सोने फूल फूली यहां की पृथ्वी में मणि मुक्ता प्रवाल के ढेर लगे हुए थे–बाहर का कोई वणिक या सौदागर हजार–हजार कठिनाइयों को झेल कर एक बार किसी तरह यहां पहुंच जाता था तो तीन पुश्त की रोटी यहां से कमा ले जाता था और अपने देश में पहुंचे आला दर्जे के अमीरों में गिना जाता था–पांच या सात सौ वर्ष पहले वही यूरोप की पर्वत स्थली हिंसक जीव शिकारी जानवरों से भरी थी जो मनुष्य वहां थे वह उन भयंकर पशुओं से कम असभ्य न थे।[90] इस पत्रिका ने यह भी बतलाया कि प्राचीन आर्यों ने ज्ञान–विज्ञान की विविध विधाओं में काफी उन्नति की थी और लिखा कि "यह किस्से कहैं कि हमारे ही पूर्वजों ने दशमलव का गणित निकाला जिस्के बिना इस संसार का काम एक पल नहीं चल सक्ता क्योंकि यह दशमलव दुकानदारी के रोज मर्रें के हिसाब किताब और ज्योतिष के बड़े बड़े आकार गणितों में से एक सा काम आता है; हमारे ही पुराने आचार्यों ने ज्यामिति और त्रिकोणमिति की भी इतनी वृद्धि की और उनके गणितों में ऐसी उक्ति युक्ति निकाली जो यूरोप में 18 शताब्दी तक किसी को मालूम न था।"[91] प्राचीन भारतवासियों के विज्ञान के क्षेत्र में अविस्मरणीय योगदान को रेखांकित करते हुए इस पत्रिका ने यहां तक प्रकाशित किया कि "सूर्यमण्डल के धब्बे और बुद्ध शुक्र आदि ग्रहों के ग्रहण की बारीकियां जिसे यूरोप के नक्षत्र सूचक मोछा फटकारकर अपनी ही ईजाद बतलाते हैं उसे सैकड़ों वर्ष पहले वराहमिहिर दरियाफ्त कर चुके थे जिस्का बहुत कुछ इशारा उनके ग्रंथ बराही संहिता में पाया जाता है भूगर्भविद्या का भी पूरा पता

उन्हीं के ग्रंथों से लगता है; अब हम हिन्दुओं की दीन दशा हो गयी राजा लोग बड़े धनी विषयासक्त और देहाराम बन बैठे विद्या और विद्वानों की कदर न रही जिस माये अब हमारे प्राचीन शास्त्रों की खोज और तरक्की की जाय; विक्रमांक सरीखे गुणग्राहक राजा थे तब हमारे यहां भी दर्शन और विज्ञान बहुत कुछ चमक उठे थे।''[92]

इस पत्रिका ने इस बात को भी पटल पर रखा कि न केवल दशमलव बल्कि गणित, ज्योतिष, रसायन और चिकित्सा के क्षेत्र में भी प्राचीन भारतवासियों का महत्वपूर्ण योगदान था और उनसे ही यह विद्याएं अरब और फिर यूरोप को गयीं थी। अपने तथ्य के प्रमाण में लिखा कि ''हिंदुओं ने बीजगणित में भी बड़ी उन्नति की थी मुहम्मद मूसा खारज़्मों ने पहले हिन्दुस्तान की ज्योतिष के अनुसार छोटी सी पुस्तक अरबी में लिखी और अपने स्वदेशियों की संख्या अर्थात् एक दो आदि अंकों की लिखावट भारतवर्ष की परिपाटी पर सिखलाया; यह कैसे संभव है कि जिसने इतना गणित यहां से सीखा वह बीजगणित भी न सीखा हो यूनानवाले भी हिन्दुस्तानियों की इस बात में बड़ी इज्जत करते हैं; पहले एक यूनानी डायोफेटीज ने गणित की एक पुस्तक लिखी जिस्में उसने अपने गणित की पुष्टता के लिए हिन्दुओं का नाम लिखा है तो इस्से निश्चय होता है कि वह यहां के गणितज्ञ हिन्दुओं को जानता था; सिवा इस्के फलित ज्योतिष (Astrology) जिस्के आधुनिक सुशिक्षित पूरे शत्रु हो रहे हैं उस्की उत्पत्ति प्रथम हमारे ही आचार्यों ने किया।''[93] इसी प्रकार रसायन और चिकित्सा के संबंध में भी लिखा कि ''———हिन्दुओं ने रसायन विद्या में भी बड़ी उन्नति की थी सब प्रकार के रस बनाना और हर एक भौतिक पदार्थों के गुण ये जानते थे और हमारे यहां का वैद्यक जैसा बढ़ चढ़ कर है सो तो प्रत्यक्ष ही है; युद्ध विद्या में भी ये भरपूर निपुण थे।''[94]

इस पत्रिका ने प्राचीन आर्यगणों की विशेषता को बतलाया कि वे सीधेसाधे थे और कुटिलता बिलकुल न जानते थे। दूसरे घमण्ड में आकर सिवा गुरु बनने के चेला कभी किसी के न हुए। दूसरे देश के लोग विभिन्न प्रकार के छल–कपट कर विविध प्रकार के ज्ञान प्राप्त कर लिए पर भारतवासियों ने उनसे कुछ नहीं सीखा[95] जिसका परिणाम यह हुआ कि भारत की ज्ञान–विज्ञान की प्रगति स्थिर रह गयी और पश्चिमी जगत इसमें आगे बढ़ता गया। इस उदारता के कारण ही एक दिन ऐसा आया कि यूरोप के लोग भारतवासियों को सब प्रकार अयोग्य और झूठे कहने लगे जैसा कि पत्रिका ने लिखा कि ''यूरोप के मेकाले सरीखे बड़े दियानतदारों ने हिन्दुस्तानियों को दुनियाभर में सबसे झूठे और बेइमान निश्चय किया है और

इतना अविश्वास के योग्य समझा है कि बड़े ऊंचे ओहदे अबतक इन्हें इसी खयाल से नहीं दिये जाते किन्तु हम जो नीचे लिखेंगे उस्से आपको यही प्रगट होगा कि यदि हिन्दुस्तानी वैसे होते तो इस देश की ऐसी दशा न होती जैसी आज है क्योंकि हमारे यूरोपिय भ्रतृगणों के राजनैतिक गुढार्थ को टओलिये तो उस्से यहीं सिद्धांत निकलता है कि बार–2 झूठ बोलने और बेइमानी ही करने से मुल्क की तरक्की है–जिस देश के मनुष्य सचाई सिधाई अपने बात के धनी और भोलेपन से रहेंगे वे ऐसे ही कुटिल मण्डली के वशम्बद होंगे जैसे हम हुए हैं।''[96]

हिंदी प्रदीप पत्रिका ने भारतीयों की ज्ञान–विज्ञान के क्षेत्र में परिवर्तन विमुखता एवं दूसरों से कुछ न सीखने की नीति को ही भारत की अवनति का मुख्य कारण बतलाया और बहुत ही स्पष्ट शब्दों में इस बात को पटल पर रखा कि ''परिवर्तन जिस्के हमारे पुराने बुड्ढे अत्यंत विरुद्ध हैं इस अस्थिर जगत का एक मुख्य धर्म या गुण है वहीं नए लोग इस परिवर्तन पर अनमन न होकर चिढ़ते नहीं वरन इसे तरक्की की एक सीढ़ी मानते हैं–हमारे अभाग से भारत में परिवर्तन को यहां तक लोग बुरा समझते हैं कि दिन दिन अत्यंत गिरी दशा में आकर भी परिवर्तन की ओर नहीं मन दिया चाहते–यह हमारी परिवर्तन विमुखता ही का कारण है कि हजार वर्ष से विदेशियों का पदाघात सहकर भी कभी एक क्षण के लिए जीवनी नाड़ी में रक्त संचालन न हुआ–जैसी इल्म की तरक्की इस 19वी शताब्दी में हमारे देश में हुई है वैसा किसी दूसरे देश में होती तो वह देश भूमंडल का शिरोमणि हो जाता परिवर्तन विमुखता के कारण इस समय की विद्या बुद्धि दाल में नमक के भांत मालूम होती है और जो धीमा क्रम यहां के लोगों में देखा जाता है उससे यही निष्कर्ष निकलता है कि इस जीर्ण भारत के लिए अभी कई शताब्दी चाहिये।''[97] परिवर्तन विमुखता के कारण ही भारत अवनति करता गया और यूरोप उन्नति और जिसका परिणाम दोनों की अवस्था में बड़ा अंतर हो गया, जैसा कि पत्रिका ने लिखा कि ''अब हिंदुस्तान और यूरोप की दशा में आकाश और पाताल स्वर्ग और नरक का अंतर हो गया सौभाग्य लक्ष्मी और सुख संदोह सागर का प्रवाह पलट गया, विद्या सभ्यता साहब आदि पौरुषेय गुण की लहरें जो पूर्व की ओर चली आ रही थी पलटकर पश्चिम की ओर चली गइ–जिसमें देखो उसी में पश्चिमी सभ्यता पश्चिमी विज्ञान पश्चिमी विद्या और अकिल टांग अड़ाये हुए हैं–जिनका रंग–ढंग रहन–सहन सब माननीय और आदरणीय है अब यह यूरोप वर्तमान अर्द्ध शिक्षित भारत का शिक्षा गुरु बन रहा है हर एक बात में इसे राह का दिखाने वाला उपदेशक बनने का दावा बांधे हुए है।''[98]

भारतवासियों की परिवर्तन विमुखता एवं अपने ही धुन में मस्त रहने, कि हम ही संसार में सर्वश्रेष्ठ जाति हैं और हमारा ज्ञान ही सर्वोत्तम है, की नीति के कारण ही भारत की अवनति हुई। भारतीयों ने विदेशियों के बुद्धि वैभव को तुच्छ समझा जिसका परिणाम यह हुआ कि हम लोगों में विद्या की वृद्धि स्थिर रह गई। दो–चार विद्वान अंग्रेजों ने भारतीयों के काव्य, नाटक और व्याकरण की थोड़ी सी तारीफ कर दी तो यह और भी खिल उठे कि बस जो कुछ हैं सो हमीं हैं; यूरोप हेय और तुच्छ है। भारतीयों की इस सोच पर हिंदी प्रदीप पत्रिका ने कटाक्ष किया कि ''..... शंख के कुल में एक कोई पाञ्चजन्य हो गए बाकी सब तो डपोरशंख भरे हैं एक कोई कालिदास तरीके विद्वान और विक्रम सरीखे प्रतापी हो गए तो मारे घमंड के फूल उठे; वही इंग्लैंड है जहां गली की एक–एक ढिकुरी विक्रम और कालिदास बनने का दावा बांधे हुए हैं।''[99] इस पत्रिका के माध्यम से पत्रिका के संपादक पं0 बालकृष्ण भट्ट ने न केवल भारत के सामान्य लोगों बल्कि तत्कालीन भारत सबसे प्रखर सामाजिक–धार्मिक सुधारक स्वामी दयानंद सरस्वती की भी इसी प्रकार की परिवर्तन विमुखता एवं दूसरों से न सीखने की नीति की कटु आलोचना की। स्वामी जी के बहुत से कार्यों की प्रसंशा करते हुए भी भट्टजी विज्ञान के क्षेत्र में उनके मत से सहमत नहीं थे और 'हमलोगों के समझ की कचाहट और विचारशीलता का अभाव' शीर्षक लेख मे लिखा कि ''ईश्वर करें स्वामी जी अजर–अमर हो सदा जीते रहे जिसमें यूरोप अमेरिका वालों की बुद्धि जो नई–नई ईजाद करती जाए स्वामी जी उसे वेदों में सिद्ध करते जाएं सारांश यह कि विज्ञान पदार्थ विद्या रसायन विद्या भूगर्भ भूगर्भ (जियोलॉजी) वृक्षायुर्वेद (बॉटनी) कल की विद्या (मेकेनिक) और जितनी यूरोप के चमत्कारी मॉडर्न साइंस हैं सब प्राचीन आर्यों के रोम रोम में भरे थे; हम लोग पहले बहुत अच्छे थे हम नहीं जानते इसे कहने से अब क्या लाभ है कितने लोग इसी समझ में मस्त फिरते हैं कि हमारे दादा–परदादा बहुत अच्छे बड़े बुद्धिमान और विद्वान थे वही मसल कि बाप ने खी खाया हमारा हाथ सूंघ लो।''[100]

पश्चिमी विद्वानों द्वारा भारत पर यह एक प्रबल आक्षेप लगाया जाता रहा है कि भारत में प्राचीन काल से ही विज्ञान एवं प्रौद्योगिकी की परंपरा का अभाव रहा है, और यदि यह मान भी लिया जाय कि यदि यह परंपरा थोड़ी बहुत थी भी तो न तो प्राचीन भारत के विज्ञान विषयक ग्रंथ मिलते हैं और न ही उनमें यूरोपिय विद्वानों के समान किसी विषय की कमबद्ध चर्चा हैं। हिंदी प्रदीप भारत की पहली हिंदी पत्रिका थी जिसमें इस बात को प्रथम बार बिना किसी झिझक के उठाया गया कि यदि सब प्राचीन आर्यगण विज्ञान में इतनी

अभिज्ञता प्राप्त कर चुके हैं तब यूरोप के शास्त्रकारों के सदृश उन सब विषयों का अति सुस्पष्ट और विस्तार रुप में लिपिबद्ध क्यों न कर रक्खा? शास्त्रों में ऐसी पहेली की तरह अस्पष्ट सा क्यों है? इस्के उत्तर में पहले तो हमको यहीं कहना है कि हमलोग जो विज्ञान सम्बन्धी लेख शास्त्रों में पाते हैं वह पुस्तक विज्ञान विषयक नहीं है दर्शन या पुराणों में जहां और और विषयों की आलोचना की गयी है वहां प्रसंग प्राप्त विज्ञान सम्बन्धी लेख भी हम देखते हैं इसलिये ऐसे स्थल में उन सब विषयों की विकृत आलोचना क्यों कर प्रत्याशा की जा सक्ती है? इस्के उत्तर में यदि कोई कहे कि अच्छा यह तो सब सही किन्तु विज्ञान विषयक जो कुछ बचे बचाये ग्रंथ पाये जाते हैं उनमें भी तो यूरोपिय शास्त्रों की भांत आलोच्य विषय पुंखा नु पुंख रुप में सिलसिलेबार नहीं है सुतरांम् विज्ञान की जो सब पुस्तकें लुप्त हो गईं उस्में भी विज्ञान की सुविस्तीर्ण आलोचना रही हो यह भी संभव नहीं है विज्ञान ही की जो यर्थाथ उन्नति इस देश में हुई होती तो क्या यह दशा होती?''[101] इस पत्रिका ने न केवल इस अति महत्वपूर्ण प्रश्न को पटल पर रखा बल्कि इसका बहुत ही सटीक उत्तर भी दिया कि 'वास्तव में सोचकर देखिये तो यह बात नहीं है कि विज्ञान के न होने से हमलोगों की अवनति हुई है और यह बात सत्य है कि संस्कृत के प्रकाश की प्रणाली योरोपिय शास्त्र के प्रकाश की प्रणाली से भिन्न है क्या दर्शन क्या विज्ञान प्रत्येक विषय में यूरोप के शास्त्रकारगण जिन जिन सिद्धांतों पर आरुढ़ हो गये वह सीढ़ी–2 अन्तिम सिद्धांत तक पहुॅचने का क्रम दिखला गये हैं किन्तु आर्य पण्डितगण किसी सिद्धांत तक पहुॅचने के लिए कोई सीढ़ी या कोई प्रणाली कुछ न बतलाकर केवल उस सिद्धांत ही को कहकर मानो निश्चिन्त हो गये इस्में उनकी उन विषयों में अज्ञानता नहीं प्रगट होती किन्तु उस ज्ञान के प्रकाश की प्रणाली की असंपूर्णता अलबत्ता प्रगट होती है।'[102]

हिंदी प्रदीप पत्रिका ने भी लोगों तक वैज्ञानिक ज्ञान को पहुॅचाने का निरंतर प्रयास किया। इस पत्रिका ने लगभग प्रत्येक अंक में विज्ञान में विविध वैज्ञानिक सामग्री का प्रकाशन किया। भौतिक विज्ञान, रसायन विज्ञान, ज्योतिष, भूगर्भ विद्या, रोग निवारण इत्यादि इत्यादि विषयों पर इस पत्रिका में निरंतर सामग्री का प्रकाशन होता था। उदाहरण के लिए भूगर्भ विद्या पर 'भूगर्भ निरूपण' नामक लेख में लिखा कि 'सृष्टि के बहुत से नियमों में यह भी एक नियम है कि जितने पदार्थ हैं वह कभी अपनी पूर्णता की दशा में नहीं रहने पाते इस कारण यह चट्टानें दिन दिन ऊंचाई में घटती जाती हैं यदि यही एक नियम सृष्टि के आदि से अंत तक बना रहता तो संभव था कि ऊंचे से ऊंचे पहाड़ कोई ना बाकी रहते और सारी सूखी

धरती समुद्र हो जाती परंतु इसके साथ ही एक दूसरा नियम भी लगा है कि वह पदार्थ सदा कुछ कुछ बढ़ते भी रहते हैं जिससे यह घटी पुरती जाती है संभव है कि इस वृद्धि का कारण वह आग होगी जो पृथ्वी तल के भीतर वर्तमान है और जिसके कारण भीतर के पदार्थ गर्मी पाकर ऊपर को उभर आते हैं इसी अग्नि के क्रम से बढ़ने या एकाएक भड़क उठने के प्रभाव से वह चट्टाने जो समुद्र के पानी के नीचे दबी थी पानी के तल के कई फुट ऊंची उठ आई हैं और धीरे–धीरे वही छोटे–छोटे द्वीप बन गई हैं।'[103]

हिंदी प्रदीप पत्रिका ने अपने देश की खराब आर्थिक दशा को बार बार पटल पर रखा और इसका कारण अंग्रेजों की आर्थिक शोषण एवं धन निष्कासन नीति को माना। जिस प्रकार छोटी छोटी वस्तुओं को क्रय करने में भारत का धन इंग्लैंड को जा रहा था, उस पर दुःख प्रकट करते हुए इस पत्रिका ने औद्योगिक विषयों पर ऐसे बहुत से लेख प्रकाशित किये जिनको पढ़कर लोग लाभ उठा सकते थे और अपनी जीविका भी चला सकते जिसके परिणाम स्वरुप भारत का धन बाहर जाने से भी बच सकता था। 'दियासलाई बनाने की तरकीब'[104] 'गटा परचा'[105] 'शीशा'[106] इत्यादि इत्यादि अनेक औद्योगिक विषयों पर इस पत्रिका ने अनेक लेख प्रकाशित किये और उन वस्तुओं के बनाने की पूरी विधि भी प्रकाशित की।

19वीं सदी को आधुनिक युग की पहली वैज्ञानिक सदी माना जाता है। इस सदी में संसार के अनेक देशों ने आश्चर्यजनक उन्नति की। हिंदी प्रदीप पत्रिका ने भी इस सदी के महत्व को भलीभॉति स्वीकार किया और एक तरफ जहां इसकी 'सुदिन' के रुप में प्रसंशा की वहीं इस सदी में भारतवासी जिस प्रकार जर्जर अवस्था में पहुॅच गये थे, उसके कारण इसकी कटु आलोचना भी की। इसकी प्रसंशा में लिखा कि 'इसे हम सुदिन इसलिए कहते हैं कि इस शताब्दी में भारत ने वह बातें देखी जो कभी ख्वाब ख्याल न थी और जो हम सबों को एक कौतूहल सी भाषित हुई सच मानिए जिंदगी की यह सब लज्जतें और आसाइसें मुंडन और फलाहार से जिंदगी काटने वाले वन्यवृत्ति हमारे उन तपसी ऋषियों को मयस्सर होती तो कभी का उनका मन कृच्छ सांतपन शुष्क पर्णासन आदि कड़े कड़े व्रत और पंचाग्नि सेवन आदि कठिन तपस्या से डिग गया होता।'[107] प्रसंशा के साथ ही इस सदी की आलोचना करते हुए इसे भारत के लिए 'दैवदुर्विपाक' की भी संज्ञा दी और लिखा कि ''अब यह 19वीं शताब्दी दैव दुर्विपाक क्यों हुई और भारत को महा विपत्ति में छोड़ सर्वथा क्षतिग्रस्त क्यों कर डाला जरा इसे भी सुनते चलिए–औवल तो यह कि हम लोगों को सर्वथा पराधीन निःसत्व और बेकदर कर देने का ठेका ले इस मनहूस शताब्दी ने जन्म लिया था; वैसा ही कर

दिखाया अब हमारी दशा ऊपर से वार्निश किए रंगे चुंगे उस काष्ठ के समान है जो भीतर ही भीतर घूनते घूनते चारों ओर से पोला पड़ गया है ऊपर की वार्निश बच रही है दूर से चमकती हुई विदेशियों के मन को ऐसा लुभाए है कि वह अब तक अपनी शनि की दृष्टि से इसे ताक रहे हैं विदेशी भाषा और विदेशी विज्ञान और दर्शन के अधिक प्रचार से लोगों के चित्र कुछ ऐसे बांके तिरछे हो गए हैं कि आज तक के बुद्धि ईश्वर और धर्म में श्रद्धा तथा विश्वास का अंकुर ना रहा।''[108]

हिंदी प्रदीप पत्रिका ने भारत की सभी समस्याओं का कारण भारत में उपस्थित विदेशी शासन को माना जो कि भारतीय लोगों की तरक्की की ओर न तो कोई ध्यान देती थी और न ही ज्ञान–विज्ञान एवं कला–कौशल की उन्नति का उद्योग ही करती थी। पत्रिका ने उस युग में भी बहुत ही प्रखर शब्दों में लिखा था कि ''दासत्व में अपना तो कुछ रहता ही नहीं जो कुछ अपना होता है वह सब पराया हो जाता है और जो कुछ मालिक ने हाथ उठाकर इनाम के माफिक दिया वहीं अपना समझा जाता है। हमारे देशवासी दीर्घ दास्यभाव के कारण अपने आप ही को भूल गए तो भारत की कौन चलावै।''[109] इस पत्रिका ने बड़े ही स्पष्ट शब्दों में भारतीय लोगों को यह बतलाया कि अंग्रेजी शासन से अपनी भलाई की उम्मीद करना व्यर्थ है और यदि भारतवासी उन्नति ही करना चाहते हैं तो इसके लिए उन्हें स्वयं ही प्रयास करना होगा। अपनी तरक्की के लिए गवर्नमेंट का मुँह ताकना भूल है।[110]

भारतेंदु हरिश्चंद्र ने हिंदी के उद्धार और ज्ञान–विज्ञान के प्रचार के लिए जो उद्योग आरंभ किया उसमें हिंदी के अनेक लेखकों एवं कवियों ने सहयोग किया। उनके जीवनकाल में ही लेखकों और कवियों का एक खासा मंडल चारो ओर तैयार हो गया था। पं0 बदरीनारायण चौधरी, पं0 प्रतापनारायण मिश्र, बाबू तोताराम, ठाकुर जगमोहन सिंह, लाला श्रीनिवासदास, पं0 बालकृष्ण भट्ट, पं0 केशवराम भट्ट, पं0 अम्बिकादत्त व्यास, पं0 राधाचरण गोस्वामी इत्यादि कई प्रौढ़ और शक्तिशाली लेखकों ने भारतेन्दु के इस उद्योग में सहयोग किया।[111] इन लेखकों ने जनसमुदाय में राष्ट्रीय चेतना विकसित करने एवं हिंदी के सम्मान को बढ़ाने पर बल दिया। इस उद्देश्य की पूर्ति हेतु विभिन्न पत्र–पत्रिकाओं का प्रकाशन हुआ। प्रतापनारायण मिश्र ने 'ब्राह्मण'; लाला श्रीनिवासदास ने 'सदादर्श'; तोताराम ने 'भारतबन्धु; राधाचरण गोस्वामी ने 'भारतेंदु' चौधरी प्रेमघन ने 'आनंद कादम्बिनी' तथा बालकृष्ण भट्ट ने 'हिंदी प्रदीप' पत्र निकाला।[112] भारतेंदु कालीन इन पत्र–पत्रिकाओं में से कई पत्रों ने विज्ञान विषयक सामग्री का भी प्रकाशन किया और वैज्ञानिक ज्ञान को जनता की

भाषा में जनता तक पहुँचाने का प्रयास किया। भारतेंदु के समय से ही हिंदी भाषी क्षेत्रों में भी बंगाल के समान ही कुछ पत्रिकाओं और लेखकों की पहचान विज्ञान संचारक के रुप में होने लगी और भारतेंदु के बाद भी यह क्रम न केवल जारी रहा बल्कि निरंतर उन्नति करता गया।

भारतेंदु हरिश्चंद्र का देहावसान तो 1885ई0 में ही हो गया परंतु उसके बाद भी उनके ही समय में बन गया 'भारतेंदु मंडल' सक्रिय रहा और हिंदी भाषा में विविध सामग्री का निरंतर प्रकाशन करता रहा जिसमें विज्ञान विषय भी थे। 1900ई0 के पूर्व भारतेंदु कालीन हिंदी पत्रिकाएं तो प्रकाशित हो ही रही थीं पर इस काल में दो अन्य पत्रिकाओं का भी प्रकाशन हुआ—कुसुमांजलि और नागरीप्रचारिणी पत्रिका और इन दोनों पत्रिकाओं ने भी हिंदी भाषा में ज्ञान—विज्ञान के प्रचार एवं लोकप्रियकरण का सराहनीय कार्य किया। कुसुमांजलि पत्रिका का प्रथमांक नवंबर, 1895ई0 में निकला था और प्रथम अंक से ही इस पत्रिका ने अपने देश की खराब आर्थिक स्थिति के साथ ही व्यापार—वाणिज्य से भारतीयों के दूर होने से हो रहे नुकसान को रेखांकित किया 'हमारे देशवासियों की वर्तमान दशा यह है कि प्रथम तो नौकरी के लिए यत्न करते हैं जब नौकरी मिलना दुष्कर हुआ तो नाम के लिए व्यापार पर उतारू होते हैं कोई सस्ती में अनाज खरीद कर महंगी में बेच कर अन्नी दुअन्नी नफा ले संतोष कर बैठते हैं। और कोई रुई अफीम इत्यादि इसी भांति खरीद कर जो लाभ हुआ उसी पर आनंद करते हैं और जो विशेष धनवान हैं वह या तो हुण्डी—यावन पर निर्वाह करते हैं नहीं तो लाख या दो लाख के कपड़े मानचेस्टर और बर्किंघम के जुलाहों से खरीदकर भारत के विभिन्न प्रांतों में बेच डालते हैं। और जो व्यापार का यथार्थ फल है उससे सदा वंचित रहते हैं और यथार्थ व्यापार करना उससे अपरिमित लाभ उठाना वह सब यूरोप निवासियों में जा बसा है। और हमारे देशी वाणिक ऐसे सीधे हैं कि अपने देश के रुपयों से विलायत को भरे डालते हैं।'[113]

कुसुमांजलि पत्रिका ने व्यापार—वाणिज्य की उन्नति को ही देश की उन्नति का आधार माना क्योंकि व्यापार—वाणिज्य की उन्नति विज्ञान एवं प्रौद्योगिकी की उन्नति पर निर्भर करती है और यह बात प्राचीन काल से सिद्ध है जिसे इस पत्रिका ने बतलाया कि 'जब की अनेक बार कृतविद्य महाशयों ने यह निश्चित रूप से सिद्ध कर दिया है कि बिना देशी वस्तुओं के प्रचार के हमारे यहां की शिल्पकला तथा वाणिज्य की उन्नति नहीं हो सकती और जहां शिल्प वाणिज्य की उन्नति नहीं वहां धनागम कैसा?[114] वाणिज्य—व्यापार की उन्नति पर इस

पत्रिका ने इतना जोर दिया कि उसे ही सब उन्नतियों का आधार बतलाया और देशवासियों का आह्वाहन किया कि देश की उन्नति करना है तो स्वदेशी व्यापार की उन्नति करनी चाहिए और लिखा कि 'हमारे देश का वाणिज्य विदेश में जा बसा है। उसके उन्नति के वास्ते हम लोग कुछ चेष्टा ही नहीं करते। प्रिय पाठको! जब वाणिज्य किसी देश में उन्नति पर होता है तो वहां की सब बातों में उन्नति रहती है और वहां के लोग प्रसन्न और सुखी रहते हैं क्योंकि संसार की संपूर्ण बातें केवल एक व्यापार ही पर निर्भर है। जब जिस देश में व्यापार उन्नति चढ़ रहा होगा तब उस देश की सभी वस्तु उन्नति पर रही होंगी इस वास्ते हमारे देशवासियों को उचित है कि मातृभाषा के साथ–साथ इस देश के वाणिज्य की उन्नति करें।'[115]

19वीं सदी के अंतिम दशक में हिंदी भाषा में विज्ञान के प्रचार–प्रसार एवं लोकप्रियकरण में नागरीप्रचारिणी पत्रिका का योगदान सर्वाधिक महत्वपूर्ण था। इस पत्रिका का प्रथमांक जून, 1896ई0 में निकला था और प्रथम अंक से ही इस पत्रिका ने विज्ञान को विशेष प्रमुखता दी। इस पत्रिका के प्रथम अंक की प्रस्तावना में ही देशवासियों को वैज्ञानिक ज्ञान प्राप्त करने का परामर्श दिया गया कि ''कोई देश तब तक सभ्य कहलाने का गौरव नहीं प्राप्त कर सकता जब तक उसने यथोचित विद्या की उन्नति प्राप्त न कर ली हो और विद्या की उन्नति तब तक संभव नहीं है जब तक देश के कृतविद्य जनों का ध्यान आकर्षित न हुआ हो।''[116] प्रथम अंक में इस पत्रिका में भूमिका के अतिरिक्त कुल 8 लेख प्रकाशित हुए थे और प्रथम लेख ही विज्ञान विषय पर था जिसका शीर्षक 'केतुतारों का संक्षिप्त वृत्तांत' था। इस विषय पर शायद यह पहला सबसे विस्तृत और शोधपरक लेख था।

नागरीप्रचारिणी पत्रिका काशी नागरीप्रचारिणी सभा की मुख पत्रिका थी और सभा ने वैज्ञानिक ज्ञान को लोकभाषा हिंदी के माध्यम से प्रचारित करने के प्रति अपनी कटिबद्धता आरंभ में ही जाहिर कर दी थी। सभा ने भारतवासियों के बीच यह बात उपस्थित की कि शासक जाति की उन्नति, उनका गौरव और सभ्यतागत् श्रेष्ठता का उनका दावा विज्ञान ही के कारण है। अपनी पत्रिका 'नागरीप्रचारिणी' के तीसरे ही भाग में सभा ने यह प्रकाशित किया कि ''आजकल की सभ्य जाति का गौरव विज्ञान से ही है अर्थात् केवल विज्ञान की चर्चा और विज्ञान की उन्नति साधन ही इस समय का पूर्ण गौरव है।''[117] इसी प्रकार नागरीप्रचारिणी पत्रिका के 13वें भाग में यह बात दृढ़ता से स्थापित की गयी कि उन्नतशील जातियों ने जो कौशल और बल प्राप्त किया है उसके मूल में वैज्ञानिक शिक्षा ही है। पत्रिका

में इस संदर्भ में लिखा गया कि "आजकल उन्नतिशील जातियों ने जो महाकौशल और बल प्राप्त किए हैं वे इसी वैज्ञानिक शिक्षा का प्रभाव है। नवीन यंत्र, इंजिन, तार आदि का विज्ञान के द्वारा ही आविष्कार हुआ है जिनसे कार्य की गति शीघ्र और सहज हो गई है।"[118]

भारत में नवजागरण का उन्मेष बंगाल से हुआ और उसके बाद ही इसकी प्रभा अन्य प्रांतों में छिटकी। उत्तर भारत में इसकी किरणें सर्वप्रथम बनारस पहुँची और इसे धारण किया भारतेंदु हरिश्चंद्र ने। उन्होंने सब उन्नतियों का मूल निजभाषा उन्नति को माना और अपनी भाषा हिंदी में ही देशवासियों में चेतना लाने और उन्हें आंदोलित करने का प्रयास किया। उन्होंने ज्ञान–विज्ञान विषयक सामग्री भी जनभाषा हिंदी में ही देशवासियों तक पहुँचाने का उद्योग किया। उन्होंने अपनी सभीं पत्रिकाओं–कविवचन सुधा, हरिश्चंद्र मैगजीन और बालाबोधनी में जनोपयोगी सामग्री का प्रकाशन किया और उन्हीं के पदचिन्हों पर चलते हुए उनके सहयोगियों ने भी इसी नीति का पालन किया। भारतेंदुकालीन एवं परवर्ती अधिकांश पत्रिकाओं–हिंदी प्रदीप, सारसुधानिधि, काशी पत्रिका, क्षत्रिय पत्रिका, कुसुमांजलि, नागरीप्रचारिणी पत्रिका इत्यादि ने भी जनोपयोगी विज्ञान विषयक सामग्री का प्रकाशन कर इसे जन–जन तक पहुँचाने का प्रयास किया। इन पत्रिकाओं ने देश–विदेश में हो रही विज्ञान की उन्नति, विविध आविष्कार, कृषि, चिकित्सा में विज्ञान का उपयोग, देशोन्नति में विज्ञान की भूमिका एवं विज्ञान के क्षेत्र में शासन की द्वैध नीति इत्यादि सभी बातों पर प्रकाश डाला और देशवासियों को हमेशा इस बात के लिए प्रेरित किया कि वे दैनिक जीवन में अधिकाधिक वैज्ञानिक पद्धति को अवनावें।

संदर्भ सूची :

1. शर्मा, विनयमोहन, सं0 हिंदी साहित्य का वृहद् इतिहास, भाग 8, ना0 प्र0 सभा, सं 2029 पृष्ठ 92
2. शर्मा, रामविलास, भारतेंदु हरिश्चंद्र, विद्याधाम प्रकाशन दिल्ली, 1953ई0, पृष्ठ 178
3. शर्मा, विनय मोहन, सं0 हिन्दी साहित्य का वृहद् इतिहास, भाग 8, पृष्ठ 82
4. गोपाल, मदन, भारतेंदु हरिश्चंद्र, राजपाल एण्ड संस दिल्ली, 1976ई0, पृष्ठ 63

5. प्रसाद, मंगला, पुनर्जागरण युग और भारतेन्दु, श्रीरामकृष्ण पुस्तकालय वाराणसी, 1988ई0, पृष्ठ 97
6. दास, ब्रजरत्न, सं0 भारतेंदु ग्रंथावली, खण्ड एक ना0प्र0 सभा, 2007वि0, पृष्ठ 469
7. साक्षात्कार, प्रो0 गिरीशचंद्र चौधरी, 27 नवंबर, 2006, भारतेंदु भवन, वाराणसी।
8. दास, ब्रजरत्न सं0 भारतेन्दु ग्रंथावली भाग–3, पृष्ठ 9
9. भारत में अंग्रेजीः क्या खोया क्या पाया, किताब घर प्रकाशन नई दिल्ली, 1997ई0, पृष्ठ 47
10. वहीं, पृष्ठ 48
11. शर्मा, विनय मोहन, सं0 हिंदी साहित्य का वृहद् इतिहास, भाग 8, पृष्ठ 79
12. वहीं, पृष्ठ 79–80
13. हिंदी भाषा के सामयिक पत्रों का इतिहास, नागरीप्रचारिणी सभा, काशी, 1894ई0, पृष्ठ 29–30
14. सहाय, शिवनंदन, हरिश्चंद्र, हिंदी समिति उत्तर प्रदेश, लखनऊ, 1975ई0, पृष्ठ 67
15. कविवचन सुधा, 3 दिसंबर, 1883ई0, हरिप्रकाश यंत्रालय, काशी, पृष्ठ 11
16. दास, राधाकृष्ण, हिंदी भाषा के सामयिक पत्रों का इतिहास पृष्ठ 29–30
17. सहाय, शिवनंदन, हरिश्चंद्र, पृष्ठ 72
18. हरिश्चंद्राज मैगज़ीन, नं0 1, वोल्यूम 1, अक्टूबर, 1873, मेडिकल हॉल प्रेस, बनारस
19. हरिश्चंद्र मैगजीन वॉल्यूम–1, नं0–7, 15 अप्रैल, 1874, पृष्ठ 194–195
20. हरिश्चंद्र मैगजीन, 15 मई, 1874, पृष्ठ 213
21. वहीं, पृष्ठ 213
22. वहीं, पृष्ठ 212
23. वहीं, पृष्ठ 213
24. हरिश्चंद्र मैगजीन, वॉल्यूम 1, नंबर 7, 15 मई, 1874, पृष्ठ 204
25. वहीं, पृष्ठ 204
26. वहीं, पृष्ठ 214
27. श्रीहरिश्चंद्रचन्द्रिका, खंड–1, संख्या–9, जून, 1874ई0, सत्ययन्त्र, कलकत्ता
28. वहीं, मुखपृष्ठ
29. वहीं, पृष्ठ 20

30. मिश्र, लक्ष्मीशंकर, सरल त्रिकोणमिति की उपक्रमणिका, मेडिकल हाल प्रेस, बनारस, 1873 ई0, प्रस्तावना, पृष्ठ 1
31. श्रीहरिश्चंद्रचन्द्रिका खंड–1, संख्या–9, जून, 1874ई0, पृष्ठ 22; मिश्र, शिवगोपाल, स्वतंत्रता पूर्व हिंदी में विज्ञान लेखन, वैज्ञानिक तथा तकनीकी शब्दावली आयोग, दिल्ली, 2001ई0, पृष्ठ 4
32. श्रीहरिश्चंद्रचन्द्रिका, खंड–1, संख्या–10, जुलाई, 1874ई0, पृष्ट 54–55
33. वहीं, पृष्ठ 55
34. वहीं, पृष्ठ 58
35. विज्ञान परिषद और हिंदी का वैज्ञानिक साहित्य, पृष्ठ 42
36. श्रीहरिश्चंद्रचन्द्रिका, खंड–1, संख्या–10, जुलाई, 1874ई0, पृष्ट 75
37. वहीं, पृष्ठ 75
38. शर्मा, हनूमान, जयपुर का इतिहास, पहला भाग, कृष्ण कार्यालय, चौमूँ, जयपुर, सं0 1994वि0, पृष्ठ 655
39. श्रीहरिश्चंद्रचंद्रिका, खंड–2, संख्या–2, नवंबर, 1874, पृष्ठ 46
40. वहीं, पृष्ठ पृष्ठ 47
41. शुक्ल, रामचंद्र, हिंदी साहित्य का इतिहास, नागरी प्रचारिणी सभा, वाराणसी, संवत 2067, पृष्ठ 249–50
42. दास, राधाकृष्ण, हिंदी भाषा के सामाजिक पत्रों का इतिहास, पृष्ठ 17–18
43. काशी पत्रिका, 4 फरवरी, 1887, चंद्रप्रभा प्रेस, बनारस, पृष्ठ 55
44. वहीं, पृष्ठ 55–56
45. वहीं, पृष्ठ 56
46. काशी पत्रिका, 11 जनवरी, 1884
47. काशी पत्रिका, 22 मई, 1885
48. काशी पत्रिका, 4 फरवरी, 1887
49. काशी पत्रिका, 20 जुलाई, 1888
50. काशी पत्रिका, 22 मई, 1885, पृष्ठ 290
51. काशी पत्रिका, 20 जुलाई, 1888, पृष्ठ 428
52. दास, राधाकृष्ण, हिंदी भाषा के सामाजिक पत्रों का इतिहास, पृष्ठ 19

53. भारतमित्र, संख्या—1, 17 मई, 1878, सरस्वती प्रेस, कलकत्ता, पृष्ठ 2
54. वहीं, 15 जून, 1878, पृष्ठ 1
55. सारसुधानिधि, 12 सेप्टेंबर, 1878, सरस्वती यंत्र, कलकत्ता, पृष्ठ 1
56. वहीं, पृष्ठ 1—2
57. सारसुधानिधि, 15 सितंबर, 1879, पृष्ठ 203
58. वहीं, पृष्ठ 203
59. सारसुधानिधि, 15 सितंबर, 1879, पृष्ठ 204
60. सारसुधानिधि, 29 सितंबर, 1879, पृष्ठ 207—8
61. सारसुधानिधि, 21 मार्च, 1881, पृष्ठ 211
62. सारसुधानिधि, 21 मार्च, 1881, पृष्ठ 214
63. सारसुधानिधि, 22 जनवरी, 1883, पृष्ठ 222
64. सारसुधानिधि, 22 जनवरी, 1883, पृष्ठ 222—23
65. कुमार, दीपक, विज्ञान और भारत में अंग्रेजी राज, पृष्ठ 204, 206
66. सारसुधानिधि, 5 जून, 1882, पृष्ठ 216
67. सारसुधानिधि, 4 अक्टूबर, 1880, पृष्ठ 222
68. वहीं, पृष्ठ 222
69. वहीं, पृष्ठ 224
70. वहीं, पृष्ठ 223—224
71. वहीं, पृष्ठ पृष्ठ 225
72. सारसुधानिधि, 21 अगस्त, 1882, पृष्ठ 331
73. वहीं, पृष्ठ 332
74. वहीं, पृष्ठ 332
75. कुमार, दीपक, विज्ञान और भारत में अंग्रेजी राज, पृष्ठ 214
76. सारसुधानिधि, 21 अगस्त, 1882, पृष्ठ 332
77. वहीं, पृष्ठ 333
78. सारसुधानिधि, 21 अगस्त, 1882, पृष्ठ 334;
79. छत्रिय पत्रिका, खंड—1, संख्या—1, 1881ई0, खंड्ग विलास प्रेस, बांकीपुर, मुखपृष्ठ
80. छत्रिय पत्रिका, वर्ष—1, खंड—3, 1881ई0, पृष्ठ 33

81. वहीं, पृष्ठ 31
82. वहीं, पृष्ठ 33
83. वहीं, पृष्ठ 32
84. हिंदी प्रदीप, अगस्त, 1886, यूनियन प्रेस, इलाहाबाद, पृष्ठ 1
85. हिंदी प्रदीप, जुलाई, 1882, पृष्ठ 5
86. हिंदी प्रदीप, सितंबर, 1891, पृष्ठ 22
87. वही, पृष्ठ 23
88. हिंदी प्रदीप, अक्टूबर, 1891, पृष्ठ 6
89. हिंदी प्रदीप, सितंबर–अक्टूबर, 1894, पृष्ठ 7
90. हिंदी प्रदीप, अक्टूबर–दिसंबर, 1899, पृष्ठ 8
91. हिंदी प्रदीप, जुलाई, 1882, पृष्ठ 6
92. वहीं, पृष्ठ 7
93. वहीं, पृष्ठ 6–7
94. वहीं, पृष्ठ 7
95. हिंदी प्रदीप, जुलाई, 1882, पृष्ठ 6
96. हिंदी प्रदीप, 10 जून, 1886, पृष्ठ 14–15
97. हिंदी प्रदीप, फरवरी–मार्च, 1892, पृष्ठ 1
98. हिंदी प्रदीप, अक्टूबर–दिसंबर, 1899, पृष्ठ 9
99. हिंदी प्रदीप, अक्टूबर, 1880, पृष्ठ 20
100. हिंदी प्रदीप, अक्टूबर, 1880, पृष्ठ 20
101. हिंदी प्रदीप, नवंबर, 1884, पृष्ठ 6–7
102. वहीं, पृष्ठ 7
103. हिंदी प्रदीप, अप्रैल, 1889, पृष्ठ 8
104. हिंदी प्रदीप, नवंबर, 1884, पृष्ठ 13–14
105. हिंदी प्रदीप, दिसंबर, 1884, पृष्ठ 18–19
106. हिंदी प्रदीप, जुलाई, 1889, पृष्ठ 17
107. हिंदी प्रदीप, सितंबर, 1891, पृष्ठ 6
108. वहीं, पृष्ठ 7

109. हिंदी प्रदीप, जून, 1882, पृष्ठ 17
110. हिंदी प्रदीप, अगस्त, 1881, पृष्ठ 1
111. शुक्ल, रामचंद्र, हिंदी साहित्य का इतिहास, ना0प्र0 सभा, वाराणसी, 2022वि0, पृष्ठ 441.
112. मिश्र, शितिकंठ, खड़ी बोली का आंदोलन, ना0प्र0 सभा0 वाराणसी, 2013वि0, पृष्ठ 98
113. कुसुमांजलि गुच्छ–1, कुसुम–1, नवंबर, 1895, राजराजेश्वरी प्रेस, काशी, पृष्ठ 1
114. वहीं, पृष्ठ 4
115. कुसुमांजलि, गुच्छ–1, कुसुम–4, फरवरी, 1896, पृष्ठ 3
116. नागरीप्रचारिणी पत्रिका, भाग–1, 1897ई0, प्रस्तावना, पृष्ठ 2
117. नागरीप्रचारिणी पत्रिका, भाग–3, 1899ई0, पृष्ठ 3
118. नागरीप्रचारिणी पत्रिका, भाग–13, 1908ई0, पृष्ठ 20

5. बीसवीं सदी के आरंभ में विज्ञान और हिंदी पत्रकारिता

उन्नीसवीं शताब्दी आधुनिक वैज्ञानिक युग की पहली शताब्दी कही जाती है। 19वीं सदी के उत्तरार्द्ध में जब संसार के अधिसंख्य देश अपनी भाषा में ज्ञान–विज्ञान में उन्नति कर अपनी सामाजिक, आर्थिक, राजनीतिक एवं सांस्कृतिक अवस्था सुधार कर राष्ट्रीयता की भावना दृढ़ कर रहे थे, ऐसे समय में भारत की अवस्था अत्यन्त दयनीय थी। भारत में औपनिवेशिक शासन ने विज्ञान का इस्तेमाल भारतीयों पर शासन करने के एक प्रभावशाली औजार के रुप में किया और हमेशा ही भारत में विज्ञान के प्रचार–प्रसार एवं वैज्ञानिक शिक्षा के विस्तार को हतोत्साहित किया। ऐसी अवस्था में भी हिंदी पत्रिकाओं ने विज्ञान विषयक सामग्री का प्रकाशन कर विज्ञान के प्रचार एवं उसके लोकप्रियकरण का कार्य आरंभ किया परंतु इतने प्रयास के बावजूद भी वह बहुत अधिक संतोषप्रद नहीं था।

19वीं सदी के उत्तरार्द्ध से ही भारत में हिंदी की मांग बढ़ने लगी परंतु भारत की सबसे प्रचलित भाषा भाषा होने के बावजूद भी हिंदी की अवस्था अत्यंत दयनीय थी। वह अपने अस्तित्व के लिए संघर्ष कर रही थी। उस समय की हिंदी की अवस्था का ज्ञान बाबू श्यामसुंदरदास लिखित 'मेरी आत्मकहानी' से होता है जिसमें उन्होंने लिखा था कि ''इस समय हिंदी की बड़ी बुरी अवस्था थी। वह जीवित थी यहीं बड़ी बात थी। राजा शिवप्रसाद के उद्योग तथा भारतेंदु जी के उसके लिए अपना सर्वस्व आहुति दे देने के कारण उसको जीवनदान मिला था। हिंदी का नाम लेना भी इस समय पाप समझा जाता था।''[1] 19वीं सदी के उत्तरार्द्ध में भारत में हिंदी में विज्ञान विषयक साहित्य की प्रगति तो और भी संतोष जनक नहीं थी। हिंदी भाषा में विज्ञान विषयक पुस्तकों की बात सोचना शायद उस समय मूर्खतापूर्ण कार्य था। उस समय हिंदी में वैज्ञानिक साहित्य की क्या अवस्था थी? यह बात पं0 लक्ष्मीशंकर मिश्र की पुस्तक की प्रस्तावना से ही स्पष्ट हो जाता है कि ''वर्तमान समय को निश्चित रूप से हिंदी भाषा के पुनरुत्थान का समय समझा जाना चाहिए।........वर्तमान में पश्चिमोत्तर प्रदेश में देशी भाषाओं में विविध विषयों में मौलिक और अनुवादित सामग्री का बड़ा अभाव है, किन्तु हिंदी का संघर्षरत् भविष्य यह है कि वैज्ञानिक क्षेत्र में यह और भी दयनीय है; इतना अधिक कि हिंदी में एक वैज्ञानिक शब्दावली तक का घोरतम् अभाव है''।[2] हिंदी में विज्ञान लेखन एवं प्रकाशन की तत्कालीन स्थिति का ज्ञान 30 सितंबर, 1894ई0 को कारमाइकेल लाइब्रेरी में काशी नागरीप्रचारिणी सभा के पहले वार्षिक अधिवेशन में सभापति

पद से भाषण देते हुए तत्कालीन हिंदी के प्रमुख विज्ञान लेखक पं0 लक्ष्मीशंकर मिश्र ने भी कहा था कि ''हिंदी भाषा में आवश्यक ग्रंथों का बहुत अभाव है। इसमें साइंस के ग्रंथों का तो कहीं नाम भी नहीं है, सब से पहिले विलियम म्योर साहेब के समय में सन् 1874ई0 में हमने त्रिकोणमिति हिंदी भाषा में लिखी, इसके उपरांत स्थिति विद्या और गति विद्याा को हिंदी भाषा में छापकर प्रकाशित किया। खेद का विषय है कि फिर तब से किसी महाशय ने इस विषय का उद्योग न किया।''[3]

ऐसी अवस्था में, जबकि हिंदी अपने अस्तित्व एवं अधिकार के लिए संघर्ष कर रही थी और हिंदी में वैज्ञानिक साहित्य के प्रकाशन का पक्ष और भी कमजोर था, हिंदी पत्रिकाओं ने विज्ञान विषयक सामग्री के प्रकाशन एवं उसके लोकप्रियकरण के क्षेत्र में कार्य आरंभ कर एक आंदोलन आरंभ किया और भारतेंदु हरिश्चंद्र, जो अपने समय में 'हिंदी आंदोलन के प्रतीक' बन गये थे, इसका नेतृत्व किया। भारतेंदु कालीन अधिकांश पत्रिकाओं ने कमोबेश वैज्ञानिक सामग्री का प्रकाशन कर इस आंदोलन को दृढ़ता प्रदान किया। भारतेंदुजी के देहावसान के बाद उनकी समकालीन पत्रिकाओं ने इस आंदोलन को जारी रखा बल्कि इसके साथ ही उनके बाद 19वीं सदी के अंतिम दशक में प्रकाशित हिंदी पत्रिकाओं–कुसुमांजलि, नागरीप्रचारिणी पत्रिका इत्यादि ने भी वैज्ञानिक सामग्री का प्रकाशन कर इस आंदोलन में सकारात्मक योगदान दिया।

1900ई0 का वर्ष भारत में विज्ञान के प्रचार–प्रसार और हिंदी पत्रकारिता दोनों के इतिहास में एक महत्वपूर्ण और विभाजक रेखा मानी जाती है क्योंकि इस वर्ष से ही दोनों ही क्षेत्रों में नये आदर्श और नये प्रतिमान स्थापित हुए। इस वर्ष काशी नागरीप्रचारिणी सभा के अनुमोदन से ऐतिहासिक महत्व की पत्रिका 'सरस्वती' का प्रकाशन इंडियन प्रेस, प्रयाग से आरंभ हुआ। जनवरी, 1900ई0 में डिमाई अठपेजी आकार और 32 पृष्ठों की सचित्र पत्रिका 'सरस्वती' प्रकाशित हुई जिस पर अंकित था–'सरस्वती श्रुति महती न हीयताम्'। जिन आदर्शों और उद्देश्यों को लेकर यह पत्रिका स्थापित हुई थी उसके दर्शन पत्रिका के प्रथम अंक में ही हुए। प्रथम अंक में निम्नलिखित लेख प्रकाशित हुए :

भूमिका	सम्पादक समिति
भारतेन्दु हरिश्चन्द्र	बाबू राधाकृष्णदास
सिंबेलिन	बाबू राधाकृष्णदास
प्रकृति की विचित्रता	पं0 किशोरीलाल गोस्वामी

कश्मीर यात्रा	बाबू कार्तिकप्रसाद
कविकीर्ति कलानिधि	पं० किशोरीलाल गोस्वामी
आलोकचित्रण अथवा फोटोग्राफी	बाबू श्यामसुंदरदास

सरस्वती पत्रिका ने विज्ञान विषय को महत्व दिया और प्रथम अंक से ही विज्ञान विषयक सामग्री का प्रकाशन आरंभ किया। पत्रिका के प्रथम अंक की प्रस्तावना में ही उसके उद्देश्यों को उजागर कर दिया कि पत्रिका में किन-किन विषयों को स्थान दिया जायेगा और लिखा कि "यह केवल इसी से अनुमान करना चाहिए कि इसका नाम सरस्वती है। इसमें गद्य, पद्य, काव्य, नाटक, उपन्यास, चम्पू, इतिहास, जीवन-चरित्र, पश्य, हास्य, परिहास, कौतुक, पुरावृत्त, विज्ञान, शिल्प, कलाकौशल आदि साहित्य के यावतीय विषयों का यथावकाश समावेश रहेगा और आगत ग्रन्थादिकों की यथोचित समालोचना की जायेगी।"[4] पत्रिका ने आरंभ से ही विज्ञान विषय को महत्व दिया और प्रथम अंक में ही विज्ञान विषयक लेख 'आलोक चित्रण' अथवा 'फोटोग्राफी' प्रकाशित हुआ जिसके लेखक बाबू श्यामसुंदरदास थे। आलोक चित्रण पर यह हिंदी का विस्तृत लेख था। इस लेख में फोटोग्राफी के आविष्कार एवं उसके प्रचार-प्रसार का विवेचन तो किया ही गया, साथ ही इस नवीन आविष्कार ने विज्ञान में क्या नवीन क्रांति की थी और इससे मानव जाति की क्या-क्या भलाई हो सकती है? इसका भी उल्लेख किया गया। पत्रिका ने लिखा कि "फोटोग्राफी शिल्प और विज्ञान ने भूमण्डल पर मानो दूसरे युग की अवतारण की है। इसे यदि वैज्ञानिक विद्वानों की अतीव गवेषणा द्वारा विज्ञान-सागर मथित सार-सामग्री वा सुधार कहें तो अत्युक्ति न होगी। इसकी सहायता से कोई अपने सम्बन्धियों की प्रतिमूर्ति को सदैव नेत्रगोचर कर सकते हैं। .... और यह फोटोग्राफी की ही महिमा है कि इसकी सहायता से हमलोग सभी पार्थिव पदार्थ के दुष्प्राप्य और अमूल्य प्रतिरूप को प्रत्यक्ष की भांति अवलोकन करते हैं। यदि इस अद्भुत विद्या का प्रादुर्भाव न होता तो आज दिन हम लोग घर बैठे विभिन्न स्थानों का यथार्थ अवलोकन नहीं कर पाते।"[5]

प्रथम अंक से ही सरस्वती पत्रिका ने विज्ञान विषयक सामग्री का प्रकाशन आरंभ किया और लगभग सभी अंकों में वैज्ञानिक सामग्री के प्रकाशन का क्रम चलता रहा। द्वितीय अंक में ही 'डार्विन का विकासवाद' शीर्षक लेख प्रकाशित किया और उसमें लिखा गया कि "विद्वानों ने सृष्टि की उत्पत्ति के विषय में बहुत कुछ विचार कर अपने अपने सिद्धांतों को प्रकट किया

है। इन्हीं विद्वानों में से प्रोफेसर डार्विन महोदय का नाम भी जगत प्रसिद्ध है। इनका सिद्धांत मानवी सृष्टि के विषय में यह है कि मनुष्य की सृष्टि जंतुओं से हुई है। इस सिद्धांत की पुष्टि में उन्होंने अनेक प्रमाण दिए हैं।''[6] इसी प्रकार 'रेल' शीर्षक विज्ञान विषयक लेख में लिखा गया कि ''ईसवी उन्नीसवीं शताब्दी में जो कुछ मनुष्य ने सांसारिक उन्नति की है उसके कारणों में मुख्य कारण स्टीम इंजन है अर्थात भाप से चलने वाला यंत्र। यूं तो यह शताब्दी बहुत से अद्भुत आविष्कारों के लिए प्रसिद्ध है पर स्टीम इंजन ने बहुत शीघ्र उन्नति की है।''[7] इस लेख में स्टीम इंजन के विकास की पूरी कहानी को बतलाया गया है। इस पत्रिका ने प्रथम वर्ष से ही विज्ञान को कितना महत्व दिया, यह बात पत्रिका के प्रथम वर्ष के समस्त अंकों में प्रकाशित विज्ञान विषयक लेखों के अवलोकन से ही स्पष्ट हो जाता है :

1. फोटोग्राफी	बाबू श्यामसुंदरदास
2. जन्तुओं की सृष्टि	बाबू श्यामसुंदरदास
3. चन्द्रोदय (बिम्बादि)	पं0 किशोरीलाल गोस्वामी
4. चन्द्रोदय (पूर्ण बिम्ब रक्ताया)	पं0 किशोरीलाल गोस्वामी
5. कोहनूर	बाबू केशवप्रसाद सिंह
6. रेल	बाबू दुर्गाप्रसाद
7. चन्द्र लोक की यात्रा	बाबू दुर्गा प्रसाद
8. मानवी शरीर	बाबू केशवप्रसाद सिंह
9. भारत वर्ष की शिल्प विद्या	बाबू श्यामसुंदरदास

....

स्रोत : सरस्वती पत्रिका, जनवरी–दिसम्बर, 1900ई0।

सरस्वती पत्रिका ने आरंभ में ही इस बात को पटल पर रखा कि प्राचीन भारत में ज्ञान–विज्ञान उन्नत अवस्था में था परंतु वर्तमान काल में शिक्षा के अभाव एवं भारतवासियों के इस तरफ ध्यान न देने के कारण देश की अवनत अवस्था हो रही है। पत्रिका ने स्पष्ट रेखांकित किया कि कभी यह भारतवर्ष विद्या के लिए इतना प्रसिद्ध था कि संसार के समस्त देशों का मुकुट माना जाता था पर आज इस देश में विद्या तथा विद्या संबंधी विषयों से हमारे देशवासियों की वह अरुचि हो रही है कि उसे देखकर ईश्वर ही का नाम लेना पड़ता है।[8] इसी प्रकार का मत इस पत्रिका ने 'मंगल' शीर्षक लेख में भी व्यक्त किया कि ''मंगल का बहुत कुछ सच्चा वृत्तांत पाश्चात्य ज्योतिषियों को अभीं विदित हुआ है; परन्तु बिना आजकल

की दूरबीन के उसके रूप, रंग, परिमाण और गति का ज्ञान हमारे प्राचीन आचार्य्यों ने हजारों वर्ष पहले ही प्राप्त कर लिया था। हमारे लिए यह गर्व की बात है, परन्तु साथ ही, हमारे लिए, यह लज्जा का भी विषय है कि जिनके पूर्वजों ने बांस की नलियों से ग्रहों का बेध करके अनेक सत्य सिद्धान्त स्थिर किए, उनके वंशज बड़ी–बड़ी दूरबीनो के होते भी कुछ न कर सके।''[9] इस पत्रिका ने आरंभ में ही न केवल देश की खराब शैक्षिक स्थिति को पटल पर रखा, बल्कि साथ ही यह भी बतलाया कि लोकभाषा हिंदी में शिक्षा एवं ज्ञान–विज्ञान संबंधी ग्रंथों का नितांत अभाव है। इस पत्रिका ने पूरे भारत में हिंदी भाषा में प्रकाशित विविध विषयों के ग्रंथों का ऑकड़ों द्वारा प्रस्तुतिकरण किया और बतलाया कि जनवरी–दिसंबर, 1900 के बीच समस्त भारतवर्ष में 887 ग्रंथ हिंदी के प्रकाशित हुए जिनमें 548 पश्चिमोत्तर प्रदेश से; 116 बंगाल से; 37 मध्य प्रदेश से; 85 बंबई से; 101 पंजाब से और 6 अजमेर मेरवाड़ से। इन 887 ग्रंथों में 227 कविता के, 128 शिक्षा विभाग संबंधी, 117 भिन्न भिन्न विषयों के, 113 संस्कृत के अनुवाद, 20 विज्ञान–गणित के और 10 चिकित्सा के प्रकाशित हुए।[10] इन ऑकड़ों से शिक्षा के प्रचार की स्थिति एवं वैज्ञानिक साहित्य की प्रगति का पता चल जाता है कि 20वीं शताब्दी के आरंभ में भी वैज्ञानिक साहित्य का कम ही प्रचार था और विज्ञान विषयक पुस्तकें भी कम ही लिखी जा रही थीं।

सरस्वती पत्रिका ने विज्ञान के महत्व को प्रचारित किया और भारतवासियों को यह बतलाया कि विज्ञान नीरस विषय नही है बल्कि वह उन्नति का द्वार है और लिखा कि ''आजकल लोग विज्ञान विज्ञान पुकारा करते हैं परन्तु विज्ञान से क्या लाभ है सो बहुत से लोग नही समझते। वे विज्ञान को नीरस जान उनसे दूर भागते हैं। परन्तु यह उनका भ्रम हैं। सब विषयों का कुछ–कुछ ज्ञान होना चाहिए।''[11] विज्ञान के महत्व को बतलाने के साथ ही इस पत्रिका ने आरंभ से ही अंग्रेजों की विज्ञान के क्षेत्र में स्थापित भेदभाव की नीति की आलोचना की और अपनी बात को बहुत ही स्पष्ट शब्दों में लिखा कि ''ईश्वर पक्षपाती नहीं है। वह सब प्रकार पक्षपात रहित हैं। वह सबसे बड़ा न्यायी है। इसलिए हम यह नही कह सकते कि यूरोप अथवा अमेरिकावालों ही को उसने नये–नये आविष्कार करने की शक्ति दी है। सब देश, सब जाति और सब अवस्था के मनुष्यों में ईश्वर समान रूप से स्थित है। उसका लक्षण सज्ञानता सब में बराबर विद्यमान है। अभ्यास, मनन और शिक्षा आदि कारणों से यह सज्ञानता किसी–किसी में विशेष उद्दीप्त हो उठती है और अनेक आश्चर्यजनक काम करने लगती है। इसके उद्दीपन के जो कारण है वे और देशों में अधिकता से पाये जाते

हैं।''[12] इस पत्रिका में यूरोपिय लेखकों के इस मिथ्या प्रचार का भी खंडन किया गया कि भारतीयों में अनुसंधान इत्यादि करने की योग्यता नहीं होती और बतलाया कि और देशों में जो सज्ञानता द्वश्यमान होती है वह इस कारण कि वहां अनुसंधान के लिए आवश्यक सामाग्री एवं उपयुक्त परिस्थितियां विद्यमान होती है एवं भारत में अंग्रेजी सरकार द्वारा यें बातें प्रतिबन्धित की जाती है। पत्रिका ने इस बात को भी दृढ़तापूर्वक प्रसारित किया कि भारतीय हीन नही हैं जैसा कि विविध माध्यमों से सरकार उनके हीन होने को प्रचारित करती है और लिखा ''बहुधा पुस्तकों और समाचार पत्रों में हम यह पढ़ते हैं कि इस देश के निवासी केवल वक्कृता देना जानते हैं; व्यर्थ भाषण और व्यर्थ लेख लिखने के अतिरिक्त उनसे कुछ नही बन पड़ता। न उनको व्यापार करना आता हैं और न कला–कौशल की ओर प्रवृत्त होकर कोई नवीन आविष्कार करने में वे समर्थ होते हैं। कई अंशों में ये दोषारोपण सत्य हैं; परन्तु इससे यह सिद्ध नहीं होता कि इस देश के निवासियों में नूतन बातों का पता लगाने की शक्ति ही नही हैं। यथार्थता यह है कि हम लोगों को पूर्वोक्त विषयों में प्रवीण होने के लिए प्राय; योग्य अवसर ही नहीं मिलता। अध्यापक बसु ने अपने आविष्कारों से योरप और अमेरिका के बड़े–बड़े वैज्ञानिकों को चकित करके यह सिद्ध कर दिखाया हैं कि भारतवासियों में भी अद्भुत बातों का पता लगाने की शक्ति है। और अवसर मिलने पर वे उस शक्ति को काम में भी ला सकते हैं।''[13]

अंग्रेजों द्वारा भारत और अपने गृह देश इंग्लैंड में भी विज्ञान एवं प्रौद्योगिकी के क्षेत्र में भारतीयों के साथ किस प्रकार भेदभाव किया जाता था उसे पं0 नीलकंठ वागेल के साथ हुए बर्ताव को प्रकाशित कर पूरे भारतीयों के समक्ष रखा कि किस प्रकार महाराष्ट्र के पं0 नीलकण्ठ वागेल को विलायत में शीशे का काम सीखने में किन–किन विघ्न–बाधाओं को झेलना पड़ा और उनके प्रति ब्रिटिश लोगों का कैसा भेदभावपूर्ण व्यवहार था, उसका यथार्थ चित्र पत्रिका ने उपस्थित किया।[14]

सरस्वती पत्रिका ने विज्ञान की विकास–यात्रा पर भी प्रकाश डाला और उसे सृष्टि के आरंभ से लेकर अंत तक की प्रगति को रेखांकित किया। पदार्थ विज्ञान के इस सत्य को बतलाया कि सृष्टि में जितने पदार्थ देखे जाते हैं वो सभीं उत्पन्न और नाश हुआ करते हैं। इस बात को हम लोगों ने साधारण रीति से निश्चित कर लिया है कि जो वस्तु उत्पन्न होगी वह नाश को भी अवश्य प्राप्त होगी। इसी प्रकार पृथ्वी के विषय में भी बहुत दिनों से हमारे प्राचीन आर्यशास्त्रकारगण निश्चय कर चुके हैं कि पृथ्वी का नाश अवश्य होगा किंतु जब ऐसी

बात है कि इस प्रलय के विषय में जरा ध्यान पूर्वक विचार करने से रोमांच हो जाते हैं और चारों ओर अंधकार ही अंधकार दिखाई देने लगता है। यह महाप्रलय जिसमें भूमंडलमात्र का नाश होना संभव है क्योंकर और कैसे होगा? तथा आधुनिक वैज्ञानिकों के इससे पहले के विषय में क्या–क्या मत निश्चित हो चुके हैं? इन बातों को बतलाया।[15] विज्ञान के इतिहास पर प्रकाश डालते हुए यह बात पटल पर रखी कि विज्ञान के किसी किसी विभाग में यूनानियों ने अद्भुत चमत्कार दिखाया था। यद्यपि वे भी अधिकतर पुरानी ही रीति के अनुयाई थे, तथापि उनका पदार्थ विषयक ज्ञान सर्वथा दूषित न था। पाइथागोरस, अरस्तु, आर्कमिडीज, तालिमी इत्यादि यूनानी वैज्ञानिक पुरुषों में सबसे अधिक प्रसिद्ध हैं। इनमें से तीसरे महाशय को पत्रिका ने भौतिक विज्ञान का पिता बतलाया।[16]

    इस पत्रिका ने विज्ञान की विकास–यात्रा को बतलाते हुए यह मत रखा कि प्राचीन समय के विद्वान बड़े ही सूक्ष्मदर्शी अथवा सरल प्रकृति के थे। वे लोग आजकल के समान युक्ति तर्क की जटिलता और कठिनता के भीतर नहीं जाते थे तथा बड़े–बड़े सिद्धांतों को अपनी आत्मिक दूरदर्शिता ही से निश्चय कर लिया करते थे परंतु आज का युग ऐसा नहीं है। प्राचीन और आधुनिक विज्ञान के युग में एक समय ऐसा आया जो विज्ञान की रात्रि कहा जा सकता है। 1000–1240ई0 तक कोई प्रसिद्ध विज्ञान व्यक्ति नहीं उत्पन्न हुआ। अरब में कुछ–कुछ विज्ञान का प्रकाश था परंतु वह मिथ्या बातों के तिमिर से ऐसा आच्छादित था कि उसका होना ना होने के बराबर था।[17] कोपरनिकस से पहले यूरोप में ज्योतिष विद्या के अच्छे विद्वान एक भी नहीं थे, इसलिए उस समय की प्रचलित कल्पनाओं के झूठे अथवा सच्चे होने का निर्णय ही कोई नहीं कर सकता था। जो कुछ जिसने सुन रखा था अथवा जो कुछ टालेमी और अरस्तु आदि पुराने विद्वान लिख गए थे उसे ही सब सत्य समझते थे। लोगों का पहले यह मत था कि पृथ्वी अचल है और ग्रह उपग्रह सब उसके चारो ओर घूमते हैं, यह कल्पना ठीक नहीं थी। इसके बाद यूरोप में विज्ञान की उन्नति आरंभ हुई और 13वी शताब्दी में यूरोप में एक ऐसे पुरुष की उत्पत्ति हुई जो विज्ञान के अभ्युदय का कर्ता माना गया। वह पुरुष रत्न रोजर बेकन नाम का विद्वान था जिसने पदार्थों के विषय में ज्ञान प्राप्त करने की आधुनिक प्रथा निकाली। जिस समय वह उत्पन्न हुआ उस समय लोगों ने उसके कार्यों को कुछ भी महत्व नही दिया। यूरोप में सबसे पहले जिसने ज्योतिष विद्या का सच्चा ज्ञान प्राप्त किया उसका नाम कोपरनिकस था।[18] लॉर्ड बेकन के 200 वर्ष बाद पुस्तकों के छापने की रीति खोज निकाली गई। इसी समय कोलंबस ने अमेरिका का पता लगाया। बस यही 16वीं

शताब्दी का मध्य विज्ञान का अभ्युदय काल था। इसी समय प्रसिद्ध विज्ञानवेक्ता कोपरनिकस का प्रादुर्भाव हुआ।[19] कॉपरनिकस, गैलीलियो और न्यूटन के अनुसंधानों ने यूरोप की दिशा ही बदल दी और यूरोप में आधुनिक विज्ञान की लहर चलने लगी।

सरस्वती पत्रिका ने भी 19वीं सदी की अन्य हिंदी पत्रिकाओं के समान ही यह बात लोगों के सामने उपस्थित की कि देश की उन्नति व्यापार–वाणिज्य की उन्नति पर ही निर्भर करता है जो कि विज्ञान एवं तकनीकी की प्रगति से सीधे संबद्ध है और इसके लिए आवश्यक है कि देश में साधारण शिक्षा और वैज्ञानिक शिक्षा दोनो की प्रगति अच्छी दशा में हो। पत्रिका में इस संदर्भ में लिखा गया कि ''कुछ लोग सामाजिक सुधार कुछ लोग राजनीतिक स्वत्व प्राप्ति और कुछ लोग अन्य बातों को ही देश की उन्नति का तारक मंत्र मानते हैं पर संसार की अवस्था दिनोंदिन बदलती जाती है। अपने को वर्तमान अवस्थानुकूल बनाना ही उन्नति की सोपान पर पैर रखना है। किसी किसी का यह मत है कि शारीरिक व सैनिक बल ही से एक जाति दूसरी जाति पर प्रभुत्व जमा सकती है यह किसी अंश में ठीक हो सकता है पर आजकल वाणिज्य की उन्नति से ही प्रभुत्व जमते देख पड़ता है। जिस जाति में इसका अभाव है, जहां इसमें कुशल लोग नहीं वहां की अवस्था अत्यंत ही सोचनीय है और उच्च शिक्षा से यह निर्धारित होता है कि शिल्प नैपुण्य का ही होना परम आवश्यक है। इसलिए इसे प्राप्त करने का उपाय केवल तद्विषयक उपयुक्त और उत्तम शिक्षा ही है। आजकल प्रतिदिन नाना प्रकार के द्रव्यों का आविष्कार हो रहा है और नई नई वस्तुओं के बनाने के लिए नए–नए सुंदर यंत्र बनते चले जाते हैं जिनसे दिनों दिन चीजें अच्छी और सस्ती हो रही है इसीलिए जब तक सिर्फ शिक्षा के साथ ही साथ उच्च वैज्ञानिक शिक्षा को न देंगे तब तक दूसरों के सम्मुख अपनी रक्षा कदापि ना कर सकेंगे।''[20] इस पत्रिका ने भारतवासियों के सम्मुख जापान का उदाहरण रखा कि जब मातृभूमि की सेवा का व्रत धारण करके जापान से विद्यार्थीगण यूरोप और अमेरिका की ओर विद्या लाभ के लिए चले थे तब वे यह बात अच्छी तरह जानते थे कि स्वदेश लौटने पर उनकी गवर्नमेंट उनकी योग्यता और शिक्षा से यथेष्ट लाभ उठाएगी। अनेंक कष्ट सहकर जापानी युवकों ने अमेरिका इत्यादि देशों में अध्ययन कर वहां के वैज्ञानिक रहस्य को सीखा और स्वदेश लौटकर अपने देशवासियों को वैज्ञानिक शिक्षा दी जिसका परिणाम यह हुआ कि आज जापान अपने गुरु अमेरिका से टक्कर मारता है। इस पत्रिका ने भारतवासियों का आह्वाहन किया कि उन्हें भी मिकाडो की तरह विदेशों से अध्ययन कर लौटे हुए युवकों की सहायता करनी चाहिए और लिखा कि

"यदि मिकाडो विदेशों से अध्ययन कर लौटे जापानी युवकों की सहायता धन से न करते तो क्या जापानी युवकों के आत्मोत्सर्ग का यह आश्चर्यजनक परिणाम निकलता। देश सेवक जापानी युवकों ने विदेश जाकर विद्या उपार्जन की। जब वे लौटकर आए, मिकाडो ने उनको कॉलेजों का अध्यापक नियत किया। जो जो विद्यार्थी पढ़ पढ़ कर आते गए, नए नए स्कूल और नए नए कालेज खुलते गए। विद्यार्थियों का भी उत्साह बढ़ा, देश सेवा भी हुई। यदि वापस आने पर उन्हें नौकरी तक न मिलती तो भला दूसरे जापानी युवक क्यों विदेश में पढ़ने जाते और जापान में इतना शीघ्र विद्या का प्रचार कैसे होता। आज हमारे लिए यह बहुत विचारणीय बात है कि अमेरिका और जापान आदि से लौटे हुए भारतीय युवा क्या करेंगे?"[21]

सरस्वती पत्रिका ने देशवासियों को बतलाया कि जातीय उन्नति के लिए साधारण शिक्षा, वैज्ञानिक शिक्षा और शिल्प शिक्षा की आवश्यकता होती है। इस पत्रिका ने इस बात को दृढ़तापूर्वक प्रतिपादित किया कि भारतीयों में योग्यता की कोई कमी नहीं होती है बल्कि विदेशियों द्वारा इस बात का झूठा प्रचार किया जाता है कि भारतीयों में अनुसंधान इत्यादि करने की योग्यता ही नहीं होती है। अध्यापक जगदीशचंद्र बसु के आविष्कारों का उदाहरण सामने रखते हुए पत्रिका ने बतलाया कि उन्होंने कई ऐसे ऐसे अद्भुत आविष्कार किए हैं जिनका वृत्तांत सुन कर पाश्चात्य विद्वान भी चकित होते हैं और बसु बाबू की विलक्षण बुद्धि, विश्रांत अध्यवसाय और गंभीर गवेषणा शक्ति की हृदय से प्रशंसा करते हैं।[22] पत्रिका ने अल्मोड़ा के मूल निवासी और प्रयाग में रहते वाले पंडित श्रीकृष्ण जोशी का भी उदाहरण देशवासियों के सामने रखा कि भारतीयों में भी अद्भुत आविष्कार करने की शक्ति होती है और किस प्रकार श्रीकृष्ण जोशी ने बिना किसी की सहायता के भानुताप (हेलियोथर्म) बनाया था जिसमें सूर्य की किरणों का समुदाय एक केंद्र में उपस्थित होकर इतनी अधिक उष्णता उत्पन्न कर देता है कि खाने के सब पदार्थ उससे आसानी से पक जाते हैं। उनके आविष्कार की महत्ता को बतलाते हुए पत्रिका ने लिखा कि "निकोलस, टेस्ला इत्यादि यूरोप और अमेरिका के विज्ञानी इस बात का बहुत दिन से प्रयत्न कर रहे थे कि कोई युक्ति वे ऐसी निकाल सकें जिससे सूर्य की किरणों से उत्पन्न हुई अग्नि से ईंधन का काम लिया जाए, परंतु अभी तक उनमें से किसी को भी सफलता नहीं हुई। यह हम लोगों के लिए बहुत संतोष और गर्व की बात है जो जोशीजी ने इन विज्ञानियों की विज्ञता को अपनी योग्यता से हीन सिद्ध कर दिया है। उन्होंने अपने आविष्कार से अपना ही नाम उज्ज्वल नहीं किया किंतु सारे भारतवर्ष का गौरव थी उन्होंने बढ़ाया है।"[23]

सरस्वती पत्रिका ने विज्ञान एवं प्रौद्योगिकी विषयक अनेक लेखों का प्रकाशन किया जिनमें विज्ञान के विभिन्न उपविभागों–भौतिकी, रसायन, संचार, कृषि, नक्षत्र एवं ज्योतिष, चिकित्सा इत्यादि पर गहन एवं सूचनाप्रद लेख शामिल थे। इन लेखों में ज्ञान–विज्ञान से संबंधित बातों के अलावा पाश्चात्य जगत में हो रही विज्ञान की प्रगति से भी आमजन को परिचित कराना था। उदाहरण के लिए पश्चिमी जगत में हुए एक नवीन आविष्कार को लोगों के सामने प्रस्तुत करते हुए लिखा कि 'अमेरिका के एक विद्वान ने तार द्वारा चित्र भेजने की युक्ति निकाली है अर्थात जिस प्रकार एक स्थान से दूसरे स्थान तक सब प्रकार के समाचार तार यंत्र द्वारा एक पल में पहुंच जाते हैं उसी प्रकार चित्र भी पहुंचाये जा सकते हैं। जो चित्र तार से भेजना होता है वह तार घर में एक यंत्र के ऊपर पहले उतार लिया जाता है। वहीं उतरा हुआ चित्र एक विशेष क्रिया द्वारा इच्छित स्थान को तार ही से भेज दिया जाता है अर्थात जैसा चित्र भेजने वाले तार घर में उतरता है वैसा ही पहुंचने वाले में भी उतर आता है।'[24]

सरस्वती पत्रिका ने सूचना एवं संचार और पाश्चात्य जगत में इस क्षेत्र में हो रहे नवीन आविष्कारों से संबंधित कई लेखों का प्रकाशन किया। आज विमानों का प्रचलन आम बात है और इसका आविष्कार प्रथम विश्वयुद्ध के दौरान हुआ था, परंतु इसके लिए प्रयास काफी समय पहले ही शुरु हो गया था। इस पत्रिका ने इस विषय पर कई अत्युत्तम लेख प्रकाशित किये जिसमें तत्कालीन समय में वायुयान के आविष्कार संबंधी बातें एवं साथ ही इस विषय के जो पौराणिक साक्ष्य मिलते हैं, उन सभीं बातों को भी प्रकाशित किया। वायुयान के आविष्कार के संबंध में लिखा कि मनुष्य के उद्योग और उसकी बुद्धि की सीमा नहीं है। उसने नहीं जानते कितने आश्चर्यकारक आविष्कार किए हैं। उसके बनाए हुए नाना प्रकार के अद्भुत अद्भुत यंत्रों को देखकर देखने वालों का मन चकित और चमत्कृत होता है। मनुष्य को यद्यपि विमान की विद्या अभी तक सिद्ध नहीं हुई तथापि वॉलयून (गुब्बारा) नामक विज्ञान यान द्वारा वह आकाश की यात्रा करने लगा है। इस वॉल्यून में एक प्रकार का गैस, जो हाइड्रोजन से भी हल्का होता है, भरते हैं और उस के बल से उसे ऊपर उड़ाते हैं। उसमें पैराशूट नामक एक छाता होता है उसी की सहायता से लोग नीचे उतरते हैं।[25] विमान के इतिहास पर प्रकाश डालते हुए पत्रिका ने यह साक्ष्य प्रस्तुत किया कि पुराणों में विमान का नाम अनेक जगह पाया जाता है। उनमें लिखा है कि प्राचीन समय में लोग विमान पर बैठ कर आकाशमार्ग से एक स्थान से दूसरे स्थान को आया जाया करते थे। तुलसीदास ने

रामायण तक में लिखा है कि लंका को जीतकर रामचंद्र अयोध्या को विमान पर लौटे थे। किसी–किसी प्राचीन मंदिर में विमानों के चित्र भी खींचे हुए देखे जाते हैं। इन बातों से यह जान पड़ता है कि किसी समय इस देश में विमानों का अवश्य प्रचार था परंतु उनके चलाने की रीति किसी पुराण अथवा और किसी पुस्तक में नहीं पाई जाती।[26] उपलब्ध साक्ष्यों के आधार पर इस पत्रिका ने यह संभावना व्यक्त की कि हो सकता है किसी समय में इस देश में विमान का प्रचलन रहा हो पर साथ में यह विज्ञान भारत से कैसे लुपत हो गया इस पर भी प्रकाश डालने का प्रयास किया कि इस बात का पता लगाना कठिन है कि क्यों और कब से विमान का प्रचार इस देश से उठ गया। जान पड़ता है इस देश की विद्या और इस देश के कला कौशल की अवनति होते होते मनुष्य विमान का बनाना और चलाना भूल गए। हमारे यहां की पालकी का आकार विमान से कुछ कुछ मिलता है। विमान चलाने में असमर्थ होकर शायद मनुष्य ने उस के नमूने की पालकी बना ली हो और उसी से काम निकाल कर उन्होंने संतोष कर लिया हो।[27]

सरस्वती पत्रिका ने चिकित्सा शास्त्र पर भी कई महत्वपूर्ण लेखों का प्रकाशन किया। रोग कारण, रोग निवारण के साथ ही चिकित्सा के क्षेत्र में नवीन आविष्कारों एवं नवीन चिकित्सा पद्धतियों पर भी इस पत्रिका ने सतत जानकारियां प्रकाशित कीं। पत्रिका के प्रथम वर्ष में ही फोटोग्राफी और मानवी शरीर जैसे विषयों पर लेख प्रकाशित हुए। चिकित्सा शास्त्र का महत्व बतलाते हुए इस पत्रिका ने लिखा कि ''आजकल विज्ञान की चढ़ती कला है। हर रोज नई नई और अजूबा अजूबा बातों का पता लगाया जाता है। कोई ऐसा विषय नहीं जिसमें आश्चर्यजनक आविष्कार न हुए हों। मनुष्य को और शास्त्रों की अपेक्षा वैद्यक शास्त्र से अधिक काम पड़ता है। कोई मनुष्य ऐसा नहीं, कोई कुटुंब ऐसा नहीं जिसे वैद्य और वैद्यक विद्या की जरूरत नहीं पड़ती हो। इस कारण इस विद्या संबंधी आविष्कारों से मनुष्य को बहुत कुछ लाभ पहुंचता है।''[28] इस पत्रिका ने 'जल चिकित्सा' पर एक अत्युत्तम लेख प्रकाशित किया जो कि भारत के लिए एकदम नई चीज थी और इस के आविष्कारक डॉक्टर लुई कूने का पूरा वृतांत विस्तार के साथ प्रकाशित किया और उनके आविष्कार को बतलाते हुए लिखा कि आज हम एक ऐसे आविष्कारकर्ता के विषय में यह लेख लिख रहे हैं जो अपने लाभ का कम परंतु सांसारिक मनुष्यों के लाभ का बहुत ही अधिक प्रयत्न कर रहा है। इस उदाराशय, इस परोपकारमूर्ति, इस महात्मा का नाम लुई कूने है।[29] इसी प्रकार इस पत्रिका ने 'आंख की फोटोग्राफी' शीर्षक बड़ा ही सुंदर आलेख प्रकाशित किया और सामान्य फोटोग्राफी एवं ऑख

की फोटोग्राफी में क्या अंतर है, इसे भी बड़े ही सरल शब्दों में समझाया कि ''सामान्य फोटोग्राफी में कई रसायन औषधि दरकार होती है। उनका बनाना कम परिश्रम का काम नहीं है और भी कितनी ही खटपट करनी पड़ती है परंतु आंख का रपटीना नामक पर्दा ईश्वर ने ऐसा बनाया है कि उस पर कोई औषधि नहीं लगानी पड़ती। बिना औषधि लगाए ही उस पर चित्र उतर आता है। वह स्वयं सिद्ध सेंसिटिव प्लेट है। उसके लिए साधारण फोटोग्राफी के समान डेवलपिंग की भी आवश्यकता नहीं होती।''[30] इस पत्रिका ने चिकित्सा शास्त्र पर सतत लेखों का प्रकाशन किया। उस समय की जितनी भी प्रमुख बीमारियां या महामारियां थी, उन सभीं पर इस पत्रिका ने जानकारियां प्रकाशित की। प्लेग तत्व,[31] रक्त भ्रमण,[32] मलेरिया और उसका उपचार[33] जैसे अत्यंत लाभदायक लेख इस पत्रिका में प्रकाशित हुए जिसको पढ़कर के आमजन भी लाभ उठा सकें।

सरस्वती पत्रिका ने चिकित्साशास्त्र के विकास के इतिहास पर भी महत्वपूर्ण प्रकाश डाला और यह बतलाया कि किस प्रकार प्राचीन भारत में यह शास्त्र उन्नत दशा में था और 2200 वर्ष पूर्व ग्रीस देश का पहला वैद्य हमारी चिकित्सा पद्धति की कीर्ति को सुनकर यह शास्त्र सीखने भारत आया था।[34] इस पत्रिका ने चरक, सुश्रुत इत्यादि प्राचीन भारतीय चिकित्सकों की प्रसंशा की पर साथ ही तत्कालीन नवशिक्षित भारतीयों के वैद्यक शास्त्र के विषय में इस झूठे विश्वास कि जो कुछ अंग्रेजों का है वही अच्छा है, आलोचना की और यह मत स्थापित किया कि अंग्रेजी वैद्यक शास्त्र के जैसे सर्जरी और मेडिसिन नाम के दो भाग हैं, उसी प्रकार हमारे वैद्यक के भी हैं और प्राचीन आर्ष ग्रंथों में शल्यक्रिया और शरीर का बहुत सारा वर्णन मिलता है। पत्रिका ने यह भी बतलाया कि प्राचीन भारत में वैद्यक शास्त्र उत्कर्ष को प्राप्त था पर जब से ब्राह्मणों ने इस पर ध्यान देना बंद कर दिया और 'अहिंसा परमो धर्मः' मानने वाले बौद्ध धर्म के प्रचार से भारत में चिकित्सा शास्त्र, विशेषकर शल्य चिकित्सा, अवनति को प्राप्त होती चली गयी।[35]

सरस्वती पत्रिका ने भौतिक विज्ञान और ज्योतिष विद्या से संबंधित जानकारियों का भी प्रकाशन किया। 'दीप्ति मंडल' और 'सूर्याभास' जैसे लेख में जहां दीप्ति मंडल का पूरा वैज्ञानिक विवेचन किया और सर डेविड ब्रूस्टर नामक वैज्ञानिक ने कृत्रिम दीप्ति मंडलों को उत्पन्न करने की जो युक्ति निकाली थी, उसे बतलाया[36] वहीं, 'शब्द और प्रकाश की चाल' शीर्षक लेख में शब्द और प्रकाश की चाल और उनके गुणों की भी व्याख्या की।[37] 'पृथ्वी' शीर्षक लेख में न केवल यह व्याख्यायित किया कि पृथ्वी गोल है और उसे कई सचित्र

उदाहरणों द्वारा समझाया बल्कि इसके अलावा पृथ्वी के व्यास, उसकी परिधि, उसके वजन के साथ ही सूर्य के चारों ओर घूमने वाले विभिन्न ग्रहों में पृथ्वी की स्थिति एवं पृथ्वी के उपग्रह चंद्रमा की स्थिति को भी विस्तृत ढंग से सचित्र बतलाया।[38] इसी लेख में इस बात का भी विवेचन किया कि प्राचीन आर्यों का ज्योतिष विषयक ज्ञान कितना उन्नत था और इस बीसवीं सदी में भी वह सत्य के काफी निकट है। पत्रिका ने लिखा कि ''हमारे प्राचीन ऋषियों ने सूर्य को संसार की आत्मा माना है। उनका यह कहना असंगत नहीं जान पड़ता। आजकल के वैज्ञानिक भी इस बात को यदि मान ले तो कोई दोष नहीं। जिस प्रकार शरीर में आत्मा सबसे अधिक श्रेष्ठ है और उसके बिना शरीर मिट्टी के पिंड से भी बुरा हो जाता है, उसी प्रकार पृथ्वी, चंद्र, बुध, शुक्र आदि प्राकृतिक पिंडो में सूर्य सबसे श्रेष्ठ है। यदि वह ना हो तो इन सब प्राकृतिक पिंडो में अनर्थ हुए बिना न रहे। बुध, शुक्र और शनि आदि के समान पृथ्वी एक ग्रह है। दूसरे ग्रहों के समान वह भी सूर्य की प्रदक्षिणा करती है।''[39]

सरस्वती पत्रिका ने कृषि विज्ञान से भी संबंधित बहुत सी बातों का प्रचार किया। भारतवर्ष में प्राचीनकाल से ही कृषि लोगों की आजीविका का एक प्रमुख साधन रही है और 20वीं सदी के आरंभ में भारत में कृषि सुधार अत्यावश्यक हो गया था। सरस्वती पत्रिका ने कृषि संबंधी बहुत सी बातों एवं साथ ही पाश्चात्य जगत में इस क्षेत्र में हो रहे नवीन आविष्कारों से भी अपने देशवासियों को परिचित करवाया। पत्रिका ने बतलाया कि जिस तरह आदमियों को खुराक की जरुरत होती है उसी तरह पौधों को भी जरुरत होती है। पौधों को काफी खुराक नहीं मिलती तो वह कमजोर हो जाते हैं और मर तक जाते हैं। पौधों की खुराक में नाइट्रोजन नाम की एक चीज शामिल रहती है जो धीरे–धीरे जमीन में कम होती जाती है। इस नाइट्रोजन की काफी मात्रा जमीन को मिल सके तो फिर वह बहुत दिनों तक उपजाऊ बनी रहे और पहले की अपेक्षा कई गुना अधिक जिन्सें पैदा हों।[40] इस पत्रिका ने देशवासियों को बतलाया कि लंदन के किंग्स कॉलेज में वनस्पति शास्त्र के अध्यापक बाटमले साहब ने एक ऐसा लेप तैयार किया है जिसको बीज पर चढ़ा देने से उन बीजों को बोने पर आश्चर्यजनक फल होता है और कई गुना जिंसें पैदा होती हैं।[41] इसी पत्रिका ने 'कृषि सुधार' शीर्षक एक अन्य लेख में भारत में कृषि सुधार की आवश्यकता एवं उपायों को बहुत ही वैज्ञानिक ढंग से विवेचित किया और इस क्षेत्र में अनुसंधान की आवश्यकता को बतलाते हुए लिखा कि ''अमेरिका में बारबैक साहब ऐसा ईजाद कर रहे हैं कि गेहूं की हर एक बाल में 10–12 दाने और बढ़ाएं जाएं। और गेहूं का दाना जूना हो जाने पर हमारे यहां दाना और

बाल दोनों छोटे होते जा रहे हैं। यदि वे इस कार्य में सफल हुए तो अमेरिका में गेहूं खूब सस्ता हो जाएगा। यदि गेहूं का भाव अमेरिका में इतना घट गया कि वह विदेश में और भारतवर्ष में भी यहां के गेहूं से भी कम दाम में बिकने लगा तो बतलाइए आपके गेहूं को कौन लेगा। ना इधर के रहे ना उधर के रहे, न खेती रही ना कला कौशल ही रहा। प्लेटो, डार्विन आदि महापुरुषों के कथनानुसार संसार में वही पुरुष रह सकते हैं जो सबसे अधिक योग्य और शक्तिशाली होते हैं। यदि यह बात सच है और भारतवर्ष ऐसे ही बराबर डूबता चला गया तो दुनिया में किसी समय हमारा नामोनिशान भी न रहेगा।"[42]

सरस्वती पत्रिका ने विज्ञान से संबंधित बहुत सी बातों एवं पाश्चात्य जगत में हो रही विज्ञान की प्रगति से संबंधित अनेक लेखों का प्रकाशन तो किया ही, साथ ही विज्ञान के क्षेत्र में योगदान दे रहे प्रमुख वैज्ञानिकों की जीवनियां एवं उनके कार्यों को भी प्रकाशित किया जिससे आम लोग लाभ उठा सकें एवं उनसे प्रेरणा लें। इस पत्रिका ने रोजर बेकन, कोपरनिकस, न्यूटन, डार्विन, लार्ड केलविन इत्यादि कितने ही वैज्ञानिक पुरुषों की जीवनियां एवं उनके कार्यों को प्रकाशित किया और वह भी विस्तृत ढ़ंग से। उदाहरण के लिए लार्ड केलविन और उनके वैज्ञानिक आविष्कारों को रेखांकित करते हुए पत्रिका ने लिखा कि ''लार्ड केल्विन के जीवन का अधिक भाग वैज्ञानिक गूढ़ तत्वों के खोज, विचार, अध्ययन और अनुशीलन में गया। यों तो वे गणित और प्राकृतिक विज्ञान में विशेष पारदर्शी थे पर उनके आविष्कारों का संबंध विद्युतशास्त्र और नौकानयन शास्त्र ही से है। समुद्र में तार लग जाने से मनुष्य मात्र को जैसा लाभ हुआ है; सांसारिक–राजकीय, व्यापार संबंधी आदि–कार्य निर्वाह करने में जैसी सुविधा हुई है देश विदेश के नित्य नए समाचार जानकर, अपनी उन्नति करने का जैसा सुभीता हाथ आया है; वह सब लार्ड केलविन ही की शोधक और विशाल बुद्ध की बदौलत है। स्थल के तारों के समान समुद्र वाले तारों के विद्युत प्रवाह का वेग भी धीरे–धीरे घटता जाता है इससे खबरों के भेजने में बड़ी गड़बड़ी होती थी। 1866ई0 में अटलांटिक महासागर में तार लगाते समय इस त्रुटि को देखकर इन्होंने विद्युत–प्रवाह–मापक और विद्युत–कंप–लेखक ऐसे दो यंत्र निकाले जिन से यह गड़बड़ी हमेशा के लिए मिट गई।''[43]

सरस्वती पत्रिका का प्रकाशन 20वीं सदी के आरंभ की एक बहुत ही अविस्मरणीय घटना थी और इस पत्रिका ने हिंदी भाषा एवं साहित्य के परिमार्जन एवं प्रचार में महत्वपूर्ण योगदान दिया। विज्ञान के क्षेत्र में भी इस पत्रिका का योगदान विशेष उल्लेखनीय था। हिंदी भाषा में

विज्ञान में विविध विषयों पर इस पत्रिका ने सारगर्भित जानकारियों का प्रकाशन किया और 19वीं सदी की हिंदी पत्रिकाओं ने विज्ञान का जो आंदोलन आरंभ किया था, उस आंदोलन का अकेले ही नेतृत्व किया और अन्य पत्रिकाओं के लिए प्रेरणास्रोत बनी।

20वीं सदी के प्रथम दशक में हिंदी की कई पत्रिकायें देश के विभिन्न भागों से प्रकाशित हुईं और इन सभीं पत्रिकाओं के लिए सरस्वती पत्रिका कहीं न कहीं प्रेरणा का कार्य कर रही थी। इन नव प्रकाशित हिंदी पत्रिकाओं में से अधिकांश ने सरस्वती पत्रिका के अनुरुप ही अन्य विषयों के अलावा विज्ञान विषय को भी स्थान दिया और उसे लोकप्रिय बनाने का कार्य किया। 20वीं सदी के प्रथम दशक में विज्ञान के क्षेत्र में प्रथम सबसे महत्वपूर्ण योगदान कला कुशल पत्रिका का था जिसने ज्ञान–विज्ञान एवं शिल्प–व्यापार पर अनेक महत्वपूर्ण बातों का प्रकाशन कर देशवासियों का ध्यान इस ओर आकृष्ट किया। इस पत्रिका ने भारत की प्राचीन और अर्वाचीन दोनों ही समयों में भारतीयों की स्थितियों पर प्रकाश डाला कि 'जब कभी हम लोग यह विचारने लगते हैं कि हमारी धन हीनता का कारण क्या है तब हमारी आंखों के सामने स्वदेशी व्यापार उद्यम और शिल्प कला की गिरी हुई अवस्था आकर उपस्थित हो जाती है। उस समय उसको देखकर हम लोगों के चित्त में बड़ा खेद उत्पन्न होता है और मन ही मन हम लोग यह कहते हैं कि हां प्रभु जिस देश की शिल्प कला की प्रसिद्धि देश देशांतरों में थी, जहां की दस्तकारी की चीजों को देखकर बड़े–बड़े विदेशी शिल्पकारों की बुद्धि चक्कर में आ जाती थी और जहां के हाथ के बुने हुए वस्त्रों को देखकर विशाल यंत्रों के द्वारा बुनने का काम करने वाले लोग विस्मित हो जाते थे, आज उसी देश में शिल्प कला मृतप्राय हो रही है।'[44] इस पत्रिका ने देशवासियों से अपनी कला कुशलता की उन्नति करने का आह्वाहन किया और यह बतलाया कि इसी पर ध्यान न देने के कारण हम इस शोचनीय अवस्था को प्राप्त हुए हैं और हमारे धन का निष्कासन विदेशों को हुआ। पत्रिका ने प्रकाशित किया कि "आधुनिक समय में हम लोगों को तन मन और धन से अपने यहां के शिल्प कला की उन्नति करने का यत्न करना चाहिए क्योंकि इसी की उन्नति पर हमारी गिरी हुई आर्थिक दशा का सुधरना संभव है। हम लोग आजकल धन हीनता के कारण नाना प्रकार के कष्टों को भोग रहे हैं, विविध प्रकार के असुभीते में पढ़े हुए उन्नतिशाली देशवालों से नीची दृष्टि से देखे जाते हैं। क्या इन बातों की ओर हम लोगों को तनिक भी ध्यान देना न चाहिए? इसमें अणुमात्र भी संदेह नहीं है कि जिस समय हम लोग स्वदेशी शिल्प कला के सीखने में विशेष रुप से स्वार्थ लेते थे उस समय हमारी धन संबंधी दशा बहुत अच्छी थी और ज्यों ज्यों

हमारा चित्त इस विषय में उदासीन होता गया त्यों-त्यों लक्ष्मी जी हम से रुष्ट होने लगी और अब तो वह हमारे शिल्प अनुराग की न्यूनता देखकर हमसे इतना रुष्ट हो गई है कि इस समय सात समुंदर पार चली गई है।"[45]

कला कुशल पत्रिका ज्ञान-विज्ञान से संबंधित बातों का प्रकाशन नियमित रुप से किया करती थी। इस पत्रिका के अंकों के अवलोकन से एक बात सामने आती है कि अपने नाम के अनुरुप इस पत्रिका के लगभग प्रत्येक अंक की लगभग सारी की सारी सामग्री विज्ञान, प्रौद्योगिकी, शिल्प, कला इत्यादि से ही संबंधित होती थी और ज्ञान-विज्ञान की नवीन जानकारियां प्रत्येक अंक में समाविष्ट रहती थी। तत्कालीन समय के एक बहुत ही उपयोगी यंत्र टेलीफोन के बारे में देशवासियों को बताया कि 'टेलीफोन एक यंत्र है जिसके द्वारा हम शब्द को एक स्थान से दूसरे स्थान को भेज सकते हैं। आप लोग स्वयं अनुमान कर सकते हैं कि यह टेलीफोन कितनी लाभदायक वस्तु है कि आप कोसों दूर स्थान का हाल घर बैठे क्षण मात्र में जान सकते हैं।'[46] इस पत्रिका ने टेलीफोन के आविष्कार के इतिहास पर प्रकाश डालते हुए बतलाया कि पहला टेलीफोन रीड साहब ने 1861ई0 में बनाया था और इसकी बनावट में ग्राहम वेल ने क्या क्या सुधार किए जो कि आज भी सबसे उपयोगी है।[47]

कला कुशल पत्रिका ने विज्ञान के विविध अंगों एवं साथ ही सूचना प्रौद्योगिकी के क्षेत्र में हो रही उन्नति एवं नवीन आविष्कारों से देशवासियों को परिचित कराया। तार से तस्वीर भेंजने के यंत्र 'टेलीफोटोग्राफ' जिसे जर्मनी के प्रोफेसर कीन साहब ने आविष्कृत किया था;[48] एवं रेडियम, जो उस समय एकदम नया-नया आविष्कृत हुआ था, के आविष्कार एवं गुणों का विस्तृत वर्णन इस पत्रिका ने किया।[49] तरल वायु की महिमा बतलाते हुए पत्रिका ने लिखा कि ''यह एक ऐसी विचित्र वस्तु है जो बिना व्यय के हिम, बारूद और कोयले का काम दे सकती है। संसारभर में जितनी वस्तुएं पाई जाती हैं उनके केवल तीन रूप हैं अर्थात ठोस, द्रव और गैसें। इन्हीं तीन अवस्थाओं में सभी वस्तु हम लोगों को जान पड़ती हैं। ईश्वर की महिमा ऐसी है कि प्रत्येक वस्तु चाहे वह किसी रूप में हो इन तीनों रूपों को ग्रहण कर सकती है अर्थात जल, पारद, स्वर्ण, वायु इत्यादि सब पदार्थ द्रव, ठोस अथवा गैस अवस्था में लाए जा सकते हैं।''[50] वहीं, रसायन शास्त्र की भी महिमा बतलाया कि शिल्प-व्यवसाय की उन्नति के लिए रसायनशास्त्र का ज्ञान परम आवश्यक है और पश्चिम की उन्नति का एक कारण रसायन विज्ञान की उन्नति भी है, जैसा कि पत्रिका ने लिखा कि ''रसायन से शिल्प

कला का बहुत कुछ संबंध है। इसी से पश्चिमीय देशों के लोग रसायन शास्त्र के अध्ययन करने में विशेष स्वार्थ लेते हैं। हम लोग अपने यहां के युवकों का ध्यान भी इस शास्त्र को अध्ययन करने की ओर आकर्षित करते हैं।''[51]

20वीं सदी के प्रथम दशक में वैज्ञानिक ज्ञान के प्रचार एवं लोकप्रियकरण में पीयूष प्रवाह और बाल प्रभाकर नामक दो पत्रिकाओं का योगदान भी उल्लेखनीय था। पीयूष प्रवाह जौनपुर और बालप्रभाकर बनारस से निकली थी परंतु दोनों का मुद्रण बनारस से ही होता था। यद्यपि ये दोनों ही पत्रिकाएं बहुत अधिक समय तक नहीं निकलीं परंतु फिर भी विज्ञान के क्षेत्र में इनका प्रयास सराहनीय था। पीयूष प्रवाह पत्रिका ने प्रथम अंक में ही विज्ञान विषय को महत्व मिला और आगत पुस्तकों में विज्ञान विषयक पुस्तकों की प्रसंशा की। प्रथम अंक में ही 'वैज्ञानिक कोश' और 'वनिता विनोद' नामक ग्रंथों की सुंदर समालोचना की और लिखा कि ''दिनों दिन काशी नागरीप्रचारिणी सभा हिंदी की उन्नति कर रही है। इस वर्ष इसने वैज्ञानिक कोश, जिसका पूर्ण अभाव था, बड़े परिश्रम से प्रकाशित किया है। यह कोश बड़े काम का है। अंग्रेजी वैज्ञानिक पुस्तकों के अनुवाद करने में पूरी सहायता देगा। सभा के उपसभापति तथा हिंदू कॉलेज के असिस्टेंट हेडमास्टर बाबू श्यामसुंदरदासजी बी0 ए0 ने बड़ी योग्यता से इसे संपादित किया है। इसकी भूमिका प्रशंसनीय है। बाबू साहब तथा अन्य रचयिताओं के परिश्रम के लिए हिंदी प्रेमियों को कृतज्ञ होना चाहिए।''[52]

पीयूष प्रवाह पत्रिका में विज्ञान, विशेषकर गणित, को अधिक प्रमुखता दी गई और गणित विषयों पर अत्यधिक सामग्री का प्रकाशन हुआ। प्रथम अंक से ही गणित विषयक ज्ञान इसमें प्रकाशित होना आरंभ हुआ[53] और पत्रिका के अगले अंकों में विद्यार्थियों के लिए प्रश्न और उनके उत्तर के साथ ही गणित से संबंधित कई रोचक जानकारियां जैसे 'अंक में जगत वर्णन', 'अद्भुत गणित' इत्यादि प्रकाशित हुए।[54]

काशी से प्रकाशित बाल प्रभाकर पत्रिका ने भी विज्ञान विषय को प्रमुखता दी। यह पत्रिका एक तो अल्प समय तक निकली और उसमें से भी कुछ ही अंक उपलब्ध हो पाये हैं, परंतु जो अंक मिले उसके अवलोकन से यह बात सिद्ध हो जाती है कि इस पत्रिका ने भी विज्ञान से संबंधित काफी जानकारियों का प्रकाशन किया था। इस पत्रिका ने यूरोप में हो रही ज्ञान विज्ञान की उन्नति एवं कौतूहलपूर्ण बातों को प्रकाशित कर अपने देशवासियों का कल्याण करने का प्रयास किया। इस पत्रिका का एक बड़ा ही प्रमुख कार्य यूरोप में जितने भी वैज्ञानिक आविष्कार हुए थे, उसकी पूरी सूची जारी की और यह बतलाया कि आविष्कार

कब कब हुए थे[55] जो कि आज की प्रतियोगी परीक्षाओं में वस्तुनिष्ठ प्रश्नों को हल करने के लिए भी काफी सहायक हो सकते हैं। इतना ही नहीं, भारत में भी विज्ञान एवं तकनीकी से संबंधित जानकारियां इस पत्रिका ने प्रकाशित की जैसे इस पत्रिका ने सभीं को यह जानकारी दी कि 'काशी के बाबू शालिग्राम सिंह खत्री, जो कि शीशे के बर्तन बनाने का काम सीखने के लिए जापान को गए थे, गत माह में सकुशल लौट कर आ गए। उनके स्वागत के लिए बनारस के टाउन हॉल में एक सभा की गई थी जिसमें यहां के कलेक्टर ने सभापति का आसन ग्रहण किया और अच्छे–अच्छे वक्ताओं ने व्याख्यान दिए।'[56]

बाल प्रभाकर पत्रिका ने खगोल एवं ज्योतिष विषयों से भी संबंधित महत्वपूर्ण जानकारियां देशवासियों तक पहुँचाने का प्रयास किया। सौर मंडल के प्रमुख पिंडों–सूर्य और पृथ्वी पर इस पत्रिका ने बहुत ही ज्ञानपूर्ण सामग्री प्रकाशित की। सूर्य के बारे में पत्रिका ने लिखा कि "सूर्य प्रज्ज्वलित वाष्प का एक बड़ा भारी समूह है जो कि बराबर उतनी उष्णता फैलाता रहता है कि जिससे यह विशाल भूमंडल भी उत्पत्ति हो जाता है। यद्यपि सूर्य पृथ्वी से 9000000 मील की दूरी पर है परंतु तिसपर भी मध्यान में उसकी किरणों से उत्तप्त भूमि पर लोगों के पैर जलने लगते हैं। सूर्य सौर जगत का केंद्र है और पृथ्वी तथा अन्य ग्रहादिक उसके चारों ओर सदैव भ्रमण किया करते हैं। यद्यपि भूलोक इतनी उष्णता सूर्य से प्राप्त करता है तथापि वह सूर्य से इतना छोटा है कि उसके किरणों का अतिशय अल्पांश उसके लिए संतोष दायक होता है।"[57] इसी प्रकार सूर्य के प्रमुख उपग्रह पृथ्वी के बारे में भी लिखा कि "बुध शुक्र और शनि आदि के समान पृथ्वी भी एक ग्रह है। दूसरे ग्रहों की नाई वह भी वाष्प पूरित सूर्य की प्रदक्षिणा किया करती है। और ग्रहों की अपेक्षा यह सूर्य के चतुर्दिक इतने वेग से घूमती है कि उसकी गति का हिसाब सुनकर चित चकित होता है। अंतरिक्ष में ग्रह और नक्षत्रों के मध्य पृथ्वी लटकी हुई है। पृथ्वी सूर्य के चारो ओर 365 दिन में एक बार घूमती है। इस विशाल यात्रा को तय करने के लिए उसको 1 सेकंड में 29 मील दौड़ना होता है।"[58]

20वीं सदी के आरंभ में हिंदी भाषा में वैज्ञानिक ज्ञान के प्रचार में स्वदेश बांधव पत्रिका का भी योगदान उल्लेख करने योग्य है। इस पत्रिका ने भी विज्ञान में विविध प्रकार की जानकारियां प्रकाशित कर अपने देशवासियों को लाभ पहुँचाने का कार्य किया। उस समय भारत में कई प्रकार की बीमारियों एवं महामारियों का प्रकोप होता था, अतएव इस पत्रिका ने भी कई ऐसी बीमारियों एवं उनसे बचने के उपायों पर विस्तृत जानकारियां प्रकाशित की।

उस समय की एक प्रमुख बीमारी बुखार के विषय में बतलाया कि 'ज्वर उन रोगों में से एक है जिनके कारण प्रतिवर्ष लाखों मनुष्य मर जाते हैं। ज्वर कहने सुनने को तो एक छोटा सा रोग है परंतु इसके शरीर पर कुछ काल अधिकार बनाए रखने से दुर्बलता के कारण अनेक भयानक रोग पैदा हो जाते हैं, इसलिए मनुष्य को उचित है कि ज्वर की ओर से कभी असावधान न रहे।'[59] इस पत्रिका ने उस समय की बड़ी बीमारियों जैसे तपेदिक अर्थात क्षय रोग के विषय में भी जानकारी प्रकाशित की जो कि उस समय भारत के लिए एक बहुत ही घातक बीमारी समझी जाती थी। इस के विषय में लिखा कि ''तपेदिक अर्थात क्षयरोग एक फेफड़ों की बीमारी है जो कि थोड़ी–बहुत संसार के सब हिस्सों में पाई जाती है। यह भयंकर रोग मनुष्य के प्राण का सबसे बड़ा शत्रु है। संसार की कुल मौतों का सातवां हिस्सा इसके कारण होता है। आजकल यह रोग भारतवर्ष में उन्नति पकड़ता जाता है और इसके कारण से हमारे देश में हर साल हजारों मनुष्यों के बहुमूल्य प्राण चले जाते हैं किंतु यह बात अच्छी तरह प्रमाणित हो चुकी है कि यदि हम ठीक समय पर और ठीक तौर से प्रयत्न करें तो अवश्य इस बीमारी से बच सकते हैं और अच्छे हो सकते हैं।''[60]

अपनी समकालीन अन्य हिंदी पत्रिकाओं के समान ही स्वदेश बांधव पत्रिका ने भी कई प्रसिद्ध वैज्ञानिकों की जीवनियां विस्तृत रुप में प्रकाशित की और उनके आविष्कारों के महत्व से जनमानस को परिचित करवाया। जेम्स वाट की जीवनी में उनके आविष्कार के महत्व को बतलाते हुए लिखा कि 'असभ्य जातियां सब काम अपने हाथ पैरों से ही करती हैं। उनसे कुछ अधिक सभ्य जाति घोड़े और पशु को काम में लाती हैं। ज्यों ज्यों सभ्यता बढ़ती है वह हवा और पानी को भी अपनी सेवा में प्रवृत्त कर लेती है। प्रोफेसर कॉलरिज का कथन है कि कल कांटो की उत्तरोत्तर वृद्धि और प्रसार ही सभ्यता का विस्तार है। ऐसी बातों से ही कोई जाति सभ्य कहलाया करती है। वाष्प से आज कल बड़ा काम चल रहा है। विलायत में कोई 3–4 लाख मनुष्य इसके द्वारा नाना प्रकार के कारखानों में अपनी जीविका चला रहे हैं। वाष्प शक्ति के द्वारा इन मनुष्यों का काम 4 करोड़ पुरुषों के हाथ से काम करने के समान हो रहा है।'[61]

अपनी समकालीन अन्य पत्रिकाओं के समान ही स्वदेश बांधव पत्रिका ने भी हिंदी में प्रकाशित अन्य विषयों के समान ही वैज्ञानिक विषयों पर प्रकाशित ग्रंथों की भी सुंदर समालोचनाएं समय–समय पर की। मध्य देश की रियासत सीतामऊ के महाराज द्वारा विज्ञान विषयक ग्रंथ 'वायु विज्ञान' लिखने पर इस पत्रिका ने उसकी सुंदर समालोचना की और

लिखा कि "अब तक राजपूताना व मध्य भारत में काव्य प्रेमी नृपवृंद तो सुनते रहे हैं परंतु महाराज रामसिंहजी सीतामऊ नरेश ने समयानुसार 'वायु विज्ञान' नामक पुस्तक लिखकर अपनी विद्या, योग्यता, देशहित और साथ ही हिंदी प्रेम का अच्छा परिचय दिया है। उपोद्घात से आपका मातृभाषा प्रेम, देश अनुराग व विद्या अभिरुचि स्पष्ट प्रगट होती है। जिस वायु के बिना हमारा जीवन एक मिनट भी नहीं रह सकता और जिससे संसार में बड़े बड़े काम हो रहे हैं उसके विषय में हमारा ज्ञान प्राप्त होना मनुष्यमात्र को आवश्यक है। इसलिए प्रशंसित महाराज ने इस पुस्तक को हिंदी भाषा में लिखकर अपने देशवासियों का बड़ा उपकार किया है। **.........**विज्ञान विषयक पुस्तकों से हमारा हिंदी भाषा का भंडार शून्य है और हम जहां तक जानते हैं वायु विज्ञान विषयक यह पुस्तक हिंदी भाषा में प्रथम ही है। यह पुस्तक 7 प्रसिद्ध अंग्रेजी ग्रंथों की सहायता से बड़ी योग्यता के साथ लिखी गई है। वायु विषयक बहुत सी बातों का इसमें उद्धरण किया गया है।"[62]

स्वदेश बांधव पत्रिका ने अपने देशवासियों में देशप्रेम की भावना जागृत करने और स्वदेशी वस्तुओं के उपयोग का आह्वाहन किया क्योंकि स्वदेशी वस्तुओं को अपनाकर ही किसी भी देश को समृद्ध किया जा सकता है। स्वदेशी के अंगीकार के महत्व को पत्रिका ने रेखांकित किया कि 'प्रत्येक मनुष्य अपने देश के व्यापार को उन्नत करने में कुछ न कुछ काम कर सकता है। यह चाकू या यह कपड़ा जो मैं खरीदता हूं इससे मेरे देश को कितना लाभ है या कितनी हानि है यह बात सोच सकते हैं और सोच विचार से अपने देश के शिल्पकर्म और व्यवसाय को बहुत लाभ पहुंचा सकते हैं। यह कभी न सोचना चाहिए कि ऐसी छोटी बात से क्या होता है या हम क्या कर सकते हैं क्योंकि कण–कण से ही मन हो जाता है। यूरोप में ऐसी स्वदेशी नीति के द्वारा और और देशों के माल रोकने की बड़ी चेष्टा की गई और की जा रही हैं। इसी के द्वारा अपने देश के व्यापार को उन्होंने बहुत कुछ बढ़ाया है। क्या हम स्वदेश की बनी चीजें ग्रहण कर अपने देश के व्यापार को लाभ नहीं पहुंचा सकते? क्या इसके द्वारा यह सत्य नहीं कर डालेंगे कि वाणिज्ये बसते लक्ष्मी। कला कौशल की उन्नति जब ही होती है जब देशवासी अपने देश की चीजों की कदर करते हैं।'[63]

भारत की अंग्रेजी सरकार ज्ञान–विज्ञान के क्षेत्र में भारतीयों को हतोत्साहित करती थी, परंतु वहीं सभी मामलों में अपने जातीय लोगों का पक्ष लेती और उन्हें हर प्रकार से लाभ पहुँचाने का कार्य करती थी। स्वदेश बांधव पत्रिका ने अंग्रेजों की इस नीति की कटु आलोचना की और अपने देशवासियों को यह बतलाया कि हमें भी अंग्रेजों की ही नीतियां

सीखनी चाहिए जिससे हम भी उन्नति कर सकें और 'अंग्रेजों से क्या शिक्षा प्राप्त करनी चाहिए?' विषयक लेख में स्पष्ट लिखा कि ''पश्चिम के पंडितवर मैक्समूलर साहब अपने व्याख्यानों में एक बार यह बतलाया था कि यूरोप की ईसाई जातियों को भारतवासियों से क्या–क्या शिक्षा ग्रहण करनी चाहिए? आज उसी ढंग पर पाठकों को यह दिखाया जाता है कि आजकल इन भारतवासियों को अंग्रेजों से क्या–क्या गुण ग्रहण करने चाहिए? जिससे हमारी दरिद्रता मिटे और देश का कल्याण हो।''[64] इस प्रश्न के उत्तर में इस पत्रिका ने बड़े ही स्पष्ट और खुले शब्दों में लिखा कि ''अंग्रेज बड़े स्वार्थी हैं। अंग्रेजों से हमें भी स्वार्थी होने की शिक्षा ग्रहण करनी चाहिए। परंतु उनकी यह स्वार्थपरता हमारी सी व्यक्तिगत स्वार्थपरता नहीं है कि अपनी अपनी दाढ़ी का ही सबको ध्यान रहे दूसरा भाई चाहे मरे या जीए। अंग्रेजों की स्वार्थपरता व्यक्तिगत नहीं है किंतु जातिगत है। वह अपनी जाति को लाभ पहुंचाने में बड़े स्वार्थपरायण हैं।''[65] इस पत्रिका ने तो यहां तक लिखा कि स्वार्थपरता के साथ ही स्वजाति का हित और स्वदेश प्रेम भी उनकी बड़ी विशेषता है और वह अपने देश हितैषी लोगों का सम्मान भी करते हैं और यह बातें हमें भी सीखने की आवश्यकता है।[66]

इस पत्रिका ने दान के महत्व को भी प्रतिपादित किया कि किस प्रकार प्राचीन भारत के लोग अच्छे कार्यों के लिए दान किया करते थे और पश्चिम में भी शिक्षा एवं ज्ञान विज्ञान की उन्नति के लिए प्रभूत दान किया जाता है। ज्ञातव्य हो कि जमशेदजी टाटा ने विज्ञान शिक्षा के लिए 30 लाख का दान किया था और उस समय यह बहुत ही बड़ी घटना थी। इस बात की महत्ता को बतलाते हुए पत्रिका ने लिखा कि भारत में पारसी लोगों की संख्या एक लाख के लगभग है। थोड़ी संख्या होने पर भी विद्या और व्यवसाय में यह लोग सबसे बढ़े चढ़े हैं। जितना अधिक यह रुपया कमाते हैं उतना ही अधिक दान भी करते हैं। सच्चे दान के लिए ये देश, काल, पात्र को खूब पहचानते हैं। कोई 15 वर्ष हुए, मुंबई के प्रसिद्ध व्यवसाई पारसी मिस्टर ताता को यह विचार हुआ कि भारत में उच्च विज्ञान की शिक्षा के लिए एक विश्वविद्यालय स्थापित किया जाये। निदान उस समय सन 1896ई0 में दानवीर मि0 जमशेदजी नसरवानजी टाटा ने 30 लाख रुपए की संपत्ति विज्ञानालय की स्थापना के लिए दान की।'[67] जमशेदजी टाटा ने विज्ञान शिक्षा के लिए जो दान किया उसकी तो तत्कालीन सभीं पत्र–पत्रिकाओं ने मुक्त कंठ से प्रसंशा की पर स्वदेश बांधव पत्रिका ने टाटा के इस कार्य में मैसूर राज्य के प्रधानमंत्री ने जो सहयोग दिया उसे भी भारतीयों के सम्मुख उपस्थित किया कि ''ताता ने जो इंडियन इंस्टीट्यूट ऑफ साइंस स्थापित किया उसमें मैसूर राज्य के

प्रधानमंत्री ने भी बहुत बड़ा सहयोग किया और बड़ा दान दिया। मैसूर के प्रधान अमात्य सर शेषाद्रि अय्यर महाशय ने इस काम की उपयोगिता को समझकर मैसूर राज्य की ओर से भी सहायता दी। आपने विज्ञानालय के लिए मैसूर राज्य से 371 एकड़ भूमि और रु0 500000 उसकी आर्थिक सहायता के लिए देने का संकल्प किया।''[68] इतना ही नहीं इस पत्रिका ने इस इंस्टिट्यूट की महत्ता को बतलाया कि इस कॉलेज में विज्ञान के उन उन उच्च विषयों की शिक्षा दी जाती है जिनकी शिक्षा भारत के किसी कॉलेज में नहीं दी जाती और जो भारत की आर्थिक उन्नति के लिए अति आवश्यक है।

20वीं सदी के प्रथम दशक में जितनी भी हिंदी पत्रिकाएं प्रकाशित हो रही थीं या हुईं, उनमें मर्यादा पत्रिका का अति विशिष्ट स्थान है। पं0 मदनमोहन मालवीयजी के सहयोग से उनके पुत्र पं0 कृष्णकांत मालवीय ने इसको नवंबर, 1910ई0 से निकालना आरंभ किया था। इस पत्रिका में हिंदी में विविध विषयों की प्रभूत सामग्री का प्रकाशन होता था और साथ ही उसका स्तर भी काफी ऊँचा रखा गया था। इस पत्रिका ने भी विज्ञान विषयों पर उत्तम–उत्तम लेख प्रकाशित किये जिनमें बहुत ही ज्ञानवर्द्धक बातें प्रकाशित हुईं। पत्रिका के पहले ही अंक में ही 'पूर्व दर्शन' शीर्षक कविता में मैथिलीशरण गुप्त ने अपने देश की प्राचीन सभ्यता संस्कृति एवं विज्ञान की महत्ता को बतलाते हुए लिखा था कि :

शैशव दशा से देश सारे जिस समय में व्याप्त थे,
निःशेष विषयों में तभी हम प्रौढ़ता को प्राप्त थे।
संसार को पहले हमीं ने ज्ञान–शिक्षा दान की, –
आचार की, व्यवहार की, व्यापार की, विज्ञान की।।[69]

मर्यादा पत्रिका ने मानव सभ्यता के विकास में विज्ञान का महत्वपूर्ण योगदान बतलाया और यह बात पटल पर रखी कि विज्ञान का समाज पर गहरा प्रभाव होता है, और इन शबदों में रेखांकित किया कि 'विज्ञानवेत्ता प्रति दिवस संग्राम भूमि में विजय पाते जाते हैं। कोई दिन ऐसा नहीं जाता जो बिना किसी नए आविष्कार के हो परंतु उनका श्रम क्षेत्र भी अनंत है। इसी विचार से एक बड़े तत्ववेत्ता ने अपने मरण समय अपने मित्रों से कहा था कि मैं तो विद्या समुद्र के तट ही पर घोंघे इकट्ठा करता रहा हूं ना मालूम अंदर क्या क्या छुपा है।'[70] इस पत्रिका ने इस बात को विवेचित किया कि विज्ञान की अत्यधिक प्रगति ने मानव के रहन–सहन एवं विचारों में क्रांतिकारी परिवर्तन कर दिया है और आज वह न केवल अपने बारे में एवं पृथ्वी के बारे में, बल्कि अन्य ग्रहों के बारे में भी सोचता है। पत्रिका ने इस संदर्भ

में लिखा कि "नवीन विज्ञान उन्नति ने हमारे विचारों में एक बड़ा परिवर्तन यह किया कि उसने हमारे विचारों को विस्तृत कर दिया। सहस्त्रों विद्वान अपना जीवन इस पृथ्वी का नहीं परंतु दूर–दूर ग्रहों के हाल जानने में व्यतीत करते हैं। क्या इन विद्वानों और ग्रहों से कुछ संबंध हो सकता है? कदापि नहीं। कारण यह है कि उनके विचार इतने विस्तृत हो गए हैं कि ये अपने सुख के लिए काम करना संकुचित क्षेत्र में काम करना समझते हैं।"[71]

मर्यादा पत्रिका ने एक तरफ जहां भारत के विज्ञानवेत्ताओं द्वारा किये जा रहे आविष्कारों के विषय में देशवासियों को जानकारी दी, वहीं, भारत के बाहर के प्रमुख विज्ञानवेत्ताओं एवं औद्योगिक पुरुषों के बारे में भी जानकारियां प्रकाशित की। भारत में जहां जगदीशचंद्र बसु और प्रफुल्लचंद्र राय की गवेषणाओं से देश को परिचित कराया कि किस तरह अध्यापक जगदीश चंद्र बोस और प्रफुल्ल चंद्र राय ने विज्ञान विषय में नाम कमाया है। दोनों के विषय अलग हैं और किस तरह से अध्यापक प्रफुल्ल चंद्र राय ने रसायन विज्ञान में विविध गवेषणाएं की हैं,[72] वही, पाश्चात्य जगत के कार्नेगी जैसे प्रमुख औद्योगिक पुरुषों के बारे में भी लिखा कि किस तरह अपनी मेहनत से लोहे के कारखाने की बदौलत अमेरिका के कार्नेगी कुबेर बन गए हैं।[73]

मर्यादा पत्रिका ने भी पाश्चात्य जगत में हो रही नवीन गवेषणाओं एवं तकनीकों से भी भारतीय जनसमुदाय को परिचित करवाने का महत्वपूर्ण कार्य किया। भारत चूँकि उस समय मुख्य रुप से कृषि पर आश्रित देश बन चुका था और वह कृषि भी पुरानी परिपाटी पर ही हो रही थी, अतएव पाश्चात्य जगत की नवीन खोज 'बिजली से खेती' को विस्तृत ढ़ंग से प्रकाशित किया और लिखा कि "साधारण रीति से गेहूं के बीज 10 दिन में जमते हैं। 10 इंच की ऊंचाई तक पहुंचने में पौधों को और कितने ही दिन लग जाते हैं। हाल में एक नई खोज की गई है। बिजली की सहायता से पौधे बहुत जल्द उगाते हैं और बीज को जमते समय नहीं लगता। इसकी परीक्षा इस प्रकार की गई कि विद्युत मंडल (इलेक्ट्रिक करंट) में थोड़े से गेहूं के बीज रखकर जमीन में गाड़ दिए गए। जमीन पर बिजली दौड़ाई गई और बीज दो ही दिन में जम निकले और 15 दिन ही में पौधे 10 इंच लंबे हो गए। इस चमत्कार का कारण यह बतलाया जाता है कि बिजली उन छोटे–छोटे जंतुओं को मार डालती है जो पौधे की बाढ़ को रोकते हैं। सर क्लाइव लॉज ने यह कारनामा किया है।"[74]

मर्यादा पत्रिका ने विज्ञान विषय के महत्व को कई बार पटल पर रखा और उसे मनुष्य की उन्नति का आधार बताया। विज्ञान के प्रमुख अंग गणित की महिमा बतलाते हुए पत्रिका

ने प्रकाशित किया कि "सभ्य संसार में गणित विद्या ने सर्वोच्च स्थान पाया है। मनुष्य समाज को उन्नति के स्रोत की ओर ले जाने वाली विद्याओं में गणित वर्तमान समय में अग्रसर समझी जाती है। कठिन से कठिन और लाभदायक आविष्कार, जिनके बिना संसार की उन्नति असंभव होती, गणित की सहायता से सहल ही में सिद्ध हो गए। भौतिक विज्ञान जब स्वयं आगे न बढ़ सका तब वह इसका सहारा लेकर बेरोकटोक, बिना थकावट वायु सा शीघ्रगामी हो संसार का उपकार करने लगा। भूगोल, खगोल रसायन आदि सभी अधूरे रह जाते यदि गणित उदार हृदय से उन्हें न अपनाता। सारांश यह की आधुनिक शास्त्रों को पूर्ण और उपयोगी बनाने में यह अत्यंत आवश्यक है और विज्ञान को निश्चय और दृढ़ करने के लिए इस ही एकमात्र सर्व सहायक विज्ञान का हमको सहारा लेना पड़ता है।"[75] 'भारतीय गणित' शीर्षक लेख में इस पत्रिका ने न केवल गणित की महत्ता का प्रतिपादन किया बल्कि साथ ही विभिन्न प्रमाणों के आधार पर ऐतिहासिक क्रम से यह बतलाया कि गणित एवं उसकी विभिन्न शाखाओं–अंकगणित, बीजगणित, रेखागणित, त्रिकोणमिति इत्यादि का उत्पत्ति स्थान भारत ही रहा है और यही से यह विद्या अरब और यूरोप को गई है।[76]

मर्यादा पत्रिका का विज्ञान के प्रचार–प्रसार एवं लोकप्रियकरण में अति महत्वपूर्ण योगदान था। मर्यादा पत्रिका इलाहाबाद से प्रकाशित हुई थी, परंतु टीक उसी के समय से प्रकाशित होनी आरंभ हुई एक दूसरी मासिक हिंदी पत्रिका हितकारिणी, जो जबलपुर से प्रकाशित हुई, ने भी विज्ञान के क्षेत्र में उल्लेखनीय कार्य किया। इस पत्रिका ने अपने पहले ही अंक में यह बात स्पष्ट कर दी कि इस पत्रिका में किन बातों का प्रकाशन होगा और लिखा कि "पाठकगण! यह मासिक पत्र साधारण समाचार पत्र नहीं है। किसी प्रकार के राजनीति संबंधी पक्ष से इसका संबंध न रहेगा। इसमें जो लेख छपेंगे बहुत जांच के साथ छापे जाएंगे। यह पत्र मामूली खबरों से न भरा जाएगा किंतु इसमें ऐसी ऐसी बातें निकलेंगी जिनके पढ़ने से लोगों का पांडित्य व अनेक उपयोगी विषयों का ज्ञान बढ़े, साइंस के नए–नए आविष्कार, कारखानों की कारीगरी, वह खेती आदि धंधे भी उन्नति के विषय, सरकारी नए नए कानून, बड़े बड़े अधिकारियों व अफसरो तथा देशी व विदेशी वक्ताओं के उपदेश भरे व्याख्यान, शिक्षा विभाग संबंधी खबरें, उत्तम शिक्षा पद्धति के नए–नए उपाय, स्कूलों में भिन्न–भिन्न विषयों के पढ़ाने की रीतियां, पाठों के नोट आदि विषय, जो शिक्षकों का सर्वसाधारण के फायदे के समझे जाएंगे, रहेंगे।"[77] इस पत्रिका में आरंभ से ही वैज्ञानिक नोट, उद्यम व शिल्प संबंधी नोट, स्वास्थ्य संबंधी नोट इत्यादि प्रकाशित होते थे जिनमें

ज्ञान–विज्ञान से संबंधित अनेक बातों का प्रकाशन किया जाता था।

हितकारिणी पत्रिका ने आरंभ से ही विज्ञान विषयों पर सामग्री का प्रकाशन आरंभ किया। इस पत्रिका ने विज्ञान क्या है? और विज्ञान ने क्या चमत्कार उत्पन्न कर दिया है, इस बात को अत्यंत सरल शब्दों में समझाया कि 'ईश कृत पंचतत्वों के मेल से भौतिक पदार्थों की सृष्टि हुई है अतः इन्हीं तत्वों की अलौकिक एवं अदृश्य शक्ति को अपने बुद्धि बल से जानकर उन तत्वों से उपाय द्वारा उस शक्ति को विलगाकर उसे अपने वशवर्ती करना विज्ञान कहलाता है। आजकल पाश्चात्य मेधावी पुरुषों ने अपने अपरिमेय परिश्रम और उद्योगशीलता द्वारा संसार में वैज्ञानिक नवयुग उपस्थित कर दिया है। वैज्ञानिक पुरुषों ने वैज्ञानिक शक्तियों के द्वारा लौकिक कार्य संपादन प्रणाली प्रकाशित कर पूर्वीयजनों को वैचित्र्य सागर में डाल दिया है। उनकी कार्य संपादन रक्षिता को देख–सुनकर पूर्वीजन समुदाय को विस्मित होना पड़ता है और बुद्धि काम नहीं करती।'[78]

इस पत्रिका ने अपने देशवासियों को यह बतलाया कि विज्ञान की दिन–दिन कितनी उन्नति होती जा रही है जिसके कारण रोज ही नये आविष्कार हो रहे है। इन आविष्कारों के फलस्वरुप मानव जीवन में क्रांतिकारी परिवर्तन आ गया है। इस पत्रिका ने इस बात को उठाया कि लोग कहते हैं कि यह कलियुग है परंतु पत्रिका ने लिखा कि यह 'कलियुग नहीं बल्कि विज्ञान युग है' और नवीन आविष्कारों के महत्व को बतलाते हुए लिखा कि ''कुछ दिन पहले अज्ञात प्रकाश (एक्स रेज) का पता लगा जिसके द्वारा डॉक्टर लोग अब मनुष्य की हड्डी हड्डी का हाल मालूम कर सकते हैं। यह विचित्र प्रकाश चमड़ा, मांस, रुधिर आदि को तो पार कर सकता है पर हड्डी, धातु आदि पदार्थों में से पार नहीं जा सकता जिससे बंद संदूक के भीतर के रुपए अशर्फी तथा शरीर की हड्डियां इस प्रकाश के पढ़ने से स्पष्ट दिखाई देती हैं। यदि किसी की हड्डी फट या दरक गई हो तो डॉक्टर अज्ञात प्रकाश की सहायता से चमड़ा और मांस जैसे का तैसा रहते भी उसे देख सकता तथा उसका फोटो उतार सकता है।''[79] इसी प्रकार एक नवीन आविष्कार 'अल्ट्रावायलेट रेज' के महत्व और उसकी उपयोगिता को बतलाते हुए लिखा कि ''अल्ट्रावायलेट रेज नामक एक नए प्रकाश का पता लगा है जिसके बड़े–बड़े विचित्र उपयोग होने लगे हैं। कहते हैं कि इस प्रकाश के डालने से तरह तरह के रोग उत्पन्न करने वाले कीटाणु बिल्कुल बदल जाते हैं। उसके उपयोग से रेडियम का पानी भी बनने लगा है जिसे शराब आदि पेय पदार्थों में मिलाकर पीना बड़ा स्वास्थ्यप्रद होता है। इसके पहले वह बहुत जल्द बिगड़ जाता था जिससे तंदुरुस्ती को बिगाड़ देता था।''[80]

हितकारिणी पत्रिका ने विज्ञान से संबंधित अनेक सारगर्भित लेखों का प्रकाशन किया जिसमें बहुत सी ज्ञानवर्द्धक बातें हुआ करती थीं। इस पत्रिका ने विज्ञान की नवीन बातें, सूचना एवं संचार में हो रही प्रगति, कृषि एवं रसायन की उन्नति से संबंधित बातें अपने अधिकांश अंकों में प्रकाशित किया। इन बातों के अलावा इस पत्रिका का एक महत्वपूर्ण कार्य अपने देशवासियों को वैज्ञानिक शिक्षा के महत्व समझाना और उसी को ही सब उन्नतियों का आधार बतलाया जाना था। अपने पक्ष के समर्थन में पत्रिका में लिखा गया कि ''आजकल वैज्ञानिक शिक्षा बहुत आवश्यक समझी जाने लगी है, यहां तक कि इसी के ठीक रीत से प्रचलित होने पर देश उद्धार की आशा की जा रही है। पाठक क्या आपने कभी बैठकर विचार भी किया है कि वैज्ञानिक शिक्षा वास्तव में इतनी आवश्यक है वा नही? और वैज्ञानिक विषयों की अज्ञानता से हम को कोई हानि है या नहीं? विज्ञान में क्यों इतना महत्व समझा जाता है? बात तो यह है कि मनुष्य के जीवन का कोई ऐसा कार्य नहीं है जिसे सुखपूर्वक करने में विज्ञान सहायता न देता हो। आज कल जो हम सहस्त्रों मील की यात्रा इतनी सुविधा के साथ कर लेते हैं, सैकड़ों मील की दूरी पर तार, बेतार के तार आदि यंत्रों द्वारा अपने घर बैठे बैठे दूसरों को खबर भेज सकते हैं, नगर के किसी मोहल्ले में रहते हुए दूसरे मोहल्ले में रहने वालों के साथ, जो हमसे कई मील की दूरी पर हैं, टेलीफोन द्वारा हम आनंद से बातचीत कर सकते हैं, यह सब विज्ञान शास्त्र का ही प्रसाद है।''[81]

1915ई0 के पूर्व वैज्ञानिक सामग्री के प्रकाशन और प्रचार में संयुक्त प्रांत (वर्तमान उत्तर प्रदेश और उत्तराखंड) की हिंदी पत्रिकाओं का योगदान अन्य प्रांतों की अपेक्षा अधिक था, परंतु इसी कालखंड की दो हिंदी पत्रिकाओं–हिंदी चित्रमय जगत और नागरी हितैषिणी, जिसका नाम बाद में 'साहित्य पत्रिका' हो गया था; का योगदान भी विज्ञान के लोकप्रियकरण में काफी महत्वपूर्ण था। हिंदी चित्रमय जगत पूना से प्रकाशित हुई थी तो वहीं नागरी हितैषिणी आरा नागरीप्रचारिणी सभा की मुख पत्रिका थी जिसने नागरी (हिंदी भाषा एवं नागरी लिपि) के प्रचार के साथ ही वैज्ञानिक ज्ञान के प्रचार का भी कार्य किया।

हिंदी चित्रमय जगत का प्रथमांक जनवरी, 1911ई0 में निकला। यह पत्रिका अपनी समकालीन अन्य पत्रिकाओं से आकार में बड़ी तो थी ही, साथ ही इसमें बड़ी उच्च गुणवत्ता के सुंदर–सुंदर और बड़े चित्र भी प्रकाशित होते थे। इस पत्रिका ने भी हिंदी में अन्य विषयों के अलावा विज्ञान विषयों पर भी काफी सामग्री का प्रकाशन किया और भारत की उन्नति के लिए उद्योग की आवश्यकता, जिसका सीधा संबंध विज्ञान एवं प्रौद्योगिकी से होता है, को

अनिवार्य बतलाया "आजकल यदि हमारे देश के लिए कोई विशेष बातों की जरूरत है तो वह उद्योग और देश सेवा की है। अब हमें यह ध्येय अपने सम्मुख सदा रखना चाहिए कि देश के उद्योग धंधे बढ़े, हमें जिस माल की आवश्यकता है कारखाने हम खोलें और बाहर जो धन जा रहा है उसका कुछ सदुपयोग करें। अब हमें धीरे–धीरे यह भी अनुभव प्राप्त होने लगा है कि देश सेवा के समान काम भी बिन धन के किस प्रकार अधूरा रह जाता है और औद्योगिक वृद्धि के बिना धन की वृद्धि हो नहीं सकती। जब हम पश्चिमी देशों के कुछ समय पहले के इतिहास पर दृष्टि डालते हैं तब हमें मालूम हो जाता है कि धन की ही वृद्धि पर सब उन्नति कितनी अवलंबित हैं। इसमें भी संदेह नहीं कि देश उन्नति के लिए औद्योगिक वृद्धि को छोड़कर अन्य बहुत ही महत्व की भी जरूरत रहती है परंतु देश हित और समाज घटना के काम में जो धर्म का नैतिक उपयोग होना चाहिए उसकी ओर ध्यान न देने से कभी काम नहीं चल सकता।"[82]

हिंदी चित्रमय जगत पत्रिका ने आरंभ से ही अपने देशवासियों का ध्यान उद्योग–धंधों की ओर आकृष्ट किया क्योंकि उसके माध्यम से ही देशवासियों और देश दोनों की उन्नति हो सकती थी। विज्ञान एवं तकनीकी की महत्ता को ध्यान में रखकर ही 'बैंगलोर में ताता का वैज्ञानिक और औद्योगिक विद्यालय'[83] शीर्षक विस्तृत सचित्र लेख प्रकाशित किया। उद्योग की महत्ता को अपने देशवासियों को बतलाने के उद्देश्य से इस पत्रिका ने सचित्र 'औद्योगिक पुरुष माला' नामक लेखों की एक श्रृंखला प्रकाशित की जिसमें दुनिया के बड़े बड़े उद्योगपतियों का पूरा जीवनचरित्र प्रकाशित किया है और यह बतलाया है कि किस प्रकार साधारण स्थिति से उठकर उन लोगों ने इतनी उन्नति की और अपने देश को समुन्नत बनाने में महान योगदान दिया। इस औद्योगिक पुरुष माला में अमेरिका के स्टील कारपोरेशन के प्रेसिडेंट विलियम एलिस कोरे,[84] जेम्स जीरोमी हिल,[85] अमेरिका के प्रसिद्ध व्यापारी जान वेनेमेंकर[86] सदृश कितने ही उद्योगपतियों के जीवन एवं कार्यों से देशवासियों को परिचित करवाने का कार्य किया।

इस पत्रिका ने कृषि विद्या से भी संबंधित बहुत सी रोचक और ज्ञानवर्द्धक बातों का प्रकाशन किया। अंग्रेजों की भारत की आर्थिक शोषण नीति एवं भारतीय कृषि पर ध्यान न देने के कारण भारत में जो कृषि की दुरावस्था एवं अकाल की स्थिति उत्पन्न हो रही थी, उसे ध्यान में रखते हुए इस पत्रिका ने कृषि से संबंधित नवीन जानकारियों का प्रकाशन किया और भारतीयों को उसे अपनाने का सुझाव दिया। अमेीका के प्रसिद्ध हुड रिवर के बारे

में इस पत्रिका ने जानकारी प्रकाशित की जिसमें लिखा कि 'भारतवर्ष में बहुत थोड़े लोगों ने हूड रिवर का नाम सुना होगा। अनेक कारणों से भारतवर्ष पीछे पड़ा हुआ है। इस जगत के प्रसिद्ध औद्योगिक स्थलों का ज्ञान रखने में भी वह पीछे ही है, इसीलिए आज हम अपने देश बंधुओं को उपर्युक्त प्रसिद्ध स्थल का वर्णन सुनाना चाहते हैं।'[87] इस स्थान के बारे में इस पत्रिका ने बतलाया कि संसार के सबसे उत्तम गुणवत्ता के सेव यहीं पैदा होते हैं, साथ ही यह भी बतलाया कि इनकी खेती, संरक्षण, भंडारण और निर्यात कैसे किया जाता है। इतना ही नहीं, एरिजोना की दुर्जल कृषि के बारे में भी विस्तृत जानकारी प्रकाशित की और बतलाया कि किस प्रकार अमेरिका की मानटाना रियासत में, जहां की भूमि रेतीली है और जहां पर मात्र 11.7 इंच की बारिश होती है, नई तकनीकी की बदौलत वहां पर भी अच्छी खेती की जाती है।[88]

इस पत्रिका ने अपने देशवासियों को रसायनशास्त्र से भी परिचित करवाने का कार्य किया और बतलाया कि आजकल इसका ज्ञान उन्नति के मार्ग पर ले जाने वाला हो गया है। इस पत्रिका ने यह बतलाया कि रसायन शास्त्र में निर्माण करने की कितनी शक्ति होती है जिसके बल पर इंग्लैंड, जर्मनी, जापान इत्यादि देशों ने कितनी उन्नति की और आविष्कार के क्षेत्र में एक क्रांति ला दी है। रसायन शास्त्र की निर्माण शक्ति को एक उदाहरण द्वारा बतलाया कि रसायनशास्त्रज्ञ एक गेहूं के दाने से संयोजक रसायनशास्त्र की क्रिया की सहायता से माड़, रोटी, साबुन, तेल, शराब, शक्कर, रबड़, रंग इत्यादि कैसे–कैसे चमत्कारिक पदार्थ बना सकता है।[89]

आरा नागरीप्रचारिणी सभा, जिसकी स्थापना 1901ई0 में हुई थी, की पत्रिका नागरी हितैषिणी, जो बाद में साहित्य पत्रिका के नाम से प्रकाशित हुई; ने भी विज्ञान विषयों को महत्व दिया और हिंदी के प्रचार के साथ ही विज्ञान का भी प्रचार इस पत्रिका ने किया। पत्रिका द्वारा विज्ञान को कितना महत्व दिया गया इस बात का प्रमाण इसी से मिल जाता है कि इस पत्रिका ने तत्कालीन समय को वैज्ञानिक युग नाम देते हुए जनमानस को वैज्ञानिक मानस बतलाया और लिखा कि "प्रत्येक देश में लोग युग विशेष को उसकी मुख्य प्रवृत्ति के अनुसार नाम देते आए है। हिंदुओं का सत्य युग, यूरोपियनों का डार्क एज अथवा गोल्डन एज इसी नियम के अनुसार कहे जाते हैं और इसी नियम के अनुसार वर्तमान काल वैज्ञानिक युग की उपाधि के योग्य है, क्योंकि आजकल मनुष्य बुद्धि का संचार विज्ञान ही की ओर है। इससे यह अभिप्राय नहीं है कि मानव जाति मात्र विज्ञानी हो गई और यह कि सभी विज्ञान

के नियमों को भली भांति समझते हैं या उनके अनुसार सोचते या करते हैं। किंतु यह कि उन महाजनों की बुद्धि, जो सारे विचार लोगों को अपने हाथों में रखती है और जिसे मनुष्य भेंड़ के समान अनुसरण करते है, विज्ञान के नियमों पर दिन दिन दृढ़ होती जाती है। उनकी मानसिक प्रवृत्ति वैज्ञानिक है।''[90]

1915ई0 से पूर्व विज्ञान के प्रचार–प्रसार एवं लोकप्रियकरण में तीन पत्रिकाओं–इंदु, औदुंबर और तरंगिणी का योगदान भी सराहनीय था और ये तीन की तीनों ही पत्रिकाएं बनारस से प्रकाशित हुई थीं। इंदु पत्रिका 20वीं सदी के प्रथम दशक की एक प्रमुख पत्रिका थी जिसके संपादक अंबिकाप्रसाद वाजपेयी थे। इस पत्रिका ने भी अपनी समकालीन अन्य पत्रिकाओं के समान ही वैज्ञानिक ज्ञान का खुलकर प्रचार किया। इस पत्रिका ने इस बात को पटल पर रखा कि भारतवासी प्राचीनकाल से ही सभ्य और विज्ञान और शिल्प में निपुण थे और जब दुनियां के और लोग जंगली अवस्था में थे, उस समय भी हम सभ्य थे। पत्रिका ने इस बात को रेखांकित किया कि 'इतिहास या किसी किंबदंती से यह नहीं विदित होता है कि भारतवासियों ने वृक्षों की छाल और पशुओं की खाल छोड़कर कपड़े बनाना और पहनना कब से आरंभ किया। किंतु इसमें कोई संदेह नहीं कि जिस समय प्रायः सब पृथ्वी के मनुष्य नंगे विचरते और पहाड़ों की कंदराओं के भीतर वृक्षों के नीचे रात बिताते थे, उसी समय भारत के लोग वस्त्रों को पहनने और सुंदर घरों में रहते थे। इतना ही नहीं भारत में कपड़े की कारीगरी ने असाधारण उन्नति की थी।'[91]

इंदु पत्रिका ने प्रमाणों के आधार पर यह बतलाया कि प्राचीन भारत में विज्ञान उन्नत अवस्था में था, परंतु भारतीयों ने इस बात पर ध्यान नहीं दिया जिसके कारण आज विज्ञान की अवस्था शोचनीय हो गयी है। पत्रिका ने इसे रेखांकित किया कि जब हम विज्ञान पर ध्यान देते हैं, उसकी सामयिक अवस्था का विचार करते हैं तो और भी निराश होना पड़ता है। कृषि और व्यापार का तो नामोनिशान भी है पर विज्ञान तो हमारे देश से निर्मूल ही चल बसा। कौन जानता था कि एक वहीं देश जो विज्ञान विद्या में विशेष पारंगत है, जो बात–बात में विज्ञान ही छेड़ता है और जिसे सारी सृष्टि विज्ञान ही विज्ञानमय देख पड़ती है, कभी ऐसा अवनत हो जाएगा कि विज्ञान के नाम से चिढ़ने लगेगा अथवा उसे यह भी मालूम नहीं रहेगा कि विज्ञान किस चीज का नाम है।[92] इस पत्रिका ने विज्ञान क्या है? इसे बतलाने के साथ ही यह भी बतलाया कि प्राचीन भारत की उन्नति का प्रधान कारण यहीं विज्ञान था और वर्तमान भारत के पुनरुत्थान के लिए भी विज्ञान ही आवश्यक है। पत्रिका ने इस संदर्भ

में लिखा कि ''विज्ञान वह वस्तु है जो चुटकियां बजाते संसारभर की परिक्रमा कर आती है। इसी के द्वारा मनुष्य घर ही पर बैठे स्वर्ग, मर्त्य, पाताल तीनों लोक पर अपना प्रभाव सहज ही डाल सकता है। यह वहीं है जो क्षुद्र से भी क्षुद्र नापाक वस्तु को क्षण काल में उत्तम और उपयोगी बना सकता है। पूर्व समय में जो हमारे ऋषि महर्षिगण त्रिकालदर्शी थे और वह चाहे जहां भी प्रवेश कर चाहे जो कार्य सिद्ध कर सकते थे, उस का एकमात्र हेतु यही विज्ञान था।''[93]

इस पत्रिका ने इस बात को भी प्रमाणों के आधार पर पटल पर रखा कि प्राचीन भारतीयों का विज्ञान एवं गणित विषयक ज्ञान संसार में सबसे बढ़ा–चढ़ा था और भारतीयों से ही यह विद्याएं पहले अरब और फिर उनसे यूरोप को गयीं जिसके बल पर ही आज यूरोप इतना समुन्नत हो गया है। प्राचीन भारतीयों के गणित शास्त्र की उपलब्धियों को मंडित करते हुए लिखा कि ''ईसा के बाद प्रायः आठवीं तथा नवीं शताब्दियों में हमारे पुरुषों ने यह शास्त्र अरब जाति को पढ़ाया और उसने यूरोपीय जातियों को अभ्यास कराया। अंकगणित, बीजगणित, रेखागणित, त्रिकोणमिति इत्यादि की तो बात ही क्या यह जातियां अंक सूचक चिन्ह तक से अनभिज्ञ थी और यह ही क्या सारा संसार भी तो अनभिज्ञ ही था। यह हमारे पुरुष ही हैं जिन्होंने अंक सूचक चिन्ह, बीजगणित, रेखागणित इत्यादि ईजाद किये तथा संसार को शिक्षा दी।''[94]

इंदु पत्रिका का एक महत्वपूर्ण कार्य भारतीयों को इस बात से परिचित कराना था कि यूरोप की औद्योगिक उन्नति का प्रधान कारण नए–नए यंत्रों का अविष्कार था। यह उन्नति प्रायः 18वीं सदी ही में हुई। 18वीं सदी के पहले वही यंत्र उपयोग में आते रहे जो ग्रीस और रोम के राज्यों के समय में थे अर्थात पांचवीं और 18 वीं सदी के बीच में बहुत ही थोड़े आविष्कार हुए। इसका कारण एक तो यह था कि यूरोप के मनुष्य उस समय के राजकीय झगड़ों में लगे रहे जिससे उनका ध्यान व्यवसायिक उन्नति की ओर नहीं गया, दूसरा कारण यह था कि उस समय यूरोप की प्रत्येक बात में पोप तथा उनके पादरियों की प्रधानता रही जिनका उद्देश्य स्वयं धनवान बनने और अज्ञान में डूबे हुए समस्त यूरोप को अपने अधिकार में रखने का था।[95] 18वीं सदी में अचानक एक के बाद एक बहुत से आविष्कार हुए जिसने कि यूरोप के मनुष्यों की दशा में शीघ्रता से बड़ा परिवर्तन कर दिया। इस समय बड़े बड़े कारखाने स्थापित हुए और जहां छोटे–छोटे गांव थे वहां बड़े–बड़े शहर दृष्टिगोचर होने लगे। इस पत्रिका ने इस बात को भी रेखांकित किया कि यह औद्योगिक क्रांति सबसे पहले

इंग्लैंड में हुई और उसके बाद यूरोप के अन्य देशों ने इंग्लैंड का अनुकरण किया और यूरोप उन्नति के मार्ग पर अग्रसर हुआ। पत्रिका ने इसे वर्णित करते हुए लिखा कि "कारखानों की उन्नति में प्रथम फ्रांस ने इंग्लैंड का अनुकरण किया और फिर जर्मनी इत्यादि देशों ने। इसी तरह सारे यूरोप में कारखानों की वृद्धि हो गई। अब यूरोप निवासी लोगों ने बाहर से तैयार माल मंगाना बंद कर दिया। सारे संसार में अपने यहां के बनी माल को बेचने का प्रयत्न शुरू किया। यहीं यूरोप की उन्नति का मूल कारण हुआ। यूरोपवासी अब कच्चा माल विदेश से सस्ता लेकर अपने कारखानों में उसकी वस्तुएं बनाकर विदेश में बेच देते है, इससे उनके देशों के मजदूरों को जीविका मिलती है और देश की आर्थिक दशा में उन्नति होती है।"[96]

बनारस से प्रकाशित औदुंबर पत्रिका भी हिंदी पत्रिकाओं में अपना विशिष्ट स्थान रखती थी। हिंदी की अन्य पत्रिकाओं के समान ही इस पत्रिका ने भी वैविध्यपूर्ण सामग्री का प्रकाशन किया जिसमें विज्ञान एवं तकनीकी की जानकारियां भी शामिल थीं। पत्रिका का उद्देश्य ही इन शब्दों में वर्णित किया गया था कि "वर्तमान पत्रों के उद्देश्य प्रायः एक से ही होते हैं। एक ही शब्द में कहा जाए तो "सुधार" कह सकते हैं। यही औदुंबर का उद्देश्य है। इसी के शाखा पल्लव जातीय, सामाजिक, राष्ट्रीय, धार्मिक, औद्योगिक, ऐतिहासिक, राजनीतिक तथा साहित्य, शिक्षा इत्यादि विषयों का समावेश रहेगा।"[97] इस पत्रिका ने भी अपने देशवासियों की दशा सुधारने और उन्हें वैज्ञानिक तरीकों को अपनाने का सुझाव दिया। पत्रिका के दूसरे ही अंक में 'कला कौशल्य' शीर्षक लेख में पत्रिका ने गांव के जमींदारों एवं साधारण व्यक्तियों को भी अपनी जीविका चलाने के लिए विभिन्न प्रकार के कला कौशल अपनाने का सुझाव दिया और कार्बोनेट ऑफ सोडा, चमड़े का मसाला इत्यादि बनाने और शीशे पर पारा चढ़ाने की तरकीब को बहुत ही सरल तरीके से समझाया जिससे कि आम आदमी भी इसका उपयोग कर अपनी जीविका चला सकें।[98]

औदुंबर पत्रिका ने विज्ञान विषयों पर अनेंक लेखों का प्रकाशन किया जिसमें बहुत सी ज्ञानवर्द्धक बातें छपीं परंतु इस पत्रिका का एक सर्वाधिक उल्लेखनीय कार्य चिकित्सा एवं रोग विज्ञान पर अति महत्वपूर्ण लेखों का प्रकाशन करना था। इस पत्रिका ने जीव विज्ञान क्या है? और भारत में इसकी क्या परंपरा रही है?, इसे विवेचित करने का प्रयास किया कि 'जीवनशास्त्र एक विद्या का नाम है जिसे अंग्रेजी में बायोलॉजी कहते हैं। हमारे भारतवर्ष में इस विद्या के प्रचारक प्राचीन समय से चले आते हैं। न्याय, वैशेषिक और संख्य दर्शन तो इस विद्या से भरे पड़े है, पर हम लोग इस विद्या से मुंह मोड़ बैठे तो इस में हमारे प्राचीन

ग्रंथों का कोई दोष नहीं है।'[99] जीव विज्ञान को बतलाने के साथ ही 'रोग उत्पत्ति और वैज्ञानिक इलाज' शीर्षक एक महत्वपूर्ण लेख में मनुष्य के शरीर की बनावट के विषय में भी महत्वपूर्ण वैज्ञानिक जानकारियां प्रकाशित की जिसमें बतलाया कि मनुष्य का शरीर ऑर्गेनिक और इनऑर्गेनिक द्रव्य से बना हुआ है। शरीर के 20 वें अंश में इनऑर्गेनिक और बाकी में जल तथा ऑर्गेनिक पदार्थ हैं। यह केवल मानसिक कल्पना नहीं है रासायनिक विश्लेषण द्वारा सिद्ध हो चुका है कि शरीर मुख्यतः जल और ऑर्गेनिक द्रव्यों–चूना, पोटेशियम, सोडियम, लोहा और मैग्नीशियम का बना हुआ है।[100]

इस पत्रिका ने मानव शरीर के अंदरुनी कई विशिष्ट अंगों का बड़ा ही वैज्ञानिक वर्णन किया। 'हृदय और उसका काम' शीर्षक सचित्र लेख में हृदय के कार्य, उसकी बनावट के साथ ही रक्त और रक्त संचार को भी बहुत ही वैज्ञानिक तरीके से विवेचित किया और साथ ही हृदय की पूरी रक्षा करनी चाहिए, इस बात को भी बहुत ही विस्तृत ढंग से बतलाया।[101] इसी प्रकार एक अन्य लेख 'फेफड़ा और कलेजा' का भी बहुत ही वैज्ञानिक वर्णन इस पत्रिका ने किया। फेफड़ा क्या है? और कलेजा अर्थात लीवर क्या है? और इनके कार्य क्या है? इसका भी बहुत ही क्रमबद्ध ढंग से वर्णन किया। लीवर के कार्य को बतलाते हुए लिखा कि ''लीवर एक अद्‌भुत चौकीदार है। लीवर का एक कार्य यह है कि वह रुधिर से विष अलग करता है। इतना ही नहीं बल्कि विष को बहुत देर तक रोके भी रहता है। वह विष को खून के साथ तमाम शरीर में फैलने नहीं देता, इसीलिए जबकि कोई आदमी शराब की अधिकता से मर जाता है तो उसके लीवर में अल्कोहल (शराब) भरी रहती है। इसी प्रकार संखिया, पारा इत्यादि विषों से मरने वालों के लीवर भी विष भरे मिलते हैं। यदि लीवर का तमाम चमड़ा बदन से निकाल कर फैला दिया जाए तो 20 स्क्वायर वर्ग फीट के बराबर होगा।''[102]

इस पत्रिका ने भी अपनी समकालीन अन्य हिंदी पत्रिकाओं के समान ही तत्कालीन समय के कुछ महत्वपूर्ण वैज्ञानिक आविष्कारों पर भी प्रकाश डालने का कार्य किया। एक्स रेज, जो 19वीं सदी के अंतिम दशक की एक अति महत्वपूर्ण खोज थी और जो विज्ञान में विविध खोजों एवं चिकित्सा विज्ञान में अति सहायक सिद्ध हो रही थी, के आविष्कार एवं महत्व को इस पत्रिका ने विधिवत् व्याख्यायित किया। इस आविष्कार के महत्व को रेखांकित करते हुए पत्रिका ने लिखा कि ''19वीं शताब्दी के अंतिम दशक के आविष्कारों में एक्स रेज का दर्जा कदाचित सबसे बढ़ा चढ़ा है। इस आविष्कार से विज्ञान शास्त्र के मूल तत्व में जैसा उलटफेर हुआ, वैद्यक शास्त्र को मनुष्य की पीड़ाएं दूर करने में जैसी सहायता मिली और

भौतिक तथा रसायन शास्त्र के कितने ही गुप्त रहस्यों का जैसा कुछ पता लगा, उसी से यही कहना पड़ता है कि एक्स रेज के आविष्कार से संसार को बहुत ही लाभ पहुंचा और पहुंचने वाला है।''[103] इस पत्रिका ने इस किरण के आविष्कार के इतिहास पर भी प्रकाश डाला कि इसका आविष्कार इंग्लैंड निवासी सर विलियम क्रुक ने 30 वर्ष पूर्व किया था पर इन्होंने शुरुआती परीक्षणों को करके इसे छोड़ दिया। सन् 1894ई0 में प्रोफेसर लेनॉर्ड ने इस विषय में फिर परीक्षाएं आरंभ की और इस बात का पता लगाने का प्रयत्न किया कि इस प्रकाश का बाहरी वस्तुओं पर क्या प्रभाव पड़ता है और सूर्य अथवा दीपक की ज्योति से यह प्रकाश कहां तक भिन्न है। उन्होंने देखा कि यह प्रकाश 1/4 इंच तक की मोटी एल्युमिनियम धातु की चद्दर से सुगमता से पार हो सकता है, जितनी सुगमता से साधारण प्रकाश कांच से। उन्होंने यह भी पता लगाया कि इन किरणों का प्रभाव फोटोग्राफी के प्लेटों पर वैसा ही पड़ता है जैसा कि सूर्य के प्रकाश का।[104]

बनारस से प्रकाशित हिंदी मासिक पत्रिका तरंगिणी भी अपने समय की एक महत्वपूर्ण हिंदी पत्रिका थी और इस पत्रिका ने भी हिंदी में विविध विषयों, जिनमें विज्ञान भी शामिल था, की सामग्री प्रकाशित की। इस पत्रिका का प्रथम अंक जून, 1915ई0 में निकला था और आरंभ से ही इस पत्रिका ने वैज्ञानिक सामग्री के प्रकाशन में अग्रगामिता का परिचय दिया। पत्रिका के तीसरे ही अंक में अपने देश की प्राचीन वैज्ञानिक उन्नति को निरूपित करते हुए लिखा गया कि :

जगत का सिरमौर था गुण ज्ञान वा विज्ञान में।
था नहीं मेरे सदृश कोई समस्त जहान में।।
है प्रमाण अनेंक केवल यह नहीं है कल्पना
प्राचीनता का क्या करेगा और कोई सामना ?
है अलौकिक शिल्प कौशल आज भी इस देश का
चूमने को हाथ चित है चाहता शिल्पेश का।।[105]

इस पत्रिका ने एक तरफ जहां न केवल अपने देश की प्राचीन ज्ञान–विज्ञान एवं कला कौशल का बखान किया बल्कि यह भी बतलाया कि प्राचीन आर्यगणों के सद्गुणों एवं श्रेष्ठ कार्यों के कारण भारत उच्च अवस्था को प्राप्त हो गया था। जब तक यहां विभूतियुक्त पुरुषों का अविर्भाव बना रहा तब तक स्थूल विचार से लेकर सूक्ष्मतर विचार यहां प्रतिपादित होते रहे और महात्माओं की कृपा से यह भारत भूमि साक्षात् धर्मभूमि बनी रही। परंतु भारतवासी

समय के साथ नहीं चल सके और पतन को प्राप्त हुए। इस पत्रिका ने तत्कालीन भारतीयों की शोचनीय अवस्था को भी भलीभॉति प्रतिपादित किया और 'काल की महिमा' शीर्षक लेख में स्पष्ट प्रकाशित किया कि ''हां! कैसे दुख का विषय है कि जो देश अनादिकाल से लक्ष्मी का निवास स्थान, विद्या का केंद्र और कला कौशल का भंडार माना जाता था तथा जिस देश की भूमि समस्त पृथ्वी तल पर कर्म क्षेत्र के नाम से प्रसिद्ध थी, वही आज अविद्या, अधर्म, अनैक्य, असंतोष, असभ्यता और अकर्मण्यता आदि बुराइयों का अड्डा बन रही है। जिसकी शोभा देखकर देवताओं को भी मोह प्राप्त होता था, आज वहीं इस गिरी अवस्था को प्राप्त हो रही है।''[106]

तरंगिणी पत्रिका ने भी समयानुकूल वैज्ञानिक सामग्री का प्रकाशन कर वैज्ञानिक ज्ञान को जनता की भाषा में जनता तक पहुँचाने का उद्योग किया। इस पत्रिका ने भी अच्छे से अच्छा वैज्ञानिक निबंध प्रकाशित करने का प्रयास किया। उदाहरण के लिए श्रव्य और पराश्रव्य तरंगों का ज्ञान पाश्चात्य जगत में 20वीं सदी के आरंभ में ही हुआ था और इस पत्रिका ने 'विज्ञान का श्रेष्ठ आविष्कार' शीर्षक लेख में श्रव्य और पराश्रव्य तरंगों का विस्तृत वैज्ञानिक विवेचन किया, साथ ही कौन सी तरंगे मनुष्य सुन सकता है, कौन सी नहीं सुन सकता और ये तरंगें मानव के लिए कितनी उपयोगी हैं,[107] इन सभीं पर विस्तार से प्रकाश डाला।

19वीं सदी आधुनिक युग की पहली वैज्ञानिक सदी के रुप में जानी गयी और परतंत्र रहते हुए भी भारत संपूर्ण 19वीं सदी में वैज्ञानिक ज्ञान ग्रहण करने में पीछे नहीं रहा। 19वीं सदी के उत्तरार्द्ध में भारतेंदु हरिश्चंद्र एवं उनके सहयोगियों ने अपनी पत्रिकाओं में हिंदी में वैज्ञानिक सामग्री के प्रकाशन को जो महत्व दिया, 20वीं सदी की हिंदी पत्रिकाओं के लिए वह प्रेरणास्रोत साबित हुआ। 20वीं सदी के आरंभ में जितनी भी हिंदी पत्रिकाएं प्रकाशित हुईं, उनमें से अधिकांश ने विज्ञान विषयक बातों को महत्व दिया और यह क्रम स्वतंत्रता के पूर्व तक चलता रहा। इस क्रम का आरंभ हिंदी की अति चर्चित पत्रिका 'सरस्वती' से हुआ और इस पत्रिका ने विज्ञान का ऐसा शायद ही कोई पक्ष रहा होगा, जिसपर सामग्री का प्रकाशन न किया हो। आचार्य महावीरप्रसाद द्विवेदी के संपादकत्व में इस पत्रिका ने बहुत ही प्रखर स्वर में अपनी बातों को जनता तक पहुँचाने और उन्हें आंदोलित करने का कार्य किया। सरस्वती पत्रिका के अलावा सुदर्शन, लक्ष्मी, मर्यादा, आनंदकादम्बिनी, कला कुशल, पीयूष प्रवाह, बाल प्रभाकर, स्वदेश बांधव, हितकारिणी, चित्रमय जगत, साहित्य पत्रिका, इन्दु,

औदुंबर, तरंगिणी इत्यादि हिंदी पत्रिकाओं ने भी प्रभूत वैज्ञानिक सामग्री के प्रकाशन एवं लोकप्रियकरण का कार्य किया। इन सभी पत्रिकाओं ने विज्ञान विषयक जो भी सामग्री प्रकाशित की, उसके मूल में केवल एक ही बात थी—देशहित और जब कभी भी आवश्यकता पड़ी तो विदेशी शासन की 'रंगभेद नीति' का विरोध भी किया और इसी बात का हमेंशा पृष्ठपोषण किया कि भारत की उन्नति भी विज्ञान एवं प्रौद्योगिकी की उन्नति के बल पर ही हो सकती है।

संदर्भ सूची :

1. दास, श्यामसुंदर सं0 मेरी आत्मकहानी, इंडियन प्रेस, प्रयाग, 1957, पृष्ठ 20
2. सरल त्रिकोणमिति की उपक्रमणिका, मेडिकल हॉल प्रेस, बनारस, 1873ई0, प्रस्तावना, पृष्ठ 1
3. काशी नागरीप्रचारिणी सभा का प्रथम वार्षिक विवरण, 1894ई0, पृष्ठ 38
4. सरस्वती पत्रिका, भाग–1, संख्या–1, जनवरी, 1900ई0, इंडियन प्रेस, इलाहाबाद, प्रस्तावना, पृष्ठ 1
5. वहीं, पृष्ठ 27
6. सरस्वती पत्रिका, भाग–1, संख्या–2, फरवरी, 1900, पृष्ठ 54
7. सरस्वती पत्रिका, भाग–1, संख्या–6, जून, 1900, पृष्ठ 188
8. सरस्वती पत्रिका, भाग–2, संख्या–6, जून 1901, पृष्ठ 185
9. सरस्वती पत्रिका, भाग–4, संख्या–4, अप्रैल, 1903ई0, पृष्ठ 131
10. सरस्वती पत्रिका, भाग–2, संख्या–7, जुलाई, 1901, पृष्ठ 218
11. सरस्वती पत्रिका, भाग–5, संख्या–1, जनवरी, 1904ई0, पृष्ठ 7
12. सरस्वती पत्रिका, भाग–4, संख्या–6, जून, 1903, पृष्ठ 205–206
13. सरस्वती पत्रिका, भाग–4, संख्या–2, फरवरी, 1903ई0, पृष्ठ 89
14. सरस्वती पत्रिका, भाग–2, संख्या–5, मई, 1901, पृष्ठ 148–157
15. सरस्वती पत्रिका, भाग–2, संख्या–6, जून, 1901, पृष्ठ 190
16. वहीं, पृष्ठ 190

17. सरस्वती पत्रिका, भाग—13, संख्या—1, जनवरी, 1912, पृष्ठ 17
18. सरस्वती पत्रिका, भाग—4, संख्या—4, अप्रैल, 1903, पृष्ठ 117
19. सरस्वती पत्रिका, भाग—13, संख्या—1, जनवरी, 1912, पृष्ठ 17
20. सरस्वती पत्रिका, भाग—2, संख्या—7, जुलाई, 1901, पृष्ठ 239
21. सरस्वती पत्रिका, भाग—9, संख्या—7, जुलाई, 1908, पृष्ठ 293
22. सरस्वती पत्रिका, भाग—4 संख्या—2—3, फरवरी—मार्च, 1903, पृष्ठ 89
23. सरस्वती पत्रिका, भाग—4, संख्या—6, जून, 1903, पृष्ठ 208
24. सरस्वती पत्रिका, भाग—4, संख्या—6, जून, 1903, पृष्ठ 187
25. सरस्वती पत्रिका, भाग—4, संख्या—5, मई, 1903, पृष्ठ 175
26. वहीं, पृष्ठ 173
27. वही, पृष्ठ 175
28. सरस्वती पत्रिका, भाग 9, संख्या 6, जून, 1908, पृष्ठ 246
29. सरस्वती पत्रिका, भाग 4, संख्या 5, मई, 1903, पृष्ठ 169
30. सरस्वती पत्रिका, भाग 5, संख्या 5, मई, 1904, पृष्ठ 180
31. सरस्वती पत्रिका, भाग 9, संख्या 5, मई, 1908, पृष्ठ 208
32. सरस्वती पत्रिका, भाग 9, संख्या 10, अक्टूबर, 1908, पृष्ठ 430
33. सरस्वती पत्रिका, भाग 9, संख्या 11, नवंबर, 1908, पृष्ठ 492
34. सरस्वती पत्रिका, भाग 9, संख्या 5, मई, 1908, पृष्ठ 226
35. वहीं, पृष्ठ 227
36. सरस्वती पत्रिका, भाग 4, संख्या 8, अगस्त, 1903, पृष्ठ 280
37. सरस्वती पत्रिका, भाग—9, संख्या 4, अप्रैल, 1908, पृष्ठ 168
38. सरस्वती पत्रिका, भाग 4, संख्या 9, सितंबर, 1903, पृष्ठ 317
39. वहीं, पृष्ठ 317—18
40. सरस्वती पत्रिका, भाग 9, संख्या 3, मार्च, 1908, पृष्ठ 110
41. वहीं, पृष्ठ 111
42. सरस्वती पत्रिका, भाग—9, संख्या—7, जुलाई, 1908, पृष्ठ 318
43. सरस्वती पत्रिका, भाग 9, संख्या 5, मई, 1908, पृष्ठ 217
44. कला कुशल, भाग 2, अंक 6, जून, 1906, हनुमत प्रेस, कालाकांकर, पृष्ठ 3

45. कला कुशल, वर्ष 3, अंक 5, मई, 1907, पृष्ठ 2
46. कला कुशल, वर्ष 2, अंक 4, अप्रैल, 1906, पृष्ठ 9
47. वहीं, पृष्ठ 10—11
48. कला कुशल, वर्ष 3, अंक 1, जनवरी, 1907, पृष्ठ 12
49. कला कुशल, वर्ष 3, अंक 8, अगस्त, 1907, पृष्ठ 4
50. कला कुशल, वर्ष 3, अंक 12, दिसंबर, 1907, पृष्ठ 9—10
51. कला कुशल, वर्ष 3, अंक 5, मई, 1907, पृष्ठ 2
52. पीयूष प्रवाह, भाग 1, संख्या 1, अश्विन, सं0 1963, काशी प्रेस, बनारस, पृष्ठ 11
53. वहीं, पृष्ठ 6
54. पीयूष जवाब, भाग 1, संख्या 2, कार्तिक, संवत 1963, पृष्ठ 16
55. बाल प्रभाकर, भाग 2, जनवरी—दिसंबर, 1907, सिद्धेश्वर स्टीम प्रेस, बनारस, पृष्ठ 97
56. वहीं, पृष्ठ 73
57. वहीं, पृष्ठ 100
58. वहीं, पृष्ठ 136
59. स्वदेश बांधव, भाग—4, संख्या 2, मई, 1911, राजपूत ऐंग्लो—ओरियंटल प्रेस, आगरा, पृष्ठ 10—11
60. स्वदेश बांधव, भाग 6, संख्या 6, अक्टूबर, 1911, पृष्ठ 159
61. स्वदेश बांधव, भाग 4, अंक 9, नवंबर, 1908, पृष्ठ 13
62. स्वदेश बांधव, भाग 5, अंक 10, दिसंबर, 1908, पृष्ठ 20
63. स्वदेश बांधव, भाग 5, अंक 11, जनवरी, 1909, पृष्ठ 6
64. स्वदेश बांधव, भाग 3, अंक 12, मार्च, 1908, पृष्ठ 1
65. वहीं, पृष्ठ 1
66. वहीं, पृष्ठ 2
67. स्वदेश बांधव, भाग—7, संख्या 12, मार्च, 1912, पृष्ठ 270
68. वहीं, पृष्ठ 270
69. मर्यादा, भाग 1, संख्या 1, नवंबर, 1910, अभ्युदय प्रेस, प्रयाग, पृष्ठ 3
70. मर्यादा, भाग 4, संख्या 2—3, जून—जुलाई, 1912, पृष्ठ 119
71. वहीं, पृष्ठ 120

72. मर्यादा, भाग 2, संख्या 5, मार्च, 1912, पृष्ठ 236–237
73. मर्यादा, भाग 3, संख्या 4, फरवरी, 1912, पृष्ठ 151
74. मर्यादा, भाग 4, संख्या 2, जून, 1912, पृष्ठ 141
75. मर्यादा, भाग 4, संख्या 5–6, सितंबर–अक्टूबर, 1912, पृष्ठ 325
76. वहीं, पृष्ठ 326–327
77. हितकारिणी, भाग 1, संख्या 1, नवंबर, 1910 हितकारिणी सभा, जबलपुर, भूमिका, पृष्ठ 1
78. हितकारिणी, भाग 3, संख्या 3, जून, 1913, पृष्ठ 92
79. हितकारिणी, भाग 3, संख्या 10, जनवरी, 1914, पृष्ठ 1
80. हितकारिणी, भाग 4, संख्या 4, जुलाई, 1914, पृष्ठ 153
81. हितकारिणी, भाग 4, संख्या 7–8, अक्टूबर–नवंबर 1914, पृष्ठ 290
82. हिंदी चित्रमय जगत, जून, 1911, चित्रशाला प्रेस, पूना, पृष्ठ 93
83. हिंदी चित्रमय जगत, मई, 1911, पृष्ठ 81–83
84. हिंदी चित्रमय जगत, जून, 1911, पृष्ठ 94
85. हिंदी चित्रमय जगत, अगस्त, 1911, पृष्ठ 118
86. हिंदी चित्रमय जगत, अक्टूबर, 1911, पृष्ठ 157
87. हिंदी चित्रमय जगत, मई, 1912, पृष्ठ 71–75
88. हिंदी चित्रमय जगत, मई, 1914, पृष्ठ 143
89. हिंदी चित्रमय जगत, जुलाई, 1914, पृष्ठ 157
90. साहित्य पत्रिका, वर्ष 9, अंक 2, मई, 1914, आरा नागरीप्रचारिणी सभा, आरा, पृष्ठ 1
91. इंदु, कला 2, किरण 7, अगस्त, 1910, पृष्ठ 242
92. इंदु, कला 5, खंड 1, किरण 5, मई, 1914, पृष्ठ 407
93. वहीं, पृष्ठ 407
94. इंदु, कला 5, खंड 10, किरण 5, मई, 1914, पृष्ठ 422
95. इंदु, कला 5, खंड 2, किरण 1, जुलाई, 1914, पृष्ठ 80
96. वहीं, पृष्ठ 82
97. औदुंबर, वर्ष 1, पुष्प 1, चैत्र, संवत् 1969, लक्ष्मीनारायणप्रेस, काशी, पृष्ठ 1
98. औदुंबर, वर्ष 1, पुष्प 2, वैशाख, संवत् 1969, पृष्ठ 50
99. औदुंबर, वर्ष 2, पुष्प 4–5, आसाढ़–श्रावण, सं0 1971, पृष्ठ 111

100. औदुंबर, वर्ष 2, पुष्प 2–3, वैशाख–ज्येष्ठ, सं0 1971, पृष्ठ 46
101. औदुंबर, वर्ष 1, पुष्प 4, आषढ़, सं0 1970, पृष्ठ 113—116
102. औदुंबर, वर्ष 1, पुष्प 6, भाद्रपद, सं0 1970, पृष्ठ 189
103. औदुंबर, वर्ष 2, पुष्प 1, चैत्र, सं0 1971, पृष्ठ 7
104. वहीं, पृष्ठ 9
105. तरंगिणी, वर्ष 1, संख्या 3, अगस्त, 1915, तरंगिणी कार्यालय, जगतगंज, वाराणसी, पृष्ठ 203
106. तरंगिणी, भाग 1, अंक 2, जुलाई, 1915, पृष्ठ 111—112
107. तरंगिणी, भाग 1, संख्या 3, अगस्त, 1915, पृष्ठ 195

6. विज्ञान पत्रिका का विज्ञान के क्षेत्र में योगदान

उन्नीसवीं शताब्दी आधुनिक वैज्ञानिक युग की पहली शताब्दी कही गयी तो वहीं 20वीं सदी 'विज्ञान एवं प्रौद्योगिकी का युग' के रूप में पहचानी गयी क्योंकि 20वीं सदी के आगमन के साथ ही यह निश्चित हो गया कि किसी भी देश का विकास उसकी आर्थिक प्रगति पर निर्भर करता है और आर्थिक प्रगति विज्ञान और प्रौद्योगिकी से संबंधित है। इस समय पाश्चात्य देश जिस प्रकार विज्ञान एवं प्रौद्योगिकी में उन्नति कर अपने देश की काया पलट कर रहे थे और साथ ही एशिया एवं अफ्रीका के देशों के लिए एक 'मॉडल' के रूप में दिखाई रहे थे, भारत, जो 19वीं सदी में ही इनके संपर्क में आ चुका था और अपनी परतंत्रता और पिछड़ेपन के कारण घोर संकटों से जूझ रहा था, के लिए यह आवश्यक हो गया कि वह विज्ञान और प्रौद्योगिकी में उन्नति करे।

20वीं सदी के प्रथम दशक से ही भारतीयों में भी विज्ञान एवं प्रौद्योगिकी की उन्नति के प्रति एक प्रगतिशील दृष्टिकोण दिखलायी पड़ता है जिसकी सुंदर अभिव्यक्ति तत्कालीन हिंदी पत्रिकाओं में हुई। तत्कालीन सभी हिंदी की प्रमुख पत्रिकाओं–सरस्वती, मर्यादा, लक्ष्मी, कला कुशल, पीयूष प्रवाह, स्वदेश बांधव, मर्यादा, हितकारिणी, हिंदी चित्रमय जगत, साहित्य पत्रिका, इंदु, औदुंबर, तरंगिणी इत्यादि ने ज्ञान–विज्ञान से संबंधित जानकारियों का प्रकाशन किया और देशवासियों को यह बतलाया कि भारत भी अपनी समस्याओं का निराकरण और उन्नति विज्ञान एवं तकनीकी के बल पर ही कर सकता है। हिंदी प्रदीप पत्रिका ने भी, जिसके संपादक पं0 बालकृष्ण भट्ट जैसे संस्कृतनिष्ठ और परंपरावादी व्यक्ति थे, 1904ई0 में यह पूर्णरुपेण स्वीकार किया कि देश की प्रगति के लिए विज्ञान एवं तकनीकी की उन्नति परम आवश्यक है। 'उन्नति के चार द्वार' शीर्षक लेख में उन्होंने स्पष्ट लिखा कि "उचित न्याय, वाणिज्य की वृद्धि, कला और विज्ञान की तरक्की और पूरावृत्तका पूर्ण ज्ञान यह चार उन्नति के द्वार हैं। उचित न्याय से मालूम होता है कि देश में स्वास्थ्य और अमन चैन है। वाणिज्य तिजारत से मुल्क की दौलत का पता लगता है। कला तथा विज्ञान बतलाता है कि इस देश के मनुष्य कहां तक उद्यमी हैं और कितनी तरक्की की है। पुरावृत्त या इतिहास प्रकाश करता है कि एक देश या जाति का दूसरे देश तथा जाति से क्या तारतम्य है और पहले से अब में क्या फर्क आ गया है।"[1]

1910ई0 हिंदी के साथ ही विज्ञान जगत के इतिहास में भी अपना महत्वपूर्ण स्थान

रखती है। इस वर्ष 10–12 अक्टूबर को हिंदी का प्रचार करने एवं उसे उसका वास्तविक पद दिलाने के उद्देश्य से काशी नागरीप्रचारिणी सभा द्वारा पं० मदनमोहन मालवीय की अध्यक्षता में काशी में 'प्रथम हिंदी साहित्य सम्मेलन' का आयोजन किया गया। इस सम्मेलन में अदालतों में नागरी का प्रचार, पाठ्य पुस्तकों का हिंदी में प्रचलन, विश्वविद्यालयों में हिंदी का प्रवेश, राष्ट्रभाषा और राष्ट्रलिपि का पद हिंदी को दिलाना, स्टाम्पों और सिक्कों पर नागरी को स्थान दिलाना, प्रांतीय कांफ्रेंसों द्वारा नागरी का आदर, हिंदी भाषा में वैज्ञानिक साहित्य का संवर्द्धन तथा नृपतिगणों से नागरी प्रचार की प्रार्थना इत्यादि बातें सम्मेलन के उद्देश्यों में शामिल थीं।[2] प्रथम सम्मेलन में ही लाये गये पंद्रह प्रस्तावों में से छठा प्रस्ताव वैज्ञानिक साहित्य की अभिवृद्धि से संबंधित था।[3]

महामना पं० मदनमोहन मालवीय जी की अध्यक्षता में जब अक्टूबर, 1910 में प्रथम हिंदी साहित्य सम्मेलन का आयोजन काशी नागरीप्रचारिणी सभा द्वारा किया गया और उसके उपरांत उसका कार्यालय प्रयाग में स्थापित किया गया, उसी समय से हिंदी प्रेमियों, विशेषकर म्योर सेंट्रल कालेज, इलाहाबाद के कुछ छात्रों एवं अध्यापकों में इस बात की चर्चा होने लगी कि क्या आधुनिक वैज्ञानिक साहित्य देशी भाषाओं में नहीं हो सकता है? जिस प्रकार हिंदी साहित्य सम्मेलन हिंदी की उन्नति के लिए स्थापित हुआ है और वह दिनोंदिन उन्नति कर रहा है, उसी प्रकार एक विज्ञान की संस्था भी स्थापित होनी चाहिए जो देशी भाषाओं, विशेषकर हिंदी भाषा में वैज्ञानिक साहित्य का सृजन एवं प्रचार करे। इन विचारों को कार्य रूप में लाने के लिए हिंदी की प्रसिद्ध पत्रिका 'सरस्वती' में साहित्य संरक्षण और हिंदी से संबंधित कुछ लेख प्रकाशित हुए जिसने एक विज्ञान की संस्था स्थापित करवाने में उत्प्रेरक का कार्य किया।

1912ई० में सरस्वती पत्रिका में साहित्य संरक्षण और हिंदी की दशा पर दो महत्वपूर्ण लेख प्रकाशित हुए—पहला, जनवरी, 1912 में डॉ विनय कुमार सरकार का 'साहित्य में संरक्षण नीति का अवलंबन' और दूसरा जून, 1912 में योगेंद्र पाल सिंह का 'हिंदी की वर्तमान दशा'। 'साहित्य में संरक्षण नीति का अवलंबन' शीर्षक अपने लेख में डॉ विनय कुमार सरकार ने साहित्य में संरक्षण की आवश्यकता को बतलाया कि "काम करने की हम में जो शक्तियां हैं उन्हें उनकी सहायता से बढ़ाना चाहिए। जितनी सामग्रियां हमें इस समय प्राप्त हैं उन्हें भी उन्नत करना चाहिए। इन्हीं शक्तियों और सामग्रियों की बढ़ती और विस्तार से अपने दरिद्र और संकीर्ण साहित्य को हमें प्रशस्त और विकसित करना चाहिए। हमें धीरे–धीरे ऊंचे ऊंचे

विचारों और भावों को प्रकट करना और उन्हें यथाविधि लिखकर पुस्तकों में परिणत करना चाहिए। भिन्न–भिन्न साहित्य सेवी, समयानुसार, अपने–अपने उद्योग इस विषय में पृथक पृथक कहीं करते रहे हैं। परंतु इस काम को उन्हीं पर छोड़ कर हमें चुप बैठ रहना उचित नहीं। इस समय हमें राज–नीति–कुशल पंडितों का अनुसरण करना उचित है। आवश्यकता होने पर जिस तरह वे रक्षण नीति का अवलंबन करके मूर्खों को पंडित और निर्धनों को धनी बनाने का यत्न करते हैं, उसी तरह हम लोगों को भी रक्षण नीति की सहायता से साहित्य–सेवियों के उद्योग को प्रवर्द्धित करके अपनी प्राकृतिक कार्य में शीघ्र सफलता प्राप्त करने का प्रयत्न करना चाहिए। हमें यह सोचना चाहिए कि किस उपाय के आलंबन से कितने दिनों में हमारा साहित्य विश्वविद्यालय की सबसे ऊंची श्रेणियों में स्थान पाने योग्य हो सकेगा। अर्थात् विज्ञान, दर्शन, इतिहास इत्यादि गंभीर शास्त्रों के ग्रहण ग्रंथ जैसे फ्रांस, जर्मनी और इंग्लैंड आदि की भाषाओं के साहित्य में हैं वैसे ही हमारे साहित्य में भी किस उपाय से कितने दिनों में उत्पन्न हो सकेंगे। इस बात के विचार की इस समय इसलिए जरूरत है, जिसमें हम लोगों की साहित्य सेवा, उसी उद्देश्य को अपने उद्योगों का केंद्र समझकर, उस की सिद्धि के लिए दत्तचित्त होकर चेष्टा करें। जितने साहित्य सेवी हैं सब को उसी साधना में अपनी कल्पनाओं और चेष्टाओं को जी जान से लगा देना चाहिए।"[4]

इस अति महत्वपूर्ण लेख में लेखक ने संसार की अन्य भाषाओं के उत्तम ग्रंथों की अपनी भाषाओं में उपलब्धता पर बल दिया और इसके लिए देशवासियों को प्रयास करने की बात कही कि "पदार्थ विज्ञान, समालोचना, दर्शन, इतिहास, राष्ट्र–विज्ञान, धन–विज्ञान इत्यादि विषयों पर जो कई एक ऊंची कक्षा के ग्रंथ इस समय बंग–भाषा के साहित्य में विद्यमान हैं उनकी संख्या अधिक नहीं है। किसी देश का शिक्षा कार्य केवल उसी देश के पंडितों की कल्पना के बल पर नहीं चल सकता। संसार में जितनी प्रतिष्ठित भाषाएं हैं सबके साहित्य में उत्तमोत्तम पुस्तकें पाई जाती हैं। उन सब में से उपादेय विषयों का संग्रह करके विद्यालयों के पाठ्य विषय निश्चित किए गए हैं। अतः यदि ऐसी पुस्तकों को काट छांट कर या उनका अनुवाद अथवा संकलन करके हम पुस्तक रचने का काम आरंभ कर दें तो हमारा साहित्य बहुत शीघ्र अन्यान्य देशों के साहित्य की बराबरी करने योग्य हो सकता है।"[5] साहित्य की उन्नति के लिए धन एक अनिवार्य आवश्यकता है और इसकी पूर्ति के लिए लेखक ने देश के धनी मानी लोगों का आह्वाहन किया कि वे इस कार्य में आगे आयें और लिखा "इस दशा में हम आशा करते हैं कि हमारे ऐश्वर्यशालियों की सहायता पाने से जिस

अनुसंधान–समिति का उल्लेख इस लेख में किया गया है उसकी स्थापना और रक्षण–नीति के अवलंबन से हमारा साहित्य बहुत ही थोड़े समय में विशेष उन्नत और गौरवयोग्य हो सकेगा। उसके लिए हमारे धनी और भूमि–स्वामी, भूमि और स्थायी सम्पत्ति देने में संकोच न करेंगे; प्रत्युत उत्साहपूर्वक इस जातीय कार्य को सब प्रकार सहायता पहुँचावेंगे।''[6] बॅगला साहित्य का उदाहरण सामने रखते हुए लेखक ने संरक्षण नीति के महत्व को रेखांकित करते हुए यहां तक रेखांकित किया कि ''सच तो यह है कि रक्षण–नीति के अवलंबन से बहुत बड़े लाभ की आशा है। थोड़े ही समय में अधिक रुपया खर्च करके यदि वह नीति कार्य में परिणत की जाय तो बहुत शीघ्र उद्देश्य सिद्धि हो सकती है। अतएव इस विषय में सामर्थ्यवान सज्जनों को अवश्य उत्साह दिखाना चाहिए। जातीय जीवन में साहित्य का स्थान बहुत ऊँचा है। इस बात को हृदयंगम करके हमारा धनिक समाज क्या एक बार इस प्रस्ताव को अपने कृपा कटाक्ष से देखेगा?''[7]

दूसरे महत्वपूर्ण लेख में हिंदी साहित्य के विविध अंगोपांगों की दयनीय स्थिति का यथार्थ चित्र उपस्थित किया गया जिसमें लेखक ने इस बात की ओर संकेत किया कि हिंदी में विभिन्न विषयों के ग्रंथों की कमी ही उसके राष्ट्रभाषा बनने में बाधक बन रहा है और लिखा कि ''हिंदी के साहित्य की आजकल क्या दशा है? गद्य का तो अभाव सा ही है। यदि सौ पचास ग्रंथ हुए भी तो क्या। आज कल गद्य को पूर्ण करने के लिए काशी, प्रयाग, बंबई आदि नगरों में खूब प्रयत्न हो रहा है; तब भी हिंदी के इस अंग की दशा संतोषजनक नहीं है। ——————–अर्थशास्त्र की केवल एक ही पुस्तक है। विज्ञान की पुस्तकों का तो बिल्कुल ही अभाव सा है। भूगोल की एक भी पुस्तक नहीं। जिधर देखो उधर ही यह दशा है। हिंदी साहित्य की हीनता ही उसके राष्ट्रभाषा बनने में बाधक है।''[8] इस लेख में लेखक ने यह बात स्पष्ट रूप से लिखी कि हिंदी की उन्नति के लिए हमीं लोगों को प्रयास करना होगा और इसके लिए आवश्यक है कि हम लोग अधिकाधिक उसका प्रयोग करें तभीं वह अपना पद प्राप्त कर सकती है। इस बारे में लेखक ने अपना मत प्रकाश किया कि ''सारांश यह है कि हिंदी की उन्नति के लिए हम लोगों को स्वयं प्रयत्न करना चाहिए। अपने दैनिक व्यवहार में, जहां तक संभव हो, हिंदी ही से काम लेना चाहिए। जब हम सरकार को यह दिखा देंगे कि हम लोग हिंदी के बिना काम नहीं कर सकते–जब हम दिखा देंगे कि हमने अपना कर्तव्य पूरा कर दिया–तब सरकार भी अवश्य ही हमारी बात सुनेगी। सबसे बड़ी बात यह है कि हमें हिंदी को इस योग्य बना देना चाहिए कि वह हमारा कुल काम दे सके। उसके सारे अंग पूर्ण

कर देना हमारा पहला कर्तव्य है, जिससे उसे अन्य भाषाओं के आगे लजाना न पड़े। जब उसके अंग पुष्ट हो जाएंगे तब उसके राष्ट्रभाषा होने में कोई रुकावट न रहेगी।'"[9]

हिंदी साहित्य सम्मेलन द्वारा किये जा रहे हिंदी के प्रचार कार्य से लोग काफी प्रभावित हो रहे थे और इसी दौरान सरस्वती पत्रिका में उपर्युक्त वर्णित दो महत्वपूर्ण लेखों के प्रकाशन ने उत्प्रेरक का कार्य किया और इस बात के प्रयास तेज हो गये कि विज्ञान की भी एक ऐसी संस्था होनी चाहिए जो देशी भाषाओं में वैज्ञानिक साहित्य का प्रकाशन और प्रचार–प्रसार करे। इन बातों को मूर्त रूप प्रदान करने के उद्देश्य से म्योर सेंट्रल कालेज, इलाहाबाद के अध्यापक महामहोपाध्याय डॉ० गंगानाथ झा, प्रो० हमीदुद्दीन, बाबू रामदास गौड़ और पं० सालगराम भार्गव की 10 मार्च, 1913 को एक मीटिंग हुई और देशी भाषाओं में वैज्ञानिक साहित्य की रचना और प्रचार का कार्य सुसंगठित रूप से चलाने के उद्देश्य से उसी दिन "वर्नाक्यूलर साइंटिफिक लिटरेचर सोसाइटी" की स्थापना की गयी जिसका नाम डॉ० गंगानाथ झा ने 'विज्ञान परिषद' और मौलवी हमीदुद्दीन ने 'अंजुमन–सनाअ–व–फ़नून' रक्खा।[10]

विज्ञान परिषद की स्थापना के साथ ही इस संस्था के कार्य संचालन के लिए म्योर कालेज के प्रिंसिपल जे० जी० जेनिंग्स महोदय ने कालेज में स्थान भी देने की कृपा की और इस कार्य में पूरी पूरी सहायता दी बल्कि साथ ही प्रो० ई० जी० हिल और जे० जे० ड्यूरक महोदय से भी सहायता मिलने लगी। म्योर कालेज के अन्य हिंदुस्तानी अध्यापकों को तो पूरी सहानुभूति थी ही; अतएव कुछ पदाधिकारी चुन लिए गये और 31 मार्च, 1913 के दिन पहला अधिवेशन हुआ। उस दिन कुछ नियमों का निर्माण हुआ और मंत्री प्रो० हमीदुद्दीन को यह आज्ञा मिली कि युनिवर्सिटी के फेलो, कालेजों के प्रोफेसरों और भारतीय विश्वविद्यालयों के प्रमुख विद्वानों से पत्र व्यवहार कर उनको मेंबर बनावें।[11] प्रो० हमीदुद्दीन ने लोगों से पत्र व्यवहार तो किया परंतु उसका कोई संतोषजनक परिणाम नहीं निकला। पर इससे कार्यकर्ताओं ने हतोत्साहित न होकर यह निश्चय किया कि गर्मी की छुट्टियों में कुछ आरंभिक ग्रंथ तैयार किये जॉय। इस बात का परिणाम यह हुआ कि पं० सालगराम भार्गव और प्रो० रामदास गौड़ ने 'विज्ञान प्रवेशिका' भाग–1 लिख डाली।[12]

विज्ञान परिषद की स्थापना के बाद उसे कालेज के प्रिंसिपल और अन्य लोगों का सहयोग मिलने लगा और उसके सभासदों की संख्या बढ़ने लगी फलस्वरुप परिषद का कार्य धीरे–धीरे चलने लगा। स्थापना के बाद विज्ञान परिषद के सभासदों ने भी कई बड़े काम

करने की आयोजना की और उसका आरंभ उसके शुरुआती दिनों में ही किया गया। 30 जुलाई, 1913 को हुए परिषद के दूसरे अधिवेशन में ही, जिसके सभासदों की संख्या 43 हो चुकी थी, पारिभाषिक शब्दों की कठिन समस्या उपस्थित होने पर रसायन, भौतिक, वनस्पति आदि विषयों की समितियां बना दी गयीं और सभा का कार्य धीरे–धीरे आगे बढ़ा।[13]

विज्ञान परिषद की स्थापना 10 मार्च, 1913ई0 को हुई और उसके जो उद्देश्य निर्धारित किये गये उसके मूल में देशी भाषाओं में वैज्ञानिक साहित्य की अभिवृद्धि करना शामिल था। परिषद की स्थापना के साथ ही उसके जो उद्देश्य निर्धारित किये गये उनमें देशी भाषाओं में वैज्ञानिक साहित्य का निर्माण और अनुवाद, स्वतंत्र पुस्तक–लेखन, पत्र–प्रकाशन, पत्यक्ष परीक्षायुक्त व्याख्यान तथा उद्देश्य पूर्ति के लिए अन्य साधनों को अपनाना शामिल था।[14] अपनी उद्देश्य पूर्ति के लिए परिषद ने 7 नियमों का निर्माण किया किया जो इस प्रकार थे :

1. परिषद की उद्देश्यपूर्ति में जो लोग किसी भी प्रकार से सहायता कर सकते हैं, वे परिषद के सदस्य निर्वाचित हो सकते हैं, यदि सभा में उपस्थित तीन चौथाई वा अधिक संख्या उनके निर्वाचन का अनुमोदन करे। पॉच सदस्यों की उपस्थिति से ही अधिवेशन पूर्ण समझा जायेगा।
2. सधारण सदस्य को 2) वार्षिक चंदा देना होगा।
3. आदि में अपने ग्रंथों के प्रकाशन का काम परिषद स्वयं करेगी। आगे चलकर कार्यकारिणी समिति में मतबाहुल्यता पर किसी व्यक्ति का प्रकाशक वा मुद्रक नियुक्त होना निर्भर होगा।
4. विज्ञान के प्रसिद्ध सेवक इस परिषद के असाधारण सदस्य निर्वाचित हो सकेंगे।
5. परिषद का प्रबंध प्रबंधकारिणी सभा करेगी जिसमें सात से दस तक सदस्य होंगे जिनका निर्वाचन परिषद के वार्षिक अधिवेशन में हुआ करेगा।
6. जो सदस्य परिषद की उद्देश्यपूर्ति के लिए लेखक, संपादक, अनुवादक वा वक्ता बनकर या और किसी तरह पर परिषद की सेवा करेंगे, और प्रबंधकारिणी समिति उनकी इन सेवा को स्वीकार करेगी उनकी ही एक कार्यकारिणी समिति बनेगी जो विविध विषयों के अनुसार विविध विभागों में विभक्त होगी जिसमें काम करने वालों में परस्पर लिखा पढ़ी और सहकारिता में सुविधा हो।
7. एकदम सौ रुपये की रकम इस परिषद को दान करके जो चाहे इस परिषद का स्थायी सदस्य बन सकता है।[15]

विज्ञान परिषद की स्थापना 20वीं सदी के दूसरे दशक की एक बहुत ही महत्वपूर्ण घटना थी क्योंकि इस समय तक भारत में विविध प्रकार की बहुत सी संस्थाएं स्थापित हो चुकी थीं और सभीं अपने–अपने उद्देश्यों के अनुरुप कार्य कर रही थीं परंतु भारत में देशी भाषाओं, विशेषकर हिंदी भाषा में वैज्ञानिक ज्ञान के प्रचार–प्रसार की एक भी संस्था नहीं थी। इसी कारण जब इस संस्था की स्थापना हुई तो भारत की अधिकांश संस्थाओं और पत्र–पत्रिकाओं ने हर्ष प्रकाशित किया। हिंदी की तत्कालीन अधिकांश पत्र–पत्रिकाओं–भारत जीवन, सरस्वती, मर्यादा, औदुंबर, चित्रमय जगत, हितकारिणी, इंदु, साहित्य, सुधानिधि, तरंगिणी, सम्मेलन इत्यादि ने इस बारे में सूचनाएं प्रकाशित कीं और कुछ पत्रिकाओं ने तो इस पर काफी विस्तार से प्रकाश डाला। सम्मेलन पत्रिका ने विज्ञान परिषद के बारे में अपने पहले ही अंक में लिखा कि "देशी भाषाओं के अभ्युदय और उन्नति का विचार आज साधारणतः सभी भारतीय भाषा भाषियों के ह्रदय में प्रसारित हो रहा है। गत बंग साहित्य सम्मेलन में भारत विभूत रत्न डॉ प्रफुल्लचंद्र राय की जो वकृता हुई थी, जहां तक विज्ञान का संबंध है यदि हिंदी, गुजराती, मराठी आदि के विषय में भी उसे ही दोहराया जाए तो असंगत न होगी। भारतवासियों की तो क्या कहना है, सर थियोडोर मॉरिसन प्रभृति राजनीतिक भी देशी भाषाओं में शिक्षा देना अधिक लाभकारी समझते हैं। ऐसी दशा में भाषा भंडार के अपूर्ण विभाग की पूर्ति शीघ्र ही करना प्रत्येक भारतवासी का धर्म है और ऐसे अवसर पर विज्ञान परिषद जैसी सर्वोपयोगी संस्था की स्थापना देशी भाषाओं के लिए अत्यंत शुभसूचक है।"[16] 'प्रयाग का विज्ञान परिषद और उसकी कार्यप्रणाली' शीर्षक लेख में विज्ञान परिषद के उद्देश्यों को विस्तार से व्याख्यायित किया गया और साथ ही लोगों से परिषद की हर प्रकार से सहायता करने की अपील भी की गयी जिसमें कहा गया कि "विज्ञान परिषद ने यद्यपि संप्रति हिंदी उर्दू की ही सेवा अपने हाथ में ली है तथापि उसका उद्देश्य समस्त देशी भाषाओं में विज्ञान का प्रचार है और ज्यों ज्यों सर्वसाधारण से इस परिषद को प्रोत्साहन मिलता जाएगा त्यों त्यों इसकी संकुचित सीमा का विकास होता जाएगा और मुंबई बंगाल आदि में भी इसकी शाखाएं वा स्वतंत्र संस्थाएं स्थापित होकर बंगला, मराठी, गुजराती आदि में भी काम होने लगेगा। इस परिषद को काम करने वालों की बड़ी आवश्यकता है। अभी जो थोड़े से काम करने वाले सदस्य हुए हैं उनसे ही इस वृहत्कार्य का संपादन नहीं हो सकता। इसमें सब ही साहित्य सेवियों को यथाशक्ति योग देना उचित है। ऐसा कोई न समझे कि हम तो विज्ञान के रहस्यों से अनभिज्ञ हैं, हम क्या कर सकेंगे? विज्ञान परिषद के

सदस्यों ने नियमानुसार कार्यकारिणी समिति की रचना करके कार्य को विषयानुसार 6 वर्गों में विभक्त कर दिया है–1. रसायन विज्ञान, जिसमें भूगर्भ, खनिज आदि विद्याएं सम्मिलित हैं 2. भौतिक विज्ञान जिसमें गणित शास्त्र भी सम्मिलित है 3. जीव विज्ञान 4. संपत्ति शास्त्र, ऐतिहासिक विज्ञान, पुरातत्व, राजनीति आदि 5. भाषा विज्ञान तथा 6. परिभाषा वर्ग। अब साहित्यकार इस बात पर विचार कर सकते हैं कि इन वर्गों की सहकारिता से यह असंभव नहीं है कि विज्ञान से अनभिज्ञ होने पर भी वे कुछ उपयोगी काम कर सकें।''[17]

एक संस्था के रुप में विज्ञान परिषद की स्थापना उस समय की बहुत बड़ी घटना थी और उसके उद्‌देश्य अत्यंत विस्तृत और राष्ट्रहित में थे, इसी कारण अधिकांश पत्र–पत्रिकाओं ने परिषद की स्थापना, उद्‌देश्य एवं कार्यप्रणाली पर विस्तार से प्रकाश डाला। काशी से प्रकाशित औदुंबर पत्रिका ने भी परिषद की स्थापना एवं उद्‌देश्यों पर विस्तार से प्रकाश डाला और लिखा कि ''इस परिषद के स्थापित होने का समाचार हिंदी साहित्य सेवियों तथा भाषा अनुरागियों को गत मई और जून के सामयिक पत्रों द्वारा विदित हो चुकी है, तब भी यदि हम पाठकों से उसके उद्‌देश्यों पर फिर से विशेष ध्यान देने की प्रार्थना करें तो अनुचित न होगा। इस परिषद का मुख्य यही उद्‌देश्य है कि देशी भाषाओं और विशेषतः इस प्रांत की भाषाओं में साहित्य के वैज्ञानिक अंग की पूर्ति ग्रंथ रचना, ग्रंथ अनुवाद, निबंध लेखन और वैज्ञानिक पत्रों के प्रचार आदि द्वारा की जावे। देसी भाषा की पाठशालाओं में विज्ञान शिक्षा के समाविष्ट न किए जाने का कारण भी प्रायः यही समझा जाता है कि देशी भाषाओं में इन विषयों पर उपयोगी पाठ्य पुस्तकों का अभाव है। यह किसी अंश तक अब भी है परंतु इस अभाव को दूर करना किसी एक व्यक्ति का काम नहीं है। इसमें सहकारिता के बिना काम चल नहीं सकता इन बातों पर साधारणता समस्त भाषा प्रेमी और विशेषतः नागरीप्रचारिणी सभा और साहित्य सम्मेलन प्रमुख साहित्य संस्थाएं विचार करती रही हैं और इस अंग की पूर्ति में उनका प्रयत्न हो रहा है परंतु इन संस्थाओं का काम बहुत विस्तृत है और जब तक विशेष संस्थाएं उनका हाथ न बटाएंगी तब तक उनकी कठिनाइयां कम न होंगी।''[18]

औदुंबर पत्रिका ने विज्ञान परिषद के बारे में विस्तार से जानकारियां प्रकाशित की। उस समय बहुत से लोग विभिन्न पत्रिकाओं के कार्यालयों में पत्र भेंजकर यह जानकारी मांग रहे थे कि परिषद क्या कर रही है? इस संदर्भ में औदुंबर पत्रिका ने लिखा कि ''परिषद ने साहित्य के वैज्ञानिक अंग की पूर्ति के लिए पहले पहल प्रारंभिक पुस्तकों की रचना का काम

अपने हाथ में लिया है और उसके कई सदस्य रसायन, भौतिक तथा जीव विज्ञान पर छोटी पुस्तकें लिख रहे हैं और हमारे सौभाग्य से इस कार्य में योग देने के लिए कई कॉलेजों के उन विद्वान अध्यापकों ने, जो हमारी प्रांतीय भाषा में ग्रंथ लिख सकते हैं, सूचना दी है। परिषद की कार्यकारिणी समिति के विषय अनुसार 6 विभाग किए गए हैं जिनमें ग्रंथ रचना कार्य के अतिरिक्त वैज्ञानिक परिभाषा पर भी विचार होता है और शीघ्र ही परिभाषा का प्रकाशन भी सामयिक पत्रों में प्रारंभ हो जाएगा। अभी अर्थाभाव के कारण व्याख्यान आदि का प्रबंध नहीं हुआ है किंतु पत्रों में निबंध भेजना हमारे सदस्यों ने प्रारंभ कर दिया है। आशा की जाती है कि जहां तक सरस्वती भक्तों का कर्तव्य है वहां तक इस कार्य का संपादन समुचित रुप से होगा परंतु सरस्वती सेवकों के उत्साह मात्र से ही इस कार्य का चल निकलना कठिन ही नहीं प्राकृत असंभव है।''[19] इस पत्रिका ने 'विज्ञान परिषद की सर्वसाधारण से प्रार्थना' शीर्षक आलेख में देशवासियों का ध्यान इस बात की ओर आकृष्ट किया कि परिषद जनकल्याण का जो कार्य कर रही है, उसके लिए धन की आवश्यकता है और उदार देशवासियों को चाहिए कि वे इस कार्य में सभा की धन से सहायता करें, जैसा कि पत्रिका ने लिखा था कि ''जितने काम हैं सब में धन की आवश्यकता होती है और आपकी विज्ञान परिषद में भी इस व्यापक नियम का अपवाद नहीं है। परिषद को संप्रति धन का अभाव है और इस अभाव को सहृदय साहित्य अनुरागी दो प्रकार से पूर्ण कर सकते हैं–1.एक तो स्वयं इस परिषद के सदस्य बने एवं अपने मित्रों को सदस्य बनावें किसका वार्षिक चंदा केवल 2) है और सदस्य होने के लिए हमारे उद्देश्यों से सहानुभूति मात्र चाहिए। किसी के सदस्य चुने जाने में कोई नियम बाधक नहीं है। इस काम में योग देना मानो विज्ञान साहित्य मंदिर में स्तंभरूप होना है। 2.दूसरा उपाय यह है कि हमारे देश के भाग्यवान धनी भाषानुरागी जिस तरह से अपने वर्तमान संपत्ति से उदारतापूर्वक और और कामों में सहायता देते हैं, इस काम में भी खुले हाथों दान करें। इसी प्रकार प्रकाशक लोगों से भी हमारी प्रार्थना है कि वैज्ञानिक विषयों पर किसी देशी या विदेशी भाषा में जो ग्रंथ उन्होंने प्रकाशित किए हो या करें वह ग्रंथ इस परिषद को देखकर उपकृत करें।''[20]

विज्ञान परिषद की स्थापना भी सर्वसाधारण में उन्हीं की भाषा में वैज्ञानिक ज्ञान के प्रचार–प्रसार के उद्देश्य से की गयी थी और इसी उद्देश्य को ध्यान में रखकर परिषद में भी आरंभ में ही 'व्याख्यानमाला' का आयोजन आरंभ हुआ जिससे कि आमजन लाभान्वित हों। परिषद का पहला व्याख्यान प्रिंसिपल जे0 जी0 जेनिंग्स के सभापतित्व में हुआ था और

'आर्कमिडीज का सिद्धांत' विषय पर महावीरप्रसाद श्रीवास्तव, जो रायबरेली से व्याख्यान देने आये थे, व्याख्यान दिया था।[21] प्रथम व्याख्यान की सफलता से उत्साहित होकर परिषद के सभासदों ने इस कार्य को आगे जारी रखने का निर्णय लिया और प्रथम वर्ष में ही कई व्याख्यान आयोजित हुए। प्रथम वर्ष में जिन व्याख्यानों का आयोजन किया गया, उसका विवरण निम्नवत् है :

विषय	व्याख्यानकर्ता	तिथि	स्थान
कम्बवचन	एस0 सी0 देव	15 नवंबर, 1914	प्रयाग
अणु और सौर जगत में समानता	शारदाप्रसाद	21 नवंबर,1914	सतना
घर्षण विद्युत	सलगराम भार्गव	19 दिसंबर, 1914	प्रयाग
वायु और वायव्य	दुर्गादत्त जोशी	30 दिसंबर, 1914	सतना
कार्बन और उसका उपयोग	दुर्गादत्त जोशी	1 जनवरी, 1915	सतना
गैसों का इकट्ठा करना	दुर्गादत्त जोशी	30 जनवरी, 1915	प्रयाग
कर्ता और संहारक मनुष्य	गोपालस्वरुप भार्गव	27 फरवरी, 1915	प्रयाग
रसायन के चमत्कार	रामदास गौड़	27 मार्च, 1915	प्रयाग
कम्युनिकेशन की सुविधा	सालगराम भार्गव	31 जुलाई, 1915	प्रयाग
प्राचीन दानव	आर0 एस0 निगम	28 अगस्त, 1915	प्रयाग
स्टीम इंजिन	डी0 एन0 पाल	30 अक्टूबर, 1915	प्रयाग
प्राचीन भारत में गृह निर्माण और स्वास्थ्य विधान	डॉ0 गंगानाथ झा	6 दिसंबर, 1915	प्रयाग

स्रोत : विज्ञान परिषद और हिंदी का वैज्ञानिक साहित्य, पृष्ठ 27–28

परिषद की स्थापना के बाद जिन कार्यों को करने की बात परिषद के उद्देश्यों में शामिल की गयी, उसे परिषद के सभासदों ने करना आरंभ किया। धनाभाव होते हुए भी विज्ञान प्रवेशिका भाग–1 प्रथम वर्ष अर्थात् 1914 में ही परिषद ने प्रकाशित कर दी। इस ग्रंथ को रामदास गौड़ और सालगराम भार्गव ने लिखा था।[22] इस ग्रंथ की सुंदर समालोचना सरस्वती, पाटलिपुत्र, लक्ष्मी, शारदा, प्रताप, माडर्न रिव्यू इत्यादि पत्र–पत्रिकाओं में हुई और पहला संस्करण हाथों हाथ बिक गया। इसी क्रम में विज्ञान वेत्ताओं को परिषद का सदस्य बनाने के लिए 29 अगस्त, 2014 के बाद पुनः पत्र भेंजे गये फलस्वरुप 78 फेलो और 45 एसोसिएट प्रथम वर्ष के अंत तक बन गये।[23]

विज्ञान परिषद ने वैज्ञानिक साहित्य के उन्नयन के लिए जितने भी कार्य किये, उनमें विज्ञान पत्रिका का प्रकाशन उसका एक बहुत ही महत्वपूर्ण और उल्लेखनीय कार्य था। आरंभ में ही जिन कार्यों को अपने हाथ में लेने की बात कही गयी थी, उनमें एक पत्र का संपादन भी शामिल था। परिषद के पहले ही अधिवेशन में प्रो0 नंदकुमार तिवारी ने एक प्रस्ताव उपस्थित किया कि परिषद हिंदी, उर्दू अथवा दोनों भाषाओं में एक पत्र प्रकाशित करे। रायबहादुर ज्ञानेंद्रनाथ चक्रवर्ती ने इस प्रस्ताव का समर्थन किया। अतएव इस उद्देश्य पूर्ति के लिए प्रधानमंत्री डा0 गंगानाथ झा, प्रो0 रामदास गौड़ और ठाकुर केशवचंद्र सिंह चौधरी की एक उपसमिति बना दी गयी। 25 नवंबर, 1914 को इस समिति ने निर्णय लिया कि परिषद स्वयं पत्रिका प्रकाशित न करे। निश्चय हुआ कि किसी प्रकाशक को यह काम सौंप देना चाहिए।[24] के0 सी0 भल्ला जी ने कुछ शर्तें इस काम के लिए लिखकर भेंजी थी। उनपर विचार हुआ और यह निश्चय हुआ कि सदस्यों से पूछा जाय कि

(1) आगामी जनवरी (1915) से पत्र प्रकाशन हो या न हो और किस भाषा में।

(2) भल्ला जी की शर्तें मंजूर की जॉय या नहीं।

इस पर विचार करने के लिए 19 दिसंबर, 1914 को प्रो0 रामदास गौड़, प्रो0 हीरालाल खन्ना, डा0 गंगानाथ झा तथा राय गोकुलप्रसाद बहादुर की एक उपसमिति बना दी गयी और इस उपसमिति की शिफारिश के आधार पर 30 जनवरी, 1915 की बैठक में यह निर्णय लिया गया कि विज्ञान के प्रकाशन का काम भल्लाजी को दिया जाय और संपादन का कार्य परिषद स्वयं अपने हाथ में रखे।[25] पत्र प्रारंभ करने की पहली शर्त यह थी कि कम से कम 250 स्थायी ग्राहक मिल जॉय। हिंदी के प्रेमी तो शीघ्र ही 250 से अधिक मिल गये, परंतु उर्दू प्रेमी न मिल सके। अतएव 'विज्ञान' का प्रकाशन हिंदी में आरंभ हुआ।

इस प्रकार 30 जनवरी, 1915 की बैठक में लिए गये निर्णय के आधार पर विज्ञान परिषद की पत्रिका परिषद की मुखपत्र के रुप में निकालने का निर्णय हुआ। मेष, 1972 (अप्रैल, 1915ई0) को पत्रिका का प्रथमांक 'विज्ञान' नाम से प्रकाशित हुआ जिसमें मंगलाचरण, संपादकीय (अपनी बात) और 12 लेखों के साथ ही अंत में वैज्ञानिकीय शामिल था। 48 पृष्ठीय यह पत्रिका लाला कर्मचंद्र भल्ला द्वारा मासिक पत्र के रुप में विज्ञान कार्यालय, प्रयाग से प्रकाशित हुई जिसके संपादक लाला सीताराम बी0 ए0, एफ0 ए0 यू0 और पं0 श्रीधर पाठक थे। पत्रिका के प्रथम अंक में निम्नलिखित लेख प्रकाशित हुए[26] :

लेख	लेखक

मंगलाचरण	पं० श्रीधर पाठक
अपनी बात	
विज्ञान शिक्षा की आवश्यकता	रामदास गौड़
विज्ञान का विस्तार	पं० रघुनाथ चिंतामणि चतुर्वेदी बी० एस० सी०
कोयले की आत्मकहानी	अध्यापक गोलस्वरुप भार्गव एम० एस० सी०
डांडी के अद्भुत खेल और उसका सिद्धांत	अध्यापक महावीरप्रसाद श्रीवास्तव बी०एस० सी०
बिजली के ज्ञान का विकास और उन्नति का इतिहास	अध्यापक प्रेमवल्लभ जोशी बी० एस० सी०
खेती का प्राण और उसकी रक्षा	"संकर्षण" बी० एस० सी०
गेहूँ की बीमारी और उसका इलाज	अध्यापक दक्षिणारंजन भट्टाचार्य एम० एस० सी०
नहर की सिंचाई	"विश्वकर्मा" एम० ए०
शिल्प की लीला	लाला पार्वतीनंदन
दाग धब्बे छुड़ाना	श्रीयुत मोहनलाल जौहरी
जल के अनेक रुप	अध्यापक गोमतीप्रसाद अग्निहोत्री बी० एस० सी०
पनडुब्बी नाव	अध्यापक महावीरप्रसाद श्रीवास्तव बी० एस० सी
वैज्ञानिकीय	

एक वैज्ञानिक पत्रिका का प्रकाशन उस समय की एक बहुत ही महत्वपूर्ण घटना थी क्योंकि उस समय तक देशी भाषाओं में शायद विज्ञान का कोई पत्र ही नहीं था, इसीलिए जब इस पत्रिका के संपादक नियुक्त करने की बात आयी तो कोई उपयुक्त व्यक्ति ही नहीं मिला क्योंकि किसी वैज्ञानिक पत्र के संपादन की योग्यता एक व्यक्ति में मिलना कठिन था और इस प्रकार का यह एक मौलिक प्रयास था। विज्ञान विषय के विद्वान भाषा से उतने परिचित न थे और हिंदी के लेखक विज्ञान विषयों से उदासीन थे। अतएव प्रो० रामदास गौड़ को इस कार्य के लिए उत्साही, भाषाभक्त और विज्ञान विषय के विशेषज्ञों से ही काम लेना

था। सौभाग्स से लाला सीताराम और पं० श्रीधर पाठक दो ऐसे व्यक्ति मिले जो वैज्ञानिक लेखों का संपादन बड़ी लगन और परिश्रम से करते थे। लाला सीताराम ने उस समय तक गणित विषयों के कई ग्रंथ लिखे थे और रोचक वैज्ञानिक विषयों से उन्हें बड़ा प्रेम था। वहीं दूसरी तरफ पं० श्रीधर पाठक एक उच्चकोटि के कवि एवं भाषा के जानकार थे।[27] इस प्रकार किसी विज्ञान विशेषज्ञ के द्वारा नहीं बल्कि हिंदी के दो विद्वानों के संपादकत्व में ऐतिहासिक महत्व की पत्रिका विज्ञान का संपादन आरंभ हुआ।

देशी भाषाओं, विशेषकर हिंदी भाषा में वैज्ञानिक साहित्य की अभिवृद्धि तथा आमजन तक वैज्ञानिक ज्ञान के प्रचार–प्रसार के उद्देश्य से अप्रैल, 1915 में विज्ञान पत्रिका का प्रकाशन आरंभ हुआ और पत्रिका के प्रथम अंक में प्रकाशित मंगलाचरण, जो कि पं० श्रीधर पाठक द्वारा लिखा गया था, से ही 'विज्ञान' का महत्व प्रतिपादित हो जाता है, जिसमें उन्होंने लिखा था कि

सूर्य, अग्नि, जल, व्योम, वायु में जिसका बल है
जो सर्वत्र सुविज्ञों का जिज्ञासा स्थल है
संचालक सबका परंतु जो स्वयम् अचल है
जगत दृश्य जिसकी केवल माया का छल है
उस अटल तत्व के ज्ञान से माया–पटल विनाश हो
उस ब्रह्म बीज विज्ञान का सबथल सुखदायक प्रकाश हो।

विज्ञान पत्रिका किन उद्देश्यों को लेकर अवतरित हुई? इस बात का उल्लेख पत्रिका के प्रथम संपादकीय में ही किया गया। वैज्ञानिक साहित्य की अभिवृद्धि के जिस उद्देश्य के लिए पत्रिका अवतरित हुई उसे 'अपनी चर्चा' शीर्षक संपादकीय में प्रकाशित किया गया कि ''प्राणियों का शरीर निरंतर बनता बिगड़ता रहता है। उसका बनना रुक जाता है उसी समय से मरण होने लगता है। हम लोगों की भाषा की दशा भी प्राणियों की सी है। उसके साहित्य में नित्य बनने और बिगड़ने का तार लगा रहता है। जैसे मनुष्य अपने शरीर के अंग अंग को व्यायाम से पुष्ट करता है और बलि बनाता है वैसे ही भाषा के अंग अंग को भी बलवान और पुष्ट रखने की आवश्यकता है। समयानुसार हिंदी के जिस अंग की जितनी उन्नति होनी चाहिए थी बराबर उसके हितैषी शुभ अवसर उसकी ओर दत्तचित्त रहे पर खेद की बात है कि और अंगों की अपेक्षा हिंदी साहित्य का वैज्ञानिक अंग अत्यंत बलहीन और अपूर्ण है। इस अपूर्णता की पूर्ति के लिए इस पत्र का जन्म हुआ है। इस अंग की पूर्ति विज्ञान परिषद के

उद्देश्य के अंतर्गत है। इससे आशा की जाती है कि जैसे परिषत् इस सत्कार्य के साधन में उद्यत है, हिंदी हितैषी भी उसके इस सदुद्योग का पूरा आदर करेंगे और तन मन धन से सहायक होंगे।"[28] हिंदी के अपूर्ण वैज्ञानिक साहित्य की अभिवृद्धि के अपने उद्देश्य को भी पत्रिका ने संपादकीय में ही व्यक्त कर दिया और स्पष्ट लिखा कि "अधिकांश वैज्ञानिक विषय हमारी भाषा के लिए नवीन है; उसको पाठकों के सामने उपस्थित करने में हमें अनेक गढ़े हुए शब्दों का आश्रय लेना पड़ेगा जिससे लेखों की रोचकता घट जानी संभव है। साथ ही साथ विषय भी सरल नहीं है। कठिन विषयों को सरल भाषा में मनोरंजक रीति पर वर्णन करना साधारण लेखकों का काम नहीं है। साहित्य के गंभीर विद्वान, रसिक और मर्मज्ञ ही दुरुह विषय को रोचक बना सकते हैं। सो, दुर्भाग्यवश विज्ञानसेवी साहित्य की ओर ध्यान देने का समय ही नहीं पाते और साहित्यसेवियों ने बहुधा विज्ञान का अध्ययन नहीं किया है। ऐसी दशा में पाठकों का मनोरंजन जितना साधारण मासिकपत्र करते हैं, वा कर सकते हैं उतनी क्षमता हम में होना कठिन है। तब भी आशा है कि कुछ दिनों में हम पाठकों के लिए इस पत्र को कुछ रोचक बना सकेंगे। और यह भी आशा है कि विद्याव्यसनी पाठक इस पत्र की उपयोगिता समझकर, पूरी मनोरंजकता न होने पर भी इसके लेखों को हृदयंगम करने का तथा विज्ञान के प्रचार का प्रयत्न करेंगे।"[29]

पत्रिका के प्रथम अंक से ही विज्ञान विषयक सारगर्भित सामग्री का प्रकाशन आरंभ हुआ और इसके मूल में था कि किस प्रकार रोचक और ज्ञानवर्द्धक विज्ञान की बातें आमजन तक पहुँचायी जॉय। पत्रिका के प्रथम लेख में ही वैज्ञानिक ज्ञान की शक्ति को रेखांकित किया गया कि "आकाश धरती पाताल आज मनुष्य ने सब पर अपना राज फैला रखा है परंतु उस सवेरे के समां में और इस सॉझ के तमाशे में संसार के उस प्रभात में और इस समय काल में मर्त्यलोक और पाताल का अंतर है। पहले कंद मूल फल फूल पर आनंद से दिन बीतते थे, आज मनुष्य को इतने पर संतोष नहीं है। हजारों मनुष्य इस संसार में नदी के निर्मल जल का स्वाद नहीं जानते। अनेक तरह की बनावटी भोज्य पदार्थों ने पुराने प्रकृति के उपजाए अन्न को निकाल बाहर कर उनकी जगह ले ली है। पानी में उगने की वस्तुएं भी नए नए ढंग की बन गई हैं। चलने–फिरने, लिखने–पढ़ने, गाने बजाने, देखने सुनने, छूने सूंघने, यहां तक कि सांस लेने तक के यंत्र बने हुए हैं और उनकी चाल ऐसी फैल रही है कि सभ्य संसार को आज कल यंत्र संसार और इस युग को यंत्र युग कहे तो कोई अयुक्त कल्पना न होगी।"[30]

प्रथम अंक में ही विज्ञान पत्रिका ने विज्ञान शिक्षा की शक्ति को पटल पर रखा और बतलाया कि संसार की दशा जिस विद्या के बल से ऐसी बदल गई है, वह विज्ञान है। जिस विज्ञान के लिए सुकरात जहर देकर मारा गया, जिस विज्ञान के लिए ब्रूनो जीता जला दिया गया, जिस विज्ञान के लिए गैलीलियो का देश निकाला हुआ, जिसके लिए यूरोप के अनेक विद्वानों को भांति भांति के कष्ट, तरह तरह की यातनाएं दी गई वही विज्ञान, जिसके लिए उसके इतने भक्त बलि हुए, अपनी बलि प्रदान की हुई भूमि यूरोप में गई सदी में विज्ञान ऐसा फैला कि आज बिना उसकी सहायता के मुंह में एक ग्रास रखना असंभव है। पत्रिका ने इस बात को भी अपने देशवासियों के सम्मुख रखा कि इसी विज्ञान की उन्नति के बल पर ही पाश्चात्य देशों ने सारी उन्नति की है और भारत में उसी विज्ञान की उन्नति नहीं होने के कारण इस समय देश की यह दुरावस्था हुई है। पत्रिका ने अत्यंत ही स्पष्ट शब्दों में अपना मत लिखा कि "विज्ञान के बल से पच्छाहीं देशों ने धीरे–धीरे भारत के हाथ से एक–एक करके सारी कारीगरी छीन ली। जिसे हम हाथ से बरसों में बनाते थे मिनट में बनाकर रख दिया। जब भारत से कपड़े बुनवाकर, छींटे छपवाकर सारा संसार अपना तन ढखता था। आज इसी भारत को और देश कपड़े पहनाते, दवा खिलाते हैं। नमक, दूध, शक्कर आदि खाने की चीजें तक के लिए आज कल बल के ना होने से भारत और देशों का मुंह ताकता है। अद्धी की सुई और डोरे के लिए हमें यूरोप जाना पड़ता है। हमारे यहां से नील संसार भर लेता था। विज्ञान के बल से जर्मनी ने नकली रंग बना कवियों को मेल भेजकर नील की खेती को खा डाला। कहां तक कहें विज्ञान के बल से यूरोप और अमेरिका के हाथों हम ऐसे दिखे कि अब हमारे जलवायु के सिवा बहुत कम ऐसी चीजें रह गई जिन्हें हम भारतीय कह सकें। विज्ञान की ओर हमारी निगाह न होने से जो जो दुर्दशा हमारी हुई वह संसार को आंखें उघार उघार देखने से ही जान पड़ती है। कौन ऐसा भारतीय होगा जिसे ऐसी लाचारी की दशा पर रोना ना आएगा कि जलाने के लिए आग चाहे तो दिया सलाई भी भारतीय कठिनाई से मिलेगी।"[31]

विज्ञान पत्रिका ने विज्ञान की महत्ता को देशवासियों के समक्ष रखा। 'विज्ञान शिक्षा की आवश्यकता वह काल और यह काल' शीर्षक लेख में अपने देश की खराब शिक्षा व्यवस्था और लोगों के इस ओर कम ध्यान को भी रेखांकित किया कि हमारे देश में विद्या का इतना प्रचार नहीं है जितना चाहिए। एक तो जितनी चाहिए उतनी पाठशाला नहीं। दूसरे हजारों मनुष्य ऐसे हैं जो पढ़ाई के नित्य बढ़ते खर्चे को चला नहीं सकते। देश के सचेत लोगों में

इतना उत्साह नहीं की आप विद्यादान का पूरा प्रबंध करें। ऐसी दशा में क्या वर्तमान पाठशालाओं से ही संतुष्ट हो रहने से काम चलेगा? क्या अपनी सही कर लेने की योग्यता आने से ही सचमुच मनुष्य पढ़ा लिखा हो गया?[32] शिक्षा के संबंध में विज्ञान पत्रिका ने देशवासियषें के समक्ष इग्लैंड का उदाहरण रखा कि किस प्रकार वहां पर शिक्षा की इतनी उन्नति होने पर भी उसे और भी उन्नत करने का प्रयास किया जा रहा है और साथ ही देशवासियों को यह चेतावनी भी दी कि यदि वे इस क्षेत्र में संघर्ष नहीं करेंगे तो नष्ट हो जायेंगे और लिखा कि "कौन कहेगा कि ग्रेट ब्रिटेन में प्रजा भारत से कम शिक्षित है। वहां भी उतनी बढ़ी हुई शिक्षा से संतुष्ट न होकर यह आंदोलन बड़े जोर शोर से हो रहा है कि शिक्षित लोग स्वयंसेवक बनकर छुट्टियों में गांव गांव घूमें और बेपढ़ो को आप पढ़ावें लिखावें। अगर ग्रेट ब्रिटेन में इसकी आवश्यकता एक मानी जाए तो भारत की आवश्यकता इसकी सौ गुणों से कम नहीं है। क्या हमारे यहां के नवयुवक इस तरह की देश सेवा नहीं कर सकते? क्या गांव में जाकर आरंभिक विज्ञान के व्याख्यान नहीं दे सकते? इस बात को प्रत्येक भारतीय याद रखे कि संसार के रगड़े में वही जाति बच रहती है जिसमें सबसे अधिक योग्यता है। भारतीयों को यदि संसार में बना रहना, बचा रहना है तो उनमें सब से अधिक योग्यता का आना आवश्यक है।"[33]

विज्ञान पत्रिका के प्रथम अंक से ही उसमें विविध प्रकार की वैज्ञानिक सामग्री का प्रकाशन आरंभ हुआ। ज्ञान–विज्ञान की उन्नति एवं विश्व में हो रहे विविध आविष्कार; खेती–बारी, शिल्प एवं कला के साथ ही विज्ञान एवं प्रौद्योगिकी से संबंधित समसामयिक जानकारियों का समावेश भी पत्रिका में रहता था। उदाहरण के लिए संसार में ज्ञान के विकास को रेखांकित करते हुए पत्रिका ने प्रकाशित किया कि संसार की बुद्धि का विकास बराबर उत्तरोत्तर होता आया है। गत सौ दो सौ वर्षों में बड़ी अद्भुत वृद्धि हुई है परंतु इतिहास पर दृष्टि डालने से प्राचीन और अर्वाचीन समय की ज्ञान सीमाओं के बीच कोई बड़ा अंतर नहीं दीखता। "कन कन जोरे मन जुरै" जिस खूबी से यह कहावत विद्या के भंडार भरे जाने की रीति पर घटती है और कहीं नहीं घटती। छोटे–छोटे प्रयोगों से बड़े–बड़े कार्य हुए हैं। जिन बातों को एक समय लोग सृष्टि के छोटे–मोटे चमत्कार समझते थे उन्हीं से मनुष्य की विलक्षण बुद्धि ने संसार को चकित कर देने वाले कार्य कर दिखलाए हैं।[34] संसार में विज्ञान एवं तकनीकी की हो रही उन्नति को पत्रिका के 'बिजली के ज्ञान का विकास और उन्नति का इतिहास' शीर्षक लेख में आसानी से देखा जा सकत है जिसमें पत्रिका ने इस

विषय को पूरे ऐतिहासिक क्रम से बतलाया कि 'जब भारत में अकबर राज्य करता था उसी समय इंग्लैंड में महारानी एलिजाबेथ के राज्य में डॉक्टर गिल्बर्ट ने यह बात सिद्ध की कि गंधक कांच आदि अनेक वस्तुएं रगड़े जाने पर छोटी वस्तुओं को अपनी ओर खींचती हैं। गिल्बर्ट ने चुंबक शक्ति को भी इसी नाम से संबोधित कर तृणमणि की शक्ति का 'इलेक्ट्रिसिटी' नाम रखा क्योंकि यूनानी लोग तृणमणि को 'इलेक्ट्रान' कहते थे, हम इस शक्ति को 'विद्युत' कहेंगे।'[35] इस लेख में न केवल बिजली के पूरे इतिहास को क्रमबद्ध ढंग से व्याख्यायित किया किया गया बल्कि साथ ही विभिन्न वैज्ञानिकों ने प्रयोग द्वारा इसे किस तरह से आगे बढ़ाया उसका भी विस्तृत विवेचन पत्रिका में किया गया।

विज्ञान पत्रिका के प्रथम अंक से ही प्रकाशित होने वाली 'वैज्ञानिकीय' अपने आप में बहुत ही रोचक और ज्ञानवर्द्धक हुआ करती थी। इसमें संसार में हो रहे विभिन्न आविष्कारों एवं अद्भुत घटनाओं के बारे में जानकारियां होती थीं। अमेरिका में हुए एक अद्भुत आविष्कार का वर्णन करते हुए पत्रिका ने लिखा कि "अमेरिका के एक वैज्ञानिक ने एक ऐसी हिकमत निकाली की बूढ़े घोड़ों से भी काम लिया जा सकता है। उसने चक्की के रूप में बिजली का यंत्र बनाया है जिसको 3 घंटा घुमाने से 7 कमरों वाले घर में 1 सप्ताह भर रोशनी देने के लिए काफी बिजली पैदा हो जाती है। इस यंत्र में यंत्र शास्त्र की माप से एक घोड़े का बल लगता है। उसने यंत्र में सच्चा घोड़ा लगाकर काम निकाला और इसलिए की घोड़ा रुक ना जाए उसने इस प्रकार का एक कोड़ा उस यंत्र में लगाया कि घोड़ा ज्यों ही रुके कोड़ा खाकर घोड़ा समझ लेता है कि मुझे चलते ही रहना चाहिए। अगर घोड़े ने कोड़े की न सुनी और खड़ा रहा तो घंटी बजने लगती है जिससे मालिक को घोड़े के खड़े हो रहने का हाल मिल जाता है और वह आकर उसे फिर चलाता है।"[36] इसी प्रकार एक दूसरी उपयोगी बात प्रकाशित की कि 'नरम लोहे में सैकड़ा पीछे एक हिस्सा कोयला मिला देने से और इस्पात पर पानी चढ़ा देने से इतना कठोर हो जाता है कि हीरा की नाहीं कांच को काट सकता है। यह एक अद्भुत बात है। इस बात की जितनी ही खोज होती है उतना ही निश्चित होता जाता है कि लोहा और कोयले के संयोग में कोई असाधारण परिवर्तन हो जाता है। सर रॉबर्ट इनफील्ड ने 'फैराडे सोसाइटी' में व्याख्यान देते हुए हाल में ही प्रकट किया है कि उनका रु० 3000 का इनाम उसके लिए है जो फरवरी, 1916 तक इस विषय में सबसे अधिक महत्व की बातें खोज निकाले।'[37]

विज्ञान पत्रिका का प्रकाशन देशवासियों में उन्हीं की भाषा में विज्ञान का प्रचार करना

था और विज्ञान पत्रिका अपने प्रथम अंक से की इस मार्ग पर अग्रसर हुई। पत्रिका के प्रथम अंक से ही मंगलाचरण प्रकाशित होना आरंभ हुआ जिसमें पद्य में विज्ञान की महत्ता एवं उपादेयता को बहुत ही सुंदर शब्दों में प्रस्तुत किया जाता था। प्रथम पं0 श्रीधर पाटक और दूसरे रामदास गौड़ ये मंगलाचरण लिखा करते थे। पत्रिका के द्वितीय अंक में पं0 श्रीधर पाठक ने विज्ञान की महत्ता पर लिखा कि :

"जिसने सागर की तरंग पर रंग जमाया
आंधी, पानी अंधियारी पर तंग चढ़ाया
बिजली पर भी विकट मोहिनी मंत्र चलाया
किया निपट परतंत्र, स्वर्ग–संसर्ग छुड़ाया उस
विद्या–बुद्धि–विलास का जग में जय जय कार हो
उस वर विज्ञान–विकास का घर घर में संचार हो।"[38]

इसी प्रकार रामदास गौड़ ने भी विज्ञान की महिमा देशवासियों को बतलाया कि :

"कोहनूर औ' कोय्ला उभय अभेद बताया,
"मिट्टी की मणि, लाल, नील, पुखराज" सिखाया
नीच ऊँच लघु महा एक सा कर दिखलाया,
ज्ञानी को समदर्शीपन का पाठ पढ़ाया,
जिसने रजकण औ' सूर्य का ऐ मूल दरसा दिया
जय जय विज्ञान–पयोदकी ज्ञानामृत बरसा दिया।"[39]

विज्ञान पत्रिका ने विज्ञान क्या है? इस बात को भी देशवासियों को बतलाया और यह बात पटल पर रखी कि जो ज्ञान परीक्षणों द्वारा प्राप्त होता है, वही विज्ञान है और इसे व्याख्यायित किया कि "संसार में अनेंक क्रियाएं प्रतिक्षण हो रही हैं। मनुष्य यह जानने को उत्कंठित होता है कि यह सब किसकी शक्ति के सहारे हो रही है। बुद्धि द्वारा चिंतन करने से यह प्रतीत होता है कि संसार के सभीं कार्य विशेष नियमों पर परिचालित होते हैं। कुतूहल–जनक घटनाएं होती ही रहती हैं। यह किन नियमों के अधीन हैं और इनका क्या कारण है? इसका अन्वेषण जब हम परीक्षाओं द्वारा करते हैं तो हम विज्ञानकी सीमा में विचरते हैं। हमारी परीक्षाओं द्वारा जो संशोधित ज्ञान हमको उत्पन्न होता है वहीं विज्ञान है।

छोटी छोटी और तुच्छ घटनाएं, जो हमको प्रतिक्षण दीखती हैं, हम बिना विचार किये छोड़ देते हैं। यदि हम छोटी सी बातों को लेकर भी चिंतन करें तो विज्ञान की महिमा का अनुभव करने लगें।"[40] विज्ञान को व्याख्यायित करने के साथ ही विज्ञान की महिमा का भी बखान पत्रिका के आरंभिक अंकों में ही मिलता है कि किस प्रकार विज्ञान के बल से संसार में गुणात्मक परिवर्तन हो रहा है और पत्रिका ने प्रकाशित किया कि "आजकल विज्ञान की इतनी चर्चा है, इतनी धूम है कि सारा संसार उसी प्रशंसा से फूल सा रहा है। जिधर देखिये उधर आश्चर्य ही आश्चर्य दिखलायी पड़ते हैं। जहां पर कल बबूल के कांटे और करील के फल लगते थे, जहां पर कटैया के जंगलों के अतिरिक्त कुछ दिखलायी न देता था, वहां आज संपक्क फलों से लदे हुए लहलहाते उद्यान नंदन वन को मात कर रहे हैं। जिन देशों की कहानियां सुनकर हृदय का रुधिर जम जाता था, भय से मुख पीला पड़ जाता था, कल्पना और अनुमान से ही प्राणांत सा होने लगता था, वहां पर आज वैज्ञानिकों की मधुर वंशीध्वनि सुनायी पड़ती है।"[41]

विज्ञान पत्रिका ने पुष्ट प्रमाणों के आधार पर इस बात का उद्बोधन किया कि प्राचीन भारत में विज्ञान की एक गौरवमयी परंपरा रही है और इसके लिए सारा संसार भारत का ऋणी है। पं0 श्रीधर पाठक जैसे हिंदी के कवि तक ने इस बात को पत्रिका में प्रकाशित अपनी कविता में व्यक्त किया :

"जगका जिसने घटाटोप तम प्रथम हटाया
मानव–कुल–अभिलषित सुलभ सुख–पथ प्रगटाया
रज से कंचन–रजत–रत्न परिवर्त दिखाया
विद्या–बल–आनंद–अमृतफल–स्वादु चखाया
रस, राग, रंग, रुचि, आदिका जो आदिम आधार है
उस भारतीय विज्ञानका जग भरपर ऋणभार है।"[42]

प्राचीन भारत में वैज्ञानिक उन्नति की एक सुदीर्घ परंपरा रही है, इस बात के प्रमाण के लिए पत्रिका ने पश्चिम के ही प्रामाणिक स्रोतों को देशवासियों के सम्मुख उपस्थित किया। अपने प्रमाण के लिए पत्रिका ने इंग्लैंड के वैज्ञानिक मंडली के मुखपत्र 'नेचर' (Nature) में प्राचीन भारतीय विज्ञानशास्त्र के विषय में जो अभिमत प्रकाशित हुआ था उसका स्थूल मर्म प्रकाशित किया कि "हम लोग जिन आविष्कारों को पाश्चात्य जातियों का संपादित किया हुआ समझते थे, अब देखा जाता है कि, उनमें के बहुत से आविष्कार प्राचीन हिंदू ग्रंथों में

लिपिबद्ध है। 'रसार्णवतंत्र' प्रभृति पुस्तक में ऊर्द्धपातन, अधःपातन, तिर्यक्पातन, धातु निष्काषण प्रभृतियों की वर्णना पाठ करने से तीक्ष्ण पर्यवेक्षणशक्ति का परिचय मिलता है।''[43] प्राचीन भारत में विज्ञान, विशेषकर रसायन विज्ञान की उन्नति का प्रमाण उपस्थित करते हुए बतलाया कि जो वैज्ञानिक उन्नति भारत में प्राचीनकाल में ही हो गयी थी वह यूरोप और अरब में बहुत बाद में हुई और प्रमाण में ये बातें प्रकाशित की कि ''वराहमिहिर प्रणीत 'वृहत्संहिता' नामक ग्रंथ में लोहा और पारा से प्रस्तुत बलकारक औषधि की कथा मिलती है। महाभाष्य प्रणेता पातंजलि ने लोह–धातं–वाद संबंध में एक ग्रंथ की रचना की थी। इन कुछ ग्रंथों के विषयों से हिंदुओं के रसायन शास्त्र के प्राचीनत्व का प्रमाण मिलता है। यूरोपिय जातियों और अरबवासियों के मध्य में पारस पत्थर और अमृत के अनुसंधान से ही रसायन शास्त्र की पहली उत्पत्ति है।''[44]

भारत में लंबी अवधि की पराधीनता और वैज्ञानिक विषयों से विमुखता के कारण भारतीयों के मन में विज्ञान के प्रति एक प्रकार का नकारात्मक भाव उत्पन्न हो गया था और यदि कोई विद्यार्थी विज्ञान विषय पढ़ता भी था तो उसे यथोचित सफलता नहीं मिलती थी, इस कारण भी लोगों का ऐसे विषयों के प्रति रुझान कम होता जा रहा था जिसे पत्रिका ने बहुत ही बारीकी से रेखांकित किया कि ''जब कभी विज्ञान की चर्चा हम लोगों के सामने आती है तो हम झट कह बैठते हैं ''क्या हम भी वायुयान बना सकते हैं? क्या सचमुच विज्ञान हमें ऐसे आश्चर्यों का अधिपति बना देता है? यदि ऐसा है तो हम भी विज्ञान पढ़ेंगे''। परंतु यह देखा गया है कि विज्ञान पाठ के अनन्तर विद्यार्थी यहीं रोते मिलते हैं : ''क्या कहें भाई समय नष्ट गया। जिन आशाओं के पुल बॉधकर हम जीवन पार करना चाहते थे वे टूट गये। जिस शक्ति के लालच में हमने अपनी जान पिच्ची की वह हाथ न आयी। बस मिला तो यों ही जी बहलाने भर को थोड़ा सा ज्ञान''। भारतवर्ष में विज्ञान–शिक्षा–प्रारंभ के शुभ मुहूर्त में यह अमंगल नाद बड़ा ही खटकने वाला है। **...............** यहीं कारण है कि वैज्ञानिक शिक्षा की जितनी उन्नति होनी चाहिए उसकी कोट्यांश भी इस प्राचीन समृद्धशालिनी रत्नप्रसू भारत वसुंधरा में होती हुई दिखलायी नहीं देती।''[45] परंतु इन बातों की व्याख्या के साथ ही पत्रिका ने इस बात पर भी बल दिया कि विज्ञान से भागा नहीं जा सकता। जो विज्ञान पश्चिम की सभी उन्नतियों का मूल है, वह भारत के लिए भी अवश्य ही लाभदायी होगा, और लिखा ''हम लोगों के सिर पर जो विशेष उत्तरदायित्व रक्खा हुआ है वह कदापि हमें सोने की अनुमति नहीं देता। जागृत अवस्था में, अपनी बड़ी बड़ी ऑखें फैलाकर हमें इस अंधकार में

अवनति के कारणों को ढूंढना होगा। जिस विज्ञान ने पश्चिम को पश्चिम बना रक्खा है, उसका भारत इतना अनादर क्यों कर रहा है? पाश्चात्यों की कामधेनु क्या पूर्व में फल नहीं देती? भारत ने अभी विज्ञान के सच्चे मार्ग को नहीं जाना है।''[46]

विज्ञान पत्रिका ने भारतवासियों को उनके पूर्व के कर्मों को याद दिलाया कि प्राचीन काल में अपने कर्म के आधार पर ही भारत ज्ञान–विज्ञान में उन्नति कर सका था और लिखा कि ''विज्ञान का मार्ग, कर्म्मयोग का विकट मार्ग है। जिस भारत ने कर्म्मयोग की सबसे प्रथम शिक्षा लाभ की है वह अभी तक विज्ञान के सच्चे स्वरुप को न पहचान सका यह कितने आश्चर्य की बात है। जिस विज्ञान में आजकल पंडित छुआ छूत और धर्म अधर्म का पच्चड़ लगा रहे हैं वह विज्ञान इन सबसे परे त्रैगुण्यातीत है। मुमुक्षु पथ प्रदर्शी, अनन्त शक्तिशाली विज्ञान का तिरस्कार कर भारत कभी अभ्युदय नहीं कर सकता।''[47] इस पत्रिका ने भारतवासियों का आह्वाहन किया कि वे विज्ञान के क्षेत्र में उद्योग करें, उसके महत्व को समझे, वैज्ञानिक शिक्षा एवं उपकरणों का प्रयोग करें क्योंकि इसी विज्ञान के बल पर ही भारत एक बार पुनः अपना गौरव प्राप्त कर सकता है और प्रकाशित किया ''प्रकृति के अनंत भक्त होने में ही हमारा मंगल है। मां के प्रेम में तन्मय हो जाना ही हमारा मार्ग है। बड़ी बड़ी प्रयोगशालाओं का निर्माण ही देवी के विशाल मंदिरों की वास्तविक रचना है। प्राकृतिक खेलों का रास रचाने में ही भगवान कृष्ण की रास लीला का पूर्ण स्वाद है। निर्भीक, निर्द्वन्द, प्रेम सागर में गोते लगाने से ही हमारी शुद्धि होगी। जिस दिन भारतीय विज्ञान के शून्याकाश में डॉक्टर जगदीश चंद्र बसु के समान अनंत मरीचिमाली अनंत दिशाओं से उदित होंगे, उसी दिन भारतमाता के पुनर्गौरव का सुप्रभात होगा। पाठकों! आओ विज्ञान शिक्षा का वैज्ञानिक मार्ग पर प्रचार कर हम उस शुभ घड़ी की तैयारियां करें।''[48]

20वीं सदी के आरंभ तक विश्व में विज्ञान एवं प्रौद्योगिकी काफी उन्नति कर चुकी थी और यह बात स्पष्ट हो चुकी थी कि देश की उन्नति विज्ञान एवं कला–कौशल की उन्नति पर ही निर्भर है। भारत इस समय विदेशी नियंत्रण में था फिर भी विज्ञान की लाभप्रद बातों को अपनाने में पीछे नहीं रहा और यहां के विज्ञान उन्नायकों, लेखकों एवं पत्र–पत्रिकाओं, विशेषकर हिंदी पत्रिकाओं ने विज्ञान के प्रचार एवं लोकप्रियकरण का महत्वपूर्ण कार्य किया और देशवासियों के मनःपटल पर इस बात को स्थापित कर दिया कि उन्हें भी अपनी भाषा में वैज्ञानिक साहित्य एवं ज्ञान की अभिवृद्धि का प्रयास करना चाहिए। हिंदी भाषा के प्रचार एवं साहित्य संवर्द्धन हेतु ही 'हिंदी साहित्य सम्मेलन' स्थापित हुआ जिसने हिंदी भाषा में विज्ञान

के प्रचार–प्रसार एवं लोकप्रियकरण का भी महत्वपूर्ण कार्य किया, परंतु साथ ही यह एक विज्ञान की संस्था स्थापित करने का प्रेरणास्रोत भी बन गयी। हिंदी साहित्य सम्मेलन की स्थापना के बाद इस बात की चर्चा जोर पकड़े लगी कि विज्ञान की भी एक संस्था होनी चाहिए जो भारतीय भाषाओं में ज्ञान–विज्ञान की अभिवृद्धि करे। इसी समय सरस्वती पत्रिका ने भी कुछ महत्वपूर्ण लेख प्रकाशित किये और इस बातों को मूर्त रूप प्रदान करने का कार्य म्योर सेंट्रल कालेज, इलाहाबाद के अध्यापक महामहोपाध्याय डॉ0 गंगानाथ झा, प्रो0 हमीदुद्दीन, बाबू रामदास गौड़ और पं0 सालगराम भार्गव ने किया जब 10 मार्च, 1913 को देशी भाषाओं में वैज्ञानिक साहित्य की रचना और प्रचार का कार्य सुसंगठित रूप से चलाने के उद्देश्य से ''वर्नाक्यूलर साइंटिफिक लिटरेचर सोसाइटी'' स्थापित की जो 'विज्ञान परिषद' नाम से जानी गयी। इस संस्था का उद्देश्य देशी भाषाओं, विशेषकर हिंदी भाषा में, वैज्ञानिक साहित्य की अभिवृद्धि करना था और इस संस्था ने आरंभ से ही इसके लिए प्रयास आरंभ किया। अपने उद्देश्य पूर्ति के लिए इस संस्था ने भी लोकप्रिय व्याख्यानमालाओं का आयोजन किया, साथ ही पुस्तक लिखवाने एवं विषय विशेषज्ञों को भी संस्था से जोड़ने का कार्य किया गया। आम लोगों तक विज्ञान विषयक जानकारी पहुँचाने के उद्देश्य से ही अप्रैल, 1915ई0 से 'विज्ञान' पत्रिका का प्रकाशन किया। किसी भी भारतीय भाषा में विज्ञान की यह पहली पत्रिका साबित हुई। विज्ञान पत्रिका का प्रकाशन उस समय की एक बहुत ही महत्वपूर्ण घटना थी तभी तो देश की अधिकांश पत्र–पत्रिकाओं में इस बात को प्रमुखता से प्रकाशित किया गया। इस पत्रिका ने भी ज्ञान–विज्ञान से संबंधित सभीं पक्षों पर विस्तृत प्रकाश डाला और भारतवासियों को हमेंशा इस बात के लिए प्रेरित किया कि वे कार्य की वैज्ञानिक पद्धति का अनुसरण करें। उस समय के लगभग सभी प्रमुख विज्ञान लेखक इस पत्रिका में लिखना अपने लिए गौरव की बात समझते थे। प्रकाशन के कुछ ही वर्षों में यह पत्रिका विज्ञान विषयक भारत की सबसे प्रमुख पत्रिका एवं अन्य संस्थाओं एवं पत्रिकाओं के लिए प्रेरणास्रोत बन गयी। भारत के स्वतंत्रता संघर्ष के दौरान यह पत्रिका भारतवासियों की आवाज बनी रही और आजादी के बाद भी यह अपना कार्य पूर्ववत् करती रही। आज 105 वर्ष बाद भी यह पत्रिका उसी तन्मयता से हिंदी भाषा में विज्ञान की सेवा कर रही है।

संदर्भ सूची :

1. हिंदी प्रदीप, जिल्द 31, संख्या 3, 1904ई0, पृष्ठ 4
2. हिंदी साहित्य सम्मेलन, काशी का कार्य विवरण, पहला भाग, हितचिंतक प्रेस, काशी, 1911 ई0, भूमिका, पृष्ठ घ
3. वहीं, पृष्ठ 41
4. सरस्वती पत्रिका, भाग 13, संख्या 1, जनवरी, 1912, पृष्ठ 28
5. वहीं, पृष्ठ 29
6. वहीं, पृष्ठ 29
7. वहीं, पृष्ठ 30
8. सरस्वती पत्रिका, भाग 13, संख्या 6, जून, 1912, पृष्ठ 308
9. वहीं, पृष्ठ 309
10. विज्ञान परिषद और हिंदी का वैज्ञानिक साहित्य, विज्ञान परिषद, प्रयाग, 1939, पृष्ठ 17
11. वहीं, पृष्ठ 17
12. वहीं, पृष्ठ 17
13. वहीं, पृष्ठ 17
14. औदुंबर पत्रिका, वर्ष 2, पुष्प 8–9, संवत 1970, पृष्ठ 269
15. वहीं, पृष्ठ 269–70
16. सम्मेलन पत्रिका, भाग 1, अंक 1, अश्विन् संवत 1970 वि0, स्टैंडर्ड प्रेस, इलाहाबाद, पृष्ठ 9
17. वहीं, पृष्ठ 10–11
18. औदुंबर पत्रिका, वर्ष 2, पुष्प 8–9, संवत 1970, पृष्ठ 267
19. वहीं, पृष्ठ 268
20. वहीं, पृष्ठ 269–70
21. विज्ञान परिषद और हिंदी का वैज्ञानिक साहित्य, पृष्ठ 17
22. वहीं, पृष्ठ 23
23. वहीं, पृष्ठ 18
24. वहीं, पृष्ठ 20
25. वहीं, पृष्ठ 20

26. विज्ञान पत्रिका, अंक 1, संख्या 1, अप्रैल, 1915, विज्ञान कार्यालय प्रयाग, लेखसूची
27. विज्ञान परिषद और हिंदी का वैज्ञानिक साहित्य, पृष्ठ 20
28. विज्ञान पत्रिका, भाग 1, अंक 1, अपनी बात, पृष्ठ 1
29. वहीं, अपनी बात, पृष्ठ 2
30. विज्ञान पत्रिका, भाग 1, संख्या 1, अप्रैल, 1915, पृष्ठ 4
31. वहीं, पृष्ठ 5
32. वहीं, पृष्ठ 6
33. वहीं, पृष्ठ 6
34. विज्ञान पत्रिका, भाग 1, संख्या 1, अप्रैल, 1915, पृष्ठ 19
35. वहीं, पृष्ठ 19
36. वहीं, पृष्ठ 48
37. वहीं, पृष्ठ 48
38. विज्ञान पत्रिका, भाग 1, संख्या 2, मई, 1915, पृष्ठ 49
39. विज्ञान पत्रिका, भाग 2, संख्या 4, जनवरी, 1916, पृष्ठ 1
40. विज्ञान पत्रिका, भाग 1, संख्या 5, अगस्त, 1915, पृष्ठ 193
41. विज्ञान पत्रिका, भाग 2, संख्या 1, अक्टूबर, 1915, पृष्ठ 2
42. विज्ञान पत्रिका, भाग 1, संख्या 5, अगस्त, 1915, पृष्ठ 193
43. विज्ञान पत्रिका, भाग 1, संख्या 6, सितंबर, 1915, पृष्ठ 243
44. विज्ञान पत्रिका, भाग 1, संख्या 6, सितंबर, 1915, पृष्ठ 244
45. विज्ञान पत्रिका, भाग 2, संख्या 1, अक्टूबर, 1915, पृष्ठ 2–3
46. वहीं, पृष्ठ 3
47. वहीं, पृष्ठ 4
48. वहीं, पृष्ठ 4

ग्रंथ सूची

1. आर्नाल्ड, डैविड, औपनिवेशिक भारत में विज्ञान, प्रौद्योगिकी और आयुर्विज्ञान, वाणी प्रकाशन, नई दिल्ली, 2005
2. ऑरसिनी, फ्रेंचेस्का, दि हिस्ट्री ऑफ दि बुक इन साउथ एशिया, अशगेट पब्लिशिंग, न्यूयार्क, 2013
3. एण्ड्रूज, सी0 एफ0 ऐंड मुखर्जी, गिरिजा, दि राइज एंड दि ग्रोथ ऑफ दि कांग्रेस इन इंडिया, जार्ज एलेन एंड उनविन, लंडन, 1938
4. कपूर, श्यामनारायण, प्राचीन भारत में विज्ञान और शिल्प, साहित्य निकेतन, कानपुर 1998
5. कॉफ, डेविड, ब्रिटिश ओरिएंटलिज्म एण्ड दि बेंगाल रेनेसां, फर्मा के0 एल0 मुखोपाध्याय, कैलकटा, 1969
6. कुमार, दीपक, विज्ञान और भारत में अंग्रेजी राज, आक्सफोर्ड युनि0 प्रेस, दिल्ली, 1995
7. गुप्त, परमेश्वरीलाल, गुप्त साम्राज्य, विश्वविद्यालय प्रकाशन, वाराणसी, 1991
8. गुप्त, बलदेव प्रसाद अनु0 कंपनी के काले कारनामें, मूल लेखक मेजर बी0 डी0 बसु, नागरी प्रेस, प्रयाग, 1939
9. गोपाल, मदन, भारतेंदु हरिश्चंद्र, राजपाल एण्ड संस दिल्ली, 1976ई0
10. घोष, शंकर, दि रेनेसां टू मिलिटैंट नेशनलिज्म इन इडिया, एलायड पब्लि0 कैलकटा, 1969
11. ज्योतिषी, ओंकारभट्ट, भूगोलसार, गवर्नमेंट प्रेस, आगरा, 1840ई0
12. जैसवाल, श्रीश, हिंदी का नवजागरण काल एवं भाषा विवाद, हिंदी साहित्य सम्मेलन, इलाहाबाद, 2007ई0
13. ठाकुर, केशव कुमार, भारत में अंगरेजी राज्य के दो सौ वर्ष, मणि प्रिंटिंग प्रेस, इलाहाबाद, सं0 1959 ई0
14. दत्त, आर0 सी0, दि इकोनॉमिक हिस्ट्री ऑफ इंडिया, वोलूम 1, ट्रेंच ट्रिबनेर, लंदन, 1902
15. दत्त, कार्तिक चन्द्र, राम मोहन राय जीवन और दर्शन, लोकभारतीय प्रकाशन, इलाहाबाद, 1993ई0
16. दत्त, नलिनाक्ष एवं दत्त, श्रीकृष्ण, उत्तर प्रदेश में बौद्ध धर्म का विकास, प्रकाशन ब्यूरो, उत्तर प्रदेश सरकार, लखनऊ, 1956ई0
17. दत्त, रोमेश चंद्र, कल्चरल हेरिटेज ऑफ बेंगाल, आई0 एस0 पी0 पी0, कैलकटा, 1962
18. दत्त, सुकुमार, बुद्धिष्ट मांक ऐंड मोनेस्टीज ऑफ इंडिया, जी0 एलेन ऐंड उनविन, 1962
19. दत्ता, के0 के0, डॉन ऑफ रिनेसेंट इंडिया, एलायड पब्लि0, बॉम्बे, 1964
20. दास, गोपाल, अनुवादित प्राचीन भारत वर्ष की सभ्यता का इतिहास, मूल लेखक मि0 रमेशचंद्र दत्त, पहला भाग, इतिहास प्रकाशक समिति, काशी, 1905ई0
21. दास, ब्रजरत्न, सं0 भारतेंदु ग्रंथावली, खण्ड 1, ना0प्र0 सभा, वाराणसी, 2007वि0
22. दास, राधाकृष्ण, हिंदी भाषा के सामयिक पत्रों का इतिहास, नागरीप्रचारिणी सभा, वाराणसी, 1894ई0
23. दास, श्यामसुंदर सं0 मेरी आत्मकहानी, इंडियन प्रेस, प्रयाग, 1957ई0
24. दास, श्यामसुंदर, सं. हिंदी शब्दसागर, भाग 6, नागरीप्रचारिणी सभा, वाराणसी सं0 1986 वि0
25. दिनकर, रामधारी सिंह, संस्कृति के चार अध्याय, लोकभारती प्रकाशन, इलाहाबाद, सं0 1997

26. दिवाकर, बी0 एम0, भारत में कंपनी राज के कारनामें, कालेज बुक डिपो, नई दिल्ली, 1999

27. नुरुल्लाह, सैयद ऐंड नायक, जे0 पी0, ए स्टूडेंट हिस्ट्री ऑफ एजूकेशन इन इंडिया (1800–1947), मैकमिलन ऐंड कं0 लि0 कैलकटा, 2 एडि0, 1955

28. प्रधान, आर0 जी0, इण्डियाज स्टूगल फॉर स्वराज, दया पब्लिशिंग हाउस, न्यू दिल्ली, 1934

29. प्रसाद, मंगला, पुनर्जागरण युग और भारतेन्दु, श्रीरामकृष्ण पुस्तकालय, वाराणसी, 1988ई0

30. परमानंद, भाई, भारतवर्ष का इतिहास, ज्ञानमंडल प्रकाशन लिमिटेड, बनारस, 2009 वि0

31. पॉल, रिचर्ड, एशिया में प्रभात, गंगा पुस्तक कार्यालय, लखनऊ, 1924ई0

32. बसु, बामनदास, राइज ऑफ दि क्रिश्चिन पावर इन इंडिया, सेकंड एडि0, दि प्रवासी प्रेस, कैलकटा, 1931

33. बिलो, जिऑर्जियो ऐंड रॉय, तीर्थंकर, हाऊ इंडिया क्लोथ्ड् दि वर्ल्ड : दि वर्ल्ड ऑफ साउथ एशियन टेक्सटाइल, 1500–1850 ए0डी0, ब्रिल, 2000

34. बोस, निमाई सदन, दि इंडियन अवेकनिंग ऐंड बेंगाल, फर्मा के0 एल0 एम0 लि0, कैलकटा, 1960

35. भट्टि, देवदत्त, वैदिक भैषज्य, चौखंम्भा पब्लिशर्स, वाराणसी, 2004

36. भण्डारी, सुखसम्पत्तिराय, भारतवर्ष और उसका स्वातन्त्र्य–संग्राम, डिक्शनरी पब्लिशिंग हाउस, अजमेर, 1950ई0

37. भंडारकर, डी0 आर0, अशोक, एस0 चंद एंड कंपनी (प्राइवेट) लिमिटेड, नई दिल्ली, 1974

38. मजूमदार, रमेशचंद्र, प्राचीन भारत, मोतीलाल बनारसीदास, दिल्ली, 1990

39. मजूमदार, रमेशचंद्र, रायचौधरी, हेमचंद्र, दत्त, कालिकिंकर, भारत का वृहत् इतिहास, भाग 3, मैकमिलन इंडिया लि0, मद्रास, 1989

40. मिश्र, लक्ष्मीशंकर, सरल त्रिकोणमिति की उपक्रमणिका, मेडिकल हाल प्रेस, बनारस, 1873ई0

41. मिश्र, विनोद कुमार अनु0 भारत की विज्ञान यात्रा, मूल लेखक जयंत विष्णु नारलीकर, प्रभात प्रकाशन, दिल्ली, 2005

42. मिश्र, शितिकंठ, खड़ी बोली का आंदोलन, ना0प्र0 सभा0 वाराणसी, 2013वि0

43. मिश्र, शिवगोपाल, स्वतंत्रता पूर्व हिंदी में विज्ञान लेखन, वैज्ञानिक तथा तकनीकी शब्दावली आयोग, दिल्ली, 2001ई0

44. मित्रा, शिशिरकुमार, दि विजन ऑफ इंडिया, क्रेस्ट पब्लि0 हाउस, न्यू देहली, 1994

45. मुखर्जी, राधाकुमुद, प्राचीन भारत, राजकमल प्रकाशन, नई दिल्ली, चतुर्थ सं0 1990

46. मुलर, ए0 ऐंड भट्टाचार्यजी, ए0, इंडिया विंस इंडिपेंडेंस, एशिया पब्लिशिंग हाउस न्यू देहली, 1988

47. मुले, गुणाकर, गणित से झलकती संस्कृति, राजकमल प्रकाशन, नई दिल्ली, 2015

48. राम, तुलसी, भारत में अंग्रेजी : क्या खोया क्या पाया, किताबघर प्रकाशन, नई दिल्ली 1997ई0

49. रॉय, सतीसचंद्र, रिलिजन ऐंड मॉडर्न इंडिया, आशुतोष ऐंड लाइब्रेरी, कैलकटा, 1923

50. लेकी, विलियम एडवर्ड हार्टपोल, ए हिस्ट्री ऑफ इंग्लैंड इन दि एट्टिंथ सेंचुरी, वोल्यूम 2, लांगमैंस ग्रीन, लंडन, 1890

51. वर्मा, रामचंद्र अनु0 अरब और भारत के संबंध, मूल लेखक सुलेमान नदवी, हिंदुस्तानी एकेडेमी, इलाहाबाद, 1930
52. वाचस्पति, इंद्रविद्या, भारत में ब्रिटिश साम्राज्य का उदय और अस्त, भाग—1, आत्माराम ऐंड संस, दिल्ली, 1956ई0
53. वाजपेयी, कृष्णदत्त, भारतीय व्यापार का इतिहास, राष्ट्रभाषा प्रकाशन, मथुरा, 1951
54. वार्ष्णेय, लक्ष्मीसागर, आधुनिक हिंदी साहित्य की भूमिका (1757–1857), लोकभारती प्रकाशन, इलाहाबाद
55. वार्ष्णेय, लक्ष्मीसागर, उन्नीसवीं शताब्दी, साहित्य भवन प्रा0 लि0 इलाहाबाद, 1963ई0
56. विद्यालंकार, जयचंद, भारतीय इतिहास की मीमांसा, हिंदी भवन, इलाहाबाद, 1960
57. विज्ञान परिषद और हिंदी का वैज्ञानिक साहित्य, विज्ञान परिषद, प्रयाग, 1939
58. सत्यप्रकाश, वैज्ञानिक विकास की भारतीय परंपरा, बिहार राष्ट्रभाषा परिषद, पटना, 1954
59. संतराम अनु0 भारतवर्ष का इतिहास, प्रथम भाग, मूल लेखक लाजपत राय, वणिक प्रेस, मिर्जापुर, 1922
60. सहाय, शिवनंदन, हरिश्चंद्र, हिंदी समिति, उत्तर प्रदेश, लखनऊ, 1975ई0
61. सिंघल, डी0 पी0, नेशनलिज्म इन इंडिया ऐंड अदर हिस्टारिकल एसेज, मुंशीराम मनोहरलाल ओरिएंटल पब्लि0, दिल्ली, 1967
62. सिंह, ठाकुरप्रसाद, काशी की परंपरा, सूचना विभाग, उत्तर प्रदेश, 1957ई0
63. शर्मा ओमप्रकाश, वैज्ञानिक शब्दावली का इतिहास, फ्रैंक ब्रदर्स एण्ड कम्पनी, दिल्ली, 1968ई0
64. शर्मा, डी0 एस0, स्टडीज इन दि रेनेसां ऑफ हिन्दुइज्म इन 19th ऐंड 20th सेंचुरी, बनारस हिंदू युनिवर्सिटी, वाराणसी, 1944
65. शर्मा, रामविलास, भारतेंदु हरिश्चंद्र, विद्याधाम प्रकाशन, दिल्ली, 1953ई0
66. शर्मा, हनुमान, जयपुर का इतिहास, पहला भाग, कृष्ण कार्यालय, चौमूँ, जयपुर, सं0 1994वि0
67. शर्मा, विनयमोहन, सं0 हिंदी साहित्य का वृहद् इतिहास, भाग 8, ना0 प्र0 सभा, वाराणसी, सं 2029
68. शास्त्री, के0 ए0 नीलकंठ, नंद–मौर्य युगीन भारत, मोतीलाल बनारसीदास, दिल्ली, 1969
69. शिशिर, कर्मेंदु, नवजागरण कालीन पत्रकारिता और सारसुधानिधि, अनामिका पब्लिशर्स एंड डिस्ट्रीब्यूटर्स प्राइवेट लिमिटेड, नई दिल्ली, 2008
70. शुक्ल, रामचंद्र, हिंदी साहित्य का इतिहास, नागरी प्रचारिणी सभा, वाराणसी, संवत 2067

वार्षिक विवरण :

1. काशी नागरीप्रचारिणी सभा का प्रथम वार्षिक विवरण, 1894ई0
2. हिंदी साहित्य सम्मेलन, काशी का कार्य विवरण, पहला भाग, हितचिंतक प्रेस, काशी, 1911 ई0

पत्र–पत्रिकाएं :

1. औदुंबर, संवत् 1969–1972वि0, लक्ष्मीनारायण प्रेस, काशी

2. इंदु, जनवरी, 1910–नवंबर, 1915, श्री लक्ष्मीनारायण प्रेस, बनारस सिटी
3. कला कुशल, अप्रैल, 1906–दिसंबर, 1907, हनुमत प्रेस, कालाकांकर
4. कविवचन सुधा, दिसंबर, 1883ई0, हरिप्रकाश यंत्रालय, काशी
5. काशी पत्रिका, जनवरी, 1884–जुलाई, 1888, चंद्रप्रभा प्रेस, बनारस
6. कुसुमांजलि, नवंबर, 1895–जुलाई, 1896, राजराजेश्वरी प्रेस, काशी
7. छत्रिय पत्रिका, 1881ई0, खंड्ग विलास प्रेस, बांकीपुर
8. तरंगिणी, जून, 1915–मई, 1916, तरंगिणी कार्यालय, जगतगंज, वाराणसी
9. नागरीप्रचारिणी पत्रिका, 1897–1900ई0, चंद्रप्रभा प्रेस कं0 लि0, बनारस
10. पीयूष प्रवाह, सं0 1963, काशी प्रेस, बनारस
11. बाल प्रभाकर, जनवरी, 1907–फरवरी, 1910, सिद्धेश्वर स्टीम प्रेस, बनारस
12. बुद्धि प्रकाश, मार्च–दिसंबर, 1853ई0, नूरुल अवसार छापाखाना, मोती कटरा, आगरा
13. भारतमित्र, 1878, सरस्वती प्रेस, कलकत्ता
14. मर्यादा, नवंबर, 1910–दिसंबर, 1915, अभ्युदय प्रेस, प्रयाग
15. स्वदेश बांधव, अप्रैल, 1905–मार्च, 1915, राजपूत ऐंग्लो–ओरियंटल प्रेस, आगरा
16. स्वार्थ पत्रिका, वर्ष 3, खंड 2, अंक 6, आषढ़ सं0 1979, ज्ञानमंडल कार्यालय, बनारस
17. लक्ष्मी पत्रिका, अक्टूबर, 1907–दिसंबर, 1915, लक्ष्मी प्रेस, गया
18. विशाल भारत, भाग–8, जुलाई–दिसम्बर 1931, विशाल भारत कार्यालय, कलकत्ता
19. विज्ञान पत्रिका, अप्रैल, 1915–मई–1916, विज्ञान कार्यालय, प्रयाग
20. सम्मेलन पत्रिका, अश्विन् सं 1970–भद्रपद सं0 1972वि0, स्टैंडर्ड प्रेस, इलाहाबाद
21. सरस्वती पत्रिका, जनवरी, 1900–दिसंबर, 1915ई0, इंडियन प्रेस, इलाहाबाद
22. सारसुधानिधि, सितंबर, 1878–जनवरी, 1883, सरस्वती यंत्र, कलकत्ता
23. साहित्य पत्रिका, 1914, आरा नागरीप्रचारिणी सभा, आरा
24. हरिश्चंद्र मैगज़ीन, अक्टूबर, 1873–मई, 1974, मेडिकल हॉल प्रेस, बनारस
25. हितकारिणी, नवंबर, 1910–अप्रैल, 1915, हितकारिणी सभा, जबलपुर
26. हिंदी चित्रमय जगत, जनवरी, 1911–दिसंबर, 1915, चित्रशाला प्रेस, पूना
27. हिंदी प्रदीप, अक्टूबर, 1880–दिसंबर, 1899, यूनियन प्रेस, इलाहाबाद
28. श्रीहरिश्चंद्रचन्द्रिका, जून–नवंबर, 1874ई0, सत्ययन्त्र, कलकत्ता

लेखक–परिचय

डॉ0 राकेश कुमार दूबे

जन्म : 15 अक्टूबर, 1982ई0, नेहियां, वाराणसी।

शिक्षा : एम0 ए0, यू0जी0 सी0–नेट, पीएच0 डी0–काशी हिंदू विश्वविद्यालय, वाराणसी (2011ई0)

अध्यापन : 2014–2015ई0 सहायक प्राध्यापक, एस０ एस0 एस0 कालेज ओसियां, जोधपुर, 2015–2018 तक डॉ0 एस0 राधाकृष्णन् पोस्ट डॉक्टोरल फेलो, UGC 2018–2020 तक पोस्ट डॉक्टोरल फेलो, ICSSR

निवास : मकान नं0 168, नेहियां, वाराणसी–221202, उत्तर प्रदेश, भारत

संपर्क सूत्र : 91–7355682455 (वाट्अप)

ई–मेल : rkdhistory@gmail.com

पुरस्कार/सम्मान :

1. व्हिटेकर विज्ञान पुरस्कार (2012), विज्ञान परिषद प्रयाग, इलाहाबाद;
2. अंतर्राष्ट्रीय हिंदी निबंध प्रतियोगिता पुरस्कार (2015ई0), विश्व हिंदी सचिवालय, मारीशस।

प्रकाशन : डॉ0 राकेश कुमार दूबे के 80 से अधिक शोधपत्र/आलेख राष्ट्रीय और अंतर्राष्ट्रीय पत्र–पत्रिकाओं में प्रकाशित हैं। भारत की पत्रिकाओं–नागरीप्रचारिणी पत्रिका, नागरी, सम्मेलन पत्रिका, भगीरथ, जल चेतना, पर्यावरण संजीवनी, हिंदुस्तानी, दक्षिण भारत, केदार–मानस, विकल्प, साहित्य भारती, इतिहास–दिवाकर, इतिहास–दर्पण, गवेषणा, गगनांचल, विज्ञान, विज्ञान आपके लिए, विज्ञानगंगा, वैज्ञानिक दृष्टिकोण, विज्ञान प्रगति एवं ड्रीम 2047 में शोधपत्र/आलेख प्रकाशित हैं। भारत से बाहर की पत्र–पत्रिकाओं – विश्व हिंदी पत्रिका (मारीशस), विश्व हिंदी समाचार (मारीशस), विश्वा (अमेरिका), सेतु (अमेरिका), शांतिदूत (फीजी) के अलावा वसुधा, साहित्य कुंज और पुस्तक भारती रिसर्च जर्नल (तीनों कनाडा) में भी शोधपत्र/आलेख प्रकाशित हैं।